IDÉOLOGIES
AU CANADA FRANÇAIS
1930-1939

« HISTOIRE ET SOCIOLOGIE DE LA CULTURE »

1. *Idéologies au Canada français (1850-1900)*. Ouvrage collectif publié sous la direction de Fernand Dumont, Jean-Paul Montminy et Jean Hamelin, 1971.

2. *Savoir et Pouvoir. Philosophie thomiste et politique cléricale au XIXᵉ siècle*, par Pierre Thibault, 1972.

3. *Les religions populaires. Colloque international 1970.* Textes présentés par Benoît Lacroix et Pietro Boglioni, 1972.

4. *Le Merveilleux. Deuxième colloque sur les religions populaires 1971.* Textes présentés par Fernand Dumont, Jean-Paul Montminy et Michel Stein, 1973.

5. *Idéologies au Canada français (1900-1929)*. Ouvrage collectif publié sous la direction de Fernand Dumont, Jean Hamelin, Fernand Harvey et Jean-Paul Montminy, 1974.

6. *Les Manuels d'histoire du Canada au Québec et en Ontario, de 1867 à 1914*, par Geneviève Laloux-Jain, 1974.

7. *L'Apolitisme des idéologies québécoises. Le grand tournant 1934-1936*, par André-J. Bélanger, 1974.

8. *La Religion au Canada. Bibliographie annotée des travaux en sciences humaines des religions (1945-1970) / Religion in Canada. Annotated Inventory of Scientific Studies of Religion (1945-1972)*, par Stewart Crysdale et Jean-Paul Montminy, 1974.

9. *L'Idéologie de l'Action catholique (1917-1939)*, par Richard Jones, 1974.

10. *L'Acadie du discours*, par Jean-Paul Hautecœur, 1975.

11. *Idéologies au Canada français (1930-1939)*. Ouvrage collectif publié sous la direction de Fernand Dumont, Jean Hamelin et Jean-Paul Montminy, 1978.

IDÉOLOGIES AU CANADA FRANÇAIS

1930-1939

Ouvrage publié sous la direction de

Fernand DUMONT
Jean HAMELIN
Jean-Paul MONTMINY

Centre national
d'exposition
du livre francophone

HISTOIRE ET
SOCIOLOGIE
DE LA CULTURE

11

*Association canadienne
d'éducation
de langue française*

LES PRESSES DE L'UNIVERSITÉ LAVAL

Québec, 1978

© 1978 Les Presses de l'université Laval
Tous droits réservés. Imprimé au Canada
Dépôt légal (Québec), premier trimestre 1978
I.S.B.N. 0-7746-6787-7

AVANT-PROPOS

En 1971, les travaux du premier ouvrage portant sur les *Idéologies au Canada français* (1850-1900) avaient conclu à l'apparition d'idéologies qui, pendant près d'un siècle, devaient justifier et idéaliser le Québec traditionnel. En 1974, le deuxième ouvrage (1900-1929) avait montré que le retard accusé des mentalités devait empêcher la collectivité québécoise de s'adapter à l'urbanisation et à ses conséquences.

Le présent volume traite de la Crise (1930-1939). Pour les survivants de l'époque, la grande crise est un mauvais rêve. Pour l'historien et le sociologue d'aujourd'hui, ces années noires sont un révélateur qui fait apparaître dans la trame de notre histoire l'image d'un Québec qui n'est plus celui de Maria Chapdelaine, mais celui dans lequel se débattaient, déjà en 1880, Jos. Beef et les pauvres bougres du quartier Saint-Henri, à Montréal. Aucune brisure donc avec le passé, mais la projection brutale dans la conscience des Québécois d'une situation qui se modifiait avec la venue de l'industrialisation, des machines aratoires sur les fermes.

Aux problèmes socio-économiques issus de la Crise, nombreux sont ceux qui cherchent des réponses dans une critique de l'État. Qu'ils soient conservateurs ou radicaux, tous ont un petit air de famille.

Qu'ont-elles donc en commun ces voix qui contestent les pouvoirs? Une origine: elles sont les rationalisations des élites et des notables. Un ennemi: l'éthique protestante aux visages multiformes (la richesse, les trusts, etc.). Un objectif: reconstruire un ordre social qui garderait sa gouverne hors de l'État. Une angoisse: la perte d'un statut social. Une tonalité: un nationalisme défensif. Enfin, une caution: un ou des courants idéologiques européens. À partir de là, comme en témoignent les études de ce volume, commencent les différences.

LES ÉDITEURS.

TABLE DES MATIÈRES

LES ANNÉES 30
LA PREMIÈRE RÉVOLUTION TRANQUILLE

Au cours des soixante-quinze ans qui ont précédé la crise des années 30, l'unanimité des idéologies fut très grande au Québec. Elle ne fut jamais absolue. La pensée indépendante a toujours été présente. Dans les livres, les revues, les journaux, la divergence n'a pas cessé de se faire entendre. On pense, par exemple, aux travaux rigoureux d'Edmond de Nevers ou de Léon Gérin, qui ne se sont pas pliés à la rhétorique convenue. Et puis, il y eut cette contestation sourde et multiforme, dans les classes populaires comme dans les bourgeoisies, dont nous commençons à déchiffrer les signes. Néanmoins, si l'on cherche le premier moment historique d'un décrochage, non plus de procès dispersés mais d'un changement proprement collectif, c'est dans les années 30 qu'il se peut trouver.

Au cours des transitions de cette espèce, surtout quand la cohérence acquise des idéologies est particulièrement forte, le changement épouse des chemins divers. Leur convergence ne donne que peu à peu aux acteurs historiques, et même à l'historien ou au sociologue qui les considèrent après coup, le sentiment qu'une étape irréversible s'est accomplie. Dans les idéologies des années 30, les vieux thèmes perdurent. Ils s'exaspèrent même. Et c'est ainsi qu'ils commencent à éclater. Ils y arriveront tout à fait, et avec la rapidité que l'on sait, après la seconde guerre mondiale. C'est de l'intérieur, à partir d'une vision du monde acquise et commentée dans les idéologies, que le Québec contemporain a fait sa première « révolution » incertaine. Les idéologies qui se voulaient carrément hostiles au système officiel ont, elles aussi, subi cette loi : elles étaient pauvres en analyses économiques ; les solutions qu'elles proposaient faisaient surtout appel à la sphère des valeurs et de l'*esprit*. Exilée depuis fort longtemps dans l'univers des idéologies, notre société ne pouvait envisager d'en sortir qu'à partir de cet univers.

En cette persistance d'un débat social contraint à se dire dans la scène des idéologies réside l'intérêt le plus grand des années 30. Il nous faudrait expliquer pourquoi il en fut ainsi. Et pourquoi un débat aussi confiné eut un effet de transformation sociale. Répondre, dans une brève étude, à des interrogations de cette ampleur nous condamne à esquisser un programme de recherche. Mais n'y a-t-il pas quelque profit, en cette matière à peine défrichée, à resserrer les hypothèses de travail ?

I

Avant de nous interroger sur le champ des idéologies de cette époque, sur la thématique de la vie sociale qui y est proposée, il est naturel de nous demander comment ces idéologies ont interprété la crise des années 30. Ces idéologies n'ont évidemment pas surgi de la situation. On y reconnaît aisément (mais, on le verra, ce n'est qu'une première vue des choses) les conceptions ressassées depuis un siècle au Canada français. Ces conceptions n'en ont pas moins été interrogées par la crise ; elles ont donc été forcées de définir la crise. Du même coup, elles se donnaient un enracinement historique.

Il suffit de se souvenir de ce qu'était l'univers idéologique antérieur pour proposer une première hypothèse : cette crise ne pouvait être perçue à partir de ses facteurs proprement économiques ni même politiques. Depuis longtemps, notre société était marginale. Son existence se profilait à deux niveaux apparemment disjoints : l'un, concret, celui des solidarités communautaires ; l'autre, abstrait, celui des *doctrines* et de l'*idéal*. Niveaux complémentaires, pourtant. Comme le montrent toutes les sociétés traditionnelles, les collectivités de type communautaire se donnent des fondements dans une sorte de transcendance sociale. D'autre part, les idéologies tournées vers l'*idéal* trouvent d'ordinaire leur garantie dans un appel au consensus et donc, en un sens, à la communauté.

Des horizons les plus variés, est dénoncée à satiété la *crise morale*. De *l'Action catholique* à *l'Action nationale*, les aînés le répètent inlassablement. Le fameux *Programme de restauration sociale* de 1933 le proclame en guise d'introduction : « Nous croyons (...) que les causes principales de la crise sont d'ordre moral et que nous les guérirons surtout par le retour à l'esprit chrétien. » Les jeunes ne parlent pas autrement que les graves auteurs du *Programme*. Ils vont même plus loin, jusqu'à déclarer que « la crise est d'abord métaphysique[1] ». Les idéologues qui partagent au plus près la vie quotidienne des milieux ouvriers ne prêchent pas d'autre façon. Dans le bulletin paroissial d'un quartier populaire de Québec, le curé Lavergne revient souvent sur ce thème. Voici comment il dégage le sens d'une manifestation religieuse populaire à la Maison Jésus-Ouvrier :

> Le but de cette manifestation était d'obtenir une restauration économique qui donne du travail à tous nos ouvriers et chômeurs. Certes, si l'ardeur de la prière, la patience à supporter la chaleur et la fatigue pouvaient seules obtenir ces changements, sans aucun doute nos voeux s'accompliraient, mais il y faudrait ajouter la transformation de nos vies, qu'elles soient plus constamment généreuses et que le péché mortel souvent répété, et peu regretté, ne vienne pas détruire en grande partie les beaux gestes d'un jour[2].

Moralisme assez plat, dira volontiers le lecteur d'aujourd'hui. L'historien ou le sociologue ne céderont pas à une aussi courte constatation. De ce curé de style traditionnel à la jeune génération qui annonce une « révolution spirituelle », la distance n'était pas si grande. Voyez cette description que trace de la *bourgeoisie* l'un des plus brillants représentants de la jeunesse :

> (Un bourgeois) ... c'est, dans quelque milieu qu'il appartienne, tout individu incapable d'élévation spirituelle, mystique ou intellectuelle, rivé à sa vie terre-à-terre, jaloux de ses aises, hostile aux pauvres, insoucieux de l'art, un être mesquin, qui place le centre du monde dans le bien-être de son ventre et de son compte de banque et qui se retranche derrière la moralité et la décence comme derrière un rempart qui protège ses écus et la tranquillité de sa digestion[3].

Du curé Lavergne à ce jeune homme cultivé, comment ne pas sentir que la vision du monde est de la même espèce ? Lavergne insiste sur la pratique de la morale individuelle. Là se trouve, pour lui, le commencement d'une solution à la crise économique. On prendra garde cependant qu'il ne se borne pas à cela ; son *Bulletin* a une portée politique ; on y traite de questions concrètes, on y exige des initiatives qui relèvent d'une sorte de révolution économique. Cependant une façon morale d'envisager la crise est dominante. Le jeune Dumas, de *la Relève*, dans le détail de sa pensée, procède autrement que le curé. Il a lu Mounier, manifestement ; il s'adresse à des intellectuels et non à des paroissiens. Pourtant, quand il nous décrit le « bourgeois », il le fait dans un contexte moral qui n'aurait pas déparé un sermon pour paroisse bourgeoise. Le bourgeois dont il mène le procès n'est pas situé dans un milieu économique ou sociologique particulier (« à quelque milieu qu'il appartienne », dit-il). Il proclame que le bourgeois est « incapable d'élévation spirituelle, mystique ou intellectuelle ». Au fond, ce bourgeois-là n'est pas si loin de l'ouvrier du vénérable curé Lavergne, ouvrier qui ne mène pas une vie « plus constamment généreuse ».

Pas plus que deux hirondelles ne font le printemps, deux textes ne suffisent à décrire l'ensemble du champ idéologique d'une époque. Je ne voulais que suggérer une première hypothèse de travail, dont on trouve d'ailleurs dans les documents du temps tellement d'illustrations. En vidant d'un coup son fichier pour appuyer cette vue d'ensemble, on n'y ajouterait que de vaines références. Au reste, ce premier survol sera nuancé par la suite.

Introduisons donc une deuxième hypothèse, qui découle étroitement de la précédente. Dans les années 30, il y eut au Québec non pas seulement une crise économique mais aussi une crise politique. On ne saurait affirmer sans réticences que, de la première, la seconde devait fatalement s'ensuivre. Le procès du régime Taschereau ne s'alimentait pas seulement des angoisses du chômage mais de la longue domination d'un même parti politique. Cet impérieux besoin de changement politique, comment l'exprimait-on ? On demandait des mesures qui eussent permis de surmonter les problèmes plus immédiats : le chômage, le malaise agricole, etc. Les idéologies de cette époque ne vivaient pas dans les nuages. De leurs écrits, on tirerait sans peine une longue liste de propositions précises. Qu'on relise, par exemple, le *Programme de restauration sociale* de 1933, les livres de Victor Barbeau ou les brochures de Philippe Hamel : ces gens-là savaient le détail de bien des questions. Mais la crise politique, dans ses dimensions d'ensemble, demeurait pour eux une question morale[4].

Une fois de plus, puisons une illustration dans un dossier considérable. Quelques jours avant le scrutin de 1936, Georges Pelletier écrivait dans un éditorial du *Devoir* :

> (Les gens « honnêtes ») demandent et demanderont à monsieur Duplessis s'il est, comme l'on pense, premier ministre mardi prochain, cette chose à laquelle nous tenons plus qu'à tout le reste en matière de politique : un gouvernement honnête, qui sache administrer la province, lui donner de bonnes et justes lois, qui nettoie la législation et les moeurs politiques[5]...

Pareille attitude se comprend dans le contexte d'une corruption institutionnalisée depuis longtemps. Il y a pourtant davantage. La crise politique relève de la moralité parce que la politique n'a pas d'abord de consistance par elle-même. Attitude très ancienne, celle-là, et qui a été interprétée de diverses façons. Retenons combien, sous la pression de la crise, s'exaspère le mépris du *politicien* plus ou moins confondu avec la politique. Les chroniques que l'abbé Groulx a données à *l'Action nationale*, sous divers pseudonymes, traduisent dans les termes les plus extrêmes le vieux ressentiments contre le politicien :

> Il n'y a pas, en politique, de vérité objective. Il n'y a que l'objectivité du parti, de sa discipline, de sa caisse (...) Les deux partis iraient au diable que pour nous, Canadiens français, nous ne voyons pas où serait la catastrophe (...). Race perpétuellement trahie par les politiciens, y aurait-il, chez nous, des gens si stupides que les politiciens pussent encore être capables de les décevoir[6].

Crise « morale » et même « métaphysique », traduction de la crise en termes d'« honnêteté politique », mépris plus profond de la politique elle-même : voilà les postulats principaux du diagnostic porté sur les années 30, sur leur situation historique, par les idéologues de l'époque.

II

À partir de ce qui constitue ainsi le noyau, le foyer d'agglomération de la thématique idéologique de la décennie, on peut élargir l'examen à l'ensemble.

Auparavant, il faut insister sur un point capital. On a trop simplifié les courants d'idées au Québec d'avant 1940, en n'y retenant le plus souvent que des déclarations générales, pour ne pas marquer des nuances préalables. Les *élites* du temps pensent ou croient penser à partir des *principes* ; cela, elles l'affirment constamment. Mais, nous l'avons noté déjà, elles formulent aussi des diagnostics, elles circonscrivent des problèmes, elles proposent des solutions circonstanciées. Que l'on relise les deux livres de Victor Barbeau, les mieux écrits et les plus fortement pensés de cette époque[7] : ils fourmillent d'observations et de suggestions précises. Ces ouvrages ont d'ailleurs reçu dans les cercles nationalistes des années 30 un accueil significatif. Le *Programme de restauration sociale* de 1933 fournit une indication plus déterminante encore. Signé par dix personnes, ce *Programme* représente la synthèse de consultations nombreuses. Il est construit à partir d'« un programme doctrinal » publié en mai 1933 par l'École sociale populaire : cette doctrine « ne descend pas dans les détails, remarque-t-on en préalable. Des précisions cependant sont nécessaires. Il faut les présenter au public qui exige des réformes concrètes et pratiques. Elles relèvent, pour la plupart, des techniciens. C'est avec leur aide que nous avons préparé les articles suivants. » Nous avons là, à n'en point douter, une sorte de somme de ce que des hommes engagés dans des problèmes concrets pouvaient dégager de leur expérience quotidienne[8]. Le programme du parti libéral qui inaugurera plus tard la Révolution tranquille des années 60 ne sera pas élaboré autrement...

Après un prologue relativement bref, le *Programme* de 1933 n'est qu'une énumération, sans aucun enchaînement rhétorique, de mesures politiques urgentes. Des propositions confinent même à une certaine technicité : « interdiction aux banques d'avancer aux courtiers plus que 50 pour cent de la cote si le titre se cote au-dessous du pair »... D'autres concernent encore nos débats les plus actuels : « élections à date fixe et déclaration obligatoire par les partis des montants souscrits à leur caisse électorale ainsi que des sommes affectées à l'organisation générale et dans chaque circonscription »... Ces citations ne sont pas arbitrairement isolées ; la quasi-totalité du *Programme* est rédigée de cette manière.

Il n'est pas moins certain que toutes ces propositions reportent à un horizon plus vaste, à une espèce de vision du monde qui n'est pas le résumé d'un savoir technique ou d'analyses de stricte conjoncture historique. Cette vision du monde est largement partagée par tous les tenants de l'idéologie officielle. Elle est, je l'ai déjà suggéré, de style communautaire. Elle constitue une sorte de *théorie* du développement social inspirée par l'héritage antérieur mais marquée des signes de la Crise.

Une « communauté » se donne fatalement une conception du monde extérieur qui pèse sur elle. Nous allons d'abord chercher à repérer, dans les idées de l'époque, les indices principaux de cette représentation : la peur du communisme, un certain antisémitisme, la dénonciation de la « dictature économique », le procès du gouvernement fédéral...

La peur du communisme est très répandue. On a remarqué qu'une partie considérable des brochures de l'École sociale populaire porte sur ce thème[9]. Et il suffit de lire un peu la littérature de l'époque pour mesurer l'importance étonnante de cette peur. Encore faut-il l'interpréter. Les idéologues d'alors ne se font certainement pas les interprètes du grand capitalisme international. Ils s'inspirent naturellement des Encycliques. Ils réagissent aussi plus ou moins confusément au nom d'une conception de la vie sociale, partagée aussi bien par le peuple que par les élites, où la petite propriété, très souvent exaltée, n'a guère à faire avec les grands pouvoirs dont les mécanismes sont mal connus.

De l'antisémitisme, on relève ici comme ailleurs, en ces années-là, bien des signes. Il arrive qu'on se fasse écho de l'abondante littérature antijuive qui déferle alors partout en Occident. Plus souvent, il semble, on réagit comme tout petit groupe ethnique le fait quand il coexiste avec un autre qui, en l'occurrence, lui ressemble sous bien des aspects :

il pousse au plus loin, jusqu'à l'exaspération, le sentiment communautaire et la volonté d'autarcie. Le passage suivant, emprunté à une chronique de Groulx, donne une bonne idée de l'argumentation le plus souvent présentée :

> Pour résoudre le problème juif, il suffirait aux Canadiens français de recouvrer le sens commun. Nul besoin d'appareils législatifs extraordinaires, nul besoin de violence d'aucune sorte. Nous ne donnerions même pas aux nôtres ce mot d'ordre : « N'achetez pas chez les Juifs ! » Nous dirions simplement aux clients canadiens-français : « Faites comme tous les autres groupes ethniques : achetez chez vous ! » Nous dirions ensuite aux commerçants canadiens-français : « Ayez un certain sens des affaires, ne laissez pas les Juifs accaparer tout le commerce de gros ; améliorez vos méthodes ; ayez une certaine volonté d'attirer et de satisfaire le client[10]...

Pareil texte a le double intérêt de montrer le lien entre une façon de poser le problème juif et l'obsession du temps pour l'« achat chez nous ». L'idéal de fond est le suivant : la *communauté* canadienne-française est dépouillée de pouvoir économique ; la reconquête de ce pouvoir se fera par mode communautaire, en retissant un réseau économique autochtone. Comme les juifs, en l'occurrence. « De Juifs, il ne subsisterait plus que ce qui pourrait subsister entre soi », ajoute un peu plus loin Groulx dans son article. Un ghetto ? Pas fatalement. Une représentation des choses censées s'appliquer aux juifs comme aux Canadiens français. Façon *communautaire*, répétons-le, de poser le problème de la dépendance et qui renvoie à l'un des axes essentiels des idéologies des années 30.

Dans le même cercle de l'examen des contraintes extérieures poursuivi par les hommes de l'époque, un thème fait transition : celui de la « dictature économique », pour reprendre l'expression alors convenue. Pour une large part, ce thème renvoie aux idées les plus anciennes : sentiment de la sujétion, désir de « s'emparer de l'industrie », apologie du petit propriétaire. Mais sous la poussée de la crise, l'accent se fait plus impératif, le diagnostic plus serré. Le *Manifeste* des Jeune-Canada (1932) dénonce les « capitalistes étrangers » qui font peser sur les Canadiens français « la pire des dictatures ». Le *Programme de restauration sociale* attaque les *trusts*, particulièrement ceux du charbon, du gaz, de l'électricité ; il demande qu'une enquête soit faite sur la *Bauharnois Power*, dont on envisage l'étatisation. Il semble que sur ce problème de la sujétion économique, ce fut encore Groulx qui synthétisa le mieux la thématique du temps, notamment dans une conférence, publiée ensuite en brochure, sur l'*Économique et le*

National qui fit grand bruit. Aux divers plans de l'exploitation des ressources, de la gestion, de la main-d'oeuvre, du salaire et de l'utilisation de l'épargne, il constate « notre déroute économique » : « de notre propre domaine, de notre propre travail, de notre propre épargne, nous bâtissons notre servitude économique ». Et il décrit la prolétarisation du peuple canadien-français :

> Le régime économique que nous avons vu se développer surtout depuis vingt ans, a opéré chez nous, un effroyable déséquilibre de population. Il a déraciné nos ruraux, gonflé démesurément nos villes. Peuple jeune et de traditions agricoles, nous voici en majorité parqués dans des agglomérations faubouriennes. Dans la ville de Montréal, ce triste honneur est le nôtre de compter proportionnellement à notre population, le plus grand nombre de secourus : 30%, soit 158,761 sur une population de 523,063 Canadiens français. Nous dépassons de 4% ceux qui nous suivent de près : les Italiens et les Ukrainiens dont la proportion de secourus n'atteint que 26%. Nous avions déjà, avant la crise, un prolétariat mal enraciné, mal acclimaté, de date trop récente, pour avoir acquis une conscience de classe et pour échapper aux vices de sa condition ; nous voici maintenant avec une armée formidable de chômeurs, de vrais miséreux, en danger de s'acheminer rapidement vers le paupérisme crapuleux. Demain, si nous ne les avons déjà, nous aurons nos damnés de la terre. Et dans cette armée, vous avez un régiment dont la présence en tel milieu fait mal au coeur, le régiment de notre jeunesse instruite[11].

Enfin, le procès du gouvernement fédéral reprend vigueur au cours des années 30. Quand les Jeune-Canada se manifestent la première fois en public, en décembre 1932, ils protestent contre la faible représentation des francophones dans l'administration centrale. Ces propos accoutumés sont pourtant proclamés avec plus de force qu'auparavant. Ils conduiront à des affirmations de *séparatisme*, d'ailleurs sporadiques, dont, après coup, on a souvent exagéré l'importance.

Tournons maintenant le regard vers l'intérieur. Demandons-nous quelle définition de la collectivité canadienne-française se donnent les idéologies dominantes de l'époque. Encore là, rien de bien neuf en apparence par comparaison avec les décennies antérieures.

L'agriculture occupe toujours une place éminente dans la définition des valeurs autochtones. La crise avive le vieux thème. Le « retour à la terre », la politique agricole font l'objet de maintes déclarations. La terre demeure la référence fondamentale pour une communauté ethnique qui possède peu d'emprise sur l'économie. Et l'agriculture n'est-elle pas le terrain tout indiqué de repli devant le chômage urbain ? Phantasme de l'enracinement traditionnel, de la vie familiale et des solidarités de base : la symbolique collective trouve là ses sources premières.

À l'autre extrême, celui de l'organisation proprement politique, il n'est pas étonnant de constater la vogue d'une formule qui supposait elle aussi les imageries de la communauté. Le *corporatisme* n'est pas d'origine québécoise, on le sait ; et l'une des raisons qui explique son succès dans le Québec des années 30 est incontestablement la garantie que lui donnait la doctrine sociale de l'Église. Il n'en reste pas moins que cette doctrine importée se trouvait en remarquable continuité avec une société marquée à tous égards par les solidarités de type communautaire. On dira de même pour la nostalgie du « chef national » qui revient si souvent dans les propos des aînés et des jeunes. La montée des dictatures dans le monde d'avant 1940 a joué certes un rôle d'incitation. Ni plus ni moins que dans tous les pays d'Occident. Parmi les « modèles » étrangers, on fait un choix : Mussolini, Salazar. Et presque partout, dans l'image du « chef », c'est moins le maître du pouvoir que le maître de *doctrine* qui est exalté[12].

Doctrine reste le mot clef du vocabulaire idéologique de ce temps-là. Qu'il s'agisse des menaces extérieures ou des ressources du dedans, le problème essentiel et la solution suprême relèvent de la formation des hommes, de l'éducation. Une vision communautaire de la société ne devrait-elle pas aboutir à cette primauté de l'éducation, par-delà les questions d'organisation ? Et une société qui, depuis longtemps, accordait au pouvoir de l'idéologie une importance d'autant plus grande qu'elle n'en possédait guère d'autre, pouvait-elle entrevoir son avenir autrement que dans l'éducation, c'est-à-dire dans la diffusion de l'idéologie elle-même ?

L'abbé Groulx y trouve un ultime recours :

C'est enfin pour que l'on nous fasse un autre peuple que nous demandons, que nous exigeons ici une éducation nationale véritable, une éducation qui donnerait aux petits Canadiens français une volonté, une dignité du coeur, une âme[13] !

III

Selon un premier bilan, les idéologies des années 30 ne dépassent guère ce que proposaient déjà les idéologies plus anciennes. Au point où, par un montage de textes facile à constituer, on pourrait donner le sentiment d'une pure et simple répétition. Ce sentiment ne serait pas faux. Mais il ne correspondrait qu'à un côté des choses. Confessant le plus souvent son malaise et ses contradictions dans le langage ancien, la collectivité, ses *élites*, si on préfère, disent aussi autre chose, du nouveau. À notre première lecture des idéologies, il faudra donc en superposer une autre. Ce ne pourra être, une fois de plus, qu'à la façon d'une esquisse.

Lorsque les Jeune-Canada, le *Programme de restauration sociale*, *l'Action nationale*, le Dr Hamel dénoncent les *trusts*, ils ne viennent pas de découvrir subitement l'emprise des pouvoirs économiques extérieurs sur le Canada français. Depuis fort longtemps, l'on s'était aperçu de notre infériorité et l'on avait proclamé la nécessité de « s'emparer de l'industrie ». Mais, selon un autre versant, le propos est nouveau dans les années 30 et préfigure l'insistance que l'on mettra plus tard sur le rôle de l'État dans la reconquête de l'économie. Plus ou moins confusément chez beaucoup, assez nettement chez un homme comme Philippe Hamel, l'État reprend place dans les idéologies malgré le mépris traditionnel du politicien. Jamais on ne s'était rendu compte à ce point que la dépendance ne relevait pas seulement d'une sujétion de l'agriculture à une industrie étrangère, ni même d'une subordination des francophones aux anglophones, mais plus encore du système capitaliste et de ce que nous appelons maintenant les « multinationales ».

On a parlé de l'*apolitisme* des années 30. André-J. Bélanger a publié là-dessus un ouvrage remarquable. Mais il y a bien longtemps que l'on nous reproche ou que nous nous reprochons à nous-mêmes notre méfiance envers la politique. N'y a-t-il pas, dans ce vieux débat, danger de confusion ? Que faut-il entendre par *politique*, en l'occurrence ? Une dévotion à l'État qui incite aux nationalisations, qui devait conduire au ministère de l'Éducation ? Ou, à l'opposé, une prise en charge du destin commun par les mécanismes d'organisation plus épars dans la collectivité ? Selon un vocabulaire très diversifié (*étatisation*, *participation*, etc., etc.), nous tâtonnons aujourd'hui autour d'une notion ambiguë de la politique ; il est instructif de constater que, à partir de vocables et de débris de doctrines qui nous semblent aujourd'hui étrangers, on tâtonnait déjà ainsi dans les années 30. On croyait percevoir que les « politiciens » n'étaient pas l'État. On cherchait, sous les auspices du corporatisme, les voies de constitution d'une société où la politique descendrait si loin dans la texture de la société qu'elle finirait par en exprimer la substance et la vie. Idée de la *politique* qui n'était pas tout à fait celle que jadis on s'en formait, qui n'est pas non plus celle des idéologies libérales devenues à la mode, mais qui pose un beau problème d'histoire : paradoxalement ne se pourrait-il pas que l'*a-politique* d'alors ait eu quelque parenté avec ce que nous entendons plus ou moins clairement aujourd'hui par la *participation* ?

Dans la même perspective d'un certain renouveau des idéologies plus anciennes, on pourrait repasser sur tous les thèmes à la mode durant cette période.

Le plus tenace : la *terre*. À côté d'anciennes apologies, de sentiments nostalgiques devenus des clichés, commence à se dégager un disgnostic rigoureux. Il ne contredit pas l'idéologie plus ancienne. En un sens, il en fait mieux ressortir la logique. Le *Programme de restauration sociale*, des articles de *l'Action nationale* ou même de *l'Action catholique* pourraient être invoqués. Des romans aussi : *Un homme et son péché, Trente Arpents, Menaud maître-draveur*, pour ne mentionner que les plus connus. Pour demeurer dans la sphère des idéologies spéculatives, citons Victor Barbeau :

> Par nécessité non moins que par vocation, notre sort se confond avec celui de l'agriculture. Faut-il vraiment en faire la preuve ? Qu'on nous enlève nos champs, nos forêts et nous cesserons virtuellement d'exister. Pas un de vous d'ailleurs ne l'ignore. Vous savez bien que ni le commerce ni l'industrie ni la finance ne nous appartiennent. Nous n'y figurons qu'en qualité de comparses. Il n'est pas une seule entreprise franco-canadienne dont les anglo-canadiens ne soient capables de se passer. Dans tous les domaines, il en ont dix, cent pareilles, plus puissantes. Ils occupent partout le sommet de l'échelle. Et nous ? De quelle façon, hypothèse absurde, pourrions-nous leur faire sentir notre force ? En faisant la grève du gaz, de l'électricité, du téléphone, des chemins de fer, des tramways, des textiles, de la métallurgie ? Ne prolongeons pas la plaisanterie. Nous vivons sous la domination économique, matérielle, financière, capitaliste, machiniste, administrative des peuples anglo-saxons. Nous sommes leur bien, leur chose. Allons jusqu'au bout : nous sommes leur serfs. Les villes leur appartiennent ; plusieurs villages de même. Alors que nous reste-t-il ? La terre[14].

Comment a-t-on pu parler sans nuances du « mythe agricole », en rassemblant sous l'étiquette pseudo-abstraite de l'*agriculturalisme* des réflexions qui furent souvent plus nuancées et plus radicales à la fois ? Comme d'autres, Barbeau est conscient que l'agriculture est un genre de vie et que celui-ci n'est point idyllique :

> On n'est pas moins homme parce qu'on est paysan. On n'en est pas moins sensible aux douceurs de la vie ou à ce qu'il est convenu d'appeler de la sorte. On recherche le confort, ses aises, la société, le plaisir (...) On aime le bien-être matériel. Quand a-t-on songé à en doter les campagnes ? Pour contre-balancer l'attirance des grands centres, il aurait fallu non seulement des lois protégeant la culture mais des mesures visant à rendre l'existence moins pénible[15].

Et l'éducation ?

Prenons garde que l'insistance sur l'« éducation nationale » qui domine cette époque ne se ramène pas à un plaidoyer totalitaire. Dans une conférence de 1936, Groulx en fournit le principe de base :

> La nation évoque l'idée de culture. Qui dit nation, dit milieu culturel, milieu éducateur et même milieu générateur. Par ce milieu, en effet, par sa puissance éducative, nous sortons de notre indétermination, du potentiel brut de notre nature, pour nous acheminer vers la réalisation de notre personnalité humaine, et selon le mode qui nous est naturel, selon les formes du génie héréditaire. La culture, qu'est-ce à tout prendre, sinon le climat physique et spirituel du milieu national, un ensemble de formes ou d'influences qui façonnent un type d'humanité[16] ?

Par ailleurs, Groulx souligne fortement que l'éducation, si promordiale qu'elle soit, n'est pas tout. Rappelant ses propos antérieurs, il insiste sur ce contexte plus large :

> Ce problème d'éducation, les Canadiens français ne le peuvent aborder que dans une vue ordonnée, synthétique. La culture d'un peuple (...) ne saurait survivre, s'épanouir artificiellement ; elle exige un climat, des conditions particulières, voire des appuis matériels : appuis auxquels il arrive même parfois de tenir le rôle de conditions vitales. (...) À l'heure actuelle, pour sauver leur avenir et leur culture, les Canadiens français auront besoin de conquérir, en même temps, leur liberté économique[17].

Cette préoccupation ne se réduit pas au cercle de *l'Action nationale*, de l'École sociale populaire ou de l'abbé Groulx vieillissant. Les jeunes revues ne parlent guère un autre langage. *Vivre, la Relève* cherchent selon des voies apparemment bien différentes un *style de vie*. La jeunesse intellectuelle tente de refaire l'« éducation du jeune Werther ». Car une sorte de mouvement romantique saisit le pays après le long hiver de la littérature conventionnelle et de la rhétorique politicienne.

Même les aînés éloignés du *nationalisme* ou du *cléricalisme* de l'époque participent à leur manière à ce mouvement. Chez eux aussi, la *doctrine* se mue en *éducation*. Indice fondamental de ce que nous proposions plus avant : le changement social s'est alors défini, de tous les horizons, d'abord comme une mutation idéologique. Dans les *Demi-Civilisés*, Jean-Charles Harvey fait le procès des Barbares, c'est-à-dire de la bourgeoisie ignare et bornée. Rien dans ce roman ne dénonce ce qu'on appelle les conflits de classes. Dans *le Jour*, Harvey revient souvent sur l'éducation. Il veut l'enlever aux *prêtres* ; il souhaite qu'elle soit axée avant tout sur la liberté. Quelle liberté ? Celle de l'individu, avant tout. À l'encontre de cette « éducation nationale » dont on parle tellement à l'époque, il plaide pour une éducation qui récuserait le nationalisme[18].

Voici un autre indice suggestif. En 1939, la Jeunesse indépendante catholique organisait un congrès où Lionel Groulx, Victor Barbeau, Esdras Minville parlèrent de l'« avenir de notre bourgeoisie ». Ces conférences, réunies en volume[19], provoquèrent l'ire d'Albert Pelletier dont le rôle fut important dans la littérature de l'époque :

> On sait que pendant plus de trente ans, l'ambition des maîtres de la jeunesse bourgeoise du Canada français fut de ne former que des hommes d'idéal, de les gaver d'idéal et de leur faire rendre plein de l'idéal. Et messieurs Minville, Barbeau et Groulx, l'un après l'autre, d'endosser leur bel habit et de se bomber très sérieusement le torse pour accepter l'office de pythonisse et faire semblant d'émettre des directives : je veux dire que leurs directives se résument à imposer le devoir de chaque individu de la classe bourgeoise de donner des directives... Et voilà la directivothérapie lancée au grand congrès de la J. I. C.[20].

Après cette diatribe, on pourrait s'attendre à ce que Pelletier descende des *directives* aux profondeurs de la *société*. Il n'en est rien. Pelletier s'attache à un procès de l'éducation. « Si l'influence culturelle, politique, économique et sociale des Canadiens français s'est rétrécie si visiblement depuis les années 1900, c'est que par les moyens de l'école, de la chaire, des cercles à aumôniers, une caste à réussi à s'assurer de plus en plus la mainmise sur la pensée, les aptitudes et l'activité de chacun[21]. » Olivar Asselin ne parle pas autrement. Et il le faut noter, *l'Action nationale* elle-même. Dans une notice nécrologique consacrée à Asselin, l'un des principaux collaborateurs de la revue écrit :

> À peu près seul de son temps, il découvrit que le problème était d'ordre éducationnel. On était alors exclusivement hanté par l'électoralisme. Nous ne voyions de guérison que dans les curetages politiques. Avec une clairvoyance rare, une lucidité exceptionnelle pour l'époque, et malgré que lui-même fût partisan d'une amélioration parlementaire un peu exclusive, il mit le doigt sur la plaie d'une éducation vidée de tout réalisme, livresque, n'incarnant rien[22].

Au cours des années 30, des adversaires ont pu s'opposer selon ce qu'ils concevaient comme les horizons les plus extrêmes. Ces horizons étaient pourtant ceux d'un même univers, dominé par le même principe que je me risquerai à énoncer dans un axiome : si l'éducation était mieux faite, la crise serait conjurée ; du même coup, la vieille histoire de cette société, dont la crise de 1929 est un révélateur, connaîtrait enfin son dénouement. Former des hommes, ce fut la préoccupation principale. À partir des vues les plus opposées, s'amplifia un réquisitoire contre l'école. Il n'est pas étonnant que la Révolution tranquille des années 60 se soit d'abord orientée vers une réforme de l'éducation...

IV

On ne peut en rester à ce paysage d'idées.

Les idéologies des années 30, nous l'avons vérifié, furent à la fois une persistance des thèmes anciens et un renouveau des diagnostics. Ne serait-ce que par ce décalage, elles nous invitent à un examen de leurs supports dans la collectivité. Écartons pourtant tout recours aux mécaniques faciles où, par je ne sais quelle magie théorique, il suffirait de parler de *petite* ou de *grande* bourgeoisie pour tout expliquer. Ces *théories* n'en sont pas puisqu'elles savent d'avance, avant toute analyse un peu circonstanciée, ce qu'il s'agit justement de trouver.

Dans les idéologies que nous avons considérées, c'était des gens d'une *classe* qui s'exprimaient ; et ceux qui les lisaient appartenaient à la même *classe*. Cependant, il n'est pas du tout certain que cette classe fût homogène. Je parierais pour l'affirmation contraire. *L'Action nationale,* le *Programme de restauration sociale*, les brochures de l'École sociale populaire, les idées de Philippe Hamel, de Lionel Groulx ou d'Arthur Laurendeau n'étaient sûrement pas l'écho de l'ensemble de la bourgeoisie professionnelle ou de la bourgeoisie des affaires des années 30. Et Jean-Charles Harvey, Albert Pelletier, se trouvaient aussi de la même classe que ceux qu'ils contestaient. Débats d'une certaine bourgeoisie : à partir de là, on peut proposer quelques orientations de recherche.

Première constatation, la plus sûre : prêchant la primauté de la *doctrine,* insistant sur la réforme de l'éducation, les idéologies dominantes des années 30 s'adressaient d'abord à la jeunesse des écoles. Mais ne faudrait-il pas distinguer plusieurs jeunesses des années 30 ?

Une première jeunesse provient de la bourgeoisie professionnelle. *La Relève*, les jeunes collaborateurs de *l'Action nationale* en sont les porte-parole. Dans un roman à clef, Robert Charbonneau a reconstitué quelque peu l'atmosphère de ces réunions ou des étudiants désoeuvrés cherchaient à refaire le monde[23]. L'oeuvre et le destin de Saint-Denys Garneau demeurent la meilleure illustration de cette quête *métaphysique.*

Une autre jeunesse, celle qui est venue de la campagne ou de milieux populaires urbains pour parcourir la voie traditionnelle des études classiques et universitaires a subi d'une autre façon le défi de la crise. Je retiens un témoignage écrit confirmé par tant d'autres récits oraux des hommes de cette génération. Dix-septième enfant d'une famille d'agriculteurs, Gérard Filion, après le cours classique, s'est inscrit à l'École des hautes études commerciales :

> Que faire en sortant des Hautes études commerciales en 1934 ? C'est la crise à son plus creux. Sur vingt-huit finissants, un seul, et ce n'est pas moi, trouve un emploi, les autres doivent bricoler. C'est ce que je fais durant un an. Ce fut le moment le plus pénible de ma vie. On a la réputation d'avoir été un élève brillant, on a eu la naïveté de le croire, et on débouche dans le vide ; rien à faire, rien à gagner.

Léopold Lamontagne, qui rapporte ces propos de son camarade de collège, continue son récit :

> Il était de passage à Rimouski et me rendit visite au Séminaire où je venais de commencer à enseigner. Je le revois encore sur le divan antique de ma chambre austère. Derrière mon pupitre, par-dessus la *Guerre des Gaules* de César, les racines grecques et les fables de La Fontaine, je comprenais le désarroi de mon interlocuteur, moi qui n'avais même pas pu entrer comme reporter à *l'Événement*, et qui, comme professeur principal de syntaxe latine, gagnais le salaire si peu familial de 300 dollars par année. En guise de consolation, je lui montrai le plan et les premières pages d'un roman que j'ébauchais. Lui me parla de capitaux qu'il recherchait pour une industrie qu'il songeait à lancer[24].

Deux jeunesses des écoles ? C'était trop dire. Venue de la bourgeoisie ou du peuple, interrogée selon les voies diverses par la crise, ce fut la même jeunesse instruite et dépourvue d'avenir qui fit le procès de sa société. Ébauchant un roman comme Léopold Lamontagne ou cherchant des capitaux comme Gérard Filion, menant le procès du capitalisme ou du fédéralisme, occupée de métaphysique ou de révolution, cette jeunesse mise en disponibilité par la crise reprend les idéologies traditionnelles pour les pousser jusqu'à leur agonie. Mouvement de jeunesse, comme il ne s'en était pas produit depuis 1840. Les analogies entre ces deux coupures de notre histoire sont en effet frappantes : deux crises radicales de la société québécoise, et définies par des enfants de collèges, des enfants des idéologies.

Pour en rester à la jeunesse instruite des années 30, il faut pourtant souligner que certains accents font parfois préfigurer des changements radicaux d'accents quant aux thèmes accoutumés. Le paysage se diversifie. Les uns, par-delà le nationalisme ou les problèmes économiques de l'heure, plaident pour la « restauration spirituelle[25] ». D'autres critiquant le parlementarisme, le capitalisme, cèdent au fascisme. Mais ces déplacements de la *métaphysique* aux impératifs économiques ou politiques ne s'expliquent pas par les origines sociales de tel ou tel. C'est un fils de bourgeois, Pierre Dansereau, qui écrit à Robert Charbonneau de *la Relève* :

> Vous reconnaissez que la présente société est un éteignoir, que la pieuvre capitalisme nous étouffe. Et cependant, à quoi vous en prenez-vous ? Au manque de Charité, d'Amour, au matérialisme du siècle et à une foule d'autres conceptions qui portent des majuscules orgueilleuses... Tu veux sauver le monde, mon cher Robert, avec des principes... Si tu étais allé à Valcartier parmi les chômeurs, mon cher Robert, tu y aurais appris — outre le bel argot parisien qu'on y parle — la nécessité, l'imminence de la révolution, et tu cesserais de la chercher dans saint Thomas...[26].

Découverte au-delà des *principes* et de la *doctrine*, de la réalité prolétarienne, de la nécessaire *révolution* économique et politique ? De pareils écrits sont rares à l'époque. En insérant la lettre de Dansereau, la rédaction de *la Relève* note cependant qu'« elle exprime un état d'esprit très répandu... ».

Mais qu'en était-il des attitudes de la jeunesse en milieu populaire ? Sur ce point, nos connaissances sont rarissimes. Épinglons pourtant deux observations de Hugues, dans sa monographie sur Drummondville, dont les matériaux ont justement été réunis au cours des années 30.

La première observation nous suggère que les thèmes mis à la mode par les idéologues de la bourgeoisie, par la jeunesse nationaliste instruite, eurent un certain écho chez des jeunes du milieu ouvrier. Hugues décrit le défilé de la Saint-Jean à Drummondville, en 1937 :

> Un certain nombre de chars allégoriques se joignirent à la procession. L'un d'eux, donné par une quincaillerie, rendait hommage aux Patriotes de 1837 qui dirigèrent une révolution qui, bien que condamnée par l'Église à l'époque, est devenue un événement symbolisant la lutte des Canadiens français pour leurs droits au Canada. Le char de la Jeunesse Catholique Canadienne représentait la mort de Chénier aux mains des perfides Habits Rouges[27]...

La seconde observation a trait aux attitudes des jeunes ouvriers et des chômeurs lors des élections de 1936 :

> Aux coins de rue et dans les tavernes, les jeunes ouvriers et les jeunes chômeurs attaquaient le parti libéral, les propriétaires de moulins et leurs compatriotes aînés. Pour les jeunes gens, l'Union n'était pas un parti mais un mouvement destiné à assurer aux ouvriers Canadiens français et aux gens de condition modeste en général un traitement équitable de la part des industries possédées par les étrangers. A tout propos on les entendait répéter qu'ils ne voteraient pas *Concervateur* mais *National*. On ne cessait de répéter que les gens âgés étaient trop *partisans* ; qu'ils s'en tenaient au parti de leurs pères de la campagne et

qu'ils s'attendaient à ce que leurs fils fassent la même chose, ne se rendant pas compte que le parti libéral ne faisait rien pour libérer les ouvriers canadiens-français de la ville du joug des industries anglaises[28].

En rapprochant ainsi la jeunesse instruite et la jeunesse populaire urbaine des années 30, est-il besoin de dire que je ne veux pas le moins du monde atténuer les différences de *classes* ? Je cherche plutôt, je l'ai assez souligné, à cerner un contexte original. Et, après tout, une certaine analogie des attitudes ne s'explique-t-elle pas assez aisément par la *crise* et la similitude de ses incidents dans les deux classes ? Le chômage atteignit les deux jeunesses et devait fatalement provoquer la rencontre, confuse bien entendu, de deux malaises et de deux protestations.

Il faut aller plus loin, quitte à pénétrer sur un terrain moins sûr encore. Entre la bourgeoisie adulte de la crise et le prolétariat adulte des villes, les divergences étaient mal ressenties.

La bourgeoisie canadienne-française des années 30 est occupée avant tout à des tâches où les relations personnelles sont prédominantes. La crise la prive de revenus d'ordinaire modestes. Aussi traverse-t-elle cette crise un peu à l'image des milieux populaires. Certains de ses membres, de par leur vie quotidienne, de par leurs souvenirs de collège et leurs visions des choses, ont donc pu adhérer spontanément aux idéologies du temps, à l'examen qu'elles proposaient comme aux solutions extrêmes qu'elles suggéraient.

De leur côté, comment les ouvriers adultes des villes ont-ils vécu la crise ? Il faut avouer que nous en savons peu de chose. Un taux extraordinaire de chômage en milieu urbain : en 1932, au Québec, 26,4% des ouvriers syndiqués. Ces indications ne sont qu'approximatives ; le nombre des ouvriers syndiqués ne rend évidemment pas compte de l'ensemble de la main-d'oeuvre, surtout à cette époque. Pays marginal, le Québec souffrait plus que d'autres de la *misère* de la crise, davantage que l'Ontario par exemple. Mais, par sa marginalité, il trouva des ressources psychologiques qui lui permirent de la traverser. Vieille tradition de soumission et de fatalisme héritée de la campagne, ressources des solidarités familiales et paroissiales encore vivaces : chacun de nous sait, par les souvenirs transmis par les parents, que ces mécanismes ont joué. La révolte n'était pas pour autant exclue. La grève du textile, en 1937, est un cas parmi d'autres. Il faudra l'étudier de près. On peut y voir sans doute moins la manifestation d'un prolétariat depuis longtemps formé qu'une jacquerie d'ouvriers tout proches des vieilles colères paysannes. Ne préjugeons pas, pour autant, de recherches qu'il reste à poursuivre.

* * *

La société québécoise aborde la crise des années 30 avec des ressources idéologiques acquises depuis longtemps. Elle vit la crise à travers ces aperceptions. Grâce à la crise, elle les remanie aussi. De même, les classes sociales traversent la crise avec des attitudes anciennes mais qui, particulièrement dans la jeunesse bourgeoise et semble-t-il dans la jeunesse urbaine, ont été mises en question. Depuis longtemps en marge des pouvoirs économiques et politiques, une société a fait d'abord sa révolution dans la sphère de l'idéologie : c'était là, on s'en souviendra, notre présupposé de départ.

N'était-il pas normal que ce fût dans la littérature que se marqua au mieux la révolution au sein du champ idéologique traditionnel. On relira la monographie minutieuse de Jacques Blais sur la poésie de cette époque, où sont analysés, année par année, les recueils de poèmes et les critiques qu'ils ont suscitées[29]. La superposition de l'ancien et du nouveau, la naissance de nouveau sous l'ancien y apparaissent avec une étonnante évidence. La mutation de la littérature a précédé la forme de l'éducation qui devait s'effectuer plus tard. Nous attendons toujours la mutation de l'économie et de l'État. Aussi, cette révolution par les idéologies, qui fut celle des années 30, demeure instructive pour une plus large interprétation de notre histoire, de la plus ancienne comme de la plus récente.

Département de sociologie,   Fernand DUMONT
Université Laval.

---

[1]   Claude HURTUBISE, *la Relève,* novembre 1935, 781. L'idée, sinon le concept, est courante à l'époque.

[2]   *La Bonne Nouvelle,* 19 septembre 1931. Cité ci-après dans l'étude de Louis GARON.

[3]   Paul DUMAS, *la Relève,* mars 1935, 186.

[4]   Elle n'a pas cessé d'être une question éthique. Mais nous n'entendons plus la « morale » (ni la « politique ») comme le faisaient les gens des années 30.

[5]   *Le Devoir* 13 août 1936.

[6]   André MAROIS (l'abbé GROULX) : « Pour qu'on vive », *l'Action nationale,* mars 1935.

7   *Mesure de notre taille*, Imprimé au Devoir, 1936 ; *Pour nous grandir*, Imprimé
    au Devoir, 1937.

8   L'étude de *la Province*, périodique publié par Paul GOUIN et son équipe
    fournirait une constatation du même genre.

9   39% de l'ensemble, près de 50% des écrits d'ordre économique et social,
    d'après les calculs d'André-J. BÉLANGER. (*l'Apolitisme des idéologies qué-
    bécoises. Le grand tournant de 1934-1936*, P. U. L.,1974.)

10 Jacques BRASSIER (l'abbé Groulx) dans *l'Action nationale*, avril 1933,
    242-243.

11 « l'économique et le national (1936) », conférence reproduite dans *Directi-
    ves,* Éd. du Zodiaque, 1937, 56, 58-60.

12 Parfois, la doctrine s'exaspère jusqu'au délire. Dans une chronique, Groulx
    invoque l'Italie et la dictature de Mussolini pour montrer « comment un vrai
    chef d'État s'y prend pour inculquer à une nation mourante, décadente, le
    goût, la passion, de la grandeur et de la résurection ». Le dictateur italien est
    vu comme un afficheur de mots d'ordre, un prédicateur : « Dans les plus
    petits bourgs, sur les murs d'une humble maison, le touriste peut lire des
    consignes, des sonneries de fanfare comme celles-ci, mots du maître jetés à la
    volée, comme le blé de la main d'un semeur : *Croire, obéir, combattre... celui
    qui n'est pas prêt à mourir pour sa foi n'est pas digne de la professer.* » Le
    long d'une muraille de Gênes : « *Nous irons toujours tout droit...* » D'autres
    citations s'alignent qui font de Mussolini un professeur de rhétorique. La
    chronique continue par une *Prière à l'acropole*, à la ville de Québec en l'oc-
    currence ! On est alors à la veille du Congrès de la langue française. Par
    avance, Groulx dresse le décor idéal du verbe régénérateur : « Quand, venus
    de tous les coins de l'Amérique, nous nous retrouvons sur le Cap, en cette fin
    de juin 1937, aurons-nous l'impression de fouler la terre la plus française de
    ce continent, celle où l'esprit de notre race a le moins cédé, se défend le
    mieux, est resté le plus intact ? Sur le front du Champlain de la Terrasse, ne
    verrons-nous pas errer quelque ombre, l'angoisse d'un retour prochain des
    Kirke ? Vieille Cité, nous t'en prions, de ton passé, de ta vie profonde,
    refais-nous le paysage virginal... » (André MAROIS, *l'Action nationale*, mai
    1937, 311, 312, 315.)

13 IDEM, *l'Action nationale*, mars 1935, 172.

14 Victor BARBEAU, « Pour nous grandir », *le Devoir*, 1937, 91-92.

15 *Ibid.*, 96. Il faut abréger la citation. On se reportera avec intérêt aux exemples
    concrets que donne Victor Barbeau à la suite.

16 « L'éducation nationale », conférence au Congrès des instituteurs catholiques
    de Montréal, 5 décembre 1936, reproduite dans *Directives*, 1937, 142.

17 *Ibid.*, 137. Pour un plus large éventail idéologique, on se reportera particuliè-
    rement à l'enquête de *l'Action nationale* de 1934-1935, qui portait justement
    sur l'éducation nationale.

18 Le texte suivant me semble résumer l'essentiel de sa pensée : « Le mal est
    chez nous, le mal est en nous, je le répète. Et la racine de ce mal est bien plus
    dans l'éducation que dans l'empiètement de l'étranger. On a empoisonné
    l'esprit des jeunes en leur racontant le mythe de l'envahissement anglais,
    anglo-canadien et américain. Et on a créé des xénophobes. Pourquoi ne pas
    dire franchement aux jeunes : si vous n'avez pas de carrières, demandez-en le
    pourquoi à ceux qui n'ont pas su préparer ni vos pères ni vous-mêmes à la

lutte pour la vie et qui vous ont plongés dans un nationalisme isolant et stérilisateur ». (*Le Jour*, 25 septembre 1937.) On rapprochera ce passage d'un article de Paul Riverin qui concorde parfaitement avec des déclarations cent fois réitérées de Jean-Charles Harvey : « Tendance trop accentuée, chez les personnes formées dans les institutions actuelles, à se sentir dans une vague métaphysique, à généraliser là où il faut des données concrètes, à orienter leur vie d'après un idéal sentimental paré du nom de principe, à raisonner sur des abstractions au mépris des réalités les plus visibles ». (*Le Jour*, 1er novembre 1941.) Textes cités dans l'étude de Pascale GUIMOND, ci-après.

[19] *L'Avenir de notre bourgeoisie*, Valiquette et Édition de la J. I. C., 1939.

[20] *Les Idées*, mai 1939. Je cite d'après le choix de textes d'Albert PELLETIER, *Écrits du Canada français*, 34, 1972, 89, 90.

[21] *Ibid.*, 91.

[22] Arthur LAURENDEAU, « Olivar Asselin », *l'Action nationale*, septembre 1937, 57.

[23] *Chronique de l'âge amer*, Éd. du Sablier, 1967.

[24] Présentation de Gérard Filion à la Société royale par Léopold LAMONTA-GNE, *Mémoires de la Société royale du Canada*, section française, n° 18, 1963-1964, 11.

[25] « Une doctrine qui dit : « Soyons les maîtres de l'économie et du politique dans le Québec, et alors nous établirons solidement les valeurs spirituelles », est une doctrine de négation du spirituel qui risque de précipiter notre peuple dans le matérialisme ». (*La Relève*, sept.-oct. 1936, 9.)L'abbé Groulx, entre autres, est évidemment visé.

[26] Lettre publiée dans *la Relève*, décembre 1936, 58-62.

[27] Everett C. HUGUES, *Rencontre de deux mondes*, trad. J.-C. Falardeau, 1945, réédition du Boréal Express, 1972, 267.

[28] *Ibid.*, 158.

[29] Jacques BLAIS, *De l'ordre et de l'aventure ; la poésie au Québec de 1934 à 1944*, P. U. L., 1975.

LA CRISE

Pour les survivants de l'époque, la grande crise est un mauvais rêve, un cauchemar qu'on s'efforce d'oublier de crainte de le revivre. Pour l'historien d'aujourd'hui, ces années noires sont un révélateur qui fait apparaître dans la trame de notre histoire l'image d'un Québec qui n'est plus celui de Maria Chapdelaine, mais celui dans lequel se débattaient, déjà en 1880, Jos. Beef. et les pauvres bougres du quartier Saint-Henri, à Montréal. Aucune brisure donc avec le passé, mais la projection brutale et en trois dimensions dans la conscience des Québécois d'une situation qui se modifiait depuis que des entrepreneurs avaient commencé à construire des manufactures le long du canal Lachine et que des agronomes avaient conseillé aux habitants d'utiliser les machines aratoires. Le recensement de 1921 n'établit-il pas que le Québec est une société à majorité urbaine ?

I. – UNE ÉCONOMIE EN DIFFICULTÉ

Durant les années 20, les élites québécoises réagissent différemment à ces changements à long terme. Témoins attristés et inquiets, des idéologues, issus du clergé et des professions libérales prêchent un conservatisme sans issue, tandis que des hommes d'affaires, aveuglés par l'euphorie d'une prospérité factice, favorisent l'industrialisation et l'urbanisation qui renforcent leur statut social, mais ne savent déchiffrer les signes d'essoufflement de l'économie nord-américaine. Aux États-Unis, la machine fonctionne grâce aux ventes à tempérament : les spéculateurs misent davantage sur les besoins futurs qu'ils estiment illimités que sur les réalités présentes. Le Canada, fier de la croissance soutenue de son revenu national, oublie qu'il est un colosse aux pieds d'argile, à la merci

de l'humeur changeante des investisseurs étrangers et de quelques denrées d'exportation — le blé, les pâtes et papier, les métaux — sujettes à
de brusques variations de prix. Investissements et exportations sont alors
l'énergie qui actionne l'économie canadienne.

On comprend mal aujourd'hui — et c'est sans doute parce que lisant à
rebours les événements nous oublions que les contemporains d'une conjoncture n'arrivent pas à discerner les probabilités des possibilités — que
les hommes des années 20 n'aient pas vu venir la catastrophe. D'une
part, le marché d'exportation se resserre chaque année un peu plus : les
pays européens commencent à dépasser leur volume de production
d'avant-guerre et la Russie, depuis 1925, s'affirme grand exportateur de
blé ; d'autre part, le marché intérieur de l'Amérique est saturé d'auto-
mobiles et d'appareils électriques, ces innovations qui sont un des pôles
de croissance de l'économie nord-américaine. En septembre 1929, les
stocks s'accumulent aux États-Unis, et les prix commencent à vaciller
début octobre. Les milieux d'affaires s'énervent : la prospérité pour-
rait-elle être mortelle ? Le 24 octobre, demeuré dans la mémoire populaire le vendredi noir, la foudre frappe la Bourse de New York pleine à
craquer de vendeurs. Le marché des actions s'effondre. En moins d'un
mois, l'index Dow-Jones, ce thermomètre qui mesure la santé de l'économie américaine, chute de 327 à 199. C'est la crise.

Ce mot chargé d'émotivité dans la langue quotidienne n'est dans la
bouche d'un économiste qu'un terme neutre qui désigne l'un des temps
du cycle économique : celui qui marque le renversement brusque vers la
baisse d'un mouvement à la hausse. Techniquement, la crise est de
courte durée et amorce un temps de contraction qui sera suivi inévitablement d'une reprise et d'un essor. Le tableau présenté plus loin, qui
ne retient que les données de l'industrie manufacturière, illustre ce
phénomène général, tout en révélant des caractéristiques propres au
cycle des années 30. La crise est brutale, mais s'étire dans le temps
indûment ; la reprise qui semble ferme en 1934 devient hésitante dès
1936, et l'essor agonise déjà en 1938. N'eût été la guerre qui éclata en
1939, il y a tout lieu de croire que 1939-1940 aurait à nouveau été une
année de crise.

Que se passe-t-il dans les années 30 ? En premier lieu, la diminution
des échanges internationaux touche d'autant plus le Canada que la valeur des produits à l'exportation (blé, papier) baisse plus rapidement
que celle des produits à l'importation (produits ouvrés). La valeur des
exportations canadiennes baisse de 50 pour cent de 1928 à 1932 et la
balance commerciale canadienne, positive depuis 1921, enregistre des

déficits inquiétants : + $120M. en 1929, − $125M. en 1930, − $28M. en 1931. `A ces difficultés s'ajoute dans les Prairies une série de mauvaises récoltes. Ces facteurs défavorables enrayent l'économie canadienne caractérisée par la spécialisation régionale et les échanges interprovinciaux.

Le Québec, notamment Montréal (40 pour cent de la population québécoise) dont les activités commerciales et manufacturières sont axées surtout vers les prairies canadiennes et les villes papetières qui travaillent pour le marché américain, est durement touché. Notre tableau le montre à l'évidence : les industries du matériel de transport, du bois, des pâtes et papier sont les plus atteintes ; viennent ensuite les industries du vêtement et du textile. Grâce à la guerre tarifaire que mène Ottawa (Conférence impériale de 1932, ententes bilatérales avec les É.U.A.), la reprise est plus ferme et plus accentuée dans les industries protégées. Une analyse plus approfondie montrerait cependant que les tarifs ont freiné la reprise dans les autres secteurs de l'économie.

Durant les années 30, le Québec a donc connu tous les temps d'un cycle économique. Mais la crise a été si brutale et si longue, la reprise et l'essoɪ si timides dans certains secteurs et si courts que les contemporains n'ont retenu de ce cycle décennal que le premier temps. La Crise avec un *C* majuscule en est donc venue tout naturellement à désigner, dans la mémoire populaire, la décennie 1930. (Voir le tableau de la page suivante.)

II. – ILS NE MOURAIENT PAS TOUS...

La crise, par son ampleur et sa durée, prend l'allure d'un malheur public. Rumilly, imbu de la Bible, parle d'une plaie, car les mauvais effets de la crise gangrènent tout le corps social.

La crise frappe d'abord le corps social dans sa croissance même : le taux de croissance annuel de la population tombe de 2,2 pour cent à 1,3 pour cent en 1938, moins à cause d'un arrêt de l'immigration que d'une chute du taux de natalité. Ce taux s'était maintenu à des sommets durant la décennie 1910-1920 ; il oscillait aux alentours de 38 pour mille par année. Dans la décennie suivante, l'urbanisation accélérée de certaines zones amorce un efficace travail de sape : le taux de natalité dégringole à 28 pour mille. La crise joue dans le même sens : à partir de 1933, le taux de natalité se stabilise aux alentours de 25 pour mille, conséquence, entre autres facteurs, d'une chute du taux de nuptialité amorcée en 1930. N'eût été une baisse parallèle du taux de mortalité,

VALEUR BRUTE DE LA PRODUCTION MANUFACTURIÈRE DU QUÉBEC, 1929-1940
(EN MILLIERS DE DOLLARS COURANTS)

Années	Aliments et boissons	Textile	Vêtement	Bois	Papier	Fer et acier	Matériel de transport	Métaux non ferreux	Total de tous les produits
1929	202 124	85 152	107 133	59 428	138 823	77 940	82 309	36 959	1 106 475
1930	179 896	68 507	97 507	60 774	118 084	73 417	59 603	35 343	971 782
1931	151 781	63 714	87 765	35 549	94 408	53 583	37 771	41 298	801 644
1932	127 366	58 624	73 462	23 836	71 963	33 689	17 031	40 145	619 094
1933	122 771	70 501	75 330	18 839	64 938	31 564	13 891	43 456	604 497
1934	145 452	82 543	89 956	20 768	84 458	38 325	19 085	47 308	715 514
1935	156 144	84 614	95 968	24 041	89 309	43 973	21 534	36 459	769 095
1936	167 271	90 827	106 385	28 710	101 085	52 326	30 699	66 716	859 687
1937	196 288	98 112	117 478	40 462	123 514	73 788	52 077	86 841	1 046 471
1938	197 093	76 953	111 914	40 250	104 665	62 948	45 904	93 173	979 123
1939	201 331	96 813	120 229	39 729	121 616	66 466	34 636	102 212	1 045 758
1940	228 635	138 435	151 826	51 829	173 265	101 230	69 018	135 475	1 357 376

*Statistiques compilées par Marc VALLIÈRES.

consécutive à la politique d'hygiène mise en place dans les années 20, le taux de croissance annuel aurait connu une baisse marquée. De 13 pour mille en 1930, le taux de mortalité ne dépasse guère 10 pour mille à la fin de la décennie.

Beaucoup plus graves sont les effets de la crise sur la main-d'oeuvre active qui se retrouve sans emploi. Le nombre de chômeurs atteint des proportions effarantes que les statistiques déficientes de l'époque n'arrivent pas à cerner : entre 1931 et 1933, on évalue à 30 pour cent de la main-d'oeuvre active le nombre de chômeurs, taux qui serait de plus de 50 pour cent dans certaines zones. Ces taux sont des approximations, mais combien révélatrices !

Il s'ensuit que la crise touche inégalement les citoyens. Faute d'études sur la question, les témoignages que nous avons permettent de formuler des hypothèses. Chez les travailleurs, on pourrait distinguer trois catégories : ceux qui ont un emploi permanent et peu sensible aux variations de salaire, tels les fonctionnaires, vivent bien ; ceux qui conservent leur emploi, mais subissent des baisses de salaire, végètent, car la politique du gouvernement fédéral tend à maintenir le niveau des prix ; ceux qui perdent leur emploi, tels les journaliers, les ouvriers de la construction, les bûcherons, les ouvriers du textile et des pâtes et papier, connaissent la misère noire. Les cultivateurs touchent moins d'argent mais réussissent par un retour à l'autarcie à survivre. La situation est plus confuse chez les élites et les notables : bon nombre subissent des baisses de revenus appréciables, tous sentent leur statut social menacé et s'effraient d'une crise qui tend à éroder la pyramide sociale. J.-M. Savignac, président du comité exécutif de la ville de Montréal, a bien décrit la situation qui prévaut de 1934 à 1936 :

Lorsque la présente administration est entrée au pouvoir en avril 1934, la situation était loin d'être rose. Il y avait deux refuges ouverts où logeaient les étrangers en notre ville et qui nous coûtaient environ $45,000. par mois. Les banques, à qui nous devions alors une dette flottante d'environ 33 millions, refusaient d'avancer de nouveaux argents. Elles avaient complètement perdu confiance dans l'administration qui nous avait précédés. Il était dû en arrérages de loyers aux propriétaires qui avaient hébergé des chômeurs, aux épiciers qui les avaient nourris, aux médecins qui les avaient soignés une somme de près de trois millions en souffrance depuis de longs mois. Nos revenus suffisaient à peine à payer le chômage. Nous étions à la veille du déménagement du mois de mai 1934. Les propriétaires en très mauvaise posture financière ne voulaient pas louer aux chômeurs Et nous avions à faire face à un déficit de $7,700,000...

En mai 1935, nous ne savions comment boucler notre budget. Les propriétaires ployaient sous des impôts. Les propriétés étaient vides, se louaient mal. Nous décidions de ne plus toucher à la propriété. Et conséquemment, pour l'alléger un peu, nous décidions d'imposer la taxe dite de « chômage », pour nous donner les revenus suffisants pour continuer à nourrir et à abriter les chômeurs...

Le chômage à date, depuis les cinq dernières années, coûte à la Cité de Montréal environ 23 millions. C'est-à-dire que notre dette aurait augmenté de ce montant. La Cité de Montréal paye, pour frais d'administration de chômage, environ $600,000. par année. Durant ces deux dernières années, Montréal va perdre environ 3/4 de million seulement sur sa taxe d'eau due par des chômeurs et par d'autres qui ne sont pas sur le chômage, mais qui ne vivent guère mieux[1] ...

Le Québec avait déjà été confronté avec des crises. Ainsi, les années 1929-1934 ne sont pas sans rappeler la crise des années 1873-1878. Cependant la crise des années 30 tire son originalité du fait qu'elle frappe une société déjà avancée dans la voie de l'industrialisation, mais très en retard dans la voie de l'urbanisation. La population, concentrée dans la région de Montréal et quelques centres de moindre importance, s'appuie encore sur les mécanismes de défense de la société traditionnelle — l'Église et ses oeuvres, les municipalités et les paroisses, la famille et ses mécanismes d'entraide — pour assurer sa sécurité dans les moments de crise. Ces moyens de défense se révèlent aussi désuets que les flèches des hommes de pierre dans les guerres modernes. Les instruments plus adaptés aux temps nouveaux sont si peu développés qu'ils sont inefficaces (v.g. les mesures de sécurité sociale étatiques) ou si fragiles qu'ils ne résistent pas au travail de sape de la crise, ainsi le syndicalisme qui s'effondre.

La crise devient donc l'épicentre d'une violente secousse qui jette par terre les structures fondamentales de la société. Elle accélère le démembrement de la famille patriarcale qui ne peut plus subvenir aux besoins de ses membres et celui des quartiers qui constituent autant de villages autonomes à l'intérieur des villes. Elle remet en cause le partage des responsabilités entre les trois niveaux du gouvernement : le municipal, le provincial et le fédéral, et du même coup remet en question le système socio-économique.

III. – LES RÉPONSES À LA CRISE

La crise pose des questions. Les réponses, comme en témoigne la chronologie de la période, sont multiples et pas toujours cohérentes. On peut les regrouper en deux familles : celles données par les hommes au pouvoir et celles énoncées par les contestataires.

Quel que soit le parti politique auquel ils se rattachent et le niveau d'administration où ils se situent, les hommes au pouvoir font face à la crise à partir d'un même schème de pensée issu d'une part du libéralisme économique et d'autre part des connaissances scientifiques des fluctuations économiques. Il existe alors une orthodoxie à laquelle adhère tout bon administrateur : 1) l'État doit intervenir le moins possible ; 2) l'équilibre annuel du budget est un idéal qu'on atteint par la hausse des taxes et la réduction des dépenses publiques, mais qu'on applique en répartissant les charges de manière à ne pas changer la position financière des groupes dans la société ; 3) on laisse le mécanisme ordinaire du marché, à l'intérieur d'un système tarifaire, régler le cours du dollar et des prix. Les slogans électoraux de l'époque traduisent ces principes en jargon électoral : King durant sa campagne de 1930 ne parle que de « saine administration » et de « coupure des dépenses », tandis que Bennett promet d'utiliser le tarif « to blast a way into the markets that have been closed ». Maurice Lamontagne a montré les effets néfastes de cette politique qui tendait à aggraver le mal plutôt qu'à le guérir. Ainsi, la hausse des impôts et le maintien des prix eurent pour conséquence de réduire le pouvoir d'achat des consommateurs et partant d'accentuer le chômage[2].

L'idée d'un ordre nouveau à inventer n'effleure pas la conscience des hommes au pouvoir. Défenseurs du statu quo, d'un retour au cours normal des choses, ils essaient tout au plus de corriger les abus les plus criants. Ils vivent d'expédients et utilisent le système des commissions d'enquête pour temporiser. Les recommandations de trois principales enquêtes de cette période — l'enquête Montpetit sur la sécurité sociale, l'enquête Stevens sur l'écart des prix, l'enquête Rowell-Sirois sur le partage des pouvoirs — alimenteront les débats de la décennie suivante.

Les hommes au pouvoir subissent plus qu'ils ne canalisent les événements. Aucun n'a la stature d'un leader, la plupart vivent dans la crainte d'une situation exploitée par les communistes. Symbole d'une époque : Bennett, en 1932, s'adresse aux délégués des fermiers derrière un rideau de policiers, et Duplessis, en 1937, vote la « Loi du cadenas ».

Pourtant, par-delà quatre décennies, l'impression demeure que les réponses formulées par les contestataires n'ont rien de révolutionnaire et ne nécessitent pas ces mesures extrêmes. Ceux-ci, comme les administrateurs de l'époque, ont un petit air de famille, tant il est vrai qu'une culture n'assimile que lentement les corps étrangers et que le corps social, tout comme le corps humain, connaît des phénomènes de rejet : ainsi le C. C. F., le parti canadien le plus socialisant de la décennie, ne peut se faire entendre dans le Québec, ostracisé qu'il est par les autorités ecclésiatiques ; et jusqu'à preuve du contraire, force est d'admettre que le parti communiste a moins rayonné que servi d'épouvantails à des élites désireuses de se maintenir.

Qu'ont-elles donc en commun ces voix qui contestent les pouvoirs ? Une origine : elles sont les rationalisations des élites et des notables. Un ennemi : l'éthique protestante aux visages multiformes (la richesse, les trusts, etc.). Un objectif : reconstruire un ordre social qui garderait sa gouverne hors de l'État. Une angoisse : la perte d'un statut social. Une tonalité : un rationalisme défensif. Enfin, une caution : un ou des courants idéologiques européens. À partir de là, comme en témoignent les études de ce volume, commencent les différences.

Département de sociologie,   Jean-Paul MONTMINY
Université Laval.

Département d'histoire,   Jean HAMELIN
Université Laval.

1   *Le Devoir*, 23 novembre 1936, p. 7.
2   Maurice LAMONTAGNE, *le Fédéralisme canadien. Évolution et problèmes*. Québec, Les Presses de l'université Laval, 1954, 300p.

LES IDÉOLOGIES ET LEUR DÉSERT POLITIQUE

La crise économique est l'occasion pour les sociétés occidentales d'un regard nouveau sur leur être collectif. Après être passées par une première mutation, à savoir une guerre mondiale qui a ébranlé les assurances d'une société en prolongement du XIXᵉ siècle, l'Europe et l'Amérique sont à nouveau plongées dans une période trouble. La dépression économique fait subir cette fois un choc sérieux à la quiétude béate d'un libéralisme trop sûr de lui-même. Pour cette raison, ces années 30 servent souvent de moment de référence : la France se souvient encore, au-delà de la deuxième grande guerre, du Front populaire, ralliement d'une gauche embrassant les communistes ; l'Espagne d'aujourd'hui refait, pour ainsi dire, son histoire à partir de l'échec de son *Frente popular* ; l'Allemagne, pour longtemps divisée, témoigne de l'expansionnisme belliciste du nazisme ; enfin, les Etats-Unis se sont évalués jusqu'à tout récemment en fonction du mètre étalon reconnu par le New Deal de F. D. Roosevelt. À cette époque, le Canada ressent les contrecoups de ces heurts économiques et politiques, l'émergence du parti CCF, issu du Congrès de Regina (1933), en est l'illustration éclatante.

Où se situe le Québec dans cette mêlée ? Quelle est sa réponse à ce questionnement auquel se livre l'Occident ? Il est clair que la « sévérité » de la crise est perçue comme la faillite des valeurs libérales. On se rappellera qu'effectivement les représentations dominantes de l'époque avaient au Québec été formées à une école déjà plus que prémunie contre le libéralisme, qu'il soit économique ou politique. Le message courant condamnait à l'avance ces valeurs mises en échec par la dépression. À certains égards donc, on est en excellente position de contestation, en ce sens que la remise en question du capitalisme n'offre *en soi* aucune nouveauté. La crise confirme même dans l'esprit d'un bon nombre le sort réservé aux valeurs d'individualisme forcené dont la Réforme avait été porteuse. En principe, c'est sans grande surprise qu'est accueillie cette débâcle par l'intelligentsia de l'époque. Son avènement était inscrit dans l'ordre et la force des choses.

Parlant d'intelligentsia il nous est toujours apparu qu'une frontière assez étanche a séparé, depuis le XIXe siècle jusqu'en 1960, la gent politique, c'est-à-dire les praticiens de la politique (et leurs journaux), de la gent intellectuelle, généralement d'obédience cléricale. Si bien qu'en arrondissant un peu les coins, en mettant de côté quelques cas d'exception, il se dégage comme deux univers : l'un, de praticiens, qui peuvent être libéraux pour la plupart (quelle que soit leur allégeance politique), ou fascistes (à la suite d'Adrien Arcand), ou encore communistes..., l'autre qu'on peut désigner, à défaut de mieux, d'idéologues, qui évoluent au-dessus ou à côté du politique. C'est à ce niveau de production que nous allons nous arrêter. Il est important, puisqu'il rallie tout un bloc de personnes qui ont réfléchi sur le sort de la société québécoise, se posant comme seules sources de revivification du milieu.

Au-delà d'un monolithisme qui ferait croire à une complète homo-généité des représentations au Québec, il est indiqué de dégager la diversité des avenues qui se sont offertes comme autant de réponses au mal de ces années. Posons, aux fins de l'analyse, trois voies qui, sans complètement s'ignorer, représentent néanmoins des choix relativement distincts : le nationalisme, le corporatisme et le renouveau religieux. Trois options qui ont en commun leur apolitisme. Il y aura tout lieu en conclusion de tenter une explication à ce sujet, tout comme d'ailleurs de ce partage entre idéologues et praticiens.

Première solution proposée au marasme économique, le nationalisme québécois est loin d'être univoque. Il y a entre Henri Bourassa et Lionel Groulx tout un monde qui les sépare. L'élaboration quotidienne du nationalisme véhiculé par *le Devoir* — qui se veut un prolongement de la pensée de son fondateur — gravite autour d'un univers de forte adver-sité. Il est même permis de croire qu'il se définit presque exclusivement par le truchement d'un point d'appui qui en serait un de stricte opposi-tion. *Le Devoir* de la tourmente de 1934-1936, période qui s'étend de la fondation de l'Action libérale nationale à l'avènement du gouvernement d'Union nationale, est un journal d'*opposition* et non de ralliement. Qu'est-ce à dire ? À cette époque, sa forme de combat est très simple : il excelle dans la dénonciation des adversaires mais se révèle incapable de rassembler un « nous » de remplacement. Il perçoit assez clairement la conjugaison des forces économiques sous forme de trusts et monopoles qui savent s'aboucher à une gent politique assez servile, le gouvernement libéral de MM. Taschereau et Godbout. La concentration de la presse entre les mains d'agents gagnés à cette cause rend évidente cette collusion de pouvoir à tous les échelons de la société. En somme, l'action de l'adversaire est assimilée à une conjuration. *Le Devoir* n'a jamais éprouvé, semble-t-il, d'hésitation à en découvrir les ressorts où qu'ils soient. Ce travail de tous les jours, ordonné à la condamnation de l'adversaire, contribue, il va sans dire, au discrédit d'un parti qui se maintient à Québec depuis près de quarante ans. Opération d'érosion qui va s'accélérer avec les irrégularités électorales auxquelles le scrutin très serré de 1935 donne lieu ; lors des découvertes de la Commission des comptes publics du printemps 1936, c'est le déchaînement.

L'ennui c'est que *le Devoir* sera tout adversité et qu'adversité. Sa capacité mobilisatrice va se réaliser dans la négative, c'est-à-dire dans l'opposition. Il ne développe en son discours aucune propension au ralliement, aucune direction vers un regroupement concret. Ce phénomène prend tout son sens lorsqu'on situe ce journal par rapport à l'action entreprise par l'ALN. Bien sûr, *le Devoir* lui est officiellement favorable ; d'ailleurs des pages entières lui sont consacrées au chapitre des nouvelles. À cet égard, l'ALN est loin d'être ignorée, elle y trouve même, pourrions-nous dire, une tribune très accueillante. Donc, aucun problème à ce niveau. C'est ailleurs que la roue grince, qu'à toute fin utile, elle ne tourne presque pas, ou pas du tout : au stade du commentaire. On compte sur les cinq doigts de la main les éditoriaux ou blocs-notes qui lui sont vraiment consacrés. Un seul éditorial en trois ans (entre 1934 et 1936) traitera du contenu de son programme. *Le Devoir* s'affaire autour de *personnes* et non d'*idées*, vision plus morale que politique de l'action engagée dans la *res publica*.

Or, le jeu de Maurice Duplessis, alors leader de l'opposition, était précisément de faire oublier un programme qui était susceptible de le gêner dans l'avenir. La stratégie de sa célèbre campagne de l'été 1936, qui va le porter au pouvoir, repose sur une intention manifeste de réduire ses engagements politiques (promesses, programmes, etc.) au minimum, en ramenant constamment le discours à une dénonciation du gouvernement. Il n'y a rien de nationaliste dans cette campagne du Trifluvien ; avec le recul du temps, il apparaît clairement qu'elle ressortît au style traditionnel d'un électoralisme assez primitif mais fort rentable[1]. Or jamais *le Devoir* n'est intervenu pour imprimer un autre sens à ce mouvement. Bien au contraire, il s'est trouvé à renforcer la stratégie de Duplessis : par exemple, sur 40 éditoriaux et 62 blocs-notes consacrés à la campagne de l'été 1936, la presque totalité porte sur une

condamnation de l'administration Taschereau-Godbout. Trois éditoriaux et un seul bloc-notes sont destinés à mettre en valeur l'Union
nationale qui n'est perçue, en gros, que comme formation d'*opposition*
au régime.

Le Devoir est politique dans la mesure où il s'oppose ; il est complètement apolitique quant au reste. Il se révèle incapable de cerner
l'action concertée d'un « nous » et encore moins de soumettre un
projet à cette collectivité. Quant à l'État, il fait figure de mal nécessaire
dans la mesure où aucune formule de remplacement ne semble vouloir
s'offrir.

Si le nationalisme du *Devoir* fait sienne une forme d'inaction crispée
dans la condamnation des adversaires, il n'en est pas de même pour
d'autres types de nationalismes issus d'autres sources. En opposition à
une vision plutôt rituelle de l'action nationale, se dresse une pensée
mystique, celle de Lionel Groulx. L'appel, cette fois, s'adresse au ralliement et à la mobilisation. Appel destiné avant tout aux consciences. Le
mal occasionné par la crise n'est pas d'abord économique, il est
national. Contre les effets débilitants de la désorganisation économique,
on lui oppose plus qu'un système économique ou social : un état d'âme,
une mystique. Bon nombre y verraient aujourd'hui un mouvement de
fuite, idéalisation d'un conflit réduit à se confiner à la conversion des
consciences.

D'une société obsédée de rites sur le plan religieux, surgissent les
composantes d'une vision toute tournée vers la mystique : le langage du
nationalisme groulxiste s'articule autours de termes puisés à la
communion des saints. La nation est, en premier lieu, communion, puis
lieu de rédemption sociale garante d'un salut collectif. Tout est affaire
d'âme, de disposition des consciences, donc de foi et de conversion. Le
discours de Groulx doit s'entendre comme une incantation liée à la foi
nationale et non comme la démonstration d'un théoricien. Il n'a rien du
théologien et tout du croisé. L'histoire sert, implicitement ou non,
d'illustration et de légitimité. Elle prend souvent l'allure d'une geste où
certains héros prennent place au martyrologe de la nation.

Le politique, facteur de division, demeure étranger à cette composi-
tion. Cette dernière nie toute participation au parlementarisme libéral,
accoucheur de l'esprit de parti. Derrière le libéralisme, comme principe
économique ou politique, se profile de toute façon le spectre de la
Réforme. S'il y a une dimension politique chez Groulx, il faut certes le
chercher ailleurs. Tout de suite vient à l'esprit l'exaltation du chef
qu'ont relevée tant de commentateurs. Plusieurs y ont même vu une
sollicitation non dissimulée au fascisme. Ce qui a permis à certains de

conclure qu'en contrepoids à un Canada anglais qui risquait à l'occasion de basculer vers un socialisme radical, le Canada français tentait durant les années 30 à se rallier aux totalitarismes de droite. L'une et l'autre de ces propositions sont excessives d'autant plus que la seconde méconnaît les fondements du nationalisme traditionnel au Québec. Il ne fait pas de doute que Lionel Groulx a lancé quelques fois des appels au chef. Il faut cependant se rendre compte que ces appels ont été peu fréquents et que, de plus, ils demandent d'être resituer dans leur contexte. Reprenons une de ces déclarations les plus formelles :

> Et vous, jeunesse, qui tant de fois nous avez déçus, mais qui toujours avez ranimé nos espoirs, faites que, par tous vos labeurs et par toutes vos prières, nous arrive ce qui, pour tout peuple trop affaissé, est une indispensable condition de ressaisie, faites que nous arrive ce qui est arrivé au Portugal, à l'Espagne, à l'Irlande, à la Pologne, à l'Italie, même à la Turquie : un chef entraîneur, un excitateur d'enthousiasmes et de volonté, qui soit aussi un calme ordonnateur d'énergies, un homme qui sache par quelle politique organique, persévérante l'on sauve un pays ; et alors, par vous, jeunesse, c'en sera fini de porter nos âmes en berne ; nous les hisserons à hauteur d'homme, à la hauteur des grands Français, nos aïeux[2].

Il est toujours possible, en mettant l'accent sur l'appel à l'« énergie », de tirer le contenu de cette affirmation dans le sens d'une évocation au fascisme. Mais rien d'autre dans le reste du discours groulxiste n'habiliterait à conclure dans ce même sens. De toute évidence, il y a ambiguïté. Une telle exhortation en faveur d'incarnations aussi autoritaires n'est pas sans laisser songeur. Néanmoins, à l'examen, il est possible d'y distinguer une place privilégiée dévolue au chef comme sauveur-rédempteur de la nation. Dans l'économie du salut, Groulx prévoit en quelque sorte une voie royale, exceptionnelle, pour une situation de dépérissement qui est, elle aussi, perçue comme exceptionnelle. L'accès normal procède dans les écrits de Groulx par la socialisation confiée aux enseignants, élite intellectuelle traditionnelle. Le chef court-circuite cette filière et assure un ralliement plus expéditif. Remède de cheval.

Avec ou sans les maîtres, avec ou sans le grand maître, c'est-à-dire, le chef, l'univers social de Groulx exclut toute formalisation politique : la dynamique nationale est confiée à la collectivité qui, en communion, achève un cheminement vers une forme d'unanimité enfin retrouvée. Le pluralisme diviseur du libéralisme n'y trouve pas son compte ni non plus l'esprit de l'autoritarisme ou de la dictature, qui serait finalement des traits étrangers à notre « nature ». Le politique se trouve implicitement évincé ou encore simplement ignoré du discours.

Cette construction tronquée du social se reproduit dans les idéologies qui se réclament de Groulx. *L'Action nationale* se tient amplement à l'écart de la mêlée. Les Jeunes-Canada par contre font figure de jeunes loups du nationalisme. La véhémence de leurs propos leur donne une allure décidée qui a toutes les apparences d'un engagement politique. Leurs interventions ont même pour effet de provoquer l'ire du Premier Ministre du temps, M. Alexandre Taschereau. En dépit d'un langage parfois incendiaire et d'appels au chef, les Jeunes-Canada se soustraient à l'action autre que rhétorique. Effectivement, ils s'éclipsent au fur et à mesure qu'on se rapproche de l'été 1936. Forts en invectives, ils sont absents des rendez-vous politiques.

Au-delà de ce halo qui entoure la présence idéologique de Groulx, la crise suscite l'émergence de représentations qui, tout en se réclamant du maître, optent davantage pour l'audace ; une audace parfois plus ronflante qu'active. Dans cette veine, se situent des publications d'inspiration fasciscante comme *Vivre* et *la Nation*. Elles ont un trait significatif, celui de plonger dans un imaginaire politique qui n'a rien de commun avec la situation réelle du Québec. Obnubilées par la conjoncture européenne, elles rejouent, sous la plume de Jean-Louis Gagnon, un scénario d'ailleurs : la menace du communisme représentée par le Front populaire... Toute la campagne de 36 se déroule dans les pages de *la Nation* comme si le grand débat portait sur l'éviction de ces forces de gauche. Débat illusoire qui n'avait de politique que le verbe.

En parallèle à l'école nationaliste, se développe à l'occasion de la crise une pensée qui, sans être incompatible avec elle, se fraiera une voie qui lui est propre, c'est le corporatisme. Bon nombre de nationalistes seront corporatistes, comme bon nombre de corporatistes seront nationalistes. Mais malgré ce chevauchement fréquent, il est impératif d'y déceler un cheminement idéologique distinct, en continuité avec des antécédents également bien distincts.

Si, dans l'histoire, le nationalisme s'est illustré par des personnages flamboyants comme Henri Bourassa et Lionel Groulx, pour ne nommer que des contemporains, la pensée sociale au Québec s'est plutôt développée et surtout transmise à même des structures ou organisations qui ont rapidement débordé le cadre du strict rayonnement personnel au profit de mouvements. Il ne nous appartient pas ici de reprendre ces antécédents qui ont présidé à la mise sur pied de syndicats et autres organismes destinés à recatholiciser un univers social menacé par une pratique économique libérale. Qu'il suffise de se rappeler que l'Ecole sociale populaire, fondée par les Jésuites au début du siècle, a servi de matrice idéologique à toute une pensée plus préoccupée de récupération sociale que d'animation nationale.

Alors que les années 30 sonnent l'heure du ralliement nationaliste, elles sonnent également l'heure d'une nouvelle cristallisation idéologique sur le plan social. Le nationalisme groulxiste a poussé l'idéalisation jusqu'au mysticisme, l'École sociale populaire, pour sa part, va trouver dans la corporation les ingrédients à une harmonie sociale reconstituée. Le corporatisme correspond à un certain aboutissement. Il représente à l'époque une nouvelle totalité, une réponse globale à un danger tout aussi global. On retrouve bien entendu les germes de cette réflexion dans les enseignements officiels de l'Eglise. Dès *Rerum Novarum* de 1891 il en est vaguement question, *Quadragesimo Anno* en reprend le thème avec plus de netteté (il ne nous revient pas d'évaluer l'influence de l'ambiance italienne sur le Vatican). Au Québec, on en trouve dans les années 20 quelques promoteurs. Comme pour la plupart des mouvements sociaux, le corporatisme n'émerge pas sans antécédents. Mais ceux-ci ne peuvent expliquer par eux-mêmes la popularité qu'il connaît à l'occasion de la crise. D'autres considérants s'imposent.

La corporation se veut vraiment réponse. Elle est réponse ou, encore mieux, réaction à un autre mouvement qui, lui aussi, est propulsé par la dépression économique, le socialisme, intimement associé au communisme. L'élément anticommuniste sert de détonateur. Subitement, surgit dans les brochures de l'École sociale populaire une campagne dans tous les azimuts. La date est précise : mars 1931. Dans sa première forme, la lutte vise directement le communisme. Dans un second temps, elle s'engage également contre le socialisme comme forme dédoublée du communisme. Ce stade correspond à la restructuration des forces de gauche à la CCF, sous l'égide de Woodsworth, réaménagement qui conduit au Manifeste de Regina (1933). Ce dernier texte confirme dans les esprits une inquiétude qui auparavant pouvait paraître relever de l'imaginaire. Le spectre du socialisme et, par voie de conséquence, du communisme, est bien là.

La riposte ne se fait pas attendre. L'École prend l'initiative d'une réunion le 9 mars 1933, qui rassemble un groupe (13) de clercs influents. Célèbre Journée des treize comme on l'a appelée, convoquée explicitement pour servir une réponse au projet cécéfiste. Cette contrepartie connaîtra un sort important puisqu'en première version elle deviendra le *Programme de restauration sociale,* repris plus tard par des laïcs au moment de la fondation de l'Action libérale nationale.

Les textes de ce temps sont instructifs pour les considérations qu'ils apportent dans la défense de la propriété. Car c'est bien d'elle qu'il est grandement question. La propriété comme fondement de l'ordre social. Quelle propriété ? Pas tellement celle de la grande entreprise. Non. La petite propriété foncière, entre autres la terre, comme source de stabilité. De là, l'importance de rendre possible l'accession du prolétariat à la propriété et au sens de la responsabilité qu'elle confère. Le chômage est vécu d'ailleurs comme un danger social. On y est sensibilisé pour autant qu'il est susceptible de porter atteinte à l'ordre social.

À l'adversité du socialisme comme idéal global, l'École sociale populaire réplique par un contre-projet d'aussi vaste implication. Amorcée par la revue *Actualité économique* (de l'École des hautes études commerciales), qui entre 1933 et 1935 multiplie les articles d'Européens versés en la matière, la contre-offensive adopte une facture plus proprement québécoise avec l'année 1936, année au cours de laquelle se tient une « Semaine sociale » consacrée à la corporation. La vague du corporatisme atteint son temps fort entre 1936 et la guerre.

Quelle que soit la diversité des variations auxquelles le thème corporatiste ait pu donner lieu, il demeure un point fondamental qui a servi d'assise à tout le mouvement. On s'entendait pour proposer un régime corporatif de type dit social, par opposition au type dit étatique ou politique qu'illustrait Mussolini depuis près de quinze ans. Réponse au libéralisme atomiste et au socialisme totalitaire, le corporatisme des années 30 se veut, au Québec, un système d'autorégulation sociale qui dispense la collectivité du recours à l'État. Il se propose de rétablir l'ordre naturel des choses en dehors des tensions inévitables qu'implique le politique. Il va de soi qu'au-delà de l'harmonie et de l'unité reconstituées, on voulait atteindre un certain ordre...

Le nationalisme et le corporatisme représentent, chacun à sa manière, un mode de recouvrement de valeurs traditionnelles. Ce sont les dernières grandes cristallisations idéologiques en opposition systématique à la modernité. Il y aura bien d'autres expressions nostalgiques mais qui ne connaîtront pas une popularité aussi grande. Parallèles à ces deux courants qui, à l'occasion se chevauchent, prennent forme de nouvelles représentations en rupture avec l'orthodoxie de leur temps. Produits de la crise, elles se veulent partie prenante à leur temps, ce sont deux mouvements étroitement liés au religieux tout en se posant en opposition au conformisme de leur époque : la revue *la Relève* et la Jeunesse étudiante catholique.

Plus que la jeunesse, ces deux idéologies ont en commun un trait important : ce sont deux tentatives de rejoindre le monde. À l'opposé du repli qui sous-tendait les options nationaliste et corporatiste, elles se propulsent hors de l'aire québécoise afin d'atteindre l'homme universel. Leurs voies sont bien différentes. *La Relève*, pour sa part, embrasse une mystique empruntée au catholicisme français ; hors des clichés et du ritualisme qui sclérosent l'Église québécoise, elle puise dans un plus vaste bassin idéologique : le renouveau religieux d'outre-mer. Tout en condamnant le libéralisme et le marxisme, comme le faisaient ses contemporains québécois, la revue propose, elle aussi, un renversement total qu'elle qualifie de révolutionnaire. Cette révolution est appelée à se réaliser dans les consciences. Tout idéaliste, elle fait sienne une mystique universelle ; la communion ne s'adresse plus qu'à la nation, comme l'envisageait Groulx, mais à la communauté des hommes. Il y a éclatement d'un monde clos. *La Relève* se pose comme premier point de ralliement important dans la conquête d'un projet qui mettrait fin, dans ses conséquences, à notre hibernation idéologique. La crise économique est occasion, pour une jeunesse, de rupture avec les canons reçus.

Elle l'est également pour la JEC qui démarre avec les années 30. Contrairement à *la Relève*, ce mouvement sera une école d'action. Il se tourne vers le monde, mais cette fois, vers un monde concret. Pour y parvenir, il fonde sa stratégie sur une saisie analytique du réel quel qu'il soit. Suivant son intention d'adhérer au profane, il est amené très tôt à faire sien un rationalisme peu commun au Québec. Malgré son option officiellement religieuse, la JEC offre à toute une génération — sinon davantage — le passage à la rigueur intellectuelle dans l'appréciation des faits sociaux. Il n'est pas étonnant d'ailleurs que plusieurs de ses membres les plus actifs soient devenus aujourd'hui des figures connues aux divers paliers de l'État.

La Relève, comme la JEC, partage le sort apolitique de leurs contemporains. *La Relève* souscrit à une communion des hommes, mais hors de la société concrète. Elle s'en tient à la conversion des consciences, loin des aléas que connaît la collectivité à l'époque. De même, la JEC, tout en s'ouvrant au réel, embrasse finalement un réel circonscrit, celui de l'étudiant. Tout en tentant de donner à l'univers étudiant sa pleine extension en termes de prolongement dans les arts, la « carrière » dans l'avenir, et même, à l'occasion, les problèmes sociaux et économiques de son temps, la JEC s'impose, ou pour être plus juste, s'est vu imposés deux interdits formels : le nationalisme et la politique... Elle s'est donc toujours tenue en deçà de ces frontières.

* * *

Comment expliquer cet apolitisme qui sert de dénominateur commun à toutes ces tendances ? Nous voyons deux raisons qui correspondent à deux niveaux dans l'analyse : l'emprise cléricale, d'une part, et d'autre part, un modèle de référence global qui ne pouvait intégrer l'apport politique dans sa conception du social.

Quel qu'en ait été le processus, il est clairement établi aujourd'hui que le clergé a su, au milieu du XIXe siècle, se tailler une place privilégiée dans la définition des objectifs sociaux au Canada français. Il ne nous revient pas ici d'en reconstituer le déroulement. Qu'il suffise simplement de rappeler qu'avec la victoire du haut clergé (ayant à sa tête Mgr Bourget) sur le radicalisme des Rouges, le champ idéologique s'est trouvé progressivement évacué par les forces laïques. Le monopole exercé sur les moyens de socialisation et, en particulier, sur l'éducation a permis, avec le temps, l'occupation presque exclusive de cette aire d'action. Avec le tournant du siècle, l'idéologie et le politique sont partagés en deux domaines distincts, dont l'un demeure la chasse gardée du clergé, et l'autre, en principe, celle des vulgaires politiciens. Ce partage de l'échiquier social se traduit au niveau politique par une forme d'unipartisme : le parti libéral s'installe au pouvoir en 1897 pour y demeurer ; renversé en 1936, réinstallé trois ans après, et à nouveau défait en 1944, il cède le pouvoir à l'Union nationale qui l'exerce, elle aussi, en exclusivité jusqu'en 1960. La pratique politique s'assimile tant bien que mal au libéralisme proposé de l'extérieur. En revanche, le clergé maintient la main haute sur le champ des représentations.

De par sa position sociale, de par ses intérêts, le clergé a tout avantage à proposer un projet qui plonge dans l'ombre la dimension politique. Le politique étant du ressort laïc, il était tout indiqué, dans cet esprit, de le limiter le plus possible. Autant il est occulté, autant l'influence cléricale est susceptible de se maintenir. Il n'y faudrait voir là aucune machination. Cette réalité ressortit non au volontaire ou au voulu des agents en présence, mais à la nature même de leur position sociale.

De par son champ d'activité, l'idéologique se trouve soustrait du politique. Toute une socialisation cléricale conduit d'ailleurs à l'en écarter. Il se constitue une opposition officieuse retranchée dans son refus de la mêlée. Même lorsqu'il est repris en main par des laïcs, l'idéologique conserve son caractère occultant.

Cette mise en tutelle par le clergé ne s'exerce pas à vide. Il y a une réalité seconde qui, soit la renforce, soit encore la permet : elle est concomitante à ce phénomène ou, davantage, explicative. Il ne nous apparaît pas ici indiqué de trancher. Qu'est-ce alors ? Un déterminisme d'ordre culturel, ou plus strictement idéologique, qui conduit à l'acceptation de la présence cléricale. Ce déterminisme repose sur une propension probable à vouloir récupérer une identité d'origine que le clergé contribue à maintenir. La Conquête a certes contribué à le consolider mais il n'est pas absolument certain qu'elle en soit la cause unique. Nous posons comme hypothèse qu'au-delà du statut de minorité qui nous est imposé avec le changement de maîtres ou de métropoles se trouvent les composantes d'une image propre à notre condition de population établie en colonie. C'est-à-dire, une aperception de soi qui, distincte de la France, nous situe comme société disposant d'une identité bien à elle.

Cette identité relève d'une construction de l'esprit, comme le sont tous les souvenirs collectifs. Or, il était possible d'imaginer un être canadien-français respectueux des coordonnées économiques et sociales : une vie rurale greffée à la paroisse. Mais, par contre, on ne pouvait envisager quelque mode de récupération du politique. On était bien conscient de son refus de la démocratie libérale, mais on l'était beaucoup moins du vide qu'on y laissait. Si l'ancienne monarchie, celle qui ne connut pas la centralisation du XVIIe et du XVIIIe siècle, pouvait servir de critère, elle n'offrait rien de tangible dans le concret québécois. Il y a donc une absence nécessaire, celle du politique ; celui-ci est implicitement soustrait de tout projet collectif. Le niveau idéologique est condamné à se contenter d'une structure tronquée à son sommet.

Les idéologies du renouveau, comme *la Relève* et la JEC, marquent un pas vers une forme d'affranchissement que d'autres, plus tard, vont pousser plus loin. Elles ne font qu'annoncer des temps de rupture à venir. *Cité libre* et *Parti pris* compteront parmi les expressions les plus mobilisatrices d'un champ idéologique en voie d'éclater et de rejoindre le politique comme lieu de référence.

Département de sciences politiques,   André-J. BÉLANGER
Université de Montréal.

---

1   Bien des luttes électorales engagées sous les auspices d'une croisade contre la corruption seront couronnées de succès : les scrutins de 1936 et de 1960 sont les plus marquants.

2   Lionel GROULX, « La bourgeoisie et le national », *l'Avenir de notre bourgeoisie,* Montréal, Bernard Valiquette, 1939.

CRISE ÉCONOMIQUE ET IDÉOLOGIE NATIONALISTE
LE CAS DU JOURNAL « LE DEVOIR »

Le Devoir constitue dans le champ de la production idéologique de la société québécoise l'un des lieux où a été formulée avec le plus de constance et de vitalité une conception nationaliste du devenir et du statut de l'État québécois.

On sait la force de l'idéologie nationaliste dans le processus d'intégration d'une société, force qui d'ailleurs ne repose pas uniquement sur le discours nationaliste lui-même mais aussi sur un ensemble de pratiques instituées dans le rituel de la vie scolaire, des fêtes nationales, des événements sportifs, etc., pratiques qui renforcent et rappellent cette allégeance, qui instituent les individus comme sujets de la nation. L'utilisation que font les Etats du nationalisme et, à travers ceux-ci, les classes dominantes, est connue. Dans les Etats nationaux il a servi le plus souvent à justifier l'existence d'une bourgeoisie nationale et, avec le développement du capitalisme, à maintenir ou développer dans les pays périphériques une bourgeoisie endogène jouant le rôle d'intermédiaire des grandes bourgeoisies des pays dominants.

Dans l'abstrait, le nationalisme peut être considéré comme neutre dans les rapports de force entre les classes sociales d'une société. Dans l'abstrait, c'est-à-dire dans la mesure où l'on accepte que les intérêts identifiés comme nationaux transcendent en quelque sorte les intérêts propres, divergents ou contradictoires des classes dans une société. Dans le concret il en est autrement, croyons-nous : considérer le nationalisme comme neutre, c'est entrer dans le jeu même du nationalisme, du travail idéologique spécifique qui est le sien.

Ainsi il nous semble indispensable pour comprendre les luttes idéologiques du journal *le Devoir* de préciser, par-delà les idéaux nationaux qu'il défend, les intérêts plus spécifiques de groupes sociaux dont il est un porte-parole. A ce point de vue, *notre position est que ce journal a été pour l'essentiel l'un des défenseurs des intérêts propres à une petite et moyenne bourgeoisie canadienne-française* regroupant les gens des professions « libérales », le clergé, les commerçants et industriels, ainsi que la frange des intellectuels québécois.

Cette position du journal se dégage d'ailleurs assez clairement, d'une part, par son opposition à la moyenne bourgeoisie canadienne-anglaise, ses attaques contre le capitalisme étranger, soit la grande bourgeoisie anglaise ou américaine et, d'autre part, par la formulation d'un projet de société où la petite et la moyenne bourgeoisie canadienne-française seraient d'emblée constituées en classes dominantes. Il est significatif de rappeler à ce propos qu'un des objectifs que *le Devoir* se fixera dès le début est de « former une classe dirigeante capable d'éclairer et de guider le peuple[1] ».

Dans les faits, expression non pas d'une classe dirigeante mais de classes intermédiaires, la problématique idéologique se constitue selon une stratégie qui rappelle cette position. On cherche d'un côté un appui populaire. Il s'agit de lier son sort à celui des classes agricoles ou ouvrières, et à associer de façon explicite ses intérêts particuliers à ceux du groupe ethnique tout entier. C'est à ce titre qu'on peut donner du poids (bien relatif) à ses revendications face à la grande bourgeoisie internationale et canadienne-anglaise. Par ailleurs en étant attaché aux valeurs dominantes, il est difficile de dépasser un certain réformisme qui s'attache surtout à défendre les intérêts menacés constamment par l'emprise du capitalisme étranger ou anglo-canadien. C'est ainsi que *le Devoir* malgré les luttes idéologiques qu'il pourra mener ne sera pas le lieu d'expression d'une idéologie vraiment radicale. Il demeurera dans les limites d'une contestation modérée des institutions en place, reflétant par là son rôle d'instrument de classes intermédiaires. Sa place en sera une d'entre-deux et sa problématique idéologique apparaît régie par un principe d'opposition-dépendance.

À cette spécification peut-être trop sommaire mais importante sur la position de ce journal, il faut ajouter qu'on n'y retrouve qu'*une* expression idéologique des classes intermédiaires dont nous avons parlé et aussi qu'*une* expression de l'idéologie nationaliste. Les autres contributions à cette publication permettent sans aucun doute de mieux situer sa place dans le champ de la production idéologique québécoise.

Avant d'entrer dans l'analyse de contenu, il nous apparaît opportun de rappeler ici d'autres caractéristiques du journal concernant son influence et sa direction.

Si l'on se réfère au témoignage de Mason Wade, *le Devoir* serait devenu, peu après sa fondation, un journal plus influent que *la Patrie* et *la Presse*, bien que ces journaux aient eu une plus grande circulation[2]. Ce qui explique sans doute ce jugement, c'est l'audience de ce journal auprès des élites canadiennes-françaises et des milieux politiques canadiens. L'hypothèse la plus vraisemblable sur la position du *Devoir* à ce point de vue est que, depuis sa fondation, il a été défini comme un journal prestigieux, un journal d'opinion, ce qui lui donne un statut relativement à part dans l'univers de la presse au Québec. Son caractère actuel de journal d'opinion tranche sans doute plus qu'aux premiers temps de son existence ; on connaissait moins à cette époque les concentrations dans le domaine de la presse et les journaux prenaient plus facilement l'allure d'un journal d'opinion. Il faut ajouter que dans ces derniers cas, les journaux étaient le plus souvent l'émanation d'une formation politique. Ce qui n'était pas la situation du *Devoir*. Le maintien de son mode journalistique, son tirage, qui par exemple de 1915 à 1956 a doublé en même temps que la population de la Province elle aussi doublait, sont des indices de sa vitalité et du fait qu'il a conservé une audience certaine au Québec.

Fondé en 1910 sous l'égide d'Henri Bourassa, il a donc vingt ans d'existence au moment où débute la période qui nous occupe, soit les années 1930 à 1940. Il est alors encore sous la direction de son fondateur. Celui-ci cédera sa place à un de ses principaux collaborateurs Georges Pelletier en 1932, et c'est un autre de ses collaborateurs de la première heure, Omer Héroux, qui conservera le poste de rédacteur en chef durant les années 30. L'équipe du *Devoir* est alors ce que Pierre Vigeant qualifiera en 1960, soit avant l'arrivée de Claude Ryan, d'équipe du milieu, soit celle qui se place entre la première dirigée par Bourassa, et la troisième dirigée par Filion[3]. Nous ne pouvons plus, au sens strict, parler de cette équipe comme d'une équipe du milieu. Cependant nous verrons ultérieurement que la prise en charge du journal par cette équipe marque une étape dans l'évolution de l'idéologie exprimée dans *le Devoir*.

Il est, en dernier lieu, important de spécifier deux caractéristiques de la direction de ce journal. D'une part, Bourassa avait tenu à ce que le directeur possède 51 pour cent des actions de l'entreprise de façon à assurer l'indépendance du journal devant les partis politiques et le monde des affaires. En plus, dès le début, s'est opérée une sélection des collaborateurs qui allait avoir une influence déterminante sur l'orientation du *Devoir* par la suite. Au départ, les collaborateurs vinrent de *l'Action sociale* (devenue par la suite *l'Action catholique*) et de l'hebdomadaire *le Nationaliste*. Selon leur provenance, ces collaborateurs représentaient deux tendances du nationalisme, l'une ultramontaine où la religion devait passer avant le nationalisme, l'autre libérale où le nationalisme devait passer avant la religion. C'est la première tendance qui a pris le pas sur l'autre. De *l'Action sociale*, en effet, lui sont venus Georges Pelletier et Omer Héroux dont nous venons de rappeler l'importance dans les destinées du journal. Asselin et Fournier qui représentaient l'autre tendance ont quitté le journal après un court séjour.

I. – QUELQUES GRANDES ORIENTATIONS DU « DEVOIR »

Avant d'aborder la période de la crise économique nous allons tenter de donner un aperçu des constantes et variations les plus remarquables dans l'idéologie du *Devoir*, et cela pour la période que nous avions déjà étudiée, soit de 1911 à 1956[4].

Dès le départ, l'orientation du journal est marquée par le caractère même de son fondateur Henri Bourassa. Il sera le défenseur des valeurs nationales et des valeurs religieuses. Ce sont là les deux axes principaux autour desquels s'articula l'idéologie du journal de 1911 à 1956 et qui encore aujourd'hui demeurent avec la présence de Claude Ryan.

Il est inutile de revenir longuement sur ce que fut dans ses grandes lignes cette pensée nationaliste au Québec : conservation et exaltation de valeurs traditionnelles, conservation de la langue, de la foi, valeur exemplaire du mode de vie rural, importance accordée à la famille, la riche tradition civilisatrice que véhiculait notre rattachement à la culture française et à la religion catholique. Ces différents thèmes étaient reliés entre eux selon une argumentation qui se voulait sans faille ; par exemple la langue permettant la conservation de la foi et inversement la foi contribuant au maintien de la langue ; l'agriculture se présentant comme le milieu le plus favorable à l'épanouissement de la culture canadienne-française, la richesse et le pouvoir de cette culture rendant possible la préservation de l'identité québécoise face à la culture du milieu anglo-saxon nord-américain, et même, éventuellement, parvenant à infléchir le « matérialisme » de celle-ci.

Le maintien de l'identité culturelle des Canadiens français, y compris l'appartenance religieuse, constitue une constante de la pensée des éditorialistes du *Devoir* jusqu'en 1956. Ces options fondamentales qui sous-tendent la pensée des éditorialistes sont l'objet de discours explicites. Ainsi de 1911 à 1956, dans notre échantillon 14,4 pour cent des éditoriaux ont pour objet spécifique les questions de langue, de culture, de religion et de morale. Cependant, on est davantage concerné par les implications de ces orientations de base dans la sphère de l'action politique en premier lieu et, à un moindre degré, dans les domaines économiques et sociaux.

Comme nous venons de le souligner, les sujets les plus fréquemment abordés par les éditorialistes sont d'ordre politique, c'est-à-dire la politique fédérale, provinciale, municipale et les questions internationales. En moyenne, au cours des années étudiées, 42,6 pour cent des éditoriaux portent sur de tels sujets. C'est donc le domaine de la politique qui se révèle dans l'ensemble comme le lieu privilégié de l'attention et de l'intervention des éditorialistes.

Par ailleurs, quoique cela puisse paraître paradoxal, c'est avec un certain mépris que les éditorialistes regardaient les formations politiques et en particulier l'« esprit de parti » qui amenait, selon le Devoir, les députés à se comporter comme des traîtres à leur partie. L'attitude à prendre devant les partis est manifestée hautement dans le premier numéro du Devoir : ce sera un journal absolument indépendant des partis politiques[5].

Certains thèmes indiquent les positions du Devoir en ce domaine : conflits de juridiction entre le fédéral et le provincial et défense des droits constitutionnels ; représentation des Canadiens français au sein de l'appareil fédéral ; droits des minorités hors des frontières du Québec ; jugements des hommes et formations politiques en fonction de ces droits. Là se situe l'essentiel des luttes menées par les éditorialistes, luttes s'appuyant surtout sur la légitimité des droits juridiques, bien que trouvant une justification plus large, plus fondamentale dans la conservation d'un héritage culturel (langue, religion).

Il nous semble ainsi que les aspects dominants de l'idéologie du Devoir aient été le recours au politique et au juridique en vue de la défense de valeurs nationales et religieuses.

Au cours de la période étudiée, nous voudrions signaler deux changements du journal dans le domaine politique. En premier lieu, on a constaté que l'impérialisme anglais est un thème qui diminue considérablement de 1911 à 1956, mais beaucoup moins rapidement que le passage d'une prépondérance des investissements américains sur les investissements anglais au Canada[6]. C'est que l'impérialisme anglais est aussi manifestement lié à une dépendance politique tandis que l'investissement en capitaux des États-Unis n'apparaît pas comporter les mêmes aspects de domination politique et ainsi ne semble pas entamer le contrôle et l'autonomie des structures politiques québécoises. Sous cette apparence se cache en réalité le néo-colonialisme.

Un second changement apparu dans le domaine politique au cours de la période étudiée est l'attention plus grande apportée au gouvernement provincial. Il semble qu'on en soit venu à concevoir que l'enjeu du nationalisme se situait à ce niveau de gouvernement.

Dans cette esquisse des grandes orientations du *Devoir* il nous reste à voir la place faite aux questions d'ordre économique et social. Bien que la société québécoise, entre 1911 et 1956, ait subi des mutations importantes dans sa structure économique, mutations qui ont entraîné, entre autres, une prolétarisation de la majorité de la population canadienne-française, la part faite dans les éditoriaux du *Devoir* à ces questions est relativement faible : 22,2 pour cent, en moyenne et pour l'ensemble de notre échantillon. Nous ne nous arrêterons pas davantage à ce phénomène puisque c'est justement à partir du traitement des questions d'ordre économique et social que s'articulera, par la suite, l'essentiel de notre analyse.

II.– LA CRISE ÉCONOMIQUE ET SON INTERPRÉTATION DANS *LE DEVOIR*

La crise de 1929, crise majeure du système de production capitaliste, entraînera une révision du rôle de l'État quant à l'économie et au développement du Welfare State. Elle intervient au moment où le Québec a subi un essor considérable d'industrialisation, où la Province est devenue à majorité urbaine, où les capitaux américains ont nettement et définitivement supplanté ceux en provenance de l'Angleterre.

L'avènement de la crise économique allait arrêter temporairement ce mouvement et évidemment provoquer un marasme économique accompagné de problèmes sociaux très graves. La question est de chercher à voir comment, pendant les années de crise, *le Devoir,* avec sa problématique idéologique, allait interpréter cette conjoncture socio-économique. Quelle place a été accordée dans les éditoriaux des années 1931 à 1936 aux questions économiques et sociales et quelle orientation les éditorialistes ont donnée à ces thèmes spécifiques ? Les raisons de ce choix viennent naturellement de l'importance que ces sujets pouvaient revêtir à cette époque, et aussi du fait que c'est par le biais des problèmes liés au développement économique du Québec et aux répercussions de ce développement au niveau des structures sociales que nous pourrions saisir les réaménagements dans la ligne idéologique du *Devoir.*

1. Une période de flottement idéologique

Comment qualifier cette période dans l'évolution du journal ? Par rapport à ce temps historique que nous avons étudié, soit de 1911 à 1956, nous croyons que ce qui caractérise l'idéologie du *Devoir* de 1931 et 1936, tout au moins en ce qui concerne les questions économiques et sociales, c'est son ambivalence. Cette ambivalence, ou peut-être plus exactement ce flottement, se présente comme un moment de transition entre la période d'avant la « crise » et celle qui s'ouvre sur la seconde guerre mondiale. Les positions traditionnelles sur les questions sociales et économiques sont encore défendues mais, devant les transformations subies par la société québécoise et qui touchent directement le projet de société qu'on avait élaboré, les positions se font moins tranchantes. On ne renonça pas au projet de société sur le modèle traditionnel. Il apparaissait cependant de plus en plus difficile de reconvertir le Québec à une organisation sociale antérieure jugée plus souhaitable, et, par conséquent, à interpréter les événements dans le cadre d'une idéologie nationaliste bien articulée. Il faudra attendre après les années 40 pour que *le Devoir* prenne et justifie des options plus favorables face aux développements socio-économiques. Et encore là, retraduire dans une perspective nationaliste les différents aspects des changements structuraux ne s'accomplit pas sans quelques tours de passe-passe surtout quand on tient à conserver une continuité dans ses orientations fondamentales et originelles qui remontent à Henri Bourassa, soit aux premières décades de ce siècle.

Pour appuyer et expliciter dans un premier temps la particularité de l'orientation du *Devoir* durant les années de crise, on se reportera aux positions prises par les éditorialistes durant les années 30, différentes, face aux questions sociales et économiques[7], des positions prises avant et après cette période. Groupées autour de deux pôles – correspondant à des modes de pensée l'un dit « conservateur », l'autre dit « progressiste », – ces deux orientations supposent un type « intermédiaire ». Lorsque, sur un sujet économique ou social, on considérait les changements dans ces domaines comme néfastes et devant être combattus, les opinions des éditorialistes étaient jugées conservatrices. Par ailleurs, étaient jugées progressistes les opinions qui, sur les mêmes sujets, montraient ces changements comme n'étant pas en soi néfastes et lorsque l'on tentait de les intégrer dans un projet nationaliste ou de les situer par rapport à un autre ordre de considération. Entre ces deux positions, l'orientation intermédiaire pouvait se caractériser par l'expression d'une opinion qui oscille entre le rejet pur et simple et une valorisation mitigée de ces transformations.

ORIENTATIONS DES ÉDITORIALISTES SUR LES SUJETS D'ORDRE
ÉCONOMIQUE ET SOCIAL, 1911-1956

Orientations	1911-1916*	1921-1926	1931-1936	1941-1946	1951-1956
« progressistes »	25%	12,5%	7,5%	35,2%	36%
« intermédiaires »	33,3%	37,5%	81%	50%	56%
« conservatrices »	41,6%	50%	11,5%	14,6%	8%
TOTAL	100 (N 12,5)**	100 (N 19)	100 (N 26,5)	100 (N 30)	100 (N 23)

*   Nous avons regroupé deux années-échantillons.
**   Nombre d'éditoriaux. Les fractions s'expliquent de la façon suivante : lorsque dans un éditorial deux sujets étaient abordés et que les deux sujets avaient une importance quantitative à peu près égale, nous accordions à chacun des sujets un poids de 0,5.

Le tableau précédent semble indiquer assez clairement que la période des années 30 a marqué un moment de transition dans la pensée sociale et économique du journal *le Devoir*. Sans doute faut-il lire avec prudence ces distributions : elles reposent sur l'analyse d'un nombre limité d'éditoriaux et pour certaines années seulement. Cependant les variations sont si marquantes qu'elles nous autorisent à poser le caractère « original » de cette période où, sur les sujets d'ordre économique et social, la position des éditorialistes était plutôt flottante, si l'on en juge par l'importance exceptionnelle de la catégorie « intermédiaire ». Nous verrons ultérieurement, par une analyse plus qualitative du contenu de ces textes, en quels termes s'exprimaient leurs opinions.

Ici nous devons relever quelques différenciations marquantes entre la période des années 30 et les périodes qui la précèdent ou la suivent. En premier lieu, on ne peut s'empêcher de remarquer que pour les années-échantillons 1921-1926, moment de prospérité où le Québec est engagé dans un développement économique rapide et important, où la Province s'industrialise à un rythme accéléré, la pensée du *Devoir* apparaît particulièrement conservatrice, c'est-à-dire que dans l'ensemble on prend une position de réaction à ces transformations. Par contre, dans les périodes ultérieures, soit 1941-1946 et 1951-1956, s'expriment des opinions beaucoup plus modérées, mitigées.

En ce qui concerne le contraste entre les années 20 et les années 30, on peut invoquer des facteurs d'explication internes. Le chanoine Groulx dans ses mémoires parlera, par exemple, de la fin d'une époque et, de façon plus catégorique, de la fin d'un mouvement nationaliste qui avait débuté avec le siècle. Il écrit :

> Vers 1930, l'école (nationaliste) a presque fini de se disperser. Par son étrange évolution d'esprit, Bourassa déconcerte ses meilleurs amis. Une amère déception, un étonnement douloureux s'emparent des fidèles disciples ou partisans. Le vide se fait autour du chef ; *le Devoir* perd de sa vitalité[8].

On ne peut ignorer l'effet de ces circonstances sur l'avenir du *Devoir*. Le personnage prestigieux de Bourassa associé à ce journal, les luttes nationalistes qui avaient été menées sous son inspiration et sa direction ont certes posé un problème de succession. Et ceux qui allaient prendre la relève, soit Pelletier et Héroux, n'avaient pas l'envergure du fondateur. Par ailleurs, nous pouvons formuler l'hypothèse que *le Devoir* a le plus souvent joué le rôle d'organe d'un nationalisme modéré par rapport à des mouvements nationalistes plus radicaux. Nous en avons eu un exemple au cours des dernières années, et la réflexion de Groulx sur la tenue du *Devoir* dans les années 30 (sa perte de vitalité) laisse aussi entendre cette distance du journal par rapport au renouveau du nationalisme durant cette période (v.g. phénomène des Jeunes-Canada, reprise de *l'Action canadienne-française* sous le titre d'*Action nationale*, le phénomène unioniste).

Il reste que la situation économique, sociale et politique constituait une problématique objective qui permet de comprendre l'attitude du journal durant cette période. Pour une part, la crise économique offre une bonne occasion de remettre en cause des institutions critiquées par les nationalistes : le parlementarisme, les appareils administratifs de l'État, le système capitaliste et d'expliquer l'état actuel des choses par les défauts des régimes politiques, économiques et sociaux déjà relevés par les éditorialistes du journal. Cependant, dans une conjoncture où l'équilibre social apparaît précaire, où le socialisme et le communisme se présentent comme des tentations menaçantes, une attaque trop vive et fondamentale des institutions risquerait d'avoir des conséquences qui dépasseraient les limites des réformes souhaitées.

2. Les « excès » du capitalisme

Nous avons déjà souligné la place relativement peu importante qu'ont prise dans l'ensemble les questions sociales et économiques dans les éditoriaux du *Devoir*. L'attention apportée à ces thèmes a cependant été plus grande durant les années 30 et les années 40 (voir le tableau précédent).

Face à l'effondrement économique des années 30, le journal disposait déjà en quelque sorte de responsables tout désignés, les trusts, les grandes compagnies, qu'on avait déjà attaqués et présentés comme une menace pour la collectivité canadienne-française. On allait donc revenir à ce thème avec plus d'insistance. Cependant, ce n'est pas le capitalisme en soi qui allait être remis en question mais ses « excès », qui sont considérés comme la cause même de la faillite du système économique. La grande entreprise est jugée menaçante à plusieurs points de vue : d'abord parce qu'elle est entre les mains des étrangers et qu'elle entraîne inévitablement l'industrialisation, l'urbanisation. L'institution familiale et le mode de vie rural sapés à la base, différents maux sociaux comme le chômage, la délinquence et la maladie surgissent. En plus de ne pas tenir compte des intérêts nationaux des Canadiens français, elle est basée uniquement sur l'appât inconsidéré du gain.

Voici, par exemple, comment Georges Pelletier en 1931 faisant écho à un discours de Bourassa, s'exprime sur cette question :

> M. Bourassa, l'autre jour aux Communes, a parlé des abus du capitalisme. Cette immense combinaison d'affaires érigée dans un but de gain, jetée à bas si tôt et qui écrasa tant de petits épargnants sous sa masse de papier vain, n'est-elle pas la démonstration saisissante des excès du régime qu'a stigmatisé si énergiquement le député de Labelle[9].

On le voit ici clairement, une des causes de la crise et ce que ce phénomène démontre, c'est l'excès du régime capitaliste. Ce qui apparaît aussi c'est l'interprétation morale des principes et des implications de ce régime. Moralement, en effet, ce régime est condamnable dans son principe même qui est uniquement l'appât du gain. L'une des conséquences en est l'écrasement des petits épargnants. L'interprétation ici a recours à un ordre moral qui transcende les valeurs nationales. Mais il faut aussi voir que le recours à un argument moral sert bien l'intérêt national. En même temps qu'on fustige les trusts et les grandes entreprises pour des raisons d'ordre moral et aussi d'ordre national, on demande le développement de la petite et moyenne entreprise canadienne-française. Bien plus, cette faillite du système économique, attribuée en grande partie au rôle des grandes entreprises, sera traduite comme un signe de la valeur de la petite entreprise. On ira jusqu'à dire que l'efficacité de celle-ci vaut bien celle de la grande entreprise.

> Ces jours-ci à Toronto, écrit Louis Dupire en 1936, un avocat américain fort au courant de la situation économique affirmait que le « chain-store » est en régression parce que le petit patron est meilleur administrateur que le gérant salarié d'une vaste entreprise. Ce qui lui (le petit patron) manquait, c'était de bénéficier de l'achat en masse. Il forme maintenant « (...) avec ses congénères, une vaste coopération d'achat. Et la victoire lui sourit[10]. »

Il y a ainsi deux poids, deux mesures dans l'opinion des éditorialistes en ce qui concerne la question de l'industrialisation au Québec et plus précisément le rôle qu'y joue l'industrie : une mesure pour évaluer la grande entreprise, les trusts, et une autre pour évaluer la petite et moyenne entreprise. Situation en soi paradoxale, opinions apparemment contradictoires mais qui se comprennent dans une argumentation qui dénoue cette incohérence. Le capitalisme, tel qu'ils le perçoivent, est acceptable tant qu'il ne mène pas à des concentrations trop grandes d'intérêts étrangers entre les mains et sous le contrôle de capitalistes.

Il est certain que la crise économique a fourni aux journalistes des arguments nouveaux et un climat propice pour s'attaquer à la grande entreprise et procéder à une critique plus vive du capitalisme tel qu'incarné entre autres par les trusts. On peut d'ailleurs rappeler comment cette situation, ce « climat » a été utilisé par l'Union nationale qui a pris le pouvoir en 1936.

Les positions du *Devoir* sur les questions économiques amènent des considérations sur l'action idéologique qui s'y opère et donnent des indications sur les intérêts de classe que sert cette action idéologique.

Au cours des années 20, certains groupes nationalistes avaient tenté d'attirer l'attention sur l'intérêt et l'importance des questions économiques. Devant le fait de la prépondérance du capitalisme étranger et de la dépendance économique des Québécois vis-à-vis cette emprise étrangère, du peu de participation des Canadiens français dans le secteur des grandes entreprises, on avait insisté sur la nécessité pour les Canadiens français de s'emparer de la moyenne et petite entreprise. C'est dans cette ligne que se poursuit l'intervention des éditorialistes durant la crise, à cette différence que la conjoncture permet de revenir sur cette question à un moment où il est plus facile de se faire entendre. Au cours de cette période, un système économique basé sur la grande entreprise n'apparaît évidemment plus aussi invulnérable.

Dans le discours idéologique, on tentera de démontrer que le grand capital et la grande entreprise vont non seulement à l'encontre de l'intérêt national des Canadiens français mais aussi à l'encontre des principes moraux qui sont les leurs. Ainsi les condamnations de la grande entreprise trouvent une double légitimité. Non seulement, pour les Canadiens français, elle ne correspond pas aux intérêts de la collectivité mais aussi, pour les catholiques, elle met en cause une conception humaniste et spiritualiste qui doit guider l'activité économique.

Par ailleurs les mêmes critiques ne s'adressent pas à la moyenne et petite entreprise. Les intérêts que sert *le Devoir* nous apparaissent ainsi clairs. Ce sont ceux, en dernière analyse, d'une moyenne ou petite bourgeoisie d'affaires canadiennes-françaises. C'est un combat dont l'enjeu est de conserver, par-delà des valeurs morales et nationales, une place à ces classes sociales continuellement menacées dans leur position par le capitalisme canadien et étranger[11].

3. *L'intervention de l'État dans le domaine social, ou l'État père de famille*

On sait que la situation de crise a amené l'État à prendre des mesures palliatives pour tenter de résorber le chômage et la pauvreté. Ces mesures, qui ont pris la forme du « secours direct » et de travaux publics, se présentaient comme des solutions d'urgence et temporaires. Au cours de cette période, certaines lois mineures d'assistance sociale ont été sanctionnées mais, fondamentalement, la législation sociale repose encore sur la loi d'assistance publique qui date de 1921.

Plusieurs auteurs ont déjà souligné l'antiétatisme comme élément clef de la problématique de l'idéologie nationaliste québécoise qui a dominé jusqu'aux années 60. Ceci dit, il demeure qu'on retrouve, nettement exprimée dans *le Devoir*, une opinion défavorable à l'intervention de l'Etat dans la solution des problèmes sociaux, qu'il s'agisse de questions liées à la famille, à l'assistance à accorder aux « pauvres et indigents », au chômage, aux questions concernant la santé ou l'éducation.

Avant la période des années 30, l'idée dominante est que ces problèmes sociaux doivent être résolus selon les directives de l'Église et par l'intermédiaire des organismes catholiques et de la charité privée. Les arguments sont de divers ordres. Par exemple la présence des communautés religieuses dans les hôpitaux et hospices était jugée irremplaçable. Ces communautés offraient la garantie des meilleurs services en raison des motivations religieuses de leurs membres. Elles avaient aussi l'avantage de remplir ces fonctions à bien meilleur compte que toute autre institution laïque du même genre.

Il faudrait prendre les uns après les autres les divers asiles, orphelinats, refuges pour les vieillards, pour les infirmes, montrer avec quelle extrême économie et quelle science ils sont administrés (par les communautés religieuses) ; puis faire la comparaison avec des institutions laïques similaires[12].

Si l'on s'entendait pour juger indispensable le rôle des institutions religieuses, d'autre part on se montrait opposé à une législation sociale qui, craignait-on, allait mettre en tutelle ces institutions. En 1921, Bourassa réagit de la façon suivante à la loi d'assistance publique :

... mauvaise loi basée sur un principe faux, susceptible d'application fort dangereuse, menaçante pour la liberté religieuse et l'ordre social(...) loi de l'assistance publique (dont la conséquence) est de mettre sous la direction suprême et la tutelle effective de l'Etat toutes les oeuvres de bienfaisance de la Province[13].

Il ne s'agit pas là de la condamnation d'une loi en particulier mais de la condamnation d'un type de solution aux problèmes sociaux.

L'avènement de la crise économique, le chômage, la misère accentuaient de façon singulière les problèmes sociaux. Au *Devoir*, on accusera l'État d'être, par ses initiatives dans le domaine social, la cause de la situation présente :

Depuis la guerre (celle de 14-18) surtout, écrit en 1931 Bourassa, politiques, économistes, hommes d'affaires se targuent de parer à tout(...) À quoi ont-ils abouti[14] ?

Par ailleurs, il avait écrit peu auparavant :

L'une des pires tendances de l'époque – on peut l'appeler diabolique, bien qu'irréfléchie dans la plupart des esprits qui s'y prêtent – c'est de prétendre à résoudre tous les problèmes sociaux à coup de lois, de manifestations d'argent et de travail matériel et de faire fi de l'aumône[15].

Plus tard, en 1936, c'est encore des avertissements contre l'initiative de l'État sur les questions sociales entre autres :

Dans tous les domaines, services publics, finances, hygiène, habitation, remédiation au chômage, on finit toujours par arriver au même carrefour : intervention de l'État, l'Etat père de famille, l'initiative privée prise en laisse, stimulée, dirigée. Le monde politique oscille sur une crête : ou le régime capitaliste saura s'adapter aux conditions nouvelles, ou l'on versera dans le socialisme le plus radical, voire dans le communisme[16].

Nous avons dans cet extrait d'un éditorial de Louis Dupire une définition particulièrement saisissante de la situation telle qu'elle pouvait apparaître aux yeux des éditorialistes, compte tenu de la problématique socio-économique de ces années. Nous sommes dans une période critique du passage d'un modèle d'Etat libéral à un type d'Etat interventionniste.

« Le monde politique oscille sur une crête », voilà la situation précaire et dramatique dans laquelle paraît l'État à ce moment. Si l'on juge par l'analyse qu'en ont faite par ailleurs des économistes, les interventions de l'État à cette période, les politiques économiques et sociales des gouvernements ont été celles d'un État libéral peu enclin à intervenir de façon radicale dans ces domaines. Par exemple, selon Lamontagne, c'est la philosophie du libéralisme économique qui a guidé, avec les instruments d'analyse dont on disposait alors, le comportement des gouvernements à cette époque. L'un des principes de cette philosophie économique aurait été que « l'État doit intervenir le moins possible dans l'économie ». Un autre principe veut que lorsque l'État doit absolument intervenir, « il doit le faire en respectant les règles du jeu de façon à ne pas rompre l'équilibre vers lequel tend « naturellement le système économique[17] ».

Par ailleurs sur le plan de l'analyse économique, les fluctuations économiques étaient interprétées comme des écarts temporaires autour d'une position d'équilibre. Face par exemple au chômage accru, il fallait momentanément essayer de pallier à cette situation déplorable. Le régime économique allait, à plus long terme et de par sa propre dynamique, résoudre de lui-même ce problème.

Comment alors expliquer les mises en garde continuelles du *Devoir* contre l'intervention de l'État dans le domaine social, si on admet que les mesures sociales prises par les gouvernements étaient inspirées d'un libéralisme économique qui respectait les libertés individuelles et l'autonomie de l'entreprise privée ?

La position des éditorialistes se comprend seulement en fonction d'une perception du rôle que l'État veut se donner. Par ses interventions dans le domaine social, il semble vouloir se tailler une place d'importance et ainsi menacer le monopole de l'appareil religieux dans le domaine de l'assistance publique, du bien-être et de la santé. C'est ainsi tout un secteur symboliquement et matériellement de première importance dans l'organisation sociale québécoise qui est remis en question par une intervention éventuelle de l'État dans les problèmes sociaux. Mais c'est, d'une part, l'assise de toute une fraction de la classe moyenne, le clergé, qui risque à long terme d'être érodée et, d'autre part, d'une façon plus générale, un élément névralgique dans le maintien et la reproduction des classes moyennes. Une telle perspective est inacceptable aux yeux des éditorialistes, non pas dans le sens que l'appareil religieux est investi par les classes moyennes, mais parce qu'elle va à l'encontre des enseignements religieux (l'État ne peut intervenir qu'en laïc). La dominance dans le champ idéologique doit être assurée par l'Église. Ce qui par ailleurs apparaît la meilleure garantie de la sauvegarde des intérêts nationaux.

Force est cependant de reconnaître que les institutions vouées à la solution des problèmes sociaux ne suffisent pas à la tâche, et que toute intervention de l'État n'est pas nécessairement réprouvable. La solution préconisée sera une meilleure organisation de la charité, l'État intervient mais par des subventions aux institutions religieuses, tout en conservant à celles-ci leur autonomie.

L'intervention de l'État est cependant souhaitée dans certains domaines particulièrement chers aux nationalistes. Nous pensons à la famille et à l'agriculture. Ainsi dans un éditorial de 1931, quatre initiatives s'imposent, nous dit-on : l'assistance maternelle, le secours aux veuves, les allocations familiales, enfin l'établissement des fils de cultivateurs à la campagne.

Ce qui justifie ces positions, ce sont des arguments moraux et nationalistes quasi indissociables.

> Tout ce qui tend à maintenir la famille, à l'unifier, à la fortifier moralement et matériellement, profite à la société, à la Patrie, à l'Etat(...) Maintes fois, nous avons signalé l'anomalie que présente chez nous le spectacle peu rassurant d'un peuple qui doit sa survivance à la fécondité de ses familles et dont tout le régime légal et social tend à supprimer la famille[18].

Ainsi quand il s'agit d'initiatives qui peuvent favoriser la natalité et conserver le patrimoine rural du Québec, les subventions de l'État perdent en partie leur caractère menaçant. Et le danger de tomber dans le « socialisme ou voire même le communisme » n'apparaît plus puisque ces politiques vont faciliter l'épanouissement de la vie familiale dans un milieu sain, la campagne, et assurer le maintien de l'ordre moral et social.

Le « régime capitaliste aura à s'adapter aux conditions nouvelles ou versera dans le socialisme le plus radical (...) ». Le fascisme en Allemagne, en Italie et en Espagne seront des adaptations, et des adaptations qu'on regardera avec sympathie particulièrement lorsqu'elles permettent, comme dans le cas de l'Espagne, l'instauration d'un État catholique.

En réalité, en Amérique du Nord, l'État s'adaptera en multipliant ses interventions dans le domaine économique et dans le domaine social.

Au Québec, il faudra attendre la « révolution tranquille » pour que s'opère de façon brusque une modification du rôle de l'État. Si la « crise » a été révélatrice à la fois des contradictions du développement du capitalisme et de l'incapacité momentanée de l'État à pallier à ces contradictions, la période de prospérité entraînée par la guerre, l'action de l'État fédéral, la prise en charge de l'État provincial par un pouvoir autocratique allaient entre autres favoriser le maintien jusqu'en 1960 d'un État québécois de type non interventionniste au sens où l'on entend ce terme.

Si on revient aux positions prises par le Devoir durant la crise en ce qui concerne les problèmes sociaux, nous nous trouvons devant des opinions apparemment divergentes. D'une part, on semble s'opposer à l'intervention de l'État, d'autre part et en d'autres occasions on semble la souhaiter. On adopte l'une ou l'autre attitude selon qu'on se réfère aux intérêts religieux ou aux intérêts nationaux. Il y a ainsi, comme nous l'avons déjà souligné, un flottement dans la pensée du Devoir, flottement accentué par la crise économique.

Il est bien clair que lorsqu'on entre dans le domaine social, l'enjeu à cette époque demeure le contrôle de ce secteur par l'État ou l'Église et, au niveau de l'État, les conflits de juridiction entre les gouvernements provincial et fédéral. La situation d'urgence créée par la crise allait activer en quelque sorte ces enjeux en rendant nécessaires des mesures d'aide venant de l'État. Autant il est important pour les classes intermédiaires de se défendre contre le grand capital, autant il est important de conserver des marges de manoeuvre face à l'État. Dans cette conjoncture, l'Église a une importance stratégique comme appareil déjà dominant qui, tout en étant dévoué aux intérêts des classes intermédiaires, peut faire le contrepoids au pouvoir que l'État pourrait exercer dans le domaine social. Le temps n'est pas encore venu où des fractions des classes moyennes verront dans le développement de l'État québécois, soit une façon d'éviter de se retrouver à la solde du capitalisme étranger ou anglo-canadien, soit une façon de s'émanciper du contrôle exercé par le clergé à travers ses multiples institutions.

Le Devoir en viendra à souhaiter, avec moins d'ambiguïté, l'intervention de l'État tout en ménageant les intérêts de l'Église.

* * *

En définitive la thématique de base de la pensée nationaliste qu'exprime le Devoir n'est pas bouleversée par la crise économique des années

30, tout au moins en ce qui concerne les questions économiques et sociales. Les critiques antérieures sur le rôle des trusts et de l'État sont reprises : tant l'existence des trusts que l'action de l'État sont présentées comme des causes de la situation difficile de la société québécoise de cette époque. Par ailleurs, on ne remet pas fondamentalement en cause le régime capitaliste, se limitant à en fustiger les excès ; on entretiendra une méfiance quant à l'intervention de l'État, tout en souhaitant qu'il intervienne dans certains secteurs.

Il reste cependant, comme l'indique en particulier le tableau sur les orientations des éditorialistes, qu'on trouve au cours de cette période une mutation dans les attitudes des éditorialistes. Cette mutation s'exprime par l'importance exceptionnelle des attitudes « intermédiaires » dans les années 30. Dans les périodes antérieures, les opinions des éditorialistes ont été plus nettement « conservatrices », alors qu'elles furent plus « progressistes » dans les périodes successives, soit à partir des années 40.

Les modifications dans les structures économiques du Québec ont ainsi obligé à renoncer progressivement à un projet d'une société où, en particulier, l'agriculture constituerait un secteur important de la production et un milieu de vie pour une proportion significative de la population québécoise. On revisera aussi ses positions par rapport à la classe ouvrière et on souhaitera une « modernisation » de l'apapreil gouvernemental québécois.

La période de la crise est, nous semble-t-il, non pas une rupture mais le début d'une transition, encore longue à opérer, d'un discours qui se constitue, se structure et se restructure à partir de paramètres invariants, qui sont pour une part les valeurs nationales et religieuses et pour une autre part les intérêts d'une classe intermédiaire. C'est l'articulation entre ces trois données qui explique le mieux la permanence, la survivance du journal *le Devoir*.

Département de sociologie,   Pierre DANDURAND
Université de Montréal.

1   *Le Devoir*, 10 janvier 1910, p. 4, « La publicité et son programme ».
2   *The French Canadians : 1760-1945*, Toronto, MacMillan Company 1956, p.
     600.
3   *Le Devoir*, 29 janvier 1960.
4   Notre analyse s'appuie ici sur les matériaux colligés à l'occasion de la réalisa-
     tion d'une thèse de maîtrise en Sociologie présentée à l'Université de Mon-
     tréal en 1962 : *l'Analyse de l'idéologie d'un journal nationaliste canadien-
     français : le Devoir, 1911-1956*. Cette analyse est basée sur l'étude de 500
     éditoriaux choisis selon une méthode d'échantillonnage systématique. En un
     premier temps, il a été décidé de retenir une année tous les cinq ans
     (1911, 1916, 1921, etc.) ; dans un deuxième temps, à l'intérieur de chacune
     des années, on a conservé un éditorial par semaine en variant systématique-
     ment la journée, soit successivement le lundi, mardi, mercredi et ainsi de
     suite.
5   Cette indépendance justifie les éditorialistes à se poser en juges, censeurs et
     penseurs devant les partis. Omer Héroux écrivait en 1936 : « Ce n'est pas une
     presse de parti toujours prête à crier bravo ! quelque attitude que prennent
     ses maîtres, ses chefs (...) ; ce n'est pas davantage une presse qui ne s'occupe
     que de grossir son tirage par l'exploitation de la bagatelle ; c'est une presse
     qui s'occupe d'abord des idées et de l'honnêteté administrative, qui fortifie
     l'action des gens bien intentionnés, les protège contre ses amis qui sont
     parfois les pires ennemis ; c'est une presse qui ouvre sous les pas des gouver-
     nants des voies nouvelles, qui à l'occasion sache un peu penser pour eux. »
     (*Le Devoir*, 10 juillet 1936.) C'est avec cette attitude qu'on peut qualifier de
     « hautaine » que les éditorialistes ont abordé les questions politiques.
6   La part des États-Unis dans l'ensemble des investissements étrangers au Cana-
     da est passée de 19% en 1910 à 61% en 1930 ; celle de la Grande-Bretagne, de
     77% en 1910 à 30% en 1930. Voir : *Economie québécoise*, Montréal, Presses
     de l'Université du Québec, 1969, p. 196.
7   Les questions économiques regroupent les sujets portant sur l'agriculture,
     l'industrialisation et tous autres sujets touchant des institutions ou problèmes
     économiques ; les questions sociales ont été regroupées sous les thèmes d'ur-
     banisation, de famille, d'immigration et de population, de syndicalisation,
     d'éducation et une catégorie plus large intitulée « questions sociales ».
8   *Mes Mémoires*, t. III, Montréal, Fides, 1972, p. 183. On ne peut ici s'empê-
     cher de relever que le chanoine Groulx dans la partie des mémoires qui
     concerne cette période est beaucoup moins sensible au sort réservé à la majo-
     rité du peuple canadien-français qu'aux espoirs et déboires des mouvements
     nationalistes des années 30.
9   *Le Devoir*, 11 juin 1931.
10   *Ibid.*, 17 avril 1936.
11   Il est important de souligner que par cette interprétation nous n'entendons
     pas que les journalistes se sont volontairement et inconditionnellement faits
     les défenseurs de classes intermédiaires. La question est plus complexe. Toute
     la pensée du *Devoir* ne se réduit pas à l'appartenance de classe des éditorialis-
     tes ou à la mise au service de ce journal à des intérêts de classe. Ce que nous
     disons c'est que, objectivement, les opinions et l'idéologie transmises servaient
     ces intérêts de classe.

[12]   *Le Devoir*, 14 février 1921.
[13]   *Ibid.*, 28 mars 1921.
[14]   *Ibid.*, 24 septembre 1931.
[15]   *Ibid.*, 4 septembre 1931.
[16]   *Ibid.*, 2 décembre 1936.
[17]   Maurice LAMONTAGNE, *le Fédéralisme canadien. Évolution et problèmes*, Québec, Les Presses de l'université Laval, 1954, p. 47.
[18]   *Le Devoir*, 11 mars 1931.

« L'ACTION CATHOLIQUE », 1931 ET 1938*

Historique du journal

Il faut relier la fondation de *l'Action catholique* à la répercussion suscitée au Canada par l'encyclique *Rerum Novarum* qui affirme la nécessité de mesures sociales de justice et la nécessité d'organisations ouvrières. En 1905, l'abbé Stanislas Lortie met sur pied une société d'économie sociale et politique, sous le modèle des groupements d'études européens fondés par Le Play ; en 1907, à partir du travail déjà fait par cette société, on fonde l'oeuvre de l'Action sociale catholique qui est constituée en corporation en avril 1908. On peut lire les objectifs de cette corporation dans ses statuts et règlements.

> (Cette corporation a pour) but le développement de l'Action Sociale Catholique, c'est-à-dire l'union des forces catholiques et leur application, avec une entière soumission à l'autorité ecclésiastique, à la défense des droits de la religion et de l'Église, et à tout ce qui peut promouvoir, entretenir et développer la vie chrétienne dans l'ordre économique, politique et social[1].

L'Action catholique dont le premier numéro fut publié le 21 décembre 1907, sera l'organe de cette corporation ; il aura donc à poursuivre les mêmes buts exprimés de façon concise dans la devise du journal : « Instaurare omnia in Christo ».

Administration du journal

Si l'on peut dire, en dernière analyse, que le quotidien appartient à l'archevêque de Québec, on ne peut oublier cependant l'existence de deux conseils d'administration distincts[1a], un au sein de l'Action sociale limitée qui imprime et possède le journal, l'autre au sein du journal lui-même. Le directeur général de l'oeuvre de l'Action sociale catholique est un prêtre choisi parmi les membres de la corporation. Il a autorité suprême sur le journal.

> Le directeur général est de droit le président du comité central permanent. Sa nomination relève de son Excellence Monseigneur l'Archevêque de Québec[2].

Le directeur du journal est engagé par le conseil d'administration de la corporation. Il est responsable au directeur général.

À l'occasion du renouvellement des statuts et règlements en 1923, le cardinal Bégin spécifie dans une lettre qu'il adresse au comité central permanent, le sens des liens entre l'archevêque et le journal.

> Il faut regarder *L'Action catholique* non comme l'organe de l'archevêque ou du clergé, mais comme l'organe d'une association, fondée certes par l'évêque, et à laquelle celui-ci a donné un programme général, mais qui n'en jouit pas moins, dans les limites qui lui sont tracées d'une réelle autonomie, quand il s'agit des décisions et des directions que le bureau juge à propos de donner aux rédacteurs de *L'Action catholique*. L'archevêque n'a pas à intervenir aussi longtemps que le comité central permanent et le journal qu'il dirige resteront fidèles à leur mission et se montreront dociles aux prescriptions des souverains pontifes et de nos conciles provinciaux, ainsi qu'aux directions positives qu'ils ont reçues ou qu'ils pourront recevoir de nous[3].

Le journal dans les années 30

Le directeur du journal est, depuis la fondation, le docteur Jules Dorion qui a abandonné la pratique médicale pour se consacrer entièrement au journalisme. En 1931, Thomas Poulin, Joseph Dandurand et Eugène L'Heureux signeront avec lui les éditoriaux. En 1938, on retrouvera comme éditorialistes, outre M. Dorion, M. L'Heureux et le docteur Louis-Philippe Roy qui dirigeait une page intitulée « La voix des jeunes », dans le même journal au début des années 30.

L'Action catholique connaît une forte expansion pendant cette décade. D'après les chiffres de l'*Audit Bureau of Circulation*, l'édition quotidienne est passée de 21 040 en 1931 à 55 243 en 1938[4]. En cette dernière année, *l'Action catholique* est en passe de devenir le premier journal de l'Est du Québec, surpassant petit à petit *le Soleil*, sinon en ville même, du moins dans l'ensemble du territoire. On peut lire dans des numéros du journal une annonce le situant au deuxième rang des quotidiens français du Canada derrière *la Presse* et au huitième rang de tous les quotidiens du pays[5].

L'influence du journal semble plus forte en milieu rural qu'en milieu urbain. En effet, sur·les 55 243 abonnés reconnus par l'A. B. C., 13 285 font partie de la zone urbaine (rayon de huit milles autour de Québec), 3 617 font partie de la zone de commerce au détail (rayon entre 8 et 20 milles autour de Québec) et 38 341 abonnés habitent à plus de vingt milles de Québec.

Le coût de l'abonnement annuel est de $5 en 1931. Il sera de $4 en janvier 1938 et reviendra à $5 à la fin de mai de la même année.

L'édition quotidienne de *l'Action catholique,* imprimée aux ateliers de l'Action sociale limitée sur huit colonnes, paraît en fin d'après-midi et comprend de douze à trente-deux pages. En page éditoriale, nous trouvons un ou deux éditoriaux, une chronique intitulée « Petites notes », composée de plusieurs commentaires d'actualité, et des articles reproduits d'autres journaux et revues. Dans cette dernière catégorie, *le Devoir* et *la Croix* de Paris ont une place d'honneur. Le reste du journal est consacré aux nouvelles régionales, nationales et internationales.

L'édition quotidienne du samedi, plus considérable, comprend une large section consacrée aux nouvelles religieuses ; une page pour les jeunes intitulée « La voix des jeunes » en 1931 et « Jeunesse catholique » en 1938. Cette dernière année, il y a en plus une page féminine le samedi et une page agricole le vendredi.

En 1931, il y a aussi une édition rurale de douze à seize pages, sur huit colonnes, publiée seulement le samedi. La page éditoriale reproduit un ou deux éditoriaux publiés au cours de la semaine dans l'autre édition ; le reste est consacré aux problèmes agricoles et aux nouvelles. En 1938, il y a un supplément le samedi que nous n'avons pu consulter.

Orientation du journal

L'Action catholique porte en sous-titre la devise de Pie X, « Instaurare omnia in Christo ». Cela indique déjà l'orientation fondamentale du journal, organe d'expression de l'Action sociale catholique.

L'Action catholique dont nous parlons ici et qui existe dans tous les pays où les catholiques ont conscience de leur mission est une association qui a pour but de grouper, d'orienter et de stimuler les énergies apostoliques. Ce journal – *L'Action catholique* – est précisément le porte-parole de l'une de ces associations, qui s'est édifiée chez nous, il y a un quart de siècle, à travers les multiples et graves épreuves inhérentes aux oeuvres de cette sorte, épreuves qui existent encore aujourd'hui[6].

Vulgariser les encycliques et les lettres pastorales, c'est un devoir d'état pour les journalistes catholiques(...) Faut-il ajouter que nous sommes fiers à *L'Action Catholique* d'avoir pour obligation de vulgariser et de défendre ces enseignements pontificaux[7].

Si les journaux ont pu exercer sur le monde une influence aussi contraire à la morale chrétienne, n'est-ce pas un peu par le journal qu'il faut tenter de le rechristianiser ? N'est-ce pas le journal qui doit en suivant loyalement les consignes de l'Église, préparer les voies à la bonne solution des problèmes temporels[8] ?

En plus d'être franchement catholique, le journal s'affiche comme indépendant en face des partis politiques et des intérêts financiers.

Entre la minuscule presse conservatrice et la grosse et grasse presse libérale, il y a la presse indépendante quotidienne, plus importante moralement que matériellement, parce que l'opinion d'un journal libre même modeste est nécessairement plus imposante, aux yeux de ceux qui pensent, que celle de tous les journaux portant des chaînes, même des chaînes d'or(...) elle évite au moins deux sortes de méfaits : les fautes commandées par la partisannerie, puis les trahisons nécessitées par l'affiliation aux trusts, fautes et trahisons que nous pourrions presque dire essentielles et nécessaires à la presse de parti et à la presse des trusts[9].

Il n'est pas dans notre rôle de travailler à détruire un gouvernement, *L'Action Catholique* s'applique plutôt à collaborer avec les pouvoirs publics en les appuyant ou en leur soulignant l'inconvénient ou le danger de telle ou telle mesure, suivant les circonstances. Ses rédacteurs ne sont pas infaillibles, mais indépendants et impartiaux. Libres et uniquement soucieux du bien publique, ils apprécient les actes des gouvernements à la lumière des enseignants de l'Église dans le but de servir l'intérêt général de la société[10].

Mais ces prises de position ne vont pas, semble-t-il, sans de nombreuses difficultés. Ces difficultés se font plus aiguës lors des campagnes que *l'Action catholique* entreprend en faveur des petits salariés.

C'est notre lot à nous de défendre le peuple et nous aimons ce lot. C'est notre lot aussi à nous de recevoir des coups. Nous défendons, par exemple, les consommateurs contre le prix que nous jugeons trop élevé du pain, et vite nous recevons des lettres de protestations de certains de nos amis les boulangers. Nous protestons contre la hausse des prix de la vitre, et des marchands s'en indignent et nous refusent de l'annonce. C'est le lot de la presse indépendante : défendre le peuple malgré lui[11].

I. – LES PRINCIPAUX THÈMES

1. *La famille*

Si ce thème ne fait pas l'objet d'une préoccupation première du journal, la conception de la famille qui est présentée par les éditorialistes est précise et continue tout au long de cette décade. La famille demeure le pivot de la vie communautaire, la « cellule sociale » et la première responsable de l'éducation.

> Notre Canada, et c'est un signe que la Providence veille sur son destin, compte heureusement encore par milliers de ces foyers modestes, même pauvres, où les enfants sont les bienvenus, où la table de famille, le soir, fait une concurrence victorieuse au théâtre, à la taverne, au club et au dancing[12].

L'idéal de la famille nombreuse est souligné, car la famille nombreuse c'est le signe de l'amour bienveillant de Dieu. Il ne faut pas se surprendre des malheurs de ceux qui empêchent la vie. La faible fécondité des familles françaises peut expliquer les malheurs de cette nation.

> Comment se fait-il que l'Allemagne devient de jour en jour plus puissante alors que la France voit diminuer graduellement sa force ? ... C'est parce que la population allemande augmente constamment alors que la population française diminue à vive allure. Tout est là[13].

Si le premier but du mariage est de mettre au monde des enfants, le second qui lui est lié est de les éduquer.

> Des parents qui n'ont pas l'oeil ouvert sur le travail et sur le progrès de leurs enfants au cours de l'année scolaire n'ont pas le droit de dire qu'ils savent aimer leurs enfants parce qu'ils manquent d'accomplir à l'endroit de ceux-ci leur devoir le plus sacré: celui de les porter sans cesse vers un niveau intellectuel et moral plus élevé en vue d'accroître leur valeur humaine, de leur assurer plus de bonheur en ce monde et de participer à la partie du plan providentiel qui les concerne[14].

S'il y a aujourd'hui des problèmes dans le domaine de l'éducation, ce n'est pas dû à l'école, mais à la famille qui souvent contredit l'école.

> C'est dans la famille qu'on a laissé saccager et démolir à plaisir nos traditions les plus saines, notre esprit chrétien, nos qualités d'endurance, de générosité, de dévouement et d'application au travail(...) la famille, dans trop de circons-

tances, a contredit l'école que l'on a tort de rendre responsable de toutes nos faiblesses, de tous nos reculs, de tous nos échecs[15].

Comment expliquer cette détérioration de la famille ? Les premières explications sont d'ordre économique : l'absence d'un salaire familial, l'exode des gens des campagnes vers les villes, la crise du logement.

C'est le chef de famille et non les enfants, encore moins la mère, qui dans les circonstances normales, doit aller chercher dehors l'argent nécessaire au maintien du foyer et à l'entretien de la famille(...) On peut se demander si une industrie incapable de payer dans une juste proportion le salaire familial est un actif ou un passif pour la société, étant donné que la cellule sociale c'est la famille et qu'une telle industrie raréfie et anémie les familles[16].

Les chiffres prouvent une fois de plus la justesse de l'expression connue : la campagne est le réservoir de la race. C'est elle en effet qui alimente de ses naissances nombreuses les villes qui épuisent les foyers. Les villes sont de grandes dévoreuses de vies. La campagne, au contraire, est grande génératrice de vies. Ce qui fait sa supériorité[17].

Les maisons bâties pour louer, c'est-à-dire en vue d'un profit, sont presque toutes trop petites. Le nombre des chambres à coucher de nos « flats » n'est-il pas toujours insuffisant pour une famille moyenne, de sorte que l'on finit par ajuster la famille à la capacité du logement et non celle-ci à celle-là[18].

Pour revaloriser la famille, il faudrait qu'elle puisse devenir propriétaire.

La maison qui abrite la famille est en quelque sorte une partie ou du moins un prolongement de cette famille. Moins familial que l'habitant rivé à la terre, le citadin propriétaire l'est cependant beaucoup plus que le locataire, en général, parce qu'il possède un foyer concret, avec une histoire mêlée à celle de la famille[19].

Dans un autre ordre d'idées, on affirme que la perte du sens du dimanche a une sérieuse répercussion sur la vitalité de la famille.

Et la pauvre vie familiale, que devient-elle depuis que le dimanche est devenu ici et là un jour ouvrable et une occasion pour les divertissements les plus divers sauf ceux de la famille ? Pourtant la vie familiale, c'est un élément précieux de la société[20].

Venant un peu en conclusion de tout cela, *l'Action catholique* va affirmer que la femme doit demeurer au foyer puisque celui-ci a une telle importance.

Tout en approuvant les personnes qui revendiquent pour la femme un traitement plus respectueux de sa valeur intellectuelle et morale, il faut bien reconnaître que la véritable place de la femme, c'est le foyer[21].

Pour elle, *l'Action catholique* publie en 1938, chaque samedi, deux
pages entières intitulées : « Le foyer, votre empire, mesdames ». Il y a
dans ce seul titre toute une mentalité matriarcale qui est transmise.

2. *L'éducation*

L'Action catholique accorde une grande importance à l'éducation.
Deux indices nous sont fournis : il faut garder les enfants à l'école et
bien rémunérer les professeurs étant donné l'ampleur de leur tâche.

> Première résolution à prendre dès aujourd'hui : envoyons nos enfants à l'éco-
> le ; gardons-nous de les retirer trop jeunes des classes, rompons courageusement
> avec certaines coutumes qui entretiennent l'ignorance en éloignant trop tôt de
> l'école les petits garçons surtout[22].
> Le dévouement impayé peut faire beaucoup, l'expérience l'a souvent montré
> dans cette province. Mais il est évident que des institutrices équitablement
> rémunérées accompliront généralement beaucoup mieux leur travail que des
> institutrices dont on semble mépriser les services en leur accordant un traite-
> ment dérisoire[23].

L'éducation universitaire assurera pour sa part un idéal de compétence nécessaire à la vigueur de la nation.

> L'enseignement supérieur, chez nous, est l'une de ces nombreuses oeuvres vi-
> tales qui attendent pour atteindre leur plein épanouissement, d'abord l'enrichis-
> sement de notre race par une participation plus grande et plus intéressante à la
> vie économique de notre pays, puis la compréhension générale des devoirs
> sociaux inhérents à la fortune(...) Ce sont nos institutions – particulièrement
> nos institutions enseignantes – qui nous procureront cette vigueur nationale en
> servant chez nous la compétence(...) Nos universités étant les principales de nos
> institutions enseignantes, on ne devra pas se surprendre de notre grande atten-
> tion pour elles[24].

Comme l'affirme le docteur Dorion, la valeur de l'éducation transmise au Québec réside dans l'humanisme chrétien, fondement d'une
culture nationale.

> Plus que partout ailleurs, malgré la pénurie des moyens, a été dispensée ici la
> véritable éducation, celle qui forme des hommes et des femmes, avant de
> former des spécialistes ; celle qui forme des chrétiens avant de former des
> docteurs(...) Et c'est à cette éducation-là que notre race doit d'avoir vécu et
> duré(...) Continuons de faire en sorte que leurs (des enfants) coeurs soient
> formés en même temps que leurs cerveaux, par les dispensateurs de la vérité
> chrétienne, et notre peuple, notre cher peuple canadien-français, restera digne
> de sa mission[25].

En 1931, *l'Action catholique* appuie le mouvement en faveur d'écoles paroissiales agricoles, lancé par *le Devoir*.

> L'enseignement agricole vient sûrement en tête des placements nationaux, avec l'établissement des citoyens sur les terres. Et cela, en ce moment plus que jamais. Voilà pourquoi il faut créer – sur une modeste échelle, évidemment, pour la période du début – toute une variété de médiums d'enseignement agricole[26].

En 1938, face aux critiques contre le système d'éducation, plusieurs éditoriaux défendent la position du clergé, des collèges classiques, des institutions. Tout en admettant des erreurs, on invite à les taire pour ne pas nuire à la cause ou encore on rejette les responsabilités sur d'autres : parents et société.

> Si nous constatons des lacunes, des imperfections, voire même des erreurs, point n'est besoin de les crier sur les toits. Imitons ceux qui discrètement, travaillent à améliorer ce qui est tout en exaltant les progrès accomplis. Gardons-nous de répéter les critiques qui sont devenues caduques depuis une décade. Et surtout, n'ayons pas l'air de croire que ça va toujours mal parce que c'est le clergé qui distribue l'enseignement secondaire chez nous[27].
> Accuser l'école, quand le foyer et la société, en général, sont cent fois plus coupables qu'elle c'est évidemment injuste[28].

En 1938, également, *l'Action catholique* insiste sur l'éducation populaire qui doit être faite par les journaux, les hommes publics, les sociétés nationales. On compte également sur le rôle que jouera la nouvelle École des sciences sociales et politiques.

> Parlons franchement ; trois choses manquent à notre élite ou, si on aime mieux, à notre classe instruite : des connaissances sociales, du dévouement, puis une ambiance. Notre ferme espoir, c'est que l'École des Sciences Sociales et Politiques puisse procurer à notre classe instruite les connaissances propres à susciter chez elle un normal désir de dévouement, puis à engendrer une ambiance au milieu de laquelle les esprits un peu sociaux cesseront d'apparaître comme des fous en liberté[29].

La radio et le théâtre bien orientés peuvent également servir à cette éducation, le cinéma demeure suspect et ne doit pas être utilisé pour les jeunes. « On n'a pas étatisé la radio pour en faire une entreprise payante. On s'est proposé un but culturel et artistique[30]. » Ghéon est considéré comme « un apôtre qui travaille à la rechristianisation par le théâtre, moyen d'éducation d'une puissance extraordinaire[31] ». Par

contre, « le développement intellectuel que peut favoriser chez les jeunes une fréquentation habituelle des cinémas se trouve largement com-
pensé par les inconvénients d'ordre pédagogique résultant de ces habitudes et par les risques de maladies[32] ».

3. *La religion*

La crise économique et la longue dépression qui se poursuit jusqu'au
moment de la guerre apparaissent comme une conséquence du fait que
les hommes se sont éloignés de la morale évangélique.

> L'Évangile enseigne la modération et le bon sens(...) Si tous les financiers et
> tous les industriels s'étaient inspirés de principes chrétiens(...) si l'ambition et la
> vanité ne s'étaient pas répandues comme une marée empoisonnée sur le grand
> nombre, il n'y aurait pas de crise à l'heure actuelle[33].

C'est pourquoi la crise est perçue comme un châtiment divin.

> Et aujourd'hui le monde se meurt de faim parce qu'il a trop d'or, parce qu'il ne
> sait que faire de son blé, parce qu'il ne sait où placer son charbon, parce qu'il
> ne peut pas utiliser ses forêts, parce qu'il ne peut consommer ce qu'il pro-
> duit ! Epouvantable dérision, et qui montre une fois de plus comment Dieu
> venge sa dignité outragée[34].

L'Action catholique attire l'attention de ses lecteurs sur la décadence
des moeurs qui menace la « société chrétienne ».

> Nous avons laissé corrompre une société chrétienne ; nous l'avons laissé envahir
> de telle sorte que la pratique des vertus ordinaires y devient presque de l'héroïs-
> me ; nous avons même tenté d'effacer son caractère en laissant saboter le di-
> manche[35].

En 1938, à l'occasion d'une campagne de tempérance, *l'Action catholique* livre une lutte acharnée contre l'alcoolisme.

> Nous avons bu cinquante universités d'une valeur de dix millions chacune et
> cela en dix ans... Et il y a des gens de chez nous, de prétendus intellectuels
> parfois, qui cherchent ailleurs la source de notre infériorité, s'en prennent à nos
> institutions, au clergé et aux communautés surtout, mais ne paraissent même
> pas soupçonner que l'alcool puisse être pour quelque chose dans la pauvreté de
> nos institutions et l'avortement de carrières qui s'annonçaient brillantes[36].

Face à la crise et à la dépression, les hommes doivent se tourner vers le Vatican[37].

> Aujourd'hui comme il y a mille ans, l'Église est seule capable de sauver le monde[38].
> Le christianisme a ce qu'il faut pour faire face aux problèmes de tous les temps. Le christianisme est la seule doctrine qui convienne parfaitement à l'homme, parce qu'elle répond à tous ses besoins et tient compte de toutes ses faiblesses[39].
> Nous surtout les catholiques, nous surtout qui avons la chance de posséder la vérité, nous avons le rigoureux devoir de la faire rayonner[40].

Mais cet aspect de l'Église gardienne de la vérité se concrétise particulièrement chez le pape et les évêques.

> Mais pour ceux qui se demandent avec sincérité pourquoi ils croient en celui-ci plutôt qu'en celui-là, pourquoi ils acceptent une doctrine et rejettent l'autre, il suffit d'un moment d'intelligence et de sincérité pour s'arrêter à cette constatation : Le pape ne s'est jamais trompé. Le pape ne nous a jamais trompés[41].

Les évêques jouissent à leur niveau de la même autorité.

> Vous devez reconnaître l'autorité épiscopale et l'accepter a dit l'éminent prédicateur, non pas en tant que catholiques diocésains mais aussi en tant que catholiques membres de l'Église universelle. Et vous devez reconnaître et accepter cette autorité, quand elle porte des décrets sur le spirituel et même sur le temporel « in ordine ad spiritualia[42] ».

Aussi, faut-il éviter les critiques envers les évêques et leur accorder les honneurs dus à leur rang.

> Prince de l'Église, le Cardinal Villeneuve a été choisi par le Pape parmi plus de soixante autres princes pour le représenter au Congrès. A titre de légat du Saint Père, son éminence a droit aux honneurs royaux[43].

L'Action catholique se porte également à la défense du clergé canadien français.

> Les superficiels, les blasés, tiennent les curés pour des gens de peu d'importance. Les supérieurs, ceux qui sont capables d'idées générales, de sentiments élevés, ceux qui comprennent les leçons de l'histoire, savent que le curé est un des personnages les plus importants de la société, et cette importance paraît surtout au Canada où, de l'aveu de tous, le prêtre a sauvé une race destinée à périr[44].

Mais le laïcat catholique est aussi appelé à s'interroger sur son rôle.

Il y a un sacerdoce laïc. Il y a une influence que n'importe quel catholique peut exercer dans le milieu où il se trouve, milieu auquel les prêtres sont souvent étrangers(...) Et sommes-nous pour notre religion des témoins à charge ou des témoins à décharge. En d'autres termes, vivons-nous notre religion, ou si nos actes sont une négation de ce qu'elle est, de ce qu'elle enseigne, de ce qu'elle prescrit ou défend[45].

Cet apostolat laïc s'exerce cependant sous tutelle.

Au Canada comme ailleurs, il faut constituer une puissante armée d'Action Catholique prête à combattre sur tous les terrains à la fois, selon les directives très précises du Pape et des évêques avec l'assistance des prêtres animateurs en parfaite communauté d'esprit avec leurs supérieurs hiérarchiques[46].

Ce que *l'Action catholique* écrit à l'occasion de la fête du Christ-Roi en 1931 nous renseigne bien sur sa conception triomphaliste du catholicisme.

Nous avons le bonheur d'avoir la foi ; nous avons la satisfaction de pouvoir nous appuyer sur une autorité qui nous garantit la possession intégrale et constante de la vérité. Laissons les faibles et les dupes à leur erreur. Pour nous qui croyons en la légitimité de la royauté sociale du Christ et sa nécessité pour la paix, pour le bonheur et la prospérité des nations, crions vers le Sacré-Coeur(...) Ne laissons pas la chrétienté s'écrouler sous les assauts qui l'ébranlent de toutes parts[47].

Inutile de dire que le Congrès eucharistique de 1938 a facilité l'expression de ce triomphalisme. De même, la fête de la Saint-Jean-Baptiste a été une occasion privilégiée pour Eugène L'Heureux de souligner le lien étroit entre les intérêts nationaux et les intérêts catholiques.

Le Canada français reconnaît sa dette de reconnaissance envers l'Église. C'est précisément cette attitude qui le porte cette année à fondre sa fête nationale dans la série des démonstrations organisées en l'honneur du Dieu eucharistique. Chez nous, l'idée religieuse et le concept national vont si bien de pair que les cérémonies religieuses prennent secondairement un aspect national et les fêtes patriotiques un caractère religieux[48].

Enfin, dans un pays aussi diversifié que le nôtre, *l'Action catholique* souligne que seule la religion peut permettre l'unité.

Au reste, cette unité des divers éléments qui composent le pays et sur laquelle le Pape, son légat, tout le congrès ont tant insisté, elle n'est pleinement réalisable que sur le plan religieux[49].

4. *La politique*

L'*Action catholique* consacre un grand nombre d'éditoriaux aux problèmes et aux situations politiques de l'heure. En 1938, à l'occasion de la venue de la commission Rowell à Québec, le journal précise sa position sur la séparation des pouvoirs entre les divers niveaux de gouvernements.

> Nous ne croyons pas nous tromper en prédisant que le Canada connaîtra une prospérité nouvelle, le jour où l'on aura 1. décentralisé les pouvoirs de l'administration ; 2. organisé un régime permanent de consultation interprovinciale et 3. semé partout une éducation nationale appropriée à la décentralisation qui est de l'essence de tout véritable régime fédératif[50].
> Le bon sens et la raison veulent que les gouvernements municipaux, provinciaux et fédéral évoluent chacun dans leur sphère et défendent jalousement les droits qui leur sont nécessaires pour atteindre leur but[51].

Bien que les gouvernements évoluent chacun dans leur sphère, les éditorialistes, eux, se font un devoir d'intervenir à tous les niveaux de l'action des gouvernements. Aucun aspect de la vie politique ne leur échappe. Nous pouvons donc distinguer les prises de position du journal à quatre niveaux : municipal, provincial, fédéral et international. Nous résumons en décrivant la conception d'ensemble de la réalité politique.

a) *La politique municipale.* Prenant la suite des Hamel, Grégoire et Chaloult, le journal se fait le promoteur d'une campagne contre les taux élevés d'électricité imposés aux consommateurs par la *Quebec Power*.

> Ce qu'il faut c'est une baisse considérable et immédiate des taux ou la municipalisation. C'est difficile, dit-on, la municipalisation. On l'a organisée ailleurs et un immense succès a couronné le travail. Sommes-nous vraiment plus bêtes que les autres ? La parole est à ceux qui nous gouvernent, à l'Hôtel de Ville d'abord, puis à la Législature[52].

En 1938, la bataille n'est pas encore gagnée, même si la présence d'Ernest Grégoire à la mairie a pu faire naître quelques espoirs. De toute façon ce dernier est battu aux élections municipales de mars. La cause de cette défaite — qui en est une pour *l'Action catholique* — est attribuée à une coalition des machines électorales des « bleus » et des « rouges », « contre une administration coupable surtout d'avoir résisté aux appétits des trusts et des parasites ordinaires de la démocratie[53]». Ainsi non seulement on en est toujours au même point à la fin de la période qui nous occupe mais l'utilité du Bureau de surveillance établi par l'administration Grégoire est remise en cause : « Cette obstination des représentants municipaux à priver les citoyens de leur meilleure sinon de leur unique protection contre les abus et les erreurs de la compagnie d'électricité paraît vraiment singulière [54]. »

b) *La politique provinciale.* A ce niveau, nous remarquons une différence importante entre 1931, où le gouvernement Taschereau sollicite et obtient un renouvellement de mandat, et 1938, où la récente coalition politique de l'Union nationale offre de nouvelles perspectives d'avenir. Nous ne pouvons trouver aucune prise de position ouvertement partisane puisque *l'Action catholique* fait partie de la « presse indépendante » qui s'adresse à une élite au-dessus des partis.

> Et de cette élite libre et pensante, l'habitude de lire les journaux indépendants s'étendra forcément à une foule de libéraux et de conservateurs trop intelligents pour se laisser berner longtemps, une fois leur attention attirée sur la grande niaiserie, nous ne disons pas du parti, mais du fétichisme politique[55].

Pourtant nous croyons avoir décelé des sympathies et des antipathies. Le gouvernement Taschereau reçoit souvent sa part de reproches. Le journal n'hésite pas à « flétrir le « régime » d'élections dispendieuses qui ne se font pas avec des prières — cela est admis depuis longtemps — mais avec beaucoup d'argent dont la provenance ne peut guère jamais être autrement que louche, très louche, excessivement louche[56] ». Car il apparaît clair à ce moment que « ce n'est pas un gouvernement qu'il faut changer ; c'est un régime[57] ». Si le gouvernement Duplessis n'est jamais apparu aux éditorialistes comme le changement de régime qu'ils désiraient, il reçoit tout de même leur appui inconditionnel sur deux questions majeures. Il s'agit d'abord de la « Loi du cadenas » visant à enrayer la propagande communiste.

> Pour sa part, *L'Action Catholique* entend bien soutenir le Procureur général dans sa campagne de répression contre la propagande communiste. Il accomplit une oeuvre nécessaire[58].

Puis la question de l'autonomie provinciale où il apparaît que « le gouvernement du Québec remplit son devoir en plaidant la cause de la décentralisation[59] ». Mais le journal s'oppose farouchement au même gouvernement Duplessis en faveur des ouvriers, par exemple en défendant avec acharnement l'atelier fermé[60], la *Loi des salaires raisonnables* et la *Loi des contrats collectifs*[61]. Cela confirme sans doute l'indépendance du journal.

c) *La politique fédérale*. L'autonomie constitutionnelle des Dominions est à l'ordre du jour depuis la conférence impériale en 1930. Les gouvernements provinciaux veulent d'abord s'entendre sur les modalités d'exercice du droit d'amender la constitution avant de rapatrier ce droit. *L'Action catholique* approuve l'attitude prudente adoptée à la conférence fédérale-provinciale d'avril 1931, qui a décidé d'adhérer au Statut de Westminster mais de conserver le statu quo pour la constitution. « Cette prudence (...) compensera les désavantages constitutionnels que nous continuerons de subir entre-temps[62]. » Et, en 1938, à l'approche de la guerre et de la possibilité pour le Canada d'y participer, « continuer de voir dans le Canada un pays dépendant de l'Angleterre au point d'être en guerre dès que celle-ci entre dans un conflit sanglant, ce serait faire injure aux auteurs du statut de Westminster. Non l'entente de Westminster n'est pas une duperie[63]. »

d) *La politique internationale*. *L'Action catholique* attache une importance considérable à la crise espagnole, en 1931. Le lendemain de la chute d'Alphonse XIII, le journal écrit :

> Nous n'admettrons jamais que la dictature de Primo de Rivera n'ait pas été bienfaisante pour l'Espagne. Oh ! elle a eu des faiblesses et des erreurs. Ceci ne saurait cependant voiler le reste... Voyons tout de même les noms de ceux qui combattent Alphonse XIII... Tous des francs-maçons militants ! À eux se sont joints les représentants de mécontents, de catalans[64].

Devant les émeutes populaires le plus souvent dirigées contre l'Église espagnole, *l'Action catholique* conclut : « Dans tout ce qui se produit d'épouvantable en Espagne, on ne peut s'empêcher d'y voir la main des Soviets[65]. »

En juin, alors qu'éclate au grand jour l'opposition entre Pie XI et Mussolini, *l'Action catholique* affirme clairement :

> La dictature est un régime efficace parce qu'elle est généralement le plus coordonné de tous les régimes. Le fascisme dirigé par Mussolini a fait un bien immense à l'Italie... Mais les dictateurs ne manquent pas d'avoir leurs côtés faibles[66].

L'interdiction faite par le Duce aux mouvements d'Action catholique est une de ces faiblesses.

> Il est pourtant inconcevable qu'on puisse agir comme si l'Église n'était pas la seule puissance capable de mettre chaque chose à sa place, et de maintenir chaque rouage dans ses attributions[67].

Mais ces quelques incartades sont oubliées en 1938 et le journal accorde son appui à Mussolini.

> On ne sait jamais ce qui peut advenir d'un homme ; mais tant que Mussolini sera en pleine possession de ses moyens – il est supérieurement intelligent – il nous répugne de croire qu'il rabrouera le Vatican pour faire plaisir à Berlin[68].

À partir de ce moment, un bon nombre de politiques fascistes seront justifiées par les éditoriaux.

> En construisant l'axe Rome-Berlin-Tokio, Mussolini a éloigné la menace « rouge ». En édifiant l'axe Rome-Londres, Mussolini éloigne la menace raciste(...) Nos pourfendeurs de « facisme » feraient bien de le retenir : Mussolini n'a aucune ambition internationale alors que Staline veut d'une volonté de fer la domination mondiale et que Hitler cherche d'une énergie d'acier la domination racique (*sic*)... Cet accord Rome-Londres démontre aussi que le régime dictatorial n'est pas incompatible avec le régime démocratique, du moins sur le plan international[69].

Il semble bien que de semblables affirmations aient amené les adversaires à accuser *l'Action catholique* de fascisme.

> De grâce que l'on cesse d'accréditer cette légende du fascisme dirigée contre nous. L'ennemi, c'est le communisme, et c'est aussi un certain capitalisme aveugle jusqu'à risquer la révolution plutôt que de laisser briller un peu le soleil de la justice sociale[70].

Dans cette dernière citation, on voit quel est le fondement de toutes ces prises de position du journal. Si un gouvernement est contre le communisme, il est bon ; s'il lui laisse une chance de se manifester, il est à redouter. Ce principe est à la base des positions de *l'Action catholique* en faveur du gouvernement de Duplessis, de Franco et même de Mussolini et contre le gouvernement français. On doit même à partir de ce principe accepter certaines concessions à Hitler plutôt que d'avoir une guerre qui profiterait aux communistes.

> Plaignons autant que vous le voudrez le sort des Tchèques obligés de céder à Hitler une partie de leurs compatriotes et de leur territoire, mais de grâce, ne faisons pas le jeu des bolchevistes qui eussent voulu la grande catastrophe pour allumer la révolution sociale partout[71].

On doit lutter contre les communistes à cause de leur matérialisme, de leur athéisme, mais aussi parce que « les communistes sont, en principe, et la constitution qu'ils se sont engagés à respecter le leur en fait un devoir, les communistes sont contre l'autorité établie[72]».

e) *La conception d'ensemble. L'Action catholique* se propose toujours à travers l'analyse des événements de rappeler que « la politique est courte qui veut se passer d'En-Haut... Dieu ne se désintéresse pas de la politique du monde[73]. »

D'ailleurs, la politique n'est pas pour le journal un moyen d'action privilégié.

> Ceux qui, doués supérieurement, croient mieux servir la profession, la race, le pays, en se jetant dans la fournaise politique, ont une grosse chance de se tromper. Non pas que nous méprisions la politique, mais nous croyons que les hommes qualifiés spécialement dans un certain ordre d'idées peuvent s'extérioriser, rayonner, exercer une influence décisive beaucoup plus facilement dans les sphères extra-politiques que dans les parlements[74].

L'Action catholique définit ainsi le rôle de l'État, sans doute à l'intention du gouvernement Taschereau.

> L'État est infiniment plus qu'un distributeur de faveurs : c'est un architecte qui doit orienter le développement national dans le sens des meilleurs principes spirituels et de la meilleure expérience temporelle, de manière à prévenir autant que possible les crises de toutes sortes et à accélérer sans cesse le vrai progrès économique, le vrai progrès social, le vrai progrès moral, religieux, artistique, etc. Si jamais l'éducation démocratique des peuples vient à se faire(...) on cessera de rechercher autant le patronage, pour apprécier davantage le rôle de grand architecte de la nation que le régime démocratique assigne à l'État élu[75].

C'est à défendre et à promouvoir ce « régime démocratique » que les éditorialistes consacrent une bonne part de leurs écrits.

> En attendant, nous rappelons que la démocratie ça doit être le gouvernement du peuple non pour une moitié du peuple mais pour le peuple tout entier, dans le respect intégral des droits de Dieu qui priment tous les autres(...) Disons-le donc franchement, le scandale de la démocratie pratique, c'est que l'égoïsme des plus forts en a fait un régime de gouvernement pour une fraction seulement du peuple[76].
>
> Le fait est indéniable : la politique descend de plus en plus bas, parce que l'indulgence ou la timidité des bons fait la fortune des faiseurs. Aussi longtemps que les bonnes gens n'exigeront pas le châtiment des organisateurs de télégraphes, la publication des souscriptions actuellement versées en cachette par les trusts aux diverses caisses électorales, et plusieurs autres réformes dans le sens de la moralité publique, le peuple sera le dindon d'une sinistre farce appelée bien à tort régime parlementaire, les trusts domineront facilement, la démocratie glissera avec une vitesse accélérée sur la pente de la décadence[77].

5. *La nation*

Une première chose dont il faut bien se rendre compte c'est qu'on a tendance à trop compter sur la politique.

> Notre peuple a trop escompté de la politique, activité collective dont il n'est certes pas permis aux honnêtes gens de se désintéresser, mais dont les faits aujourd'hui démontrent l'insuffisance[78].

La vie nationale a donc plus d'importance que la réalité politique. Bien qu'il arrive quelquefois aux éditorialistes de parler du Canada comme d'une nation qui devrait se donner un drapeau national, une fête nationale coïncidant avec l'anniversaire du traité de Westminster[79], une souveraineté par rapport à l'Angleterre, la nation c'est avant tout le Canada français. C'est le Canada français qui est en crise de survivance dans un climat général de crise sociale.

> En politique, en affaires et dans le monde social, une dépression morale et pratique alarme justement ceux d'entre nous qui veulent conjurer l'anéantissement des ambitions conçues par les héroïques bâtisseurs du Canada français. Il n'est pas nécessaire de décrire une fois de plus les symptômes de notre anémie patriotique. Ce sont des faits évidents[80].

Au début de la période, la lutte pour la survivance s'exprime plus souvent en termes de « race » qu'en termes de « nation ». C'est la question sans cesse reprise au cours de l'histoire : la race française peut-elle survivre au sein d'une nation canadienne ? Eugène L'Heureux exprime cette ambivalence de la situation dans une très belle page.

> Le patriotisme est une chose tellement compliquée pour nous Canadiens de langue française que plusieurs d'entre nous semblent désemparés à certains moments de la vie nationale. Nous devons être Canadiens, c'est incontestable. D'autre part, renier nos origines ce serait lâcheté envers la race et ce serait priver le Canada d'un élément civilisateur de tout premier ordre... Plutôt que d'immoler sur l'autel de la Patrie canadienne le très riche patrimoine moral que nous ont légué nos ancêtres, nous devrions édifier, avec du raisonnement autant qu'avec du sentiment, un véritable patriotisme canadien-français, qui, à la fois, réponde aux aspirations essentielles de la race canadienne-française et fortifie le patriotisme canadien tout court. Là, il me semble, est la solution du double et difficile problème de la survivance canadienne-française et de l'unité nationale canadienne[81].

Ce qui permettra l'épanouissement de la race française et l'émergence d'une conscience nationale populaire c'est un programme d'éducation nationale « qui forme l'esprit national ; l'éducation nationale est donc d'une importance suprême pour un peuple comme le nôtre, principalement aux époques de réajustement général comme traverse présentement le Canada[82] ».

Puisqu'un lien étroit est établi entre société et nation, l'objet principal de ce programme d'éducation ressortit à la morale sociale : « C'est la rétection des idées qui rendra possible la restauration sociale, comme c'est la confusion des concepts qui a troublé le monde et semé partout la misère morale et physique[83]. »

Si l'école a un rôle particulier à jouer dans ce domaine, il faut bien comprendre que « l'éducation est le rôle dévolu à tous les esprits capables de comprendre cette grande cause[84] ». Le journal demande avec insistance de s'en remettre là-dessus aux « sociétés nationales », parmi lesquelles l'A. C. J. C.[85], la S. S.-J.-B.[86], l'École sociale populaire[87], et, plus tard, le mouvement suscité par *l'Action nationale*[88] sont le plus fréquemment cités. Le rôle de ces « sociétés » est indispensable pour la définition de soi du groupe canadien-français.

> Puissent nos sociétés nationales, nos associations professionnelles, nos journaux et la masse de nos compatriotes répercuter partout et bien fort la vraie pensée de Québec exprimée en ce document : le vouloir-vivre collectif des Canadiens français, une fidélité parfaite à l'esprit fédératif de 1867, une ferme décision d'organisation dans Québec, une vie sociale correspondant aux aspirations les plus élevées de la personne humaine[89].

Pour ces sociétés, il y a deux préoccupations essentielles : la langue et l'achat chez nous. La langue est « la vie même de la race, gardienne de la foi[90] ». L'achat chez nous va permettre le relèvement d'un peuple dont une grande partie passe rapidement au prolérariat[91]. Car les préoccupations économiques restent au coeur du débat national au cours de cette période : « L'économie est en somme le corps de la nation[92]. » Mais c'est la foi chrétienne qui constitue son âme, sa raison d'espérer, sa raison d'exister et de lutter.

> Il reste tout de même que nous précédons et de loin les autres races canadiennes dans le domaine de l'apostolat : que nous nous employons plus que tous les autres à attirer à notre Maître des serviteurs, et à compter en grand nombre parmi les instruments qu'il daigne utiliser au service de la vérité et du salut des hommes ... N'y a-t-il pas là raison de nous rassurer un peu sur nos destinées ? ... Nous, nous comptons parmi les peuples qui ont l'immense avantage de posséder la vérité[93].

6. Économie et travail

La plupart des éditoriaux de *l'Action catholique* de 1931 sont consacrés aux problèmes de la crise économique qui frappe durement le Québec durant cette année. En janvier, un jugement global est porté sur le libéralisme économique.

> Le régime économique dans lequel nous vivons nous paraît d'un illogisme tel qu'il est en train de se suicider, et rapidement. Supposé être établi sur la loi de l'offre et de la demande, on s'aperçoit vite qu'il est loin d'en être toujours ainsi. Cette loi, inhumaine d'ailleurs si elle n'est tempérée par la justice et la charité, souffre de nombreuses et énormes exceptions[94].

Le déséquilibre économique n'est d'ailleurs qu'un effet d'un déséquilibre beaucoup plus profond.

> C'est l'égoïsme, un égoïsme féroce. On avait commencé par passer Dieu à tabac, comme vieux jeu, gênant ; on est vite arrivé ensuite à la haine du prochain ... Aussi bien ne pouvait-on manquer de marcher à l'envers, puisqu'on tournait le dos à la lumière[95].

L'Action catholique voit aussi dans l'industrialisation rapide de la dernière décade la désaffection face à l'agriculture et l'introduction du machinisme, des causes mondiales de la crise.

> La même cause qui a provoqué la crise générale : le développement trop rapide et pas assez varié de la machine. Dans son ensemble l'industrie actuelle est mondialement encombrée. Si un pays réussit à vendre sa marchandise, l'autre gardera la sienne[96].
>
> L'industrie d'abord, l'industrie partout, l'industrie toujours : tel était le mot d'ordre. Le paysan, le cultivateur, l'habitant de chez nous, un être inférieur, secondaire, dont il n'y avait pas à tenir compte[97].

La spéculation financière retient souvent l'attention des éditorialistes.

> La spéculation nous écorche dans tous les domaines et de toutes les façons ... Un des éléments de cette spéculation, cause de la crise actuelle, réside dans le mouillage des stocks de compagnies. Le mouillage produit la vie chère, diminue donc le pouvoir d'achat et rétrécit le marché. Il aide considérablement l'encombrement de l'industrie et produit finalement le chômage ... Tant que cette spéculation gouvernera les peuples, la crise ne pourra cesser[98].

La menace des trusts est maintes fois soulignée par *l'Action catholique* en rapport avec le chômage.

Il faudrait donc, pour prévenir ce chômage provoqué par la fermeture des grosses usines, ou de séries d'usines, voir à ce que ne s'organise pas dans le pays une industrie vagabonde. Et pour cela, il faut résister à l'éclosion des trusts, à qui il fait ni chaud ni froid de fermer une usine, s'il paraît plus profitable d'en construire une autre dans un autre endroit du pays[99].

Les phénomènes de l'immigration et de la mobilité sont également considérés comme de sérieux obstacles au plein emploi.

Supprimons les immigrants que nous n'aurions pas dû importer et ceux qui, pour une raison ou pour une autre, ont dû laisser la campagne pour la ville, et dans la plupart de nos villes le chômage est pratiquement réglé[100].

Ce diagnostic de la crise se poursuivra tout au long de la période. Le journal s'attaquera plus directement en 1938 aux trusts de l'électricité et de l'habitation.

En matière d'électricité, voici incontestablement le fait le plus considérable de l'heure : le monopole consolide partout ses positions avec un sans-gêne inouï[101].

Cette même année, Eugène L'Heureux publiera une série de seize éditoriaux sur une des conséquences de la crise : le problème du logement à Québec.

Ce problème du logement devient angoissant. Il faudra y voir bientôt, non pas en criant à tort et à travers contre celui-ci ou celui-là, mais en concevant des plans généraux et synthétiques, en tenant compte des facteurs moraux tout autant que des éléments financiers[102].

Ce diagnostic établi, certaines solutions sont envisagées. Elles s'appuient toutes sur la doctrine sociale de l'Église.

Pour restaurer cette société mal bâtie, une chose s'impose : l'étude d'une doctrine sociale dont on s'inspirera pour concevoir enfin une architecture économique rationnelle. Et cette doctrine sociale, c'est celle de l'Église, juste milieu entre deux doctrines également pernicieuses : la prétention injuste d'un certain capitalisme vicié, puis l'utopie égalitaire du socialisme[103].

Ainsi, *l'Action catholique* qui se veut le journal des classes laborieuses va faire une forte campagne en faveur du syndicalisme catholique :

« Heureux les pays qui possèdent chez eux des unions ouvrières catholiques, plus heureux encore ceux qui s'appliqueront à les développer de toutes manières[104]. »

En 1938, elle va aller plus loin en défendant l'atelier fermé et le juste salaire familial. Là où il n'y a pas de syndicat catholique, elle va préférer un syndicat international à un syndicat de boutique[105].

En 1931, la nouvelle *Loi sur les Accidents du travail*, passée en troisième lecture à l'Assemblée législative, reçoit l'approbation du journal qui avait déjà réclamé cette protection pour les travailleurs.

La machine n'est pas le fait de l'ouvrier mais celui de l'industrie ... L'industrie installe des machines et embauche des travailleurs. Si elle doit payer ses bris de machines, elle doit aussi payer ses bris d'hommes[106].

Pendant toute la décade, les éditorialistes constatent que trop souvent on veut économiser aux dépens du salaire de l'ouvrier qui devrait être négocié par l'intermédiaire de l'organisation professionnelle conformément à la justice sociale.

Le vice capital du régime du travail à notre époque, c'est que l'on compte toujours économiser d'abord sur les salaires quand il s'agit d'équilibrer les budgets. Les employeurs oublient systématiquement l'existence des autres facteurs compressibles[107].

La conclusion qui s'impose à la fin du présent article, c'est que la détermination du salaire ne peut s'effectuer normalement et justement que sous le régime de l'organisation professionnelle et que les résultats auront chance d'être conformes à la justice sociale comme aux exigences du progrès humain dans la mesure où l'organisation professionnelle sera complète et parfaite[108].

Une autre solution proposée à la crise est le retour à la terre.

Si le Gouvernement inaugurait une politique de retour à la terre, une véritable mobilisation terrienne, et y mettant une envergure proportionnée à la gravité des temps ; si, après avoir secondé une initiative spontanée comme celle de Chicoutimi-Lac-Saint-Jean, il traçait hardiment les cadres d'un vaste mouvement de retour à la terre, en lançant un généreux appel à toutes les forces vives et en faisant l'éducation rurale même des urbains, il se montrerait sûrement à la hauteur de sa position[109].

Ce que nous savons fort bien, c'est qu'il faudrait voir dans le retour à la terre bien organisé l'un des principaux remèdes à la crise[110].

Les remèdes à l'exode rural, à la désaffection générale pour la terre, au malaise agricole, ce sont l'estime de la profession d'agriculteur, le développement de l'instruction rurale et l'organisation professionnelle[111].

Un autre moyen d'action est la coopération tant dans le domaine de l'épargne avec les caisses populaires que dans le domaine de l'agriculture et de l'habitation.

> La coopération bien faite chez le cultivateur permet à ce dernier de vendre ses produits plus cher pendant que le consommateur, lui, peut payer moins cher. Elle est un facteur d'équilibre, et, en ces temps de crise, c'est vers ces facteurs qu'il faut tourner les yeux ... Ceux donc qui vont prêcher l'idée de coopération chez la classe agricole se montrent de véritables amis des cultivateurs et de la société[112].
>
> Une telle coopérative d'habitation greffée sur une caisse populaire voilà qui pourrait peut-être avoir du bon sens, les facilités de remboursement étant plus grandes à la caisse populaire que partout ailleurs[113].

L'Action catholique, insistant sur l'épargne comme moyen de contrôler le capital, rappelle à ses lecteurs la valeur du prêt hypothécaire.

> Il n'y a pas bien des années il jouissait encore d'une grande faveur. Rien ne serait plus bienfaisant pour le prêteur et la communauté dans laquelle on vit, que de penser plus souvent au prêt hypothécaire quand on a de l'argent à placer[114].

Si, en 1931, l'état d'urgence a multiplié les interventions des éditorialistes sur l'analyse de la crise économique et de la situation du chômage, le recul des ouvriers et l'apport du mouvement de l'École sociale populaire, de la revue de *l'Action nationale* et du Parti de l'Action libérale nationale ont permis de préciser la solution à proposer pour réformer la société : le système corporatif. C'est ce que l'on propose en 1938 entre le capitalisme et le socialisme qui sont tous deux à rejeter. Ce système est basé sur la coopération et l'organisation professionnelle.

> À certains moments, plusieurs peuples européens ont été sauvés par la coopération. Pourquoi n'en serait-il pas ainsi du nôtre ? Le système a maintenant fait ses preuves. Codifié, il est même passé à l'état d'une science, qui s'enseigne comme les autres sciences[115].

Dans ce système, si on refuse l'intervention de l'État au niveau du bien-être[116], on considère comme possibles certaines nationalisations ou étatisations et on souhaite que le gouvernement établisse un crédit urbain gouvernemental et des conseils économiques pour planifier[117].

> Au stade présent de la civilisation, toute opposition *a priori* à l'étatisation d'un service public et tout programme d'étatisation systématique nous semblent également pécher contre la sagesse et la prévoyance[118].

Enfin, il ne faudrait pas oublier que la crise est des plus profondes et qu'il faut rechercher des solutions autres qu'économiques. En effet :

> Les moyens économiques seuls seront impuissants à faire cesser la crise actuelle et à normaliser la vie du monde. Il va falloir rajuster des points de vue et corriger des habitudes. En d'autres termes, une forte action morale est absolument nécessaire en ce moment. Et c'est l'Église catholique qui mieux que toute autre personne psysique ou morale peut donner les directives de cette action morale[119].

II. – LES ADVERSAIRES ET LES AMIS

L'Action catholique de 1931 et de 1938 est un journal très agressif ; jaloux de son indépendance et de la mission qu'il se donne de défendre les groupes sociaux défavorisés, il offre toujours une riposte incisive à ses nombreux contempteurs. Pour éclairer davantage les prises de positions de *l'Action catholique* sur les thèmes précédemment analysés, nous considérerons successivement les querelles avec les journaux et les attaques du journal contre certains groupements. Quelques remarques consacrées aux amis permettront surtout de reconnaître les courants d'opinion auxquels se rattache *l'Action catholique*.

1. Les journaux

Le gouvernement Bennett a refusé le plan Taschereau d'aide aux chômeurs et le *Soleil* de Québec reproche à plusieurs reprises à *l'Action catholique* de ne pas partir en guerre contre le gouvernement fédéral.

> *Le Soleil* fait mine de ne pas pouvoir comprendre que nous ne nous en prenions pas à M. Bennett ... Mais peut-être à la veille de la campagne électorale prochaine n'a-t-il d'autre but que d'amorcer sa campagne ordinaire contre la « bonne presse », la seule qui ne consente pas à se laisser domestiquer, et qui reste encombrante à cause de cela[120].

Le même *Soleil* réussit à publier le texte intégral de l'encyclique *Casti connubii* de Pie XI deux jours avant *l'Action catholique*. Il n'en fallait pas plus pour que ce dernier passe à l'attaque.

Pourquoi quarante-huit heures avant de faire parade de son empressement à
mettre devant les yeux de ses lecteurs la parole du Pape, annonçait-il – à son
accoutumée et contre le gré des évêques de sa province – les théâtres du dimanche... Il y a certaines contradictions qui sont tout de même dégoûtantes[121].

Au cours de sa campagne en faveur de la municipalisation de l'électricité à Québec, *l'Action catholique* s'oppose continuellement au *Soleil*.

Et pour rassurer *Le Soleil,* nous répondrons à sa question initiale en disant que
ce n'est ni contre *Le Soleil* ni contre le *Québec Power* ni contre le Gouvernement que nous dirigeons notre campagne, mais contre un régime d'éteignoir et
d'iniquité qui trompe notre population, qui borne partout son horizon et qui
détruit chez elle toute aspiration progressive. Tant pis si *Le Soleil,* le *Québec
Power* et d'autres sont dans notre chemin[122].

En 1938, on reproche au *Soleil* de faire des pressions indues pour
recueillir des abonnements, d'«afficher une mentalité de trustard[123]» dans sa course de l'annonce commerciale et de chercher une
coalition avec le *Journal* pour avoir à nouveau les contrats du gouvernement.

Si le pactole des contrats du gouvernement se mettait à couler vers l'ancien
Journal et que son atelier ne serait pas à la hauteur des besoins, est-ce que ces
contrats si rémunérateurs auxquels *Le Soleil* est d'ailleurs habitué vont retour-
ner chez lui ...? Cela veut-il dire que l'imprimerie du Soleil et l'imprimerie
Frontenac ont aussi été fusionnées, se sont compénétrées[124]?

Au niveau idéologique, *l'Action catholique* entre en lutte avec le
Journal à propos de l'atelier fermé et des bills 19 et 20 du gouvernement Duplessis.

S'il faut revenir sur l'atelier fermé, nous y reviendrons. Et les accusations en
l'air du *Journal* ne devront pas nous intimider. Ce n'est pas la première feuille
ministérielle outrancière que nous rencontrons sur notre route de journaliste[125].

Il y a également une polémique avec le *Soleil* à propos des syndicats
internationaux et des salaires.

Le Soleil est vraiment malvenu d'endosser l'affirmation suivante des internationaux à savoir que *L'Action catholique* serait favorable aux petits salaires de
famine[126].

En 1931, deux journaux de la Saskatchewan sont souvent pris à partie par *l'Action catholique* à cause de leur appui aux politiques discriminatoires du premier ministre Anderson.

> Les campagnes indignes qu'ont permis contre les nôtres dans leurs colonnes des journaux comme le *Star* de Régina et le *Star-Phoenix* de Saskatoon, fait que nous ne sommes pas étonnés de leurs menées présentes[127].

Fidèle à la doctrine sociale de l'Église concernant les relations ouvrières, *l'Action catholique* met ses lecteurs en garde.

> *Le Monde Ouvrier* de Montréal est un journal qui ne peut se comparer à aucun autre. On y prêche beaucoup de choses, mais cette prédication ne ressemble en rien à celle du Pape de Rome[128].

Le même motif pousse le journal à critiquer *The Gazette*, qui s'est opposée à l'établissement d'un bureau fédéral de distribution de secours aux chômeurs.

> Nous ne sommes pas du tout surpris de voir le confrère de Montréal se montrer hostile au travail syndiqué. À ses yeux les syndicats ouvriers sont la cause de bien des maux. Ils ont le tort de chercher à améliorer la condition des ouvriers. On pense autrement à Rome[129].

Une querelle oppose *l'Action catholique* et *l'Événement* dans ce qu'il est convenu d'appeler l'« Affaire de la Beauharnois ». Lorsque *la Patrie* de Montréal s'en mêle, le journal ironise.

> *La Patrie,* journal faisant partie de la même chaîne que *L'Événement,* dont les principaux actionnaires ... (mais passons !) défend à Montréal, à propos de l'électricité, *L'Événement* qui ne se défend pas à Québec. Puis *L'Événement* cite *La Patrie* comme autorité. Que c'est donc fort ! Honni soit qui y verrait un cercle vicieux[130].

2. Les groupements

En 1931, dans la question de la minorité francophone de la Saskatchewan, le Ku Klux Klan est attaqué violemment pas *l'Action catholique.*

> Tous les K multipliés du Ku Klux Klan, des Klanmen, de leur Klonvocation, Kloncilium, etc. fait croire à un vocabulaire de Klowns ... Cependant l'objet est trop grave : on ne saurait parler de Klowns en badinant ; mais plutôt traîtres à

l'unité canadienne, à la paix intérieure, sont ceux qui ont été capables de
monnayer le fanatisme religieux et autres dans leur propre intérêt[131].

À la même période, le journal attire parfois l'attention de ses lecteurs
sur l'opposition entre juifs et chrétiens.

N'oublions jamais que les Juifs s'accomodent volontiers des écoles neutres, du
divorce et en général de toutes les lois antichrétiennes. Et notons que deux
députés canadiens à la Législature ont voté contrairement à tous leurs collègues,
parce qu'ils ont des voteurs juifs parmi leurs commettants[132].

Cette opposition deviendra de plus en plus prononcée et on pourra
vraiment parler d'antisémitisme en 1938, même si le journal s'en défend
bien.

Il n'est pas chrétien de traiter les Juifs comme Hitler les traite ; c'est même
sauvage et barbare. Mais rien n'oblige les Canadiens à ouvrir les portes du pays à
ces errants dont nous avons tout à redouter. Pour les Canadiens anglais comme
pour les Canadiens français, pour les chrétiens protestants comme pour les
chrétiens catholiques les Juifs sont des indésirables. Endurons chrétiennement
ceux que nous avons, n'allons pas commettre la bêtise d'en inviter d'autres. ... En tout cas, rappelons-nous que les Juifs ne sont pas cultivateurs nulle
part. Ce ne sont pas des gens qui gagnent leur vie à la sueur de leur front mais à
la sueur du front ... d'autrui[133].
Une nation qui laisse ces internationaux par excellence prendre les leviers de
commande de son commerce, de son industrie et de sa finance, se forge des
chaînes ; voilà la leçon de l'histoire. Jetons les yeux sur nos rues commerciales
où les boutiques juives se multiplient, où les Juifs sont devenus propriétaires de
nombre de points stratégiques. Rappelons-nous à qui est allé notre industrie de
la confection ... demandons-nous si nous ne nous préparons pas des tribulations
plus réelles que celles dont les dépêches font tant de bruit à propos des Juifs, en
nous constituant les instruments aveugles de leur fortune et notre esclavage
économique[134].

Mais, en 1938, les grands adversaires, ce sont les communistes qui
profitent de la guerre pour jeter le trouble et qui sont même présents
chez nous lors des élections.

Rendre le peuple malheureux afin de provoquer la révolution voilà bien un des
moyens d'action du communisme[135].
Dans la présente élection, les communistes fréquentent surtout les petits cau-
cus où s'organisent les tumultes. Les organisateurs eux-mêmes ne se doutent pas
toujours de leur présence. Qu'ils suspectent pourtant les plus chauds partisans
de la manière forte ! ... Si quelques électeurs sincères se laissent entraîner par
de subtiles parleurs, ils font le jeu des agents de Moscou[136].

D'ailleurs tout est mieux que le communisme pour la religion. C'est surtout dans une série d'articles de L.-P. Roy que l'on montre les oppositions entre communisme et religion. Ces articles sont présentés sous forme de dialogue entre Cyrice, Euloge et Esdras.

Cette crainte du communisme invite les éditorialistes à poser un jugement sévère sur les socialistes et particulièrement sur monsieur Woodsworth, chef du C. C. F., à qui on reproche d'appuyer les positions du parti communiste en s'opposant à la « Loi du cadenas ».

La chose était prévue, M.Woodsworth, à Ottawa, part en guerre contre ce qu'on est convenu d'appeler la loi du Cadenas, et somme le gouvernement de la désavouer comme il a désavoué les lois Aberhart. En outre, M.Woodsworth se fait le champion de beaucoup de libertés, mais il paraît avoir une notion plutôt vague de la liberté[137].

3. Les amis

On retrouve explicitement exprimés des témoignages d'appui et de collaboration au *Devoir* et au *Droit*. *Le Devoir* est souvent cité dans la chronique « Petites Notes » et certains de ses articles sont reproduits en page éditoriale sur des questions concernant l'électricité, la religion et la politique. Pour *l'Action catholique* le journal de Montréal fait partie, comme lui, de la « presse indépendante ».

Lors du décès d'un confrère du *Droit,* Eugène L'Heureux écrira : « Entre *Le Droit* et *L'Action catholique,* la similitude de pensée en face des problèmes essentiels fortifie ces liens de camaraderie confraternelle[138]. »

En 1931, à l'occasion du 24ᵉ anniversaire de *l'Action catholique,* quelques journaux lui font parvenir leurs voeux de succès dans sa diffusion de la « bonne parole ». Ce sont *le Droit* d'Ottawa, *le Progrès du Saguenay, le Bien Public* de Trois-Rivières, *le Progrès du Golfe* et, bien sûr, *le Devoir.*

Deux revues sont souvent citées par les éditorialistes, *l'Action nationale* en 1938 et *l'Actualité économique* en 1931. *L'Action catholique* n'hésite pas à « recommander cette revue rédigée par des spécialistes, la plupart professeurs à l'École des Hautes Études Commerciales de Montréal[139]». Quant à *l'Action nationale,* qui a pris la relève de *l'Action canadienne-française* en 1933, elle comptait parmi ses rédacteurs Eugène L'Heureux qui a été également collaborateur à l'École sociale populaire[140]. Il n'est donc pas surprenant de constater l'amitié entretenue entre les dirigeants de *l'Action catholique* et des hommes comme l'abbé Groulx, Paul Gouin et Georges-Henri Lévesque. Pour chacun d'eux, il y a un témoignage clair.

> Nous ne pouvons nous empêcher de voir dans les idées de ce patriote chrétien (Groulx) la métaphysique nationale de la prochaine génération[141].
>
> Quoiqu'on pense du rôle politique de Paul Gouin, il faut reconnaître que la *Province* a rempli une magnifique mission d'éducation nationale et politique qui a produit momentanément des fruits[142].
>
> Sous la direction habile, fascinatrice et pratique du R. P. Lévesque, quelques uns des pionniers du mouvement social catholique canadien-français et les plus brillants de nos jeunes professionnels formeront des chefs capables de faire triompher la sociologie catholique dans tous les domaines de notre vie économique[143].

Ces hommes sont les défenseurs des positions mêmes de *l'Action catholique* au niveau politique, économique et social.

III. – L'IDÉOLOGIE DE « L'ACTION CATHOLIQUE »

Malgré les limites que nous impose la méthode de cueillette des textes, nous croyons possible de définir l'idéologie générale de *l'Action catholique* au cours des années 30. Avant de dégager le type d'argumentation idéologique sous-jacent aux prises de position du journal, nous résumons succinctement, à l'aide de quelques textes, le projet de société qu'il proposait aux Canadiens français. Ces deux niveaux d'analyse sont complémentaires et peuvent nous aider à comparer une vision globale des années 30 à ce que nous lisons dans le journal *l'Action* des années 70.

1. La société à bâtir

Au niveau économique, *l'Action catholique* propose une société corporative et basée sur la coopération. Imbus des excycliques *Rerum Novarum* et *Quadragesimo Anno,* face aux problèmes suscités par la crise et le libéralisme économique, les responsables du journal suggéreront comme solution aux problèmes économiques et sociaux, les différentes formes de coopératives et d'organisations professionnelles.

> Pour les Canadiens français, le coopérativisme offre un caractère d'émancipation non seulement individuel et familial, mais véritablement national ... L'un des actes de courage nécessaires, c'est l'établissement d'un système corporatif très étendu, fondé sur la connaissance parfaite des véritables principes corporatifs[144].

> La coopération se fait avec des coopérateurs et ces derniers, il n'y a pas de meilleur endroit où les former que dans l'association professionnelle, qui n'est faite que de coopération et ne peut vivre que par elle[145].

S'il est arrivé, comme nous l'avons déjà remarqué, que *l'Action catholique* ait été accusée de fascisme par certains adversaires à cause de son appui ouvert à Franco et à Mussolini, ceci ne peut faire oublier toutes les luttes entreprises par le journal pour la restauration de la démocratie, d'une démocratie purifiée de l'influence des partis, des trusts et du patronage. Cependant cette démocratie est fortement élitiste, en ce sens qu'elle repose avant tout sur la formation d'une élite de chefs responsables prenant en main les intérêts du peuple.

> Le système représentatif se rachète. Aussi bien, il est fait comme tous les autres pour gouverner, non pour servir une classe au détriment de l'autre. Et pour gouverner, il a besoin d'agir d'une manière éclairée, non pas sous la poussée d'ignorants, de profiteurs ou de passionnés. C'est-à-dire autant que tout autre, il a besoin de chefs[146].

> La nécessité de cette élite n'est pas à démontrer : il suffit, pour le comprendre, de réfléchir un instant sur les dangers qui menacent la société, puis sur l'urgence de fournir un bon état-major aux forces de conservation constamment aux prises avec les forces de destruction[147].

Au niveau national, les tendances du journal ont été amplement décrites. Il appuie officiellement la politique d'autonomie de Duplessis et inquiète ses lecteurs sur le risque de la centralisation.

> Avant de consentir aux centralistes les sacrifices de juridiction qu'ils demandent, la Province de Québec doit exiger qu'on lui prouve d'abord son incapacité dans le domaine de l'organisation du travail ... Comme tant d'autres problèmes nationaux, cette question vitale de l'autonomie provinciale laisse nos compatriotes passifs et indifférents[148].

Cependant, le nationalisme de *l'Action catholique* est nettement plus culturel que politique. Il repose sur une communauté de langue.

> Notre conviction, et elle est profonde, est que la nation qui grandit au Nord de la ligne du quarante-cinquième ne restera une nation qu'à condition de garder ce qui la caractérise : son caractère bilingue[149], et sur une communauté de

foi, car « les peuples qui suivent la parole de Dieu sont les plus réellement et les plus solidement heureux[150] ».

D'ailleurs cette nation, qui regroupe à travers l'Amérique tous les Canadiens français catholiques, vit d'un nationalisme chrétien et missionnaire qui ne fait pas l'objet des réserves des Souverains Pontifes.

Autant le racisme d'un Hitler et certains nationalismes agressifs de l'ancien monde sont païens et antichrétiens, autant le nationalisme défensif du Canadien français est légitime, autant l'Église permet aux Canadiens français de s'organiser pour mieux servir leur pays le Canada, en conservant leur héritage français[151].

Il s'agit de créer conformément au véritable esprit de la Confédération « un état de choses permettant aux Canadiens français de réaliser pleinement le type humain mis en chacun d'eux par une Providence généreuse[152] ».

Pour parvenir à ces objectifs tracés aux différents niveaux précédents, il faut atteindre un niveau plus en profondeur, le religieux. Il faut se livrer ici à la rechristianisation des esprits et des coeurs. C'est parce qu'on vivra de son christianisme et qu'on obéira aux directives qu'on réussira la restauration de cette société mal bâtie[153]. La famille sera revalorisée par la religion et l'éducation sauvegardée par elle.

Et Dieu est sorti de la famille. Dieu est sorti de l'école. Dieu est sorti des affaires. Nous ne voulons pas qu'il règne sur nous ; nous ne voulons pas nous occuper de lui ; nous voulons avancer, vivre, nous recréer sans lui (...) Et nous barbottons maintenant dans le gâchis[154].

Si les hommes politiques ont la sagesse de puiser dans la doctrine de l'Église une morale supérieure, ils pourront assainir la politique et vitaliser l'économie.

Il ne faut pas s'étonner de voir un professeur de philosophie économique tracer sous l'inspiration des encycliques et de l'incomparable enseignement social de l'Église les plans de la société nouvelle. Il n'y a rien de révolutionnaire à cela, c'est de la restauration[155].

Les éditorialistes sont donc fiers d'être chrétiens et d'avoir au Canada un épiscopat à la mode.

Notre épiscopat est très à la page. Certes oui ! Aucun domaine ne lui est étranger. Il se prononce tour à tour sur tous les problèmes avec une compétence qui fait l'admiration des techniciens et le bonheur des classes intéressées[156].

Il en est de même pour les curés de paroisse qui sont des guides privilégiés pour le peuple. « Écoutons les curés. Ils savent ce qu'ils demandent et pourquoi ils le demandent [157]. »

Le catholicisme doit être présent dans toutes les sphères car ce que l'on veut bâtir c'est véritablement une société chrétienne, c'est là la caractéristique première d'où découlent tous les autres traits de la société québécoise.

> « Pour une société chrétienne ». L'opportunité d'un tel sujet n'est plus à démontrer, quand on voit la déchristianisation compromettre non seulement le salut des âmes mais également celui des familles, des professions, de la société civile et de la société internationale. Le monde se meurt parce qu'il s'est éloigné de toute vie qui est Dieu. Et les véritables sauveurs, en ce moment, ce sont les apôtres de la rechristianisation dans tous les domaines [158].

2. *L'argumentation idéologique* [159]

Le journal doit d'abord rendre compte de la situation sociale de l'époque. Un diagnostic angoissant reflète le sentiment historique d'une crise globale très grave.

> Ce qui frappe, lorsqu'on observe avec attention les événements actuels, c'est le caractère tout à fait spécial de la crise mondiale que nous traversons; c'est la transition brusque qu'elle constitue entre un monde économique qui semble avoir fait son temps et un autre qui requiert, en arrivant, l'élargissement des anciens ; (...) c'est le manque d'équilibre, d'une part, entre le progrès économique que nous valent le développement vertigineux et l'application généralisée des sciences physiques, puis, d'autre part, le progrès social constamment entravé par l'égoïsme des uns et l'ineptie des autres.
> (...) cette crise n'est pas comme les crises périodiques auxquelles nous sommes habitués, une étape du cycle économique ; c'est la transition violente d'un monde ancien à un monde nouveau [160].
> C'est la situation d'aujourd'hui, l'état de choses dont on dit qu'il présage un remaniement profond et nécessaire de la société, dont plusieurs s'inquiètent et se demandent ce qu'il doit être [161].

Les causes de cette situation qui, par moment, apparaît désespérée, peuvent être nombreuses dans l'ordre économique et politique.

> Mais il en est une non moins importante et que l'on retrouve à l'origine de tous les banditismes : c'est la crise de la volonté, qui laisse dériver vers la passion du luxe et l'horreur du travail [162].

Puisqu'il s'agit d'une crise de l'homme, « changez de système tant que vous voudrez, vous ne changerez rien si vous ne changez pas les hommes [163] ».

De là, on passe à des normes de conduite qui, une fois le consensus réalisé, permettront de rétablir non seulement la prospérité économique, mais, ce qui est plus fondamental, l'équilibre de tout l'homme. Il y ·a d'abord la compétence.

> Parmi tous les remèdes suggérés pour guérir véritablement les maux présents, je n'en vois guère de plus foncièrement efficace qu'une prédication générale de l'idéal de qualité ou, si on aime mieux, de la compétence [164].

Par-dessus tout, il faut se référer à la morale évangélique

> (...) qui a seulement l'idée de mêler la justice, la charité chrétienne à la solution des problèmes économiques, sociaux et internationaux. Et cependant là est le noeud gordien [165].
> Sans charité, quelqu'un de bien plus expérimenté nous l'a dit, rien n'est pratiquement possible entre les hommes, mais avec elle, tout va. Il est à souhaiter qu'on le comprenne de mieux en mieux [166].

Ces normes permettront ensuite d'intégrer les individus dans un projet collectif dont le dynamisme interne est déjà présent au Québec, dans les années 30 : l'Église catholique.

> Mais la société ne paraît pas réaliser que, dans son mépris de l'Église, et dans ses constants efforts pour réduire son influence, elle a sapé sans s'en douter les bases de la bonne foi, de la justice, de la loyauté, et s'est acculée à la paix à la mode d'aujourd'hui [167].
> Plus vite individus et gouvernements écouteront la parole du Saint-Père, et plus vite la boussole sociale reprendra sa stabilité [168].

Autour de ce noyau idéologique semblent se greffer les divers thèmes précédemment analysés, qui sont autant de points d'appui du projet global.

Ainsi la représentation de la société globale à laquelle se réfère l'Action catholique est une chrétienté, où les structures hiérarchiques et les organisations ecclésiastiques servent de mécanismes à l'intégration de la personne et de la société. Le journal tente donc de provoquer un consensus sur des valeurs légitimes à partir des principes éthico-religieux de la doctrine de l'Église. Telle est bien l'argumentation des utopies de droite : ce qui est en arrière devient image d'un projet futur.

Faculté de théologie,   Jacques RACINE
Université Laval.

Séminaire de Québec.   Michel STEIN

*   Puisqu'en général, les positions du journal varient peu pour ces deux années, toute affirmation faite à l'aide d'une citation d'une année donnée vaut également pour l'autre année. Dans le cas contraire, nous l'indiquerons.

1   Charles FOURNIER, *Monographie du journal l'Action catholique,* Mémoire de M. en Sc. Com., université Laval, 1950, p. 13.

1a   *Ibid.*

2   *Ibid.,* p. 18.

3   Copie conforme à l'original de la lettre envoyée par le cardinal Bégin au Comité central permanent, 21 avril 1925.

4   *Desbarats Directory of Canada's publications.*

5   *L'Action catholique,* 18 février 1938. (Dorénavant AC.)

6   *AC,* 13 août 1931.

7   *AC,* 15 août 1938.

8   *AC,* 2 décembre 1938.

9   *AC,* 15 décembre 1931.

10   *AC,* 7 juin 1938.

11   *AC,* 6 mars 1931.

12   *AC,* 23 juillet 1938.

13   *AC,* 25 novembre 1938.

14   *AC,* 3 septembre 1938.

15   *AC,* 19 novembre 1938.

16   *AC,* 24 août 1938.

17   *AC,* 9 mai 1931.

18   *AC,* 10 janvier 1938.

19   *AC,* 7 janvier 1938.

20   *AC,* 2 mai 1938.

21   *AC,* 22 février 1938.

22   *AC,* 1er septembre 1938.

23   *AC,* 27 juillet 1938.

24   *AC,* 9 juin 1931.

25   *AC,* 20 juin 1931.

26   *AC,* 10 septembre 1931.

27   *AC,* 10 octobre 1938.

28   *AC,* 14 janvier 1938.

29   *AC,* 4 mars 1938.

30   *AC,* 10 mars 1938.

31   *AC,* 12 août 1938.

32   *AC,* 11 février 1938.

33   *AC,* 3 janvier 1931.

34   *AC,* 4 avril 1931.

35   *4C,* 9 mai 1931.

36   *AC,* 27 août 1938.

37   *AC,* 31 décembre 1931.

38   *AC,* 20 août 1938.

39   *AC,* 11 juin 1938.

40   *AC,* 1er février 1938.

41   *AC,* 30 juillet 1938.

42   *AC,* 25 février 1938.

43   *AC,* 21 juin 1938.

44   *AC,* 21 mars 1931.

45   *AC,* 28 mars 1931.

46   *AC,* 18 avril 1938.

47   *AC,* 10 juin 1931.

48   *AC,* 24 juin 1938.

49   *AC,* 28 janvier 1938.

50   *AC,* 13 mai 1938.

51   *AC,* 27 janvier 1938.

52   *AC,* 19 novembre 1931.

53   *AC,* 7 mars 1938.

54   *AC,* 2 juin 1938.

55   *AC,* 16 juin 1931.

56   *AC,* 30 juillet 1931.

57 *AC*, 8 août 1931.
58 *AC*, 13 janvier 1938.
59 *AC*, 13 mai 1938.
60 *AC*, 11 mars 1938.
61 *AC*, 25 février 1938 ; 26 avril 1938.
62 *AC*, 9 avril 1931.
63 *AC*, 12 octobre 1938.
64 *AC*, 16 avril 1931.
65 *AC*, 13 mai 1931.
66 *AC*, 2 juin 1931.
67 *AC*, 7 juillet 1931.
68 *AC*, 2 avril 1938.
69 *AC*, 19 avril 1938.
70 *AC*, 5 mars 1938.
71 *AC*, 4 octobre 1938.
72 *AC*, 15 février 1938.
73 *AC*, 30 mai 1931.
74 *AC*, 23 juillet 1931.
75 *AC*, 2 septembre 1931.
76 *AC*, 6 mai 1938.
77 *AC*, 19 décembre 1938.
78 *AC*, 31 janvier 1938.
79 *AC*, 18 novembre 1938.
80 *AC*, 8 avril 1938.
81 *AC*, 10 décembre 1931.
82 *AC*, décembre 1938.
83 *AC*, 7 octobre 1938.
84 *AC*, 11 mai 1938.
85 *AC*, 20 juin 1931.
86 *AC*, 23 juin 1931.
87 *AC*, 2 septembre 1931.
88 *AC*, 31 janvier 1938.
89 *AC*, 4 février 1938.
90 *AC*, 5 février 1938.
91 *AC*, 30 décembre 1938.
92 *AC*, 14 février 1938.
93 *AC*, 16 avril 1938.
94 *AC*, 14 janvier 1931.
95 *AC*, 17 janvier 1931.
96 *AC*, 6 février 1931.
97 *AC*, 21 mai 1938.

98 *AC*, 16 février 1931.
99 *AC*, 24 avril 1931.
100 *AC*, 6 mai 1931.
101 *AC*, 23 mai 1938.
102 *AC*, 7 janvier 1938.
103 *AC*, 15 septembre 1938.
104 *AC*, 29 août 1931.
105 *AC*, 11 mars 1938.
106 *AC*, 13 mars 1931.
107 *AC*, 3 janvier 1938.
108 *AC*, 9 septembre 1938.
109 *AC*, 18 juin 1931.
110 *AC*, 29 juin 1938.
111 *AC*, 25 janvier 1938.
112 *AC*, 29 avril 1931.
113 *AC*, 23 février 1938.
114 *AC*, 24 mars 1931.
115 *AC*, 8 août 1938.
116 *AC*, 9 juin 1938.
117 *AC*, 21 novembre 1938.
118 *AC*, 7 septembre 1938.
119 *AC*, 26 novembre 1931.
120 *AC*, 10 janvier 1931.
121 *AC*, 27 janvier 1931.
122 *AC*, 2 décembre 1931.
123 *AC*, 4 novembre 1938.
124 *AC*, 4 novembre 1938.
125 *AC*, 12 mars 1938.
126 *AC*, 26 juillet 1938.
127 *AC*, 18 février 1931.
128 *AC*, 26 mars 1931.
129 *AC*, 6 juillet 1931.
130 *AC*, 8 octobre 1931.
131 *AC*, 8 avril 1931.
132 *AC*, 4 avril 1931.
133 *AC*, 23 novembre 1938.
134 *AC*, 21 avril 1938.
135 *AC*, 26 février 1938.
136 *AC*, 15 février 1938.
137 *AC*, 3 février 1938.
138 *AC*, 14 février 1938.
139 *AC*, 16 octobre 1931.

[140] M. WADE, *les Canadiens français de 1760 à nos jours*, Le Cercle du livre de France, t. II, page 325, 1963.

[141] *AC*, 15 janvier 1938.

[142] *AC*, 17 février 1938.

[143] *AC*, 14 septembre 1938.

[144] *AC*, 24 novembre 1938.

[145] *AC*, 29 avril 1931.

[146] *AC*, 30 juin 1938.

[147] *AC*, 20 juin 1931.

[148] *AC*, 4 février 1938.

[149] *AC*, 14 mars 1931.

[150] *AC*, 7 mars 1931.

[151] *AC*, 25 juillet 1938.

[152] *AC*, 15 juillet 1938.

[153] *AC*, 15 septembre 1938.

[154] *AC*, 24 octobre 1931.

[155] *AC*, 15 septembre 1938.

[156] *AC*, 25 janvier 1938.

[157] *AC*, 20 janvier 1931.

[158] *AC*, 26 septembre 1938.

[159] Nous adoptons le plan d'analyse idéologique élaboré par Fernand Dumont.

[160] *AC*, 20 août 1931.

[161] *AC*, 18 juin 1938.

[162] *AC*, 2 mai 1931.

[163] *AC*, 7 octobre 1931.

[164] *AC*, 5 novembre 1931.

[165] *AC*, 10 janvier 1931.

[166] *AC*, 12 juillet 1938.

[167] *AC*, 11 août 1938.

[168] *AC*, 7 mars 1931.

L'IDÉOLOGIE DU « MONTREAL DAILY STAR »
(1929-1933)

Dans un préambule destiné à présenter une bibliographie sélective sur l'histoire des idéologies, MM. André Beaulieu et Jean Hamelin écrivaient ce qui suit :

> L'analyse scientifique des idéologies, conçues comme un système d'idées élaboré à partie de la situation sociale du groupe qui le véhicule, est une entreprise récente au Québec. Les études qui se situent dans cette perspective sont peu nombreuses. Les traditionnels essais sur la mentalité, sur l'histoire des idées, sur l'histoire des courants de pensées, sur l'histoire des doctrines ont le plus souvent servi de cadre de référence aux chercheurs. Un genre nouveau, l'analyse de contenu, est de plus en plus pratiqué comme en font foi les thèses récentes soutenues dans les universités[1].

C'est dans cette orientation que nous situons cet article qui veut dégager l'idéologie d'un grand quotidien montréalais, *The Montreal Daily Star*, pour la période de 1929 à 1933. Quel peut être l'intérêt d'une telle entreprise ? Si l'on essaie d'analyser la réalité canadienne, nous nous retrouvons presque toujours devant ce que Hugh MacLennan a appelé les « deux solitudes ». Citons une page de cet écrivain, de façon à illustrer notre pensée ; il s'agit d'un passage très pittoresque où l'un des héros du roman raconte son expérience de Canadien :

> La difficulté pour tout le pays, c'est qu'il est divisé en plusieurs petites mares avec un gros poisson dans chacune d'elles. Je vais vous raconter quelque chose. Il y a dix ans, j'ai traversé le Canada d'un océan à l'autre. J'ai vu bien des choses. Notre pays est si neuf que lorsqu'on le voit en entier pour la première fois, et tout particulièrement l'ouest, l'on se sent comme Colomb et l'on dit : « Mon Dieu, est-ce que tout cela est bien à nous ! » Puis, on entreprend le trajet de retour, on arrive en Ontario et l'on reconnaît dans l'air cette espèce de mentalité de tante vieille fille. On voit des méthodistes à Toronto, des

presbytériens dans les plus belles rues de Montréal, et des catholiques dans tout le Québec, et personne n'est foutu de rien comprendre si ce n'est qu'il est mieux que son voisin. Les Français sont plus français que leurs cousins de France, et les Anglais plus britanniques que n'a jamais osé l'être l'Angleterre. Et puis, on va à Ottawa, et l'on aperçoit le Premier Ministre, l'oreille collé au sol et le derrière en l'air ! Et alors, capitaine Yardley, il ne vous reste plus qu'à lancer un bon juron[2] !

Par ailleurs, Fernand Dumont nous a déjà parlé du « conflit des deux sociétés » au lendemain de la Conquête[3]. Et plus récemment, le même penseur décrivait une réalité analogue, à la suite de la campagne électorale d'avril 1970, dont les thèmes et l'enjeu ont fourni à l'élément anglophone l'occasion de manifester qu'il ne partageait pas l'opinion d'une bonne partie de l'élément francophone. Voici ce qu'il écrivait :

Depuis que nous nous définissons comme Québécois, il nous est venu une première et terrible responsabilité. Celle de dialoguer autrement que nous l'avions fait jusqu'ici avec les Québécois qui ne sont pas de langue française. À cet égard, la dernière élection aura été, faut-il le rappeler, une dangereuse leçon et elle nous aura laissé une non moins dangereuse tentation. Elle aura mis en évidence une profonde scission qui doit angoisser non pas seulement les partisans de l'indépendance mais n'importe quel homme doué d'un peu d'intelligence et de coeur[4].

Or, pendant les années 30, nous retrouvions au Québec de nombreuses expressions de mécontentement. Plusieurs organisations politiques et sociales critiquaient, condamnaient même le monde économique moderne, dirigé par le groupe anglo-saxon, à la grande frustration des Canadiens français. De nombreux mouvements attestaient la montée d'un nationalisme passionné parmi les classes moyennes. Ainsi, à la fin d'une campagne prolongée de protestations contre le chômage, on put voir une foule de jeunes gens de langue française se rassembler devant les bureaux d'un journal anglais, soi-disant à la solde du *big business*, et crier : « Down With the English ! Down With Imperialism[5] ! »

Allions-nous retrouver dans un journal anglophone des années 30 un écho de ces divisions et de ces divergences véhiculées par l'histoire, la littérature et une tradition orale plus ou moins empreintes de légende ou parfois même teintées de fanatisme ? Fort heureusement, notre investigation ne s'est pas engagée dans des voies aussi périlleuses ; d'ailleurs, la compagnie des Anglo-Saxons se prête plutôt mal à d'exubérantes manifestations d'émotions, de quelque origine qu'elles soient. Notre démarche voulait répondre à l'interrogation suivante : quelle est l'idéologie du *Montreal Daily Star* ? Question bien simple, mais qui recouvre une réalité complexe que nous devons essayer de cerner. Inspirons-nous de Guy Rocher, pour qui une idéologie est

> un système d'idées et de jugements, explicite et généralement organisé, qui sert à décrire, expliquer, interpréter ou justifier la situation d'un groupe ou d'une collectivité et qui, s'inspirant largement de valeurs, propose une orientation précise à l'action historique de ce groupe ou de cette collectivité[6].

Cette notion de l'idéologie inclut trois éléments qui nous essayerons de dégager à travers notre lecture des éditoriaux du *Star*. Ainsi, nous verrons que l'idéologie prend, d'une certaine façon, le caractère d'une « doctrine » au sens large ; de plus, qu'elle fait abondamment référence à des valeurs, de sorte qu'on pourrait considérer l'idéologie comme « la rationalisation d'une vision du monde (ou d'un système de valeurs)[7] ». Enfin que l'idéologie prend une allure militante, en ce sens qu'elle invite une collectivité à l'action, en lui fournissant des buts et des moyens.

À partir d'un tel système de référence, pouvons-nous dresser un inventaire des thèmes chers au *Star* et qui pourraient nous révéler une vision du monde particulière aux anglophones du Québec ? Ce quotidien, songions-nous, peut-il être considéré comme un « définisseur de situation » ? Propose-t-il des moyens d'action originaux en vue de transformer la société québécoise et canadienne ? Peut-il apporter une contribution valable pour une meilleure compréhension de la société québécoise ? Nous éclaire-t-il sur les relations entre les deux principaux groupes ethniques qui cohabitent dans la province de Québec ? Et au fond de nous-même, notre ambition nous a même porté à imaginer qu'une meilleure connaissance des « autres » nous permettrait de jeter un regard plus lucide et plus profond sur ce que nous sommes...

C'est dans cet esprit que nous avons choisi cinq thèmes qui, par leur fréquence dans les éditoriaux, la générosité de l'espace qui leur était accordé, leur précision, leur allure rationnelle, leur force de conviction, nous ont semblé constituer le « véritable noyau » d'une culture véhiculée par le *Montreal Daily Star*. Ces thèmes sont les suivants : 1) la santé et le bien-être social, d'après le principe cher au *Star*, « A nation's health is a nation's wealth », ainsi que les oeuvres philanthropiques qui y sont liées ; 2) la valeur de l'homme ; 3) la religion ; 4) l'éducation ; 5) le nationalisme et l'impérialisme[8].

I. – LA SANTÉ ET LA PHILANTHROPIE

Le premier thème que nous voulons présenter s'impose de façon naturelle au lecteur du *Star* : il s'agit de la cause de la santé publique et de la promotion de meilleures conditions de vie pour l'ensemble de la population.

En effet, les éditoriaux du *Star* révèlent un souci constant d'appuyer toutes les causes de nature à relever le niveau de santé physique, intellectuelle et morale du peuple. Or, à une époque où les divers organismes de gouvernement n'étaient pas toujours en mesure d'intervenir au bon endroit et au bon moment pour le soulagement de la misère, l'initiative privée jouait un rôle quasi nécessaire. Le peuple avait besoin d'être informé de vérités parfois très élémentaires. Le *Star* s'en est chargé, et de façon fort éloquente. Mais il fallait faire davantage, dépasser le niveau de l'information et de l'exhortation, celle-ci fût-elle la plus persuasive possible. Il fallait agir, descendre dans la rue, dans les taudis, recueillir des aumônes, les redistribuer aux nécessiteux dont le nombre croissait au fur et à mesure que s'accentuaient les misères de la crise économique.

1. La santé et le bien-être social

« Public Welfare His Guiding Principal », lit-on en manchette du *Star*, le jour du décès de Hugh Graham[9]. Ce principe a toujours été reconnu comme fondamental et maintenu à la façon d'une tradition. Les luttes incessantes pour l'amélioration de la santé publique prenaient l'allure de croisades. À cet égard, mentionnons deux campagnes qui sont demeurées particulièrement célèbres. En 1885, une terrible épidémie de variole éclatait à Montréal, à cause du fanatisme d'un certain docteur Coderre qui menait une violente campagne contre la vaccination. Graham réussit à vaincre l'hostilité de la population et à triompher de l'épidémie qui avait déjà fait plus de 4 000 victimes, grâce à l'aide d'un comité d'hommes d'affaires et même du régiment des « Victoria Rifles[10] ». Une autre action vigoureuse fut menée en 1905 ; pour vaincre une épidémie de typhoïde et faire accepter le principe de la pasteurisation du lait, il en coûta plus de $60 000 à Graham. À la fin, il avait remporté ce qu'il appelait « an expensive victory, but very satisfying[11] ».

Ces continuels combats du *Star* pour l'amélioration de la santé publique n'étaient pas de stupides combats d'imaginaires ennemis. S'appuyant sur une documentation de première main, puisée à même les statistiques compilées chaque année par le gouvernement de la province de Québec et la ville de Montréal, le *Star* était en mesure de mener une croisade qui s'avérait tristement nécessaire. Dans un article sur la situation de la santé publique dans la province, le journal de Graham plaçait en exergue un texte du docteur Alphonse Lessard, directeur du Bureau provincial de la Santé, où celui-ci affirmait :

> When we compare the losses from tuberculosis, infant mortality and from infectious diseases suffered by the Province of Quebec with those of other provinces, those who are enthrusted with the safeguarding of public health are overwhelmed with the enormous effort that yet faces them[12].

À quoi une situation aussi déplorable tenait-elle ? Selon le *Star*, à l'ignorance de la population pour une bonne part, mais aussi à l'incompréhension, à l'indifférence et à la dérobade des gouvernements devant leur devoir. C'est pourquoi le *Star* pose comme principe premier, absolument indiscutable, que la santé doit être la première préoccupation de tout gouvernement :

> Political economists everywhere today emphasize the opinion that the main function of a government lies in the preservation of public health and in efforts tending to the improvement in the comfort and contentment of the governed. They admit that the exploitation and development of the resources of the country is a laudable ideal, but in order of importance they rank it as always secondary to the more important function of Public Health[13].

Après une déclaration aussi formelle, le *Star* apprécie la compétence qu'on peut reconnaître à un gouvernement par l'aptitude de celui-ci à assumer ses responsabilités dans le domaine de la santé. Comment juger qu'il remplit ce rôle, sinon par l'importance des sommes d'argent judicieusement consacrées à l'élévation du niveau général de la santé et à la prévention de la maladie. Le *Star* blâme en termes très durs la mauvaise répartition des fonds publics ; la parcimonie des gouvernements n'a d'égale que la libération affichée dans d'autres secteurs où se rencontrent, comme par hasard, les amis du régime[14].

Pourtant, il y avait tant à faire. Il suffit de considérer la liste des services que réclamait le journal, la longue kyrielle des souffrances qu'il invitait à soulager, les nombreuses initiatives qu'il préconisait dans le but d'assurer un minimum de bien-être aux défavorisés, en particulier aux enfants. Il ne faut donc pas lésiner sur l'argent à dépenser, si l'on veut faire, en tout premier lieu, l'éducation du public, lui enseigner les liens entre l'hygiène et la santé. De plus, une très grande attention doit être dirigée vers la recherche médicale[15] ; et pour en partager les coûts élevés, il est normal qu'une collaboration étroite s'établisse entre les diverses provinces et même entre toutes les communautés de l'Empire britannique. Bref, si l'on voulait résumer en une seule phrase le rôle que le *Star* veut confier aux divers gouvernements on aurait ce magnifique énoncé : « Governments reach their highest and finest functions in giving a lead in the fight against disease in every form[16]. »

Quelles sont donc les valeurs qui motivaient une lutte aussi constante dans les pages du *Star* ? Pendant des années, le journal a affiché en tête de sa page éditoriale le slogan présenté comme « the beacon light of the policy pursued by the paper[17] » : « A Nation's Health is a Nation's Wealth ». Il est indéniable, en effet, que la santé représente une valeur économique quasi inappréciable. Le journal la qualifie : « the most precious of our natural resources[18] ». Si elle fait défaut, ce sont des sommes fabuleuses qu'il en coûte à un pays.

> There is an abundance of human tragedy in the comparison between the cost of sickness and the amount paid to prevent it. Even if the question is stripped of all sentiment it seems absurd on the stark grounds of economic advantage that sickness should cost Canada $311 000 000 disregarding the loss in earning power of those who die prematurely amounting to over a billion dollars, while the total amount spent by all government agencies combined to prevent this appalling loss is $6 000 000[19].

Mais il y a plus que la perte pure et simple de sommes importantes pour cause de maladie : le *Star* affirme de façon plus positive que la santé et le succès dans la vie vont de pair. Un homme en santé peut s'affirmer avec fermeté dans cette grande compétition qu'est le choix d'une carrière fructueuse et manifester le courage requis pour mener à bonne fin les ambitions les plus légitimes :

> These of weak mentality are severely handicapped in the battle of life. But weak mentality is more often than not the outcome of illhealth brought about through lack of sufficient fresh air, sunshine and recreation. Even education itself is of secondary importance when compared with the heritage of a sound constitution, carefully guarded and developped[20].

Une mauvaise santé diminue l'efficacité et la productivité, annihile graduellement les plus beaux espoirs. On voit donc ici que tout effort national serait vain, si la santé publique faisait défaut. La jeunesse, à laquelle on peut fournir de saines activités en plein air, délaissera les rues, occasions de tant d'accidents, et sera moins portée à des activités moralement discutables ou, pis encore, criminelles. N'est-ce pas là souligner l'aspect moral et le contenu spirituel de la santé qui peut ainsi engendrer le bonheur humain[21] ?

En définitive, on doit sans doute admettre que le thème de la santé rejoint une vieille vertu conservatrice particulièrement appréciée chez les Anglo-Saxons[22]. Songeons à l'importance du sport dans leur vie et leur ferveur pour les activités au grand air. Mais cela n'explique pas tout. Lorsqu'on demandait à Hugh Graham pourquoi il avait consacré tant de temps et d'argent pour défendre la cause de la santé publique, il répondait simplement qu'il ne faisait rien de plus que son devoir[23]. Peut-être pourrions-nous lui attribuer ce sens très aigu d'une valeur quasi surhumaine que le *Star* traduit par la très belle citation de Cicéron : « In nothing do men more nearly approach the gods than in giving health to men[24]. »

2. Le Star et la philanthropie

Selon le *Star*, la santé et le bien-être social relèvent avant tout des gouvernements qui, jusqu'au moment où nous situons cette étude, étaient incapables de remplir de façon satisfaisante le rôle que la collectivité espérait d'eux. C'est ainsi que dut s'exercer l'action, désintéressée et généreuse, d'individus ou de petits groupes prêts à soulager la misère sous toutes ses formes ou à favoriser l'épanouissement de la personne.

Dès le moment où la fortune couronna ses efforts, Hugh Graham s'employa très activement à promouvoir diverses oeuvres philanthropiques. En fait, on peut affirmer qu'il avait un véritable culte pour les activités charitables ; dans sa vie, celles-ci formeraient une liste vraiment impressionnante, si l'on voulait relever tous les dons personnels qu'il fit à divers organismes, nous montrant ainsi l'ouverture d'esprit et de coeur avec laquelle il répondait aux besoins de son temps.

La charité la plus durable identifiée au *Star* fut *The Fresh Air Fund*, qui permit à plus de 150 000 femmes et enfants de profiter de l'air pur et du soleil dans la campagne de Chambly. Pour les personnes âgées, Graham fit construire un magnifique foyer sur la rue Dorchester, qu'il appela « My Mother's Home », en mémoire de ses parents ; l'opération coûta environ un million de dollars. Son aide financière fut aussi un atout déterminant dans la fondation du *Montreal Children's Hospital*, dont il fut le principal soutien financier pendant trente ans. La liste complète de ses charités restera toujours partielle, même après avoir énuméré ses contributions au fonds de famine en Inde (1891), à l'Université McGill, à la recherche médicale pour combattre la tuberculose et le cancer, aux familles des soldats engagés dans la guerre des Boers, aux nombreux enfants pauvres, qui profitèrent de bourses d'études, à l'espace généreusement accordé dans les pages du *Star* en vue de promouvoir la cause de tous les mouvements humanitaires.

Dans le journal de Graham, la vraie philanthropie s'inspire d'un esprit d'acceptation totale de l'autre, d'un respect intégral de ce qu'il est, avec ses caractéristiques propres. Mais aussi, elle provient du désir d'améliorer le sort de ses semblables, de façon à en faire des êtres conscients de toute leur dignité d'homme. Ainsi par exemple, le *Star* loue le rôle joué par le Griffintown Club, auquel prend une part active le président du C. P. R., E. W. Beatty, parce que cet organisme s'occupe de procurer de sains loisirs aux jeunes, les détournant ainsi des voies qui conduisent trop souvent en Cour juvénile : « Making useful citizens out of these boys and girls must be a splendid reward for those who undertake the task[25]. »

Cette dernière citation du *Star* nous suggère l'un des motifs possibles de l'action philanthropique de Hugh Graham et de son journal : la récompense de voir le prochain s'épanouir et mener une vie plus fructueuse. Noble idéal, en vérité, dont on trouve maints échos par ailleurs. A l'occasion de la 8e campagne annuelle des « Federated Charities », le *Star* trouve ces paroles : « The appeal should come this year rather as a reminder of duty, a gentle spur to remembrance of a responsibility that in its fulfilment should bring the joy that comes in the performance of service to others[26]. » C'est sans doute du côté du devoir à remplir envers le prochain, dans le sens de l'acceptation de ses responsabilités, que l'on doit d'abord rechercher la motivation profonde à la philanthropie du *Star*. Le travail laborieux étant normalement récompensé par une abondance de biens matériels, cela implique qu'une part doit être mise de côté pour les moins fortunés. Nous rejoignons ainsi une attitude coutumière dans plusieurs sectes protestantes, où il était exigé que l'esprit des premiers chrétiens régnât parmi les membres. C'est ce que Max Weber, citant le père du méthodisme, décrit en ces termes : « Que ceux qui gagnent tout ce qu'ils peuvent et épargnent tout ce qu'ils peuvent donnent aussi tout ce qu'ils peuvent, afin de se fortifier dans la grâce et d'amasser un trésor au ciel[27]. »

D'autre part, il est indéniable que toute activité philanthropique comporte aussi un aspect très pratique, qu'elle soit une source de profit, aussi bien pour ceux qui l'exercent que pour ceux qui en sont les bénéficiaires. Pour ces derniers, il est certain que l'amélioration des conditions de santé, d'habitation et d'éducation, se traduit en définitive par une meilleure productivité, par un apport plus positif à la vie économique de la nation. Ainsi, dira le *Star*, « the curtailment of disease and the establishment of general health (...) always contributes to the commercial prosperity of a community[28] ».

Mais il est un autre aspect sur lequel nous voudrions insister, en nous inspirant d'un excellent article de Aileen D. Ross, intitulé : « Philanthropic Activity and The Business Career[29] ». N'oublions pas que Hugh Graham était un homme d'affaires averti, astucieux et même à l'occasion très dur [30] : le succès de son entreprise reposait sur les techniques les plus éprouvées du monde des affaires. Or que se passe-t-il dans ces milieux ? Aileen D. Ross a étudié à fond le cas de Wellsville (Ontario) et a découvert que le monde des affaires a monopolisé le domaine de la philanthropie, ce qui a eu deux résultats bien nets :

> On the one hand, philanthropic activity now serves as a means by which the modern businessman can strenghten his position in a highly competitive world by taking over as many philanthropic positions as possible. On the other hand, business firms must now engage in order to compete with rival firms and in order to enhance their relations with the public. This means that ambitious men will recognize the importance of philanthropic participation for their careers, and business enterprises will see that their men participate in order that they may benefit from the reflected publicity[31].

On ne peut donc dissocier l'activité philanthropique d'une préoccupation éminemment pratique, celle de faire progresser sa propre entreprise, au moyen d'une publicité qui couvre toute une ville, parfois tout un pays, associant ainsi le nom du philanthrope à une cause qui plaît au public, et lui attire ensuite des clients. C'est la raison pour laquelle la plupart des hommes d'affaires anglo-saxons les plus importants n'hésitent pas à donner le nom de l'Église à laquelle ils appartiennent et à déclarer les activités philanthropiques auxquelles ils s'adonnent[32] ! D'autre part, il est bien certain que les pressions viennent aussi du milieu familial et de l'appartenance religieuse, qui contribuent fortement à inculquer le sens du devoir et de la responsabilité envers la communauté.

Lequel de ces deux aspects de la philanthropie — pratique ou moral — a prédominé dans la vie de Hugh Graham et de son journal ? Nous préférons répondre à cette interrogation en citant l'un des rédacteurs actuels du *Star* :

> This was not the sole product of a reformer's zeal, for Graham was, in the classic sense, a rock-ribbed Tory. With Toryism and Presbyterianism, however, there was mixed a stern sense of Christian duty[33].

II. – LA VALEUR DE L'HOMME

Considérons ici un ensemble de valeurs auxquelles le *Star* attache une particulière importance et qui concernent directement l'homme. Il s'agit d'une série de jugements inspirés par un « style de vie », « a philosophy of life » ou, si l'on veut, par des *valeurs dominantes*. Celles-ci représentent un idéal pour le journal qui voit en elles des qualités d'être ou d'agir supérieures. Quoi de plus stimulant que de présenter le plus souvent possible des personnages qui ont incarné avec un rare bonheur ces qualités dans leur vie. Ils deviennent ainsi des modèles, des normes de conduite, des guides pour orienter l'action. Sans vouloir donner un tableau complet de l'ensemble des valeurs que le *Star* discerne dans la société dont il se fait le porte-parole, nous mentionnerons néanmoins les plus importantes, celles qui entrent dans l'*ethos* ou « la vision du monde » des Anglo-Saxons.

À la base de tout, on retrouve cette célèbre attitude, appelée *individualism,* que le *Star* décrit comme « the incentive each man has for his effort and to reap as a reward the full measure of his endeavour[34] ». Cette attitude a contribué à façonner le monde civilisé d'aujourd'hui :

> It is the corner-stone of economic prosperity and mankind's happiness, and it simply means that each man has a right to his own rights so long as they do not encroach on the rights of others. It is the warp and woof of the British Constitution-freedom of speech, freedom of opinion, freedom of competition, freedom to get along in the world, freedom to grasp the opportunity, freedom to rise[35].

On voit donc dans cette doctrine l'expression d'une ouverture au monde, qui incite l'individu à saisir toutes les possibilités qu'offre la vie, à se lancer en affaires si tel est son désir, à y trouver une réponse à ses efforts. C'est d'ailleurs pourquoi à l'individualisme on associe d'habitude le *credo* ou l'estime du *self-made man*. Le *Star* n'y manque pas, en reprenant à son compte le mot de l'écrivain anglais Rosita Forbes : « The highest title recognized by our generation is that of self-made[36]. » Une telle affirmation ne mésestime pas pour autant la valeur d'un homme instruit, bien préparé à sa tâche par une éducation adéquate, comme nous le verrons plus loin. N'allons pas oublier qu'au moment où se situe notre étude la plupart des hommes politiques, religieux ou financiers, qui ont contribué à la croissance de leur ville, de leur province ou du pays, appartiennent à cette génération de pionniers nés dans la dernière partie du XIXe siècle et qu'ils ont dû se tailler une place dans des conditions souvent pénibles. Leur exemple n'en a que plus de valeur, à commencer par celui de Hugh Graham lui-même.

On comprend qu'une telle philosophie rejette volontiers les fantaisistes, les amuseurs, les mondains. Voici d'ailleurs les conseils que donne le *Star* à ceux qui aspirent à une riche personnalité :

> Yet no man ever rose to any great height in business because he was a master of light and airy conversation and knew the latest fashions. There is no use in being a « light-weight ». The old Romans knew this and valued above every' thing what they called « gravitas », or the weight of mind. The ability to discuss and deliberate gravely on weighty matters was to them more desirable than all the wit and cleverness of a social entertainer. Don't be afraid to take things seriously. Some people may laugh at you if you do, but don't let them laugh you out of it. Laughter often hides a great deal of ignorance and stupidity. You will get much further if you are capable though dull than if you are a « light-weight [37] ».

De ce texte se dégage une certaine *austérité* que nous avons souvent perçue ailleurs. Il ne faut cependant pas la confondre avec la tristesse ou la mélancolie, surtout si l'homme sérieux dont nous parlons se sent bien intégré à l'intérieur d'une profession qu'il a su choisir avec le plus grand soin. Quel est le critère qui doit compter le plus ici ? Il faut choisir une profession de manière à l'exercer avec la plus grande compétence et, en même temps, en retirer le plus de satisfaction possible. Choisi et accepté de cette façon, le travail devient une source de joie et même de bonheur. Le *Star* fait sienne la formule d'Henry Ford : « Work and a man's interest in his work brings about more true happiness than any other thing [38]. »

Parler de l'importance du travail, c'est mentionner une sorte de privilège pour l'homme, une quasi-religion qui exige qu'on lui consacre les meilleurs efforts. Nous retrouvons ici l'une des valeurs les plus fondamentales dans la philosophie du *Star*, résumée par cet axiome : « There is no short road to any excellence in life. » À partir de ce principe de base, le journal élabore une conception très optimiste des résultats étonnants qu'un homme peut atteindre par l'effort. Les exemples qu'il propose aux lecteurs sont presque quotidiens. La mentalité anglaise veut qu'à la guerre la seule bataille vraiment importante soit la dernière, même si celle-ci survient après quelques défaites. Il y a une question de mérite dans cette attitude : le succès sans effort semble douteux, pour ne pas dire injuste et suspect.

Peut-être venons-nous de tracer le portrait d'une sorte de robot dirigé mécaniquement vers le travail, l'effort et le succès. Rien de plus incomplet qu'une telle image ; l'humanisme que propose le *Star* comprend d'autres qualités sur lesquelles il ne manque pas d'insister. Un grand souffle d'optimisme anime les diverses exhortations que nous retrouvons dans de nombreux éditoriaux ; l'optimisme qui engendre la confiance en soi-même, « the zest of life[39] ». C'est tout cela que le *Star* résume par cette opinion empruntée à un écrivain anglais, Sir Arthur Keith :

> No race can continue to thrive unless it has an abiding love of life, a zest for sport, for amusement, for all legitimate outlets of human emotion and passion, save debauchery. I see no sign of racial decay in these aspects of our national live, but the opposite. The greatest calamity which can overtake a race − the surest sign of its retrogression and decay − is apathy[40].

Dans cette vie de travail soutenu, équilibrée par des loisirs où dominent le goût de plein air et l'esprit sportif, on peut se demander quelle importance revient à l'argent et particulièrement à la richesse, puisque la plupart des individus dont le *Star* nous dévoile la vie pour notre enseignement, ont amassé des fortunes souvent considérables. Nous avons été frappé par l'esprit d'économie qui habitait chacun de ces hommes. Que faire alors avec la fortune que le travail a pu procurer ? La réponse vient, rapide et claire : « (To) do finer and better work with it than you were able to do without it[41]. » On ne saurait, en termes plus brefs et plus éloquents, mieux faire l'éloge des multiples activités philanthropiques et charitables dont il a déjà été question.

Sans doute est-il opportun de nous interroger sur l'origine et la signification des valeurs que nous venons de décrire. Plusieurs points de vue ont été exprimés dans le passé en regard des relations qui peuvent exister entre croyances religieuses, comportement économique, philosophie de la vie. Il est certain que nous pouvons parler du Canada comme étant une nation chrétienne, au point qu'on y fait très facilement l'association entre la religion et l'origine ethnique. On pense assez spontanément aux théories de Weber et de Tawney qui font le lien entre le capitalisme et le protestantisme, en particulier avec les sectes dissidentes ou non conformistes. Nous serions tenté d'adopter une solution toute faite et d'affirmer que les valeurs décrites précédemment entrent parfaitement dans la typologie puritaine, bien que Weber et Tawney aient décrit « an earlier type of entrepreneurial capitalism rather than the modern corporate system[42] ». De plus, nous négligerions peut-être ainsi des facteurs historiques propres au Canada, dans l'évolution du rôle des Églises sous l'influence de la croissance économique et de l'urbanisation.

Cependant, nous croyons pouvoir parler d'un *consensus,* ou d'un système de *valeurs dominantes* à l'intérieur de la partie anglo-saxonne de la société canadienne, dont la préoccupation majeure semble être celle d'exercer une sorte de maîtrise active ou de domination sur le monde ambiant. Le caractère de cette activité est tout le contraire de l'adaptation passive à la nature, de l'acceptation résignée de son sort, d'une sorte de culte de la tragédie ; il s'agit plutôt de cette volonté ferme d'améliorer les conditions de vie générales : « The standards are to rise. They are to rise for as many people as possible. The standards pertain to diverse matters, from health to wealth and from education to leisure[43]. » C'est bien de cela qu'il s'agit dans le *Star* : il y a indubitablement une saveur protestante à cette valorisation des réalisations pratiques, à ce rejet quasi complet de dogmatisme, à un certain pragmatisme, en particulier celui qui cultive l'*improvement*.

Prenons l'exemple du travail. Nous avons affirmé que le *Star* y voit une valeur quasi religieuse, une sorte de but en soi, une « vocation ». Nous rejoignons ici Weber qui affirme que

> le tout premier résultat de la Réforme fut – par contraste avec les conceptions catholiques – d'accroître considérablement les récompenses d'ordre religieux que procurait au fidèle son travail quotidien, accompli dans le cadre d'une profession, et d'en faire un objet de morale[44].

Le travail est le meilleur moyen d'arriver à la confiance en soi ; accompli dans un métier ou une profession stable, il est le seul moyen de dissiper le doute religieux et de se procurer la certitude de la grâce[45]. L'idée de la besogne et du dévouement au travail professionnel fut et demeure l'un des éléments caractéristiques de notre culture capitaliste. Dans le *Star*, le sens des affaires, le sens du devoir, du travail soutenu, de l'effort, tout cela est plus qu'une façon de faire son chemin dans la vie : c'est un *ethos*. Ce sens de l'effort est une préoccupation toujours actuelle de l'élite économique anglo-canadienne. Les meetings annuels des grosses corporations sont une excellente occasion de faire valoir une telle idéologie. John Porter rapporte les paroles du président de la Canadian Imperial Bank of Commerce qui suggérait assez récemment que « the Canadian nation was becoming weak and lazy and made a call for a return to hard work which was reminiscent of the Protestant ethic[46] ». Un peu plus loin, Porter cite les paroles de P. M. Fox, président de la St Lawrence Corporation, à l'occasion de l'assemblée annuelle des actionnaires, en 1959 :

> Within relatively few years welfarism has changed our ideas of how to get ahead in life. In place of hard work and the seeking of opportunity we now look for security and leisure without wanting to earn them, and leisure today is seldom put to use ; often it means nothing better than squatting over television's endless stupefaction[47]...

Le travail et l'effort exigent un certain ascétisme, une austérité de vie ; comment comprendre qu'une telle exigence, si facilement contrariante pour la nature humaine, soit admise si ouvertement dans un journal à grand tirage comme le *Star* ? La conscience protestante concède volontiers qu'on retrouve ici le moyen ascétique le plus élevé et, à la fois, la preuve la plus sûre, la plus évidente, de régénération et de foi authentique. Bien plus, cet ascétisme a engendré un résultat tel qu'on a pu mentionner son influence considérable sur l'économie et le comportement social :

> Its effect in cultivating habits of saving and thus encouraging the accumulation of capital was particularly important (...) Religious asceticism was hostile to the conventionnal dissipations of the gentleman and to the slothful vices of the poor. Industry, frugality, and moral uprightness became the attributes of those belonging to the spiritual elect. It was through the cultivation of virtues that economic success was determined in new areas of development. If the ascetic outlook on life developed persons who were dull, narrow, and intolerant, such persons were people of great drive and forceful character. It was out of such stuff that capitalist society was built[48].

Concluons en affirmant que le *Star*, par la promotion des diverses valeurs décrites plus haut, se situe résolument dans un capitalisme moderne, dans le contexte d'un âge industriel. Celui-ci, comme on le sait, requiert ce qu'un écrivain appelle « individual self-reliance, self-control, and the devotion to hard work and effort[49] ». Autant de qualités que l'on peut aussi bien traduire avec le *Star* par les notions de carrière, de discipline, de planification. En outre, par la prédication de telles vertus, le *Star* a sans aucun doute contribué à façonner cet esprit de dynamisme et d'entreprise nécessaire au rassemblement dans une certaine unité de ces groupes hétérogènes en provenance de diverses parties du monde. Sur le sol canadien, une nation en voie de se former était constamment invitée par le *Star* à profiter du vaste choix des occasions qui lui étaient offertes et de prendre une part active à l'administration d'une nouvelle société [50].

III. – LA RELIGION ET L'ÉDUCATION

Les valeurs décrites jusqu'ici pourraient peut-être laisser l'impression que le *Star* s'appuie uniquement sur certaines croyances, par ailleurs assez répandues à l'époque : celles du progrès universel et constant, de la primauté de l'action sur la vie intérieure, de la supériorité du *self-made man* sur l'homme doté d'une solide éducation. Empressons-nous de dissiper tout doute à ce sujet. La religion et l'éducation occupent ici une place trop importante pour que nous puissions négliger ces deux facteurs qui contribuent à l'épanouissement de l'authentique citoyen.

1. L'univers religieux du Star

Quelle conception de la religion retrouve-t-on dans les pages du *Star* ? Une impression générale se dégage : la religion n'est pas une affaire de pure raison, basée sur une logique à toute épreuve. Elle est plutôt une donnée intuitive, un attachement du coeur à des valeurs qui aident l'homme à se dépasser et à jouer un rôle social valable. On voit bien l'origine intuitive de la religion, quand le journal utilise la définition qu'en a donnée James Russell Lowell, « the climbing instinct [51] », et qu'il commente ainsi :

> Religion is a relation between man and God. It is an instinctive alliance between God and man, by which the highest image of human possibilities is revealed, and help to its perfection is received. It is the instinct or power which operates to raise and better us, to lift us into likeness of something higher[52].

Voilà une approche assez peu théologique, mais que le *Star* développe par ailleurs dans un texte qu'on peut présenter comme une véritable *somme* de la pensée religieuse du journal. Le christianisme y est conçu comme la révélation de Dieu dans les manifestations de la vie ordinaire, dans les termes d'un effort pour le bien du groupe. En lui donnant un accent plus social que théologique, les grands maîtres du passé ne faisaient que conserver un héritage reçu des Prophètes. Ce que le christianisme a reçu de Jésus, ce n'est pas un système théologique, mais une révélation de la vie ; non pas d'abord un culte d'adoration, mais un idéal social qui doit être concrétisé dans un agir humain en vue du bien commun. Rien d'occulte dans une telle religion, où la relation à Dieu est révélée à l'homme dans les mouvements les plus simples de la nature, dans les tâches ordinaires de la vie quotidienne :

> His test comes to us amid our work in the school, the factory, the mine, the workshop, the farm ; amidst home experience, where our lives make true or falsify our professions. Now this simplicity is high ; we cannot attain to it. We are more subtle than to believe that the work given us to do is the altar of our approach to God, and the way we do it our worship[53].

On pourrait croire qu'une conception aussi personnelle de la religion ne requiert aucune appartenance à quelque structure ou organisation que ce soit. Il n'en est rien, car le christianisme est social et exige une pratique communautaire à l'intérieur d'une Église, celle de son choix. Si l'on ne peut déceler aucune insistance sur la nécessité de structures rigides ou fortement hiérarchisées, on doit d'autre part reconnaître la *valeur sociale* de la religion pratiquée dans un esprit communautaire. C'est sans doute ici qu'une telle conception de la religion nous semble la plus originale, la plus éminemment pratique. En effet, l'Église — ou le christianisme — est un puissant facteur de *civilisation* :

> The Church to be sure in a large city is a great engine of civilization. There is a network of machinery for social organization — clubs, guilds, boy's brigades, women's meetings, improvement societies. The activity of the Church in the practical work of the provision of pleasure and the amelioration of the hard life of the poor has won for it a friendliness and toleration on the part of many who appear impervious to its spiritual message[54].

Qu'on soit réceptif ou non à la doctrine spirituelle de l'Église, on doit quand même convenir qu'elle a puissamment contribué à maintenir à un haut degré une *moralité* sans laquelle la société tomberait dans le chaos :

> If the churches were not in existence to teach the principles of morality, it would pay the merchants and businessmen for a community to provide at their expense some organization for that purpose[55].

En ces temps où existe un réel danger de se méprendre sur le sens de la richesse et le but de la vie, où l'inquiétude s'empare des hommes confrontés à de graves problèmes économiques, l'Église se présente comme dépositaire de la *sagesse* la phus haute :

> A great many people have a philosophy which gives them a firm belief in an all-wise Providence so that they are able to see whatever is good in all things. Thus they maintain their serenity in all difficulties and retain their faith in goodness and beauty in spite of disappointments. This serenity of faith is the greatest bulwark against the stress of everyday life, and regular church attendance is one of the simplest ways of attaining it[56].

Selon les mots mêmes du journal « the Churches are the colleges which we attend to learn the art of right and happy living[57] ». Cette éducation en profondeur permet à l'homme de faire le lien entre la religion et les affaires, domaine qu'on est enclin à séparer de toute préoccupation spirituelle. Ici encore l'Église est un maître incomparable :

> Honesty, integrity, vision and faith are the qualities upon which a successful business rests, and these qualities the Church teaches above all others. Thoughtful men and women go to church to worship and to associate with other who aspire to lead better and more useful lives. And it is because of the same qualities of character which caused them to go to Church that so many steady and sincere churchgoers are successful in business[58].

La pensée religieuse du *Star* nous a frappé par son caractère existentiel, son aspect dynamique et stimulant, son enracinement dans la vie quotidienne, son sens communautaire. Nous sommes donc loin d'une conception fataliste ou résignée, d'un esprit de soumission devant les difficultés, où le « bonheur futur » sert parfois trop facilement de panacée aux problèmes de la vie présente. Il est vrai que la source de cette sagesse, de cet art de vivre, se trouve dans la Bible, le livre par excellence :

> If you were sick, you would consult a psysician who had spent years of profitable study in medical textbooks and lecture rooms. If you had a lawsuit you would consult a lawyer who was well versed in the textbooks of the law. The Bible is the Text-Book of Religion and the Churches are its lecture rooms. We can all profit by brushing up our knowledge of this great subject[59].

2. Éducation et civisme

Nous avons déjà noté dans le *Star* l'importance d'une préparation soignée pour en arriver à fournir un rendement efficace. Le journal a horreur de l'improvisation, de l'impréparation. Le contexte industriel dans lequel nous vivons exige une éducation la plus complète possible :

> More thorough education and the rapid industrial development of the country have combined to extend considerably the period in which parents must support their children. No reasonable person would wish it otherwise. It is to our industrial development that we mainly owe our prosperity, and we cannot esçape the responsibilities which go with our privileges. The education of our youth cannot be too thorough[60].

Pour être logique avec cette affirmation, ne devrait-on pas hausser à quinze ans l'âge de fréquentation obligatoire de l'école ? L'exemple récent de la Grande-Bretagne nous y invite : « It is a lesson which other educational authorities might well profit by[61]. » Ce principe étant admis, quelle est la politique globale du *Star* en matière d'éducation ? Rien de systématique. Le journal insiste davantage sur l'enseignement aux niveaux supérieur et technique que sur l'enseignement aux premiers degrés. Cependant, quelques considérations intéressantes se dégagent, qui nous font voir toute l'importance d'une formation soignée.

Le *Star* commence par admettre une différence fondamentale entre le système anglais d'éducation et son équivalent de langue française. Dans celui-ci, dira le journal, prédomine « the idea of a « classical education »,which has nearly gone out of the English schools in Quebec and other provinces[62] ». Est-ce un jugement de valeur ? Pas explicitement ; en tout cas, le *Star* ne manque pas de faire ressortir le principe que l'école, en particulier l'école supérieure, doit donner plutôt une préparation générale à la vie qu'un moyen immédiat de gagner son pain :

> (But) it is not the function of a university to train a man for a job. Universities are intended to train men for living. Their purpose is to show men that there is nothing to be ashamed of in the rerrors which we make as we acquire knowledge[63].

Voilà donc le rôle que les universités doivent jouer, rôle que d'ailleurs elles acceptent de plus en plus ; elles ne sont plus seulement des maisons où se donnent des connaissances « that are immediately transformable into cash of the realm[64] ». Le journal constate avec plaisir que nos universités répondent à ce noble désir qu'il appelle « the thirst for knowledge ». En effet, les universités jouent un rôle social de plus en plus grand par leur rayonnement extérieur : « There is a striving after fuller cultural equipement, more intense and more widespread than ever before. The extra-mural work of the universities is the answer to the pessimist[65]. »

Le *Star* comprend fort bien la nécessité de la recherche, qui doit nécessairement se faire en coopération, si l'on veut procéder avec économie et efficacité. De plus, une aide généreuse devrait être accordée aux chercheurs, de façon à les libérer des soucis matériels :

> There should be some general fund, a national fund if necessary, upon which scientific men who are undertaking research work of proven value and calculated to benefit humanity could draw in time of need without feeling humiliated as the recipients of Charity. Private beneficience has played no insignificant part, but the public has a distinct responsibility in this connection and the public ought to recognize that responsibility and be prepared to discharge it[66].

Quelle était la situation de l'enseignement technique au Québec, en 1929 ? Le *Star* constate qu'il y a une demande croissante pour des écoles spécialisées au Canada, et que les provinces devraient répondre à ce désir, sinon à cette nécessité : « There was never a time in the country's history when the need of technical training for youths was more urgent[67]. » Si le Canada veut s'inscrire dans le grand concert des nations industrialisées, il doit encourager la formation technique de la jeunesse, à l'exemple de la Grande-Bretagne[68].

La nécessité de l'éducation est indiscutable ; mais encore faut-il qu'elle soit de qualité. C'est une responsabilité qui retombe à la fois sur les épaules des parents et des éducateurs. Trop souvent, les parents ne sont pas préparés à leur tâche : « The chief trouble is that no attempt has yet been made to teach parents the abstruse science of parenthood[69]. » D'autre part, on ne saurait trop faire l'éloge des vrais éducateurs, dont le modèle idéal pourrait bien être ce professeur de Lindsay (Ontario), qui vient de mourir après cinquante ans de service à la cause de l'éducation :

> Under him chidren learned the secret of manly living, and by him there were instilled into their child-minds those seeds of wisdom that remain with a man throughout his days[70].

La qualité de l'éducation dépend non seulement des maîtres, mais aussi des instruments de travail mis à leur disposition. Le *Star* fait état de la piètre qualité des livres en usage dans les écoles provinciales. C'est un sujet épineux, car il met en cause les autorités gouvernementales qui ne manifestent ni la vigilance ni l'intelligence nécessaires à un choix judicieux de ces manuels. Dans plusieurs cas, il arrive que des enseignants aient été formés à l'aide de ces textes dont les carences sont évidentes, en particulier dans le domaine de l'histoire et de la géographie du Canada.

La conception de l'éducation, selon le *Star*, serait incomplète, si l'on omettait l'importance qui doit revenir au sport, au sport amateur bien entendu. C'est pourquoi les collèges et universités doivent favoriser toutes les activités qui font apprécier « the value of sport and of sportmanship to the youth of today, who will be the leaders of tomorrow[71] ».

En somme, la meilleure éducation est celle qui s'ouvre au monde, sur la société internationale, mais d'abord et avant tout sur la participation active à la vie civique. En d'autres termes, le *Star* ne sépare pas éducation authentique et civisme véritable ; il peut être considéré comme un éveilleur de la conscience civique de ses lecteurs. Sans relâche, il invite les citoyens éduqués, les éléments les plus ouverts de la population, à faire certains sacrifices pour le bien commun, en acceptant de jouer un rôle actif dans l'administration des affaires publiques. D'ailleurs, tous les citoyens, hommes ou femmes, ont aussi leur part dans ce champ d'activité, au moins par leur vigilance et leur vote. Comme d'habitude, le *Star* base solidement ses considérations sur une connaissance réelle du milieu comme en témoigne la description de la situation à Montréal en 1929[72].

Il est souhaitable qu'une telle éducation civique se fasse très tôt :

> Experience has demonstrated that instruction of civics through schools, colleges and similar channels, is of the greatest utility, in arousing interest in the science of the administration of cities, towns and country municipalities[73].

Contrairement aux idées de l'époque, le *Star* se montre très favorable à la participation active des femmes à toutes les manifestations de la vie publique. Il ne faut donc pas faire du civisme l'apanage exclusif des hommes. C'est surtout dans le domaine politique que le *Star* aimerait voir les femmes jouer un rôle actif, au moins par leur vote. Ce droit n'était pas encore acquis au niveau provincial ; le journal appuie donc la campagne menée en faveur de cette mesure, en signalant le bienfait d'une telle initiative prise par le gouvernement anglais en 1929. Notons enfin que si les femmes veulent jouer un rôle social et politique, elles n'en sont pas moins obligées à la compétence et à la préparation sérieuse : « Women will need to study politics before they can hope to play the part they ought to play in national affairs[74]. » Voilà une autre occasion pour le *Star* de plaider en faveur de la compétence, en faveur d'une éducation la plus complète possible, pour tous les éléments de la société.

IV. – LE CANADA, LA MONARCHIE ET L'EMPIRE

1. Le nationalisme du Star

Un journal, dont le tirage et l'influence sont aussi considérables, est-il nationaliste ? En d'autres termes, quel est le climat politique, économique et culturel dans lequel le *Star* souhaiterait voir évoluer les Canadiens dans les années 30 ? On pourrait résumer la position du journal en affirmant que le *Star* prêche un certain nationalisme canadien, inspiré en même temps par une sympathie manifeste à l'égard de la Grande-Bretagne et par une sérieuse méfiance à l'égard des États-Unis. D'autre part, ce nationalisme s'inscrit parfaitement bien dans le système monarchique à l'intérieur de cette « merveille » qu'est l'Empire britannique.

D'abord, qu'est-ce qu'un authentique *Canadien* pour le *Star* ? Il ne le définit pas de façon précise, car tous les écrits du journal manifestent une recherche d'une identité propre. Si un Canadien veut parler de lui-même, voici qu'il se heurte à de nombreux obstacles d'ordre juridique et à des explications compliquées, à l'exemple de celles que fournissait en 1929 un porte-parole officiel du département de la colonisation et de l'immigration :

As to my nationality, I am a British subject. As to birth, I am a Canadian – A Canadian born British subject. In race, I am Scottish. The point is, a man may be a Canadian by birth but when it comes to nationality he is a British subject. The only way he could describe his nationality as Canadian would be if Canada were an independant monarchy or republic (...)[75].

Difficulté de nous définir juridiquement, difficulté aussi de nous donner un signe extérieur d'identité qui nous est propre. En fait, sous quelle bannière nous rangeons-nous ? Certains journaux de langue française de l'époque réclamaient déjà un drapeau distinctif pour le Canada[76]. Le *Star*, quant à lui, ne donne aucun éditorial sur le sujet, mais publie plutôt une caricature intitulée *Flags in Canada*. Deux touristes étrangers regardent avec étonnement les façades des maisons ornées de drapeaux les plus variés, et même de plusieurs pays. La légende se lit comme suit :

– FIRST TOURIST : « Dear me ! What country are we in ? »
– SECOND TOURIST : « By the look of things, I would say the home of the League of Nations. »

En plus d'une fierté et d'une affection sincères pour le Canada que le *Star* défend jalousement contre certaines publications américaines ou britanniques qui colportent des faussetés ou des imprécisions sur le pays, on trouve dans le journal des motifs réalistes de manifester son attachement : l'abondance de nos ressources naturelles et la variété de nos climats, notre position géographique très favorable[77], nos valeurs scientifiques et humaines dont l'exode vers les États-Unis l'affecte profondément. En somme, le Canada n'a besoin que d'énergie morale et d'optimisme pour atteindre à la stature qui lui convient, car il est « the most promising land of the twentieth century[78] ». Cette prophétie se réalisera, pourvu que le Canada affiche la conscience sereine que rien ne peut faire obstacle à sa destinée, « so long as her citizens remain faithful to those ideals of nationhood and of citizenship established by the great leaders of the past[79] ». C'est une façon pour le *Star* de nous rappeler l'harmonie et la prospérité qu'apportera la Confédération, oeuvre admirable d'hommes sages[80].

Le nationalisme du *Star* se traduit de façon évidente par l'appui quasi inconditionnel qu'il accorde à R. B. Bennett, lors de la campagne électorale de 1930. Le journal fait sien le programme national des Conservateurs fédéraux, qui prônait en particulier une politique protectionniste analogue à celle des États-Unis, et qui aurait permis au Canada d'endiguer l'invasion massive des marchandises américaines représentant une somme annuelle de plus de 800 millions de dollars. En somme, le programme de Bennett se résume dans le slogan : « Canada First », qualifié par le *Star* de « Welcome Gospel[81] ». C'est une attitude d'autant plus acceptable qu'elle n'est nullement synonyme d'isolationisme, qu'elle peut très bien s'accommoder d'une affection et d'une loyauté sincères envers l'Empire : « He (Bennett) deemed his first duty to be that part of the Empire which is called Canada [82]. »

À l'occasion des diverses conférences échelonnées entre 1930 et 1932, surtout lors de la rencontre des pays du Commonwealth à Ottawa en juillet 1932, le *Star* fit une inlassable prédication en faveur de l'idéal du « Canada First ». Dans le domaine économique, disait-il, « if the twentieth century is to be in reality Canada's, then Canadians must make up their minds to be less and less dependant upon the outside world with each succeeding year[83] ». Ajoutons à cela une campagne soutenue pendant des années, par le journal, pour la transformation chez nous de nos matières premières, campagne dont les slogans sont éloquents dans leur simplicité : « Shop at home », « Canadian Goods », « Produced in Canada[84] », etc.

Le nationalisme canadien du *Star* ne se limite pas aux seules affaires économiques qui sont, de toute évidence, les plus importantes. On peut en trouver d'autres traces dans le domaine culturel. En littérature, par exemple, les auteurs canadiens se laissent trop facilement attirer par New York ou Londres, oubliant ainsi la réalité canadienne dans la description des scènes et des situations romanesques. Il faut donc déplorer le trop petit nombre de romans sur le Canada et les Canadiens[85]. La radio, encore vagissante à l'époque, donne dans le même travers ; ce qu'il faut aux Canadiens, c'est « a native radio under native control[86] ».

Affirmer que le *Star* se fait le promoteur d'un nationalisme étroit et réactionnaire serait sans doute diminuer la qualité d'un sentiment d'affection sincère pour le Canada. Notre pays commençait à s'affirmer sur le plan international ; en ce domaine, il avait fait un grand pas depuis le début du siècle. Cependant, dans notre vie quotidienne, nous en étions encore à la recherche de notre identité, à travers bien des maladresses et des pauvretés culturelles évidentes. Le rôle joué par le *Star*, un rôle d'éveilleur, de promoteur et de stimulant, nous apparaît important, en ce sens qu'il a prôné l'idéologie d'un nationalisme « de plus en plus canadien ». Son mérite est d'autant plus grand que le problème de l'unité nationale se posait alors avec une certaine acuité, surtout depuis la fin de la Grande Guerre.

2. *Le problème de l'unité nationale*

L'idéologie de base du *Star* en matière de nationalisme et d'unité nationale est clairement affirmée dans un texte qui commente une décision du Conseil privé rendue en 1931. Celui-ci ramène à l'intérieur de la responsabilité fédérale la navigation aérienne et tous les aspects techniques qui la concernent. C'est la décision constitutionnelle la plus importante depuis 1867, selon le *Star* :

> Provincial rights are not placed in jeopardy by this decision. Nobody wishes to reduce the provinces to a position of vassalage, least of all the great province of Quebec. But many thougthful Canadians of late have been disturbed by what appears to have been a progressive weakening of Confederation to a point where Canada was in danger of being split up into a congeries of provinces. These observers will welcome the Privy Council decision as once again asserting the paramount position of the Federal Government. In the last analysis, Canada is something more than the sum of her provinces ; she is a nation[87].

L'unification du Canada requiert l'abandon des attitudes de mesquinerie ; l'antagonisme plus ou moins latent, observé au cours des dernières années entre l'Est et l'Ouest, doit disparaître pour faire face à la coopération, au compromis. On note à l'époque des propos sécessionnistes en particulier dans l'ouest du Canada. Le *Star* est enclin à les attribuer à de petits groupes — des « communistes » bien souvent. Il ne faut pas les prendre au sérieux ; ils essaient de fomenter ce que le journal appelle ironiquement : « this kind of pink revolution[88] ». Il ne faut pas leur accorder trop d'importance : « Let every one who so desires, East or West, talk secession to their heart's content, let them talk and without anger and never forgetting the blessed boon of the saving grace of humour [89]. »

Le problème de l'unité nationale est inséparable de celui des relations entre les divers groupes ethniques au Canada. La situation des minorités touche le *Star* de près. On voit qu'il aborde cette question avec d'infinies précautions et de multiples délicatesses, évitant de susciter des frictions, essayant d'apaiser des querelles possibles, prenant position de façon parfois fort indirecte dans certains conflits linguistiques ou religieux[90]. On peut dire que le *Star* s'est sensibilisé graduellement à la présence à ses côtés des Canadiens français depuis 1885, alors qu'il prenait ouvertement position contre Louis Riel qu'il accusait d'être « the enemy of Canada[91] ». On doit admettre, d'autre part, que le *Star* ne parle à peu près pas des préoccupations socio-culturelles et politiques des Canadiens de langue française. Aucun écho direct des problèmes du groupe français comme tel, de ses revendications, de ses aspirations propres. On peut même se demander si ce n'est pas par pure convenance qu'il prend la peine d'affirmer chaque année : « English-speaking protestant and French-speaking Roman Catholic are here upon common ground, maintaining ceremonials that have become an integral part of our national consciousness[92]. »

Parmi les autres groupes minoritaires auxquels s'intéresse vivement le *Star*, il faut mentionner les Juifs qui forment « a numerous and influential body which plays no unimportant part in the affairs of the city[93] ». Dans certaines régions du pays, une campagne haineuse a été lancée contre eux, ce qui amène le journal à réclamer la tolérance pour tous et à remarquer que « the Jewish race is one marvellously endowed... It offers to our contemplation the prodigious fact of a people surviving the empires which enslaved them [94]. » Si l'on veut que toutes les minorités soient protégées, on doit s'opposer aux changements proposés par le *Statut de Westminster*. Selon le journal, le rappel de la *Colonial Laws Validity Act,* de même que l'abolition du droit d'appel au Conseil privé, mettraient en danger la situation des minorités canadiennes[95].

En somme, la communauté mixte qui existe au Canada a vécu dans une grande harmonie depuis plusieurs années. Si l'on veut qu'il continue d'en être ainsi, on doit se garder de diviser le peuple sur des questions de « race » et de religion ; la conciliation reste la seule solution admissible dans les difficultés éventuelles[96]. Bien plus, le Canada est un pays bilingue : « A knowledge of French is a necessity to every Canadian who is desirous of taking the fullest advantage of the apportunities Canada affords him of making progress [97]. »

3. La monarchie et l'Empire

Le *Star* se fait donc le propagandiste d'un nationalisme et d'une unité nationale basés sur les principes et les idéaux qui ont donné naissance à la Confédération. L'adoption du slogan de Bennett, « Canada First », a renforcé cette position. Mais, ajoute le journal, « this does not mean that we do not love the Mother Country and wish her excellently well[98] ». On ne saurait exprimer avec plus de discrétion ce qui constitue en réalité un véritable culte pour la monarchie, un souci constant de la force et de l'unité de l'Empire. Dès 1910, une telle attitude valait au *Star* l'appellation de « Imperial factor[99] ».

On doit quand même remonter avant cette date pour retrouver l'origine de ce qui ressemble bien à une authentique tradition au *Star*. Hugh

Graham s'est toujours révélé « in the truest sense, a happy colonial[100] » ; il aimait se considérer comme un fils de l'Empire, à la façon parfois naïve d'un enfant qui exhibe ouvertement sa fierté d'appartenir à une grande famille. Cet attachement, il était prêt à en payer le prix ; il s'engagea concrètement dans une série d'initiatives dans le but de venir en aide à un Empire placé dans des situations difficiles, et parfois même discutables. Ainsi, Graham mobilisa littéralement le Canada dans la guerre des Boers, par ses démarches personnelles, son aide financière. Un peu plus tard, dès la déclaration du premier conflit mondial, le *Star* saisit l'occasion avec enthousiasme pour déclarer : « There is no choice. If Britain is drawn into the conflict, Canadian troops must fight side by side in defence of the Empire and her national identity[101]. » Et lorsque se manifestera l'opposition ouverte et parfois violente des Québécois à la conscription, le *Star* utilisera des qualificatifs peu appropriés à une politique de bonne entente : « demagogues, bigots and evil consellors of various sorts[102] ».

Au moment où nous situons notre étude, le journal de Graham manifeste encore de très fortes tendances impérialistes, qui reposent sur deux éléments assez facilement identifiables. En premier lieu, une sentimentalité toujours vivace, mais imprécise dans sa formulation ; ensuite un élément plus rationnel incite le journal à favoriser les liens économiques qui devraient se multiplier et s'affermir entre le Canada et l'Empire. Un texte résume bien sa pensée :

> From the time of Mr. Joseph Chamberlain, there has been growing a strong feeling that the sentimental bonds of Empire might well be fortified with economic ties. What is more natural also than that nations should conclude trade agreements with their blood brethren before approaching the rest of the world[103] ?

Qu'est-ce que l'Empire britannique aux yeux du *Star* ? Il est étonnant de constater que nous sommes ici en présence d'une vision assez proche de celle qu'avait Rudyard Kipling au XIXe siècle, même en tenant compte de l'évolution survenue depuis le règne de Victoria. En 1931, l'Empire constitue une fraternité de nations libres sous un seul drapeau, l'Union Jack, symbole de paix, de bonne volonté, de liberté et de justice. Toutes ces nations libres participent à un splendide héritage, source de légitime fierté qui les rend heureuses de s'associer dans un idéal commun et de partager une foi identique dans les plus hautes destinées de cet Empire. C'est grâce à l'esprit de sacrifice et de service des fondateurs de l'Empire que le Canada possède l'insigne privilège d'être solidaire des autres membres de cette grande famille, représentant un quart de la population mondiale et un quart des terres habitables[104].

Mais au leadership mondial, lié à la puissance de cet Empire, doit correspondre aussi un sens des responsabilités qui doit être pleinement assumé par tous les membres de la famille, si celle-ci veut retenir sa place, la première, à la face du monde[105]. À l'intérieur de cette noble association doivent régner les vertus de sacrifice, de discipline, de loyauté, de responsabilité, de façon à se situer à l'avant-garde de la civilisation, « under the inspiring symbol of the Union Jack, for the good of humanity and for the establishment and maintenance of peace, prosperity and goodwill among peoples[106] ».

Il y a dans cette appréciation de l'Empire une sorte d'esprit de croisade, un sentiment de posséder les plus hautes valeurs et de vouloir les faire partager aux autres. Quelque chose d'un peu mystérieux émane de ce que le *Star* décrit comme « that almost mystical union which confounds the foreigner and defies the historian — the spiritual British Empire[107] ». Cette « communauté spirituelle » se manifeste par la foi aux mêmes vertus propagées partout dans le monde où se sont établis autrefois des colonisateurs britanniques. Depuis cette époque exaltante, le flambeau d'une civilisation remarquable a été maintenu bien haut à la face du monde par des liens spirituels qui continuent d'être solides, grâce à certaines institutions comme le *Rhodes Trust* de l'Université d'Oxford[108], les Jeux de l'Empire[109].

Les liens sentimentaux avec l'Empire sont donc une réalité très importante, puisqu'ils reposent sur des valeurs caractéristiques aux Anglo-Saxons. Mais le *Star* se fait aussi le promoteur de liens commerciaux avec la Grande-Bretagne et l'Empire. Les raisons de cette attitude sont évidentes : opposer un refus pratique à une politique tarifaire américaine contraire aux intérêts canadiens, renforcer l'unité de l'Empire tout en favorisant les intérêts du Canada. Le *Star* accorde une grande importance à deux événements qui se tiennent au Canada : l'Empire Shopping Week de mai 1929 et la conférence économique impériale de juillet 1932. Il voit dans ces réalisations un moyen d'avoir « a self-sustaining Empire based upon intra-Imperial trade that will foster, and not hamper, any legitimate industry within the Empire[110] ».

Il serait tout à fait incomplet — presque inconvenant même — d'oublier l'influence et l'attrait qu'exercent sur le *Star* la Grande-Bretagne et la monarchie anglaise. On peut parler ici de vénération. Le trône britannique est vraiment le symbole de la solidarité au sein de l'Empire, de la permanence des institutions démocratiques, de la *Pax Britannica* et de la justice pour tous[111]. Au delà de la personne du roi, c'est la valeur même de la monarchie que le *Star* se plaît à reconnaître. Elle incarne et inspire des idéaux qui sont ceux du plus grand Empire que le monde ait jamais connu[112], elle suscite cette fierté indéracinable « in the traditions that belong to the English race[113] ».

Au fond, monarchie, Grande-Bretagne, Empire, toutes ces réalités forment un tout qui engendre une solidarité et une affection solidement ancrées au coeur de tout sujet britannique, où qu'il demeure. Il n'est que de parcourir les éditoriaux consacrés chaque année à l'*Empire Day* et à la fête de St. George pour comprendre l'exaltation suscitée par le « spirit of England and of St. George. That spirit is undying[114]. » C'est pourquoi cet esprit doit se manifester par plusieurs attitudes pratiques suggérées par le *Star*. Ainsi, il accorde un espace généreux aux affaires intérieures et extérieures de la Grande-Bretagne, il encourage les Canadiens à visiter ce pays, il favorise nettement une politique d'immigration de sujets qui en proviennent, ceux qu'il qualifie de « settlers of the right kind[115] ».

Quelles relations un tel nationalisme, alimenté par une affection indéfectible envers la Grande-Bretagne et l'Empire, permet-il entre le Canada et les États-Unis ? Le moins qu'on puisse dire, c'est que la cohabitation harmonieuse est une entreprise fort exigeante quand les intérêts des deux pays sont en cause. En bref, dit le *Star*, la meilleure attitude à adopter envers les Américains est de leur donner une interprétation correcte et une vraie conception du Commonwealth des nations de l'Empire britannique, à l'égard duquel, en définitive, les États-Unis ont autant d'intérêt que le Canada. Les Américains devraient regarder le Canada comme « a national entity with its own ideals, its own purposes, its own methods ans its own independant thought[116] ». Que peut-il donc y avoir de commun entre le Canada et les États-Unis ? Le *Star* répond lui-même : « a common adherence to ideals of broad humanity[117] ». Noble réponse, certes, mais qui invite davantage à la réflexion qu'à l'engagement pratique...

* * *

Que découvrons-nous dans les éditoriaux du *Montreal Daily Star* ? Un groupe d'anglophones, stimulés par une vision optimiste de la vie, malgré les graves difficultés économiques de l'époque. Le journal, en effet, est rarement pessimiste ; s'il laisse voir de l'amertume, c'est devant l'administration déficiente d'une propriété contrôlée par l'État. Les chemins de fer nationaux, par exemple, deviennent facilement l'objet de commentaires virulents. Le gaspillage des capitaux et l'inefficacité administrative sont des fautes irrémissibles pour le journal de Hugh Graham.

Dans l'ensemble, cependant, les rédacteurs du *Star* demeurent sereins. La publication annuelle du rapport des banques canadiennes renouvelle chaque fois l'occasion de montrer la saine gestion de ces entreprises, d'inspirer confiance aux investisseurs, de donner le pouls de notre économie. Pendant ce temps, les multiples faillites des banques américaines fournissent des points de comparaison dont le *Star* sait tirer un stimulant et un motif de fierté. Les ressources naturelles du Canada et du Québec sont à peine entamées ; il ne s'agit que de les exploiter avec intelligence, grâce à une main-d'oeuvre compétente qu'on peut former, par la multiplication d'écoles techniques et par un enseignement universitaire de qualité, dont McGill sa fait le champion. On mettrait ainsi fin à un exode désastreux de nos meilleurs cerveaux vers le Sud. Nous avons tout le *leadership* que peut réclamer la situation difficile : R. B. Bennett à Ottawa, Camilien Houde à Montréal, Maurice Duplessis dans l'opposition provinciale. Que faut-il de plus ? D'authentiques citoyens, possédant ces qualités intellectuelles, morales et religieuses, dont on a déjà dit qu'elles formaient l'*ethos* du peuple anglo-saxon : « The hard-working optimist who can « take the occasion by the hand » and profit by it is the man upon whom Canada relies for aid in the upbuilding of her sturdy citizenship in the future [117]. »

Le dynamisme intérieur du *Star* s'inspire d'un nationalisme où la réalité canadienne devra se conformer davantage à l'idéal entrevu avec tant de lucidité par les Pères de la Confédération. Ces hommes de vision ont prêché la bonne entente, nous ont enseigné l'art du compromis qui, somme toute, exige un dépassement nécessaire de nous-mêmes. Cette tâche à l'intérieur des frontières sera rendue plus facile, si les Canadiens sont centrés sur l'Empire, cette merveilleuse famille dont le *home* est la Grande-Bretagne et le chef bienveillant, le Roi. Ils vont y puiser non seulement un élément d'enthousiasme et d'inspiration, mais aussi des profits très concrets, au moyen d'ententes commerciales, qui en toute logique, devraient se faire entre les membres de la grande communauté.

Ce mélange de sentimentalité et de pragmatisme est frappant. Un journal, capable de s'attendrir sur le charme des fleurs, des arbres et des animaux, sait aussi consacrer beaucoup de temps et d'espace à de longues considérations, parfois très arides, dans le but de promouvoir le progrès économique, social et culturel. Dans sa démarche, le *Star* ne se réclame d'aucune théorie vraiment inédite ou fortement revendicatrice. En fait, on ne peut prétendre qu'il soit un novateur dont les solutions apparaissent nouvelles aux yeux des lecteurs. Sur des données traditionnelles, enracinées en profondeur dans la meilleure tradition anglo-saxonne et protestante, le *Star* veut construire une société stable, où la prospérité économique serait assurée par un sain capitalisme industriel, créateur d'harmonie et de tolérance entre les divers groupes ethniques[118]. Au lieu d'une analyse systématique de la situation, au lieu d'une dissection implacable et déprimante des problèmes qui confrontent la société canadienne et québécoise, le *Star* réitère des invitations pressantes à l'action, au dynamisme de chacun, à une ouverture toute grande au monde et à un avenir de progrès.

Pourtant, d'où vient cette assurance devant la vie, même en période de dépression économique ? Le *Star* est le porte-parole d'une minorité d'anglophones qui réagissent comme des majoritaires ou qui affichent, de façon subtile, le « complexe du vainqueur ». Le silence du *Star* sur la montée du nationalisme canadien-français au début des années 30 nous semble éloquent à cet égard. Bien plus : certains indices laissent croire à une attitude raciste qui rejoint l'affirmation que « les préjugés raciaux font partie intégrante des traditions de la société britannique[119] ». Cette conception a décrété non seulement la supériorité du blanc sur les groupes humains de couleur, mais aussi une hiérarchie au sein de la race blanche elle-même, en vertu de laquelle l'Anglo-Saxon appartiendrait au « type aryen supérieur[120] ». Rappelons-nous les critères de sélection qui doivent présider au choix des immigrants au Canada ; le gouvernement devrait donner une nette préférence aux sujets d'origine britannique. Parmi ceux-ci les Écossais obtiennent la plus haute cote : « No race has wandered farther, none has left its imprint deeper, none has written more vivid chapters in the story of human progress[121]. » Faut-il alors s'étonner que le rôle de la majorité francophone au Québec soit assez peu analysé dans les éditoriaux du *Star* ?

Département des sciences humaines,   Noël BÉLANGER
Université du Québec à Rimouski.

1   André BEAULIEU et Jean HAMELIN, « Orientations bibliographiques », *Recherches sociographiques*, vol. X, 2-3, 1963, p. 449.
2   Hugh MAC LENNAN, *Deux solitudes*, Paris, Spes, 1963, p. 57.

[3] *La Formation d'une société globale (Des origines aux années 1840),* p. 105 (cours polycopié).

[4] *Le Devoir,* 10 juin 1970, p. 5.

[5] Everett C. HUGHES, *French Canada in Transition,* Toronto, W. J. Cage and Company, 1963, p. 214.

[6] Guy ROCHER, *Introduction à la sociologie générale,* Montréal, Éditions HMH, (c1968), t. I, p. 101.

[7] Fernand DUMONT, cité par Guy ROCHER, *loco cit.*

[8] Si notre étude porte sur une période limitée, soit de 1929 à 1933, la documentation écrite et orale que nous avons recueillie nous permet cependant d'affirmer que les cinq thèmes mentionnés ici forment la base de la politique du *Star* et que celle-ci demeura invariable tant que le journal fut sous la direction de son fondateur, Hugh Graham, soit jusqu'en 1938. Cela nous fut confirmé par M. Malcolm C. Lapointe, archiviste et bibliothécaire au *Star,* qui nous reçut avec bienveillance et nous a permis de mieux saisir l'esprit qui régnait dans cette vaste organisation.

[9] *The Montreal Daily Star,* 28 janvier 1938, p. 1. (Dorénavant *The MDS.)*

[10] *Ibid.,* p. 12.

[11] *The Montreal Star. One Hundred Years Growth, Turmoil and Change. 1869-1969,* p. 5. Il s'agit ici d'un cahier spécial de 40 pages publié à l'occasion du centenaire du journal.

[12] *The MDS,* 24 juillet 1929, p. 10.

[13] *The MDS,* 28 janvier 1930, p. 10.

[14] *The MDS,* 5 juin 1930, p. 10.

[15] *The MDS,* 3 avril 1930, p. 10.

[16] *The MDS,* 13 mai 1931, p. 10.

[17] *The MDS,* 11 juin 1930, p. 10.

[18] *Ibid.*

[19] *The MDS,* 1er mai 1930, p. 10.

[20] *The MDS,* 9 juillet 1929, p. 10.

[21] *The MDS,* 6 mars 1931, p. 12.

[22] C'est l'opinion de M. Malcolm C. Lapointe.

[23] *The Montreal Star. One Hundred Years...,* p. 8.

[24] *The MDS,* 3 avril 1930, p. 10.

[25] *The MDS,* 25 février 1930, p. 10.

[26] *The MDS,* 26 octobre 1929, p. 10.

[27] Max WEBER, *l'Éthique protestante et l'Esprit du capitalisme,* Paris, Plon, 1964, p. 242.

[28] *The MDS,* 10 mars 1930, p. 10.

[29] R. BLISHEN, Frank E. JONES, Kaspar D. NAEGELE, John PORTER, édit., *Canadian Society. Sociological Perspectives.* Toronto, The Macmillan Company of Canada, 1961, pp. 298-310.

[30] Malcolm C. Lapointe prétend que Hugh Graham est à l'origine de la disparition d'un journal, le *Witness,* parce que celui-ci était trop commercial « impur », selon l'éthique de Graham.

[31] Aileen D. ROSS, *loco cit.,* pp. 308-309.

[32] A cet égard, un simple coup d'oeil dans le *Who's Who* est déjà convaincant.

33 *The Montreal Star. One Hundred Years...*, p. 8.

34 *The MDS*, 27 mars 1929, p. 10.

35 *Ibid.*

36 *The MDS*, 1er avril 1929, p. 10.

37 *The MDS*, 4 février 1929, p. 10.

38 *The MDS*, 5 mars 1929, p. 10.

39 *The MDS*, 21 mai 1932, p. 10.

40 *Ibid.*

41 *The MDS*, 6 février 1929, p. 10.

42 « The Economic Elite », *Canadian Society...*, p. 494.

43 WEBER et TAWNEY, *loco cit.*, pp. 7-8.

44 Max WEBER, *op. cit.*, p. 96.

45 *Ibid.*, pp. 134-135. « Mais un élément proprement puritain apparaît lorsque Baxter place en tête de sa discussion l'énoncé suivant : « Hors d'une profession fermement assurée, un homme ne saurait mener sa tâche à bonne fin ; son ouvrage sera inconstant, irrégulier et il passera plus de temps à paresser qu'à besogner » (pp. 215-216). De plus, il ne peut être un bon chrétien : « Si Dieu vous désigne tel chemin dans lequel vous puissiez légalement gagner plus que dans tel autre (cela sans dommage pour votre âme ni pour celle d'autrui) et que vous refusiez moins, vous contrecarrez l'une des fins de votre vocation, vous refusez de vous faire l'intendant de Dieu et d'accepter des dons, et de les employer à son service s'il vient à l'exiger. Travaillez donc à être riches pour Dieu, non pour la chair et le péché » (pp. 217-218).

46 « The Economic Elite... », *loco cit.*, p. 306.

47 *Ibid.*, p. 307.

48 « The Religious Sect in Canadian Economic Development », *loco cit.*, p. 380. Est-ce à dire que le capitalisme, ou ce que Weber appelle « l'esprit du capitalisme », s'implante plus difficilement dans les milieux où prédomine la religion catholique romaine ? En 1951, sur 760 directeurs de grosses entreprises au Canada, seulement 78 (environ 10%) étaient des catholiques romains. Ce nombre incluait presque tous les Canadiens français, dont quelques-uns seulement appartiennent au *big business*. Or, on sait que 43% de la population canadienne est catholique. Que conclure ? « It is clear that the economic system does not provide Catholics with a very wide avenue of upward mobility. Their disadvantage might lie not so much in dogma as in not having access to educational facilities suited to a technological age. » John PORTER « The Economic Elite », *Canadian Society*, p. 495.

49 *Ibid.*, p. 16.

50 *Ibid.*, p. 17-18.

51 *The MDS*, 19 janvier 1929, p. 10.

52 *Ibid.*

53 *Ibid.*

54 *The MDS*, 6 juillet 1929, p. 10.

55 *The MDS*, 13 juillet 1929, p. 10.

56 *The MDS*, 23 novembre 1929, p. 15.

57 *The MDS*, 23 mars 1929, p. 8.

58 *The MDS*, 7 septembre 1929, p. 8.

59 *The MDS*, 19 octobre 1929, p. 8.

60 *The MDS*, 19 février 1929, p. 10.

61 *The MDS*, 20 juillet 1929, p. 10.
62 *The MDS*, 8 juin 1929, p. 10.
63 *The MDS*, 5 avril 1929, p. 10.
64 *The MDS*, 4 novembre 1929, p. 10.
65 *Ibid.*
66 *The MDS*, 17 janvier 1929, p. 10.
67 *The MDS*, 14 octobre 1929, p. 10.
68 *The MDS*, 1er avril 1929, p. 10.
69 *The MDS*, 20 juin 1929, p. 10.
70 *The MDS*, 19 février 1929, p. 10.
71 *The MDS*, 21 février 1929, p. 10.
72 *The MDS* 2 décembre 1929, p. 10.
73 *The MDS*, 11 mars 1929, p. 10.
74 *The MDS*, 27 décembre 1929, p. 10.
75 *The MDS*, 20 septembre 1929, p. 10.
76 « A national flag, officially recognized, seems to us to be one of the most
    appropriate means we can use to strengthen and extend the idea of patriotism
    among our people. The time has arrived when we are in need of a standard to
    rally round, of a symbol which will substantiate in the eyes of the masses our
    past glory and our future aspirations. This is no more fantasy, nor whim of a
    young nation. It is an essential element in the life of a people. And we would
    be a people united, strong and respected. » (*La Presse*, cité dans le *Star*, 21
    février 1929, p. 10.)
77 « (Canada) situated geographically as the strategic centre of the British Empi-
    re ». *The MDS*, 30 juin 1931, p. 8.
78 *Ibid.*
79 *Ibid.*
80 *The MDS*, 29 juin 1929, p. 10.
81 *The MDS*, 27 juin 1930, p. 10
82 *Ibid.*
83 *The MDS*, 7 octobre 1930.
84 *The MDS*, 1er novembre 1929, p. 10.
85 *The MDS*, 30 octobre 1931, p. 12.
86 *The MDS*, 10 mai 1932, p. 12.
87 *The MDS*, 24 octobre 1931, p. 10.
88 *The MDS*, 4 février 1931, p. 10.
89 *Ibid.* Il nous semble intéressant de donner ici le point de vue d'un journal
    francophone sur ces menaces séparatistes : « One Thing at least is certain —
    our compatriots in the West have demonstrated it a dozen times — it is not
    the French Canadians who have ever done or who ever will do anything to
    hasten the dissolution of the Confederation (...) in its present form, and a
    new grouping of provinces. Yet they have certainly not been without their
    causes of complaint. » (*Le Canada*, cité dans le *Star*, 12 février 1931, p. 12.)
90 C'est le cas du problème soulevé par l'attitude du gouvernement Anderson
    (conservateur) de la Saskatchewan, dont la politique discriminatoire en matiè-
    re religieuse et scolaire a suscité bien des protestations de la part des franco-
    phones du pays.
91 *The Montreal Star. One Hundred Years...*, p. 6.
92 *The MDS*, 24 juin 1932, p. 10.

[93] *The MDS*, 16 septembre 1930, p. 10.

[94] *The MDS*, 14 septembre 1932, p. 10.

[95] *The MDS*, 18 janvier 1932, p. 10 ; 7 avril 1931, p. 10.

[96] *The MDS*, 7 février 1930, p. 10.

[97] *The MDS*, 5 juin 1930, p. 10.

[98] *The MDS*, 8 mai 1931, p. 14.

[99] « Historical Sketch of the Montreal Star », *The Canadian Annual Review of Public Affairs, 1910, Special Supplement*, p. 89.

[100] *The Montreal Star. One Hundred Years...*, p. 8.

[101] *Ibid.*, p. 7.

[102] *Ibid.*

[103] *The MDS*, 8 octobre 1932, p. 10.

[104] *The MDS*, 13 juillet 1932, p. 10 ; 30 juin 1932, p. 10.

[105] *The MDS*, 24 mai 1933, p. 10.

[106] *The MDS*, 13 juillet 1932, p. 10.

[107] *The MDS*, 16 juillet 1932, p. 10.

[108] *The MDS*, 25 mars 1931, p. 10.

[109] *The MDS*, 15 août 1930, p. 10.

[110] *The MDS*, 23 mai 1932, p. 10.

[111] *The MDS*, 4 mars 1931, p. 10.

[112] *The MDS*, 3 juin 1929, p. 10.

[113] *The MDS*, 2 juillet 1929, p. 10.

[114] *The MDS*, 23 avril 1929, p. 10.

[115] *The MDS*, 21 août 1929, p. 10.

[116] *The MDS*, 17 novembre 1931, p. 10.

[117] *The MDS*, 7 juillet 1932, p. 10.

[118] *The MDS*, 13 février 1930, p. 10.

[119] Le *Star*, propriété personnelle d'un millionnaire, ne peut cependant pas être qualifié sans examen poussé de porte-parole de l'*Establishment*. Graham était un capitaliste d'une espèce si forte qu'il ne pouvait être l'écho de qui que ce soit. On doit pourtant reconnaître avec honnêteté que dans plusieurs, sinon dans la majorité des cas, les idées du *Star* et de la rue Saint-Jacques coïncidaient harmonieusement.

[120] Kenneth L. LITTLE, « Race et société », *Racisme devant la science*, p. 98 (UNESCO, 1960, 544 p.).

[121] Juan COMAS, « Les mythes raciaux », *le Racisme...*, pp. 39-40.

« LE JOUR », 1937-1946

Journal de Jean-Charles Harvey, *le Jour* paraît le 16 septembre 1937 et sans interruption jusqu'au 29 juin 1946.

Étant donné la longueur de la période étudiée et les exigences requises par une telle analyse, il m'a été impossible de dépouiller tous les numéros dudit journal. J'ai donc procéder par échantillonnage. D'une part, j'ai étudié les journaux de deux ans en deux ans, c'est-à-dire que j'ai travaillé les années 37-38, 41-42, 45-46. D'autre part, je ne me suis attardée qu'aux premiers journaux du mois. Cette méthode m'a permis de dégager l'évolution du journal, tout en me laissant le temps d'approfondir une assez grande variété d'articles. Sans une telle sélection il m'aurait fallu me borner aux seuls éditoriaux.

Pour les mêmes raisons, j'ai aussi fait un tri dans les différents articles contenus dans le journal, mettant délibérément de côté la critique littéraire et la politique internationale, cette dernière occupant un espace beaucoup trop important, surtout au cours des années 39-45. Ce thème ferait à lui seul le sujet d'une analyse.

I. – LE JOURNAL

1. Renseignements généraux

À montréal, *le Jour* ne fait suite à aucune publication de cette époque, si ce n'est aux écrits de son fondateur et directeur Jean-Charles Harvey, polémiste bien connu de la société québécoise. À la fois journaliste et écrivain, il publie em 1934 *les Demi-Civilisés,* roman pour lequel il est proscrit par le clergé en raison des idées qu'il émet sur la religion, l'éducation et l'amour. (Dans son journal, Jean-Charles Harvey poursuit sa démarche en reprenant les thèmes abordés dans ses volumes et en les actualisant dans les problèmes du temps.)

En 1937, ces inimitiés et ces chaînes sont loin d'être effacées, de sorte que la population, en général, n'est guère favorable au lancement du journal.

> Des semaines avant que de naître, *le Jour* a eu des détracteurs. Les uns le donnaient pour un instrument de colère, les autres, pour une fondation juive, les autres pour une feuille de propagande révolutionnaire ou même communiste, d'autres enfin, en assez grand nombre, pour le porte-voix des anticléricaux[1].

Par conséquent, le recrutement de ses collaborateurs ne pouvait se faire qu'à l'intérieur d'un groupe restreint de connaissances et d'amis qui partageaient ses idées.

Au départ, Jean-Charles Harvey reçoit l'appui de T.-D. Bouchard, appui qui lui permet de fonder son journal. Réal Rousseau est nommé administrateur et Victor de Sève, trésorier et comptable. La fonction de secrétaire est remplie par la propre fille de Harvey. Quant à l'équipe de rédaction, elle compte parmi ses rangs Émile-Charles Hamel, qui sera rédacteur en chef dès 1938, André Bowman, chroniqueur de *l'Ordre* et de *la Renaissance,* chargé des nouvelles internationales, et quelques autres, dont Paul Riverin, Paul Morin, Donat Coste, les caricaturistes Henri et Fox, etc.

La première impression est vendue à près de 25 000 exemplaires ; mais, en 1945, la distribution n'est plus que de 3 000. Malheureusement, aucun article ne permet de déceler la clientèle du *Jour,* ni la façon dont se fait le recrutement des abonnés.

Au départ, Jean-Charles Harvey veut en faire « le véritable organe de l'élite[2] », s'adressant uniquement aux gens épris de « justice, de liberté et de vérité », et « rigoureusement interdit aux imbéciles[3] ».

2. Aspect du journal

Le Jour est un hebdomadaire paraissant tous les samedis sous un format de dix-huit pouces et demi sur 13 pouces. Son aspect peut être comparé à celui du *Devoir,* sauf qu'il possède un nombre fixe de pages.

Son sous-titre se lit ainsi : « Indépendant politique, littéraire et artistique ».

Les articles se répartissent de la façon suivante :

P. 1   Éditorial et articles de fond
P. 2   Fin des articles commencés en première page, opinion du lecteur, résumé de livres, etc.
P. 3   Page des spectacles
P. 4 et 5 Politique nationale et internationale
P. 6   Travail et économie
P. 7   Page féminine
P. 8   Articles sur les différents problèmes de l'heure.

L'en-tête du journal a ceci de caractéristique qu'il comprend d'une part, dans le coin gauche, une interrogation de style provocateur et humoristique : « Qui a peur du méchant loup ? » Elle fait référence à la fable de Lafontaine, et voici dans quel sens elle est interprétée par le fondateur du *Jour* :

> Nous sommes liés à des idées, non à des hommes. Au rôle de chien dodu au cou pelé, nous préférons la libre allure du loup, qui court, où il veut et qui a bonne gueule. The big bad wolf[4].

D'autre part, dans le coin droit est inscrite une devise attribuable à Henri de Rochefort :

> Aussi longtemps que les choses iront systématiquement mal, je continuerai systématiquement à dire qu'elles ne vont pas bien.

Ces citations situent fort bien l'optique du journal qui cherche à être avant tout un journal de combat. Fait à remarquer, elles se retrouvent sur tous les numéros du *Jour*, du premier au dernier.

L'éditorial constitue l'article de base du journal. *Le Jour* n'est pas un journal d'information, mais bien plutôt un journal de formation, un journal idéologique. C'est par son intermédiaire que Jean-Charles Harvey lutte pour faire valoir ses idées et ses convictions. On y trouve ses thèmes favoris : l'éducation, la religion et le nationalisme, thèmes qui reviennent constamment, avec plus ou moins de virulence.

C'est aussi dans ses éditoriaux que l'écrivain révèle le mieux ses qualités de prosateur et de journaliste. Connaissant la langue à la perfection, il la manie avec dextérité, sachant à l'occasion devenir un dialecticien rigoureux. Grand observateur de son milieu, il sait y découvrir les tares qu'il juge sévèrement, et auxquelles il propose des solutions concrètes, mais souvent innacceptables pour son époque.

3. Orientation du journal

Le premier éditorial de Jean-Charles Harvey explicite fort bien la perspective dans laquelle se situera le journal. À lui seul, il intègre et définit tous les éléments qui contribueront à façonner le Jour. L'auteur spécifie, dès le départ, sa position face au journalisme et à la presse, délimite l'orientation du journal, détermine le public à atteindre et les thèmes centraux qu'il débattra au cours des années à venir, enfin, il caractérise le ton et le style qu'il utilisera.

a) Conception de la presse. Comme il a été mentionné auparavant, le Jour est un hebdomadaire. Selon Jean-Charles Harvey, il se différencie nettement du quotidien, véhicule essentiellement d'informations, en ce qu'il constitue le dernier refuge de l'opinion. La rapidité avec laquelle se déroulent les événements mène le quotidien à une vue kaléidoscopique des choses, à une vue trompeuse et sans relief, alors que l'hebdomadaire, par contre, accorde un recul par rapport à ces mêmes événements, laps de temps qui permet de clarifier les situations et d'apporter des jugements. Cependant, ces deux formes de journalisme se rejoignent, d'une certaine façon, du fait « qu'en définitive c'est le lecteur qui fait le journal. Un quotidien ou un hebdomadaire ne peut que diriger l'opinion, il ne peut la dominer[5] ».

La qualité essentielle de la presse réside, selon lui, dans sa liberté. Il ne s'agit pas de « plaire à tout le monde » suivant la devise de la grande presse. Une telle devise conduit à endormir les gens, à les abrutir. C'est contre cette conception du journalisme qu'il s'en prendra avec le plus de véhémence.

Terrorisée, stipendiée, ou affamée, asservie au pouvoir, au parti, au public, elle a dû abandonner les luttes d'idées pour se confiner à l'information. C'était pour elle une question de vie ou de mort. C'est pourquoi les idées et les doctrines les plus fantaisistes, sinon les plus néfastes, ont trouvé le chemin libre. Pas d'obstacles ! Poussées par des zélateurs retors ou ignorants et fanatiques, elles ont cheminé sans opposition et ont affolé et contaminé une partie de notre jeunesse[6].

Le but premier du Jour est de dire la vérité et de défendre le droit des gens avec combativité et dignité. Le cheval de bataille de Jean-Charles Harvey sera la liberté de la presse :

La presse est l'école de l'adulte. Elle est la parfaite expression de la liberté de parole et d'enseignement, qui est à la base de toute institution démocratique. On ne saurait lui imposer des doctrines ou des théories, ni la bâillonner ou l'enchaîner sans violer des droits sacrés, celui qu'a tout homme doué d'une pensée sincère et muni d'une plume vigoureuse, de répandre de la lumière, et celui qu'a tout citoyen libre de savoir les faits, d'écouter les voix préférées et d'examiner les diverses faces de la vérité[7].

Cette insistance sur la liberté revient constamment. Non seulement est-elle appliquée à la presse, mais aussi, à l'éducation, à la religion et à la démocratie. Non seulement entraîne-t-elle le souci d'être précis et objectif, et dans la quête des nouvelles, et dans leur diffusion, mais de plus, elle exige de tout homme qu'il considère tous les aspects de la vérité.

Jean-Charles Harvey s'assigne comme tâche d'assainir la presse.

b) Orientation. Comme son sous-titre l'indique, *le Jour* se veut avant tout un journal indépendant. Cette indépendance s'inscrit dans tous les domaines. Il s'affiche comme un journal libre, mais non pas neutre : « Nous savons ce que nous voulons et où nous allons[8]. » C'est un journal politique en tant que c'est la politique qui l'intéresse et non les politiciens. Taxé de libéraliste, il cherche avant tout à défendre les libertés démocratiques, s'inscrivant en faux contre tout opportunisme et tout dilettantisme politique.

Le but de l'auteur en fondant ce journal paraît fort idéaliste, car il tente d'intégrer tous les grands principes et les grandes vertus de l'humanité.

Nous ne voulons avoir d'autre passion que celle du bien, d'autre violence que celle du droit outragé, d'autre but ultime que le progrès et le bonheur des nôtres dans la concorde, la tolérance et la liberté[9].

Cet ordre de préoccupation établi, il attaque de front trois problèmes concrets : le nationalisme, l'éducation et la religion. Ainsi, dès 1937, il s'affirme contre tout nationalisme et contre tous les *isme* qu'il juge des bêtises humaines. À propos du nationalisme, il cherchera à démontrer que « le mal est en nous » (le peuple canadien-français) et que, par conséquent, il faut trouver « la solution en nous », et non pas rejeter la faute sur tout le monde.

Quant à l'éducation, Jean-Charles Harvey se propose d'en dévoiler la priorité au Québec et de démontrer en quoi elle est désuète, nécessitant des changements rapides et en profondeur.

Enfin, au sujet de la religion, l'auteur sent le besoin de définir ses positions religieuses, tous en précisant que ses croyances ne l'empêcheront pas de parler contre le clergé lorsque celui-ci s'immiscera dans des domaines extérieurs à sa juridiction.

En 1942, *le Jour* discute de plus en plus longuement de la politique internationale et canadienne. Le sujet de la conscription revient fréquemment et, au concept de liberté, succède celui de démocratie.

Le 1ᵉʳ septembre 1945, *le Jour* fête le 9ᵉ anniversaire de la « fondation d'une oeuvre d'émancipation humaine et nationale ». À cette occasion, Jean-Charles Harvey reprend brièvement les thèmes énoncés dans la première édition, s'affirmant encore dans la même ligne de pensée. Voici, selon lui, les raisons de la réussite du *Jour* :

> C'est qu'il est la seule expression non conformiste de l'idée et de la pensée dans la province la plus conformiste du Canada et de l'Amérique du Nord. Dégagé de tout préjugé, de tout sectarisme, de tout fanatisme, de toute superstition, de tout fétichisme, d'envoûtement mystique et de soumission aveugle, seul absolument seul, à dire hautement des vérités que des millions d'autres ne chuchotent même pas à voix basse, il possède la qualité précieuse de l'inédit. L'autre chose, c'est que notre pensée, déliée de certaines chaînes, c'est-à-dire des idées toutes faites, des principes en série, voit un peu plus clair dans les affaires du monde en général et de la Laurentie en particulier[10].

Lors de sa fermeture, le 29 juin 1946, Jean-Charles Harvey résume le programme qu'il a toujours eu à coeur de défendre dans son journal.

> Unir plus étroitement les Canadiens d'origine, de langue et de foi différentes, réclamer une éducation plus haute, plus vivante, plus humaine et plus pratique ; réagir contre l'esprit de caste et de domination d'une secte (le clergé) régnant par la peur et la superstition ; proclamer la liberté de pensée, de conscience, de parole, d'association et d'assemblée, rendre le sens des proportions et du ridicule à un petit peuple saturé, trois siècles durant, de faux sérieux et de saintes blagues ; montrer à de pauvres Canadiens isolés, que des maîtres fumistes ont voulu réduire à l'état de Robinson Crusoé, qu'il existe quelque chose de lumineux en dehors des murs opaques de la Laurentie[11].

Malheureusement, il ne donne aucune précision quant aux raisons pour lesquelles il doit fermer ses portes. Cependant, on peut présumer que le peu d'abonnés ne suffisait pas à payer les frais d'exploitation et de diffusion du journal.

Quant au public auquel il s'adresse, Jean-Charles Harvey entend le considérer à sa juste valeur, selon son expression, et lui donner une nourriture saine, des directives utiles, une information objective, renseignée et dépourvue de tout préjugé. Dans son premier éditorial, il dédit le journal aux jeunes, afin de leur apprendre la liberté de parole et de pensée. Cependant, cette intention ne se vérifie pas dans les faits et le journal s'adresse plutôt à une minorité de gens faisant partie du cercle de pensée de son fondateur.

II. – LES PRINCIPAUX THÈMES

1. *La jeunesse*

Si le thème de la famille n'existe pas dans *le Jour*, il est remplacé par celui de la jeunesse qui, bien que n'occupant pas une place primordiale dans les pages du journal, n'en reste pas moins une préoccupation constante dans l'esprit de son fondateur. Comme il l'indique dans son édition du 16 septembre 1937, *le Jour* est dédié aux jeunes, eux qui représentent l'avenir du Québec. Francs et honnêtes, ils ont encore le courage de leurs convictions. Héritiers d'une société qui n'a pas connu la liberté, ils sont l'aboutissement de plusieurs générations dépourvues de toutes qualités intellectuelles, morales et physiques. C'est sur eux qu'il fonde l'espoir de rebâtir une société libre et bien pensante, dépourvue de préjugés et d'étroitesse d'esprit.

> La jeunesse est la matière humaine destinée à remplir les cadres de demain, comme elle a fourni la chair à canon nécessaire à cette guerre ; on voit aussi en elle, consciemment ou non, comme une valeur en soi, riche de possibilités nouvelles, et de ce dynamisme tant vanté[12].

Cependant, cette confiance dans la jeunesse est mitigée. Il perçoit un nationalisme malsain, propagé à travers un système d'éducation par une clique d'adultes fanatiques. Cette crainte se change peu à peu en désillusion face à la jeune génération issue de la guerre.

Cette dernière ne correspond plus à la définition que s'en faisait Jean-Charles Harvey. Selon lui, elle ne croit plus à aucun idéal, si ce n'est à la richesse matérielle. Inquiet, Émile-Charles Hamel constate qu'elle ne se plaît que dans le terre à terre et le quotidien. Au delà du profit immédiat ou du plaisir prochain, elle se refuse à rien voir. Le seul remède à cette situation résiderait dans l'éducation, considérée non seulement comme un apprentissage de connaissances, mais aussi comme une assimilation d'une saine philosophie de la vie.

2. L'éducation

L'éducation constitue sans contredit l'un des thèmes principaux du journal de Jean-Charles Harvey. Chaque année remène cet épineux problème et la fréquence des articles publiés sur ce sujet dénote le caractère prioritaire et crucial qu'il possède à ses yeux.

Dès septembre 1937, il s'en prend aux conditions des écoles de rang, dénonçant les salaires de famine auxquels sont assujettis instituteurs et institutrices ($300 par année). Malheureusement, selon lui, cet état de fait éloigne tous les bons sujets de l'enseignement. C'est pourquoi, il fait retomber sur l'école le retard accumulé par les Canadiens dans tous les domaines.

> La petite école, avec ses programmes en partie puérils, ses institutrices mal payées et ses manuels fabriqués souvent pour le commerce et non pour la formation du coeur et de l'esprit ; une foule de couvents et de collèges ruraux, mieux outillés pour déraciner les jeunes et les transformer en commis ou sténos que pour alimenter le régiment des chefs de file ; les petits séminaires, spécialisés, la plupart, dans la préparation aux carrières sacerdotales et demeurant incomplets, malgré leur nécessité ; les universités, incapables de fournir les spécialités dont nous avons un besoin absolu dans l'exploitation de nos ressources, bref, du haut en bas, ces diverses institutions, inadaptées au temps, au lieu, aux circonstances et aux besoins impérieux, ont toutes plus ou moins contribué à faire, d'un peuple supérieurement doué, une collectivité d'espèce visiblement inférieure[13].

Ainsi, tout est remis en question, des écoles de rang aux universités. Les griefs de Jean-Charles Harvey portent sur deux points. D'abord, il attaque le système scolaire pour n'avoir pas réussi à s'adapter aux exigences de l'époque, et par là d'avoir « abruti » plusieurs générations et, en second lieu, d'avoir engendré un mouvement nationaliste en cultivant des sentiments d'infériorité et d'incapacité chez les Canadiens français.

Selon lui, l'éducation au Québec forme des « crétins », des primaires inconscients des réalités de la vie, des médiocres sans imagination, sans esprit créateur, sans sensibilité, sans idée et sans pensée. Les enfants sont mal préparés à des études supérieures. Le peuple canadien-français n'aura de force qu'en autant qu'il se décidera à améliorer son système d'éducation.

En 1938 commence, au *Jour*, la lutte pour l'obtention de l'instruction obligatoire et de la gratuité scolaire. Cette instruction obligatoire supposerait :

1. la gratuité de l'enseignement et des livres ;
2. la refonte totale et l'uniformité des manuels ;
3. la création de vraies écoles normales ;
4. un meilleur traitement des instituteurs ;
5. une nouvelle répartition des impôts et contributions[14].

De toute façon, conclut Jean-Charles Harvey, il faudra un jour en arriver là, et le plus vite sera le mieux, car la province de Québec possède le régime scolaire le plus imparfait et le plus désuet de la Confédération et même de l'Amérique du Nord. Les enfants quittent l'école avant même d'avoir quatorze ans. À ce régime-là, dit-il, la nation forme des enfants pour en faire des porteurs d'eau et des scieurs de bois.

Janvier 1941, ses invectives commencent à porter fruit. *L'Action catholique,* journal opposé au *Jour* depuis sa fondation, se décide à parler de la nécessité de réformer le système scolaire. Malheureusement, selon Jean-Charles Harvey, les réformes proposées par *l'Action* sont encore trop timides. L'équipe du *Jour*, elle, demande des changements en profondeur, qui toucheraient l'esprit même de l'enseignement et non pas uniquement son contenu.

Toujours en 1941, Jean-Charles Harvey publie un article dans lequel il lie l'apparition du suffrage universel à la nécessité de l'instruction gratuite et obligatoire.

Quand par l'évolution des institutions politiques, on a décidé d'instituer le suffrage universel, on a, par le fait, mis entre les mains de chaque citoyen une arme redoutable. Alors le premier devoir des pays démocratiques était d'instruire le peuple, non seulement chez les privilégiés de la fortune, mais chez tous, c'est-à-dire chez les pauvres, qui ont un coeur et une intelligence, et qui n'ont pas les moyens de se donner la lumière nécessaire. À mon point de vue, le suffrage populaire ne saurait aller sans l'instruction gratuite et obligatoire[15].

De son côté, Paul Riverin, devant les inconvénients du système actuel, fait porter le poids de toutes ces lacunes au clergé :

1. On fait au clergé l'injustice de lui laisser porter tout seul le fardeau de l'enseignement secondaire et la responsabilité des études universitaires.
2. Les carrières professorales sont fermées ou presque aux profanes, dans les collèges classiques, alors que dans les universités, les laïques faisant partie du corps enseignant ne jouent que le second violon.
3. Il manque à notre haut enseignement le stimulant de l'émulation ou de la concurrence, attendu qu'un monopole éducatif, presque absolu, s'est formé dans la Province de Québec.

4. Il est impossible que des hommes qui, de par leur vocation même, ont renoncé au monde, puissent donner aux jeunes toutes les armes voulues pour la vie du monde.

5. Tendance trop accentuée, chez les personnes formées dans les institutions actuelles, à se tenir dans une vague métaphysique, à généraliser là où il faut des données concrètes, à orienter leur vie d'après un idéal sentimental paré du nom de principe, à raisonner sur des abstractions au mépris des réalités les plus visibles[16].

Et il termine en disant que ce monopole exercé par le clergé sur l'éducation constitue une sorte d'endoctrinement face aux idées séparatistes.

L'année suivante, Paul Riverin revient à l'attaque en proposant la création d'écoles nationales qui pareraient aux idées nationalistes en donnant naissance à un véritable sentiment canadien, et non plus québécois : « L'école est le seul creuset où l'on puisse former une nation[17]. » La formule proposée consisterait pour le gouvernement fédéral à créer une université d'État où serait accueillie l'élite des différentes provinces. Une fois leur cours terminé, ces jeunes pourraient exercer leur profession où bon leur semblerait. L'auteur entend parler non d'une élite financière, mais bien d'une élite intellectuelle, c'est-à-dire que les étudiants seraient choisis en fonction de leur valeur personnelle.

Les articles publiés en 1946 dénoncent encore les mêmes lacunes, à savoir : l'insuffisance des rémunérations accordées aux instituteurs, l'accaparement par le clergé du domaine de l'éducation, la pédagogie axée sur la religion et la race, l'accessibilité des écoles réservées aux enfants de famille fortunée.

Ainsi, sous le thème de l'éducation, *le Jour* a véritablement joué un rôle de pionnier. Ardent défenseur de la démocratisation de l'enseignement, il a cherché à sensibiliser la population à la désuétude du système d'enseignement au Québec. Ses solutions : la création de lycées, l'instruction obligatoire et gratuite pour tous et le retrait du monopole ecclésiastique.

3. La religion

Le thème de la religion occupe, lui aussi, une place importante au sein du *Jour*, et ce, pour trois principales raisons : d'abord parce qu'il est étroitement lié à celui de l'éducation dans l'esprit de Jean-Charles Harvey, ensuite parce qu'il joue un rôle capital dans la société québécoise et, enfin, parce qu'il constitue le terrain préféré des adversaires du *Jour* et de son fondateur taxé d'anticlérical.

a) *Position.* C'est pour cette dernière raison que dès la première parution du journal, ce dernier prend soin de définir très nettement sa position quant à la religion et au clergé.

> Il ne nous appartient nullement de toucher à la mission spirituelle du clergé. Nous faisons une distinction bien nette entre la religion et ses ministres, entre le clergé et certains membres du clergé. C'est un principe démocratique fondamental que de respecter la foi et les doctrines. Il serait ridicule et puéril qu'un journal politique et littéraire se substituât aux théologiens et moralistes. Cela n'est pas de notre ressort[18].

Mais s'il affirme qu'il ne touchera ni à la foi, ni aux doctrines, ni au clergé, il se réserve quand même le droit et même le devoir de critiquer certains membres du clergé :

> Dans le domaine politique, économique et social, cependant, il est normal, parfois même nécessaire, de discuter avec les membres du clergé qui y descendent pour y exercer leurs droits de citoyens. Ils y vont alors comme citoyens et non comme prêtres, et ils ne sauraient s'étonner d'y trouver de la contradiction. Sur le terrain politique, économique et social, nous nous réservons donc toute liberté de discussion. Et là, notre travail de polémistes, soutenu par des convictions sincères, ne saurait être paralysé par la présence de ministres du culte qui, comme nous, s'y seront rendus librement et suivant un droit égal au nôtre[19].

Cette liberté de discussion, Jean-Charles Harvey s'en servira fréquemment pendant toute la durée de son journal. Toutefois, il ne se borne pas uniquement à la discussion, mais le plus souvent à l'invective, surtout face aux ecclésiastiques qui ont adhéré au mouvement nationaliste, à l'abbé Groulx entre autres, qu'il accuse de corrompre toute une génération de jeunes Québécois.

> Donc, en fait, sinon par intention, le distingué ultranationaliste ou plutôt raciste, porte la responsabilité d'une idée malheureuse et dissolvante qui gangrène l'enthousiasme d'une partie de la jeunesse[20].

Malgré toutes ces prises à partie, Jean-Charles Harvey se défend d'être anticlérical. Ce qu'il prétend dénoncer, ce n'est ni la religion, ni l'Église, ni le clergé, mais bien certains membres du clergé.

> Ne vous hâtez pas de me traiter d'anticlérical. Autant j'ai de respect pour l'Évangile et les disciples agissants et sincères du Christ, pour ces milliers de pasteurs qui distribuent la charité, le pardon, l'espoir d'un monde meilleur, autant je redoute l'exès de privilèges et d'influence qu'exercent à leurs fins personnelles ou de caste des hommes oublieux de cette parole de Jésus : « Mon royaume n'est pas de ce monde[21]. »

b) *Contre le monopole ecclésiastique.* Son second point d'attaque porte sur le monopole exercé par le clergé dans la société canadienne-française. Selon lui, il s'est si bien implanté dans tous les domaines du pouvoir qu'il a engendré un régime de peur. Omnipotent et omniprésent, il a façonné une religion de dévots faisant abstraction des grandes vertus telles que la charité et la justice.

> Nous sommes un peuple de dévots. Nous allons à la messe tous les dimanches et quelquefois sur semaine. Nous faisons maigre, tous les vendredis, et jeûnons scrupuleusement aux jours d'abstinence. Nous portons scapulaire, et force médailles... Mais sommes-nous religieux[22] ?

Un des articles les plus véhéments et les plus sévères écrit par Jean-Charles Harvey contre le clergé québécois est celui du 12 mai 1945, intitulé « La peur ». Les Canadiens français, peut-on y lire, sont dominés par la peur, écrasés sous la férule d'une puissance suprême, c'est-à-dire la puissance cléricale. Celle-ci constitue un véritable État à l'intérieur de l'État et monopolise tout. On la retrouve dans tous les domaines, que ce soit l'éducation, la presse, la politique, le syndicalisme, le commerce, les finances, et elle possède les moyens pour ramener quiconque s'écarterait de ses doctrines.

> De quoi avons-nous peur ? Eh bien, nous avons peur de la puissance suprême, de la puissance à laquelle vous pensez tous en ce moment et que personne d'entre nous n'ose nommer. Dans tous les pays où il existe une autorité arbitraire et absolue, on ne nomme jamais cette autorité que pour la louer. La seule puissance qui, dans cette partie du Canada, fait trembler tout le monde, c'est la puissance cléricale. Dans Québec, elle est incontestablement la puissance suprême. Pesez bien les mots : ce n'est pas la religion précisément, pas même l'Église, devant laquelle il faut s'incliner, non, je dis puissance cléricale[23].

Le Jour présente la religion au Québec comme constipée, régionale, dirigée, centralisatrice et dépourvue de tout caractère humanitaire.

> Il m'arrive parfois de lire l'Évangile. Je suis surpris de n'y pas trouver le catholicisme laurentien[24].

Cet acharnement, cette agressivité contre le clergé québécois peut s'expliquer, en partie, par les mesures entreprises par ce dernier contre Jean-Charles Harvey lors de la parution de son livre *les Demi-Civilisés.* En effet, c'est sous l'influence directe de ce dernier qu'il doit retirer son livre du marché, quitter son poste de rédacteur en chef au *Soleil* et faire des excuses publiques. Son intervention en fait une sorte de paria.

4. La nation

Tout comme les deux précédents, ce thème est cher à Jean-Charles Harvey et occupe un espace imposant dans les pages du journal. Dès 1937, le fondateur du *Jour* se qualifie très nettement de fédéraliste, et promet de livrer une lutte acharnée contre les tenants de la thèse nationaliste.

Le 16 septembre 1937, dans son premier éditorial, il écrit :

> Avec toute l'affection que créent les liens du sang et de l'esprit, nous voulons convaincre les Canadiens français que ce n'est pas en s'isolant dans la Confédération, pas en guerroyant contre des ennemis imaginaires, pas en creusant un abîme entre eux et les autres nationalités canadiennes, pas en sabotant la Constitution, pas en sacrifiant les libertés démocratiques à des lubies, pas en se jeanbaptisant par des congrès congratulants, pas en pratiquant la satisfaction de soi, pas en transformant en narcissisme les faits et l'histoire, pas en cultivant uniquement le passé et en exhumant les morts au dépens du présent, de l'avenir et de la Vie, qu'ils cesseront d'être des scieurs de bois, des porteurs d'eau, et, pour employer l'expression de M. l'abbé Groulx, « des descendants de gueux ».

Ce que *le Jour* entend démontrer c'est qu'il faut cesser de mettre la faute sur les autres et se rendre compte que le mal est en nous et que c'est à cela qu'il faut s'attaquer. Le fait de ne posséder aucune industrie, aucune entreprise d'envergure, aucun commerce important s'explique par cela même que nous nous sommes laissé avaler et que, par conséquent, le nationalisme, la xénophobie, ne régleront rien. C'est être dupe de soi-même.

> Le mal est chez nous, le mal est en nous, je le répète. Et la racine de ce mal est bien plus dans l'éducation que dans empiètements de l'étranger. On a empoisonné l'esprit des jeunes en leur racontant le mythe de l'envahissement anglais, anglo-canadien ou américain. Et on a créé de xénophobes. Pourquoi ne pas dire franchement aux jeunes : Si vous n'avez pas de carrières, demandez-en le pourquoi à ceux qui n'ont pas su préparer ni vos pères ni vous-mêmes à la lutte pour la vie et qui vous ont plongés dans un nationalisme isolant et stérilisant[25].

Ce que Jean-Charles Harvey reproche au système d'éducation c'est d'être le premier responsable de cet atavisme. Il l'accuse entre autres choses d'avoir poussé les Canadiens français vers une sorte de provincialisme qui les a renfermés dans leur petit monde, fiers de leurs institutions et inquiets de les conserver dans un traditionnalisme moyenâgeux. Et il ajoute que ce n'est qu'en se débarrassant de ce « Provincialisme » que le Québec entrera de plain-pied dans le XXe siècle et qu'il arrivera au diapason de la civilisation américaine.

Le Jour se donne comme mission de dire la vérité, c'est-à-dire de dénoncer que « les pires ennemis des Canadiens français, peut-être les seuls, ne sont autres que des Canadiens français[26] » et que, par conséquent, la première chose à faire est de tenter de se réformer. Cette réforme doit porter, en premier lieu, sur l'éducation mais aussi sur la mentalité des Canadiens français. Subordonnés au maintien d'un ensemble de coutumes ou de préoccupations oiseuses et absurdes, ils n'ont pas su cultiver les qualités et les vertus nécessaires à leur réalisation.

Ainsi, Jean-Charles Harvey affirme que l'apprentissage de l'anglais constitue une nécessité absolument fondamentale pour tous les Canadiens français, sans quoi le Québec irait à sa perte.

> Contre ce fait, nous ne pouvons rien de rien, parce que nous luttons non seulement contre le nombre, mais aussi contre une civilisation, sinon plus haute, au moins plus avancée et plus dynamique, incontestablement que la nôtre. Il s'agit de vivre ou de crever[27].

En 1941, le journal entreprend un véritable combat contre le mouvement nationaliste, lors de la création de l'O. J. C. (Ordre de Jacques-Cartier) qu'il considère comme une conspiration contre l'intelligence, la tolérance, la liberté et le progrès. Il en fait le siège des nationalistes sectaires, des antibritanniques, des antisémites, des prohibitionnistes, etc.

> Jamais le crétinisme ne s'est aussi puissamment organisé, chez nous, pour éloigner le troupeau des contacts étrangers, que l'on considère dangereux. Son but immédiat est de consolider de façon permanente le bloc populaire canadien-français[28].

En 1945, *le Jour* ressasse encore les mêmes problèmes, accusant les écoles, le clergé et la politique québécoise d'êtres les causes premières des mésententes entre Canadiens français et Canadiens anglais. Dans son optique, les barrières ne s'abaisseront qu'à mesure que s'élèvera le niveau d'instruction de part et d'autre et que se développera le sentiment de l'unité nationale.

Fédéraliste convaincu et ennemi juré d'un nationalisme étroit et sectaire, Jean-Charles Harvey ne voit d'autre issue possible pour les Canadiens français que l'unité nationale et le relèvement de la race.

> Au milieu d'un océan de 145 millions d'hommes et de femmes de langue anglaise, le français n'a de chances de survivre que s'il devient le synonyme d'audace, de culture, de civilisation et de liberté[29].

Cet espoir d'un Canada uni et puissant rejoint sa vision d'ensemble sur le Commonwealth et le continent nord-américain et sur son rôle dans le monde, aspect qui sera traité un peu plus loin. Il est à remarquer que tous les thèmes étudiés depuis le début, les trois derniers plus particulièrement, s'interpénètrent de façon très étroite. Le fait de toucher à un de ceux-ci entraîne nécessairement l'apparition des deux autres. En effet, lorsque *le Jour* traite de l'éducation, il implique à la fois, la remise en cause du clergé et la lutte contre le séparatisme. L'abolition des pouvoirs ecclésiastiques entraînerait la refonte du système d'éducation, et celui-ci ne serait non plus axé sur l'idée d'un Québec séparé, mais bien sur l'idée d'un Canada uni et puissant. De la même façon, lorsqu'il parle du clergé, c'est avant tout pour lui reprocher d'avoir accaparé tous les domaines du pouvoir et, en particulier, celui de l'éducation, d'avoir diffusé un enseignement antilibéral et antidémocratique et enfin, d'avoir engendré un esprit isolationniste.

Ces thèmes particulièrement chers à Jean-Charles Harvey contribuent, presque à eux seuls, à faire du *Jour* un journal de combat, un journal à tendance surtout idéologique.

5. La politique

En matière de politique, *le Jour* sera porté à jouer sur certaines personnalités en vue, contrairement aux dires de Jean-Charles Harvey en 1937. En effet, s'il combat des idées, il attaque souvent des personnes précises auxquelles il s'adresse assez vertement, et même parfois avec beaucoup de virulence.

a) *La politique municipale.* Du côté de la politique municipale, *le Jour* ne semble pas avoir de conception nettement définie. Il laisse ce secteur de côté mises à part quelques atteintes à certains maires, tels que Grégoire en 1938, pour s'attaquer plutôt à la politique provinciale-fédérale.

b) *La politique provinciale.* Face à la politique provinciale, *le Jour* s'en prend aux politiciens et aussi à certaines politiques telles que la colonisation et l'achat chez nous.

Bien qu'attaché sentimentalement au parti libéral, Jean-Charles Harvey n'en reste pas moins critique à l'égard de tous les partis, s'en prenant aussi bien à Duplessis qu'à Paul Gouin ou Adélard Godbout. À ses yeux, ces hommes n'ont pas su s'affirmer avec assez de force. Ce qu'il leur reproche avant tout c'est d'être restés sous la férule du clergé et de n'avoir pu éliminer le mouvement nationaliste. Par exemple, il s'est vivement opposé au parti de l'Action libérale nationale dirigé par Paul Gouin parce que, disait-il, ses thèmes sont la libération économique et sociale des Canadiens français.

Le 25 septembre 1937, il fait un bref bilan de la situation politique provinciale dans lequel il accuse le mouvement nationaliste d'être la cause d'un grand dérangement dont chaque parti tente de tirer profit. Ce mouvement se double, selon lui, d'un acheminement vers une « espèce de socialisme » qu'il tend à associer au fascisme marxiste.

Le 6 décembre 1941, il publie un second article sur la situation provinciale qu'il considère comme un « océan de médiocrité ».

> ... la Province de Québec, depuis quelque temps, est devenue le troupeau égaré qui a perdu ses chefs de file. Jamais peut-être ne règne chez nous une telle confusion d'idées. Les vérités les plus claires y sont noyées sous des flots de mensonges et d'ignorance. La loyauté y est mal vue par une petite bourgeoisie pourrie de préjugés et incapable de comprendre ; la déloyauté y est récompensée par les places et les cachets, tandis qu'un nombre considérable de traîtres agissent en toute liberté, avec la certitude de l'impunité.

Triste bilan d'une société qui à ses yeux va à sa perte faute d'hommes véritablement sincères et désintéressés.

En 1938, le journal entreprend une campagne contre l'idée de colonisation, mesure entreprise pour parer au chômage et à l'engorgement des villes. Selon Jean-Charles Harvey, cette mesure n'a fait qu'engendrer la misère.

> L'homme est fait pour vivre en société. Il produit pour son voisin quand son voisin produit pour lui. Si vous l'obligez, par l'isolement, à se suffire à lui-même, à tout faire, sans l'aide de la société organisée, vous violentez sa nature, vous allez contre le voeu même du progrès, qui a marché dans ce sens depuis le commencement du monde. Vous ne tenez nullement compte des faits de nature et d'histoire. Vous allez contre Dieu même. C'est pourquoi, la seule colonisation rationnelle que pouvait faire la province de Québec était une colonisation de concitoyens et non d'ermites[30].

Toujours en 1938, il s'en prend à la politique de l'achat chez nous parce qu'elle constitue une politique d'isolement engendrée par l'esprit nationaliste.

> Chaque fois qu'un peuple ou un groupe humain ont tenté de s'isoler commercialement, ils en ont souffert dans toute leur vie économique. Dans la campagne de l'Achat chez nous, il ne s'agit pas de boycotter les produits d'importation, mais d'établir un commerce entièrement à l'avantage des Canadiens français. Ce

qui est pire. D'abord, c'est une impossibilité. Le commerce est trop étendu, trop basé sur les échanges les plus divers pour ne favoriser qu'un peuple. Le nationalisme commercial, ça n'existe pas ; c'est un mensonge énorme dans la bouche des ignorants ou des fourbes ou des démagogues[31].

c) *La politique fédérale*. Mais en matière de politique, le domaine privilégié du journal est, sans contredit, celui de la politique fédérale. Ceci tient à l'idéologie politique de Jean-Charles Harvey qui se dit Canadien avant tout. Fédéraliste convaincu, il cherche un moyen de restaurer l'unité nationale. Dans ce domaine, il se croit le porte-parole d'une majorité silencieuse, majorité de gens trop « peureux » pour s'avancer et donner leur opinion.

Au sujet de la politique canadienne, Jean-Charles Harvey écrit, en 1937, que le Canada est un pays trop gouverné, étant donné le nombre peu élevé de ses habitants (11 millions) et la vaste étendue de son territoire, le gouvernement du Canada et des provinces fournit une dépense d'énergie nettement démesurée. Cette situation pourrait être corrigée par un regroupement de certaines provinces.

> À mon avis, la structure administrative du Dominion pourrait être profondément modifiée, bien qu'il soit un peu tard. Pourquoi les trois provinces de la Prairie ne s'uniraient-elles pas sous un seul gouvernement ? Pourquoi les trois soeurs Maritimes ne partageraient-elles pas le même lit ? Je vous le demande. Et il est malheureux que l'Ontario et le Québec soient si profondément séparés par l'origine racique, la langue, la foi et certaines rancoeurs, car il y aurait à créer là un des blocs humains les plus intéressants de l'Amérique[32].

De plus, il faudrait, selon lui, répartir très nettement les pouvoirs entre le fédéral et les provinces.

En 1946, Émile-Charles Hamel fait siennes les constatations et recommandations du mémoire soumis à la Chambre de Montréal sur le fonctionnarisme fédéral :

1. La faible participation des Canadiens français est due à l'absence de diplômés d'universités.
2. Il préconise la décentralisation des traductions, suggérant la possibilité qu'il y ait des textes originaux français.
3. Il propose une hausse des niveaux de salaires des fonctionnaires pour atteindre le niveau moyen des salaires payés par l'entreprise privée. Il suggère aussi l'utilisation des méthodes de classification des emplois mises au point dans les grandes entreprises privées[33].

Émile-Charles Hamel d'ajouter : « La nation doit être aussi bien servie que les grandes entreprises[34]. »

En 1945, Simon L'Anglais reproche au gouvernement d'étouffer l'entreprise privée et, par là, d'instaurer un régime socialiste. Dans une vraie démocratie, l'État ne doit que stimuler ou relancer l'industrie et non la régenter.

> ... Nous sommes en voie de tous devenir des fonctionnaires d'un État qui refuse d'être socialiste, en principe, et qui l'est en fait. Cela, parce que maints fonctionnaires actuels sont jaloux, menteurs et pleins d'expédients... Vous faites des règlements, vous établissez des normes, pour servir vos fins de dictature et, par ailleurs, vous rivalisez avec l'individu, vous lui coupez l'herbe sous le pied, vous le régentez entièrement sans respect pour ses prérogatives, sans souci de la loyauté et surtout sans juridiction logique[35].

Tout comme au provincial, l'équipe du *Jour* adhère au parti libéral, mais elle adhère à ce dernier en autant qu'il représente l'esprit libéral tel qu'énoncé par Paul Martin lors d'une conférence en mai 1946.

> Parti modéré et progressiste, socialisant dans la mesure où l'exige la situation, appliquant les réformes sociales avec prudence et générosité en même temps, maintenant l'ordre sans aliéner la liberté individuelle, assurant la sécurité de l'État sans cesser d'être profondément pacifique, le parti libéral saura mieux que tout autre groupe politique assurer le bonheur de la masse des gens ordinaires, des Canadiens moyens. Cette masse, c'est le peuple[36].

Quant aux politiques concrètes, Jean-Charles Harvey possède des idées nettement définies sur l'immigration. En 1938, il affirme la nécessité pour un pays aussi peu peuplé et aussi étendu que le Canada de développer son service d'immigration.

> L'immigration est absolument nécessaire à un pays comme le nôtre, si ce pays veut prendre place parmi les grandes puissances avant l'an 2500. C'est avec du monde qu'on fait un pays. Il ne se fait rien sans travail, et c'est l'homme et non la terre, qui travaille. Plus il y a d'action, plus il y a de produits et plus il y a de prospérité[37].

Actuellement, selon lui, le pays dépend trop de l'étranger pour acheter ses produits étant donné la pauvreté de son marché domestique. Loin de créer le chômage, elle apporterait au pays des besoins de consommation. En 1946, Émile-Charles Hamel revient à la charge en présentant cette nécessité sous forme d'oeuvre humanitaire.

Nous avons l'obligation morale d'aider à restaurer un monde que la guerre a plongé dans le chaos, et nous pouvons aider à cette restauration en offrant asile à autant d'Européens affamés et sans foyer que nous pouvons en assimiler[38].

Selon lui, par cette politique, le Canada se rendrait aussi un fier service. Les circonstances de l'après-guerre, c'est-à-dire l'abondance de main-d'oeuvre désirant émigrer, permettraient d'établir un système d'immigration bien contrôlé qui procéderait à un choix minutieux des candidats.

Quant au problème de la conscription, *le Jour* s'affiche nettement en faveur de cette mesure. Selon lui, la guerre qui se fait en Europe est aussi « notre » guerre et les gens opposés à la conscription ne comprennent pas que le Canada est, lui aussi, menacé. L'année 1942 voit se multiplier les articles portant sur la conscription et la participation du Canada à la guerre. Une lutte violente s'engage contre les opposants à cette théorie. Celle-ci ne repose pas sur le fait que le pays se doit de soutenir la mère patrie, mais plutôt sur la crainte d'être envahi à son tour par l'Allemagne.

d) La politique internationale. Le Jour entrevoit la possibilité d'instaurer un fédéralisme universel à partir de l'union du Commonwealth et des États-Unis.

Pour reconstruire la société après la guerre, pour l'établir sur des bases stables, fions-nous tout d'abord à ceux qui ont donné jusqu'ici le plus de preuves de bonne volonté et de franchise : au Commonwealth des nations britanniques et aux États-Unis. L'union de ces nations formerait le noyau autour duquel progressivement se grouperaient tous les Etats désireux de liberté, de paix, de prospérité[39].

Au sortir de la guerre, le journal affirme plus que jamais la nécessité de s'allier encore plus étroitement au Commonwealth dans le but de propager l'idée de paix, de liberté et de prospérité.

Une seule ligne de conduite s'impose au monde britannique : une politique de coopération profitable à chacune des parties, une action d'ensemble pour la paix, le bien-être, la prospérité, la liberté, le maintien des institutions démocratiques qui ont fait la force des peuples de langue anglaise ; le progrès et le perfectionnement des échanges commerciaux. Ce sera la seule façon de garder, entre tous ces peuples, une alliance solide[40].

Canadien à part entière, Jean-Charles Harvey est aussi Américain, imbu de l'idéal démocratique et des notions de liberté et de libéralisme économique, il souhaite par-dessus tout établir une entente solide et durable avec son voisin du Sud.

> Le rêve du moment, le rêve de tous ceux qui pensent, qui aiment la vie et qui croient au bonheur légitime de l'homme c'est de garder indéfiniment unies et amies les deux nations du nord de l'Amérique qui auront pour mission de rallumer les peuples mourant de vieillesse. La jeunesse du monde, la jeunesse d'une civilisation de vivants, c'est nous, Nord-Américains, qui l'avons déjà et qui la garderons[41].

La fin de la guerre certifie Jean-Charles Harvey dans ses positions. Selon lui, le temps a confirmé son attitude contre le fascisme et le nazisme lui donnant raison à tout point de vue.

6. Le travail et l'économie

a) *Position.* Tout en s'adressant aux jeunes et aux bien-pensants, *le Jour* prétend aussi s'occuper des travailleurs et des ouvriers. Son mot d'ordre est « Justice et Charité ». Voici ce qu'en dit Jean-Charles Harvey dans la première édition de son journal :

> Ce journal entend défendre les droits du Travail. Sans faire appel à la lutte des classes, nous ne saurions perdre de vue que les faibles, plus que les forts, ont besoin de leur liberté de parole, d'association, de revendication, de grève, de négociation et de suffrage. C'est aux ouvriers que nous songeons quand nous voulons souvegarder la démocratie contre les entreprises dictatoriales ou tyranniques, qui avec l'apui des rapaces de la haute spéculation et du militarisme, bâilonnent et ligotent le peuple. Nous ne dresserons pas le Travail contre le Capital, mais nous ne cesserons de dénoncer les abus de l'un contre l'autre. Pour tous, nous demanderons un traitement et des conditions de vie conformes à la dignité de l'homme[42].

En 1938, il publie un extrait de la Chronique financière de Bruno Jeannotte sur l'économie nationale dont il accepte les conclusions et suggestions. En premier lieu, Bruno Jeannotte constate que

1. les Canadiens manquent d'esprit de synthèse et ce dans tous les domaines ;
2. qu'il constituent une population entretenue presque malgré elle par la richesse de ses ressources naturelles ;
3. qu'il existe un manque dans l'outillage de l'équipement économique du pays[43] ;

et il conclut que c'est un miracle que le Canada puisse assurer la subsistance de sa population compte tenu de cette déperdition. À cela Jean-Charles Harvey ajoute qu'il revient aux gouvernements de mettre en valeur le Canada. Il propose donc :

1. Une politique de retour à la terre.
2. Le perfectionnement de l'industrie manufacturière du produit ouvré et semi-ouvré, cette mesure devant avoir comme effet de réduire le chômage et d'augmenter le pouvoir de la population.
3. Que tous les pouvoirs publics, fédéral, provinciaux et municipaux ne devraient dépenser que lorsque leur dépense est non seulement utile mais productive.
4. La prévision : orientation professionnelle, conseil national économique[44], etc.

b) *Le libéralisme économique.* Toutefois, le principe de base de Jean-Charles Harvey en économique repose sur le libéralisme économique axé sur l'industrie privée et l'initiative individuelle.

Il a rendu à l'humanité des services incalculables durant les périodes de développement intense, quand les tâches qui s'offraient aux hommes étaient plus nombreuses que les hommes eux-mêmes[45].

Pour lui, une démocratie ne peut être viable sans l'application de la loi de l'effort et de l'initiative libre et individuelle. C'est elle qui fournit le dynamisme nécessaire à l'évolution et au progrès. Le libéralisme économique ne fait que respecter les lois de la nature, c'est-à-dire la loi du plus fort, et c'est seulement en pratiquant celle-ci que la société peut en arriver à sauvegarder la liberté individuelle et l'esprit d'initiative, seules conditions du dynamisme économique.

On peut faire des lois pour parer aux maux de la libre concurrence, mais tuer celle-ci serait paralyser le progrès, effacer de la vie son intérêt même... Aussi longtemps que les qualités et aptitudes des individus seront diverses et inégales, aussi longtemps qu'il y aura des forts et des faibles, des intelligents et des médiocres... le monde des vivants subira la dure et nécessaire loi de la concurrence, non seulement dans le domaine des arts, de la science, de la pensée, mais aussi à l'échelon inférieur de la lutte, celui de la matière. Cette loi n'a pas été faite par les hommes, mais par la nature[46].

Face à ce principe, le rôle de l'État consiste à administrer la justice, conserver l'ordre, assurer la sécurité du citoyen, organiser la défense. Il se prononce contre toute intervention de l'État dans les affaires privées, si ce n'est en temps de crise ou dans les domaines où l'intérêt et la sécurité de la collectivité l'exigent. Toute ingérence de l'État dans l'entreprise privée constitue, selon lui, une atteinte à la liberté individuelle. Son rôle se borne ni plus ni moins à préserver la justice sociale :

> Tout homme vraiment utile, celui qui travaille, qui est un atout social, qui gagne en un mot, a droit de son vivant, au fruit de ses efforts. Pour lui, le profit est légitime... jusqu'à une certaine limite. Et cette limite est l'intérêt public[47].

Fermement convaincu de la supériorité de la libre concurrence sur tout autre système, il l'associe étroitement aux notions de bien-être et de progrès. En 1941 par exemple, il publie un article dans lequel il traite du socialisme qui, selon lui, ne possède aucune aptitude à résoudre les disparités sociales, car « il a pour résultat de supprimer l'initiative individuelle, il tarit chez l'homme, la source de l'ambition et de l'intérêt[48] ».

Cet état de fait contribue, selon lui, à créer une sorte de totalitarisme, qui conduit à l'arrêt de l'évolution humaine.

> Je ne crois pas que l'homme soit fait pour s'arrêter dans une sorte de sécurité économique, où il n'aurait rien à faire qu'à jouer son rôle obéissant, sous une tutelle officielle. L'inquiétude humaine, le tourment éternel, le désir incessant, voilà l'homme... C'est notre destinée de marcher sans relâche vers la grande aventure. Cela ne va pas sans liberté, sans initiative[49].

À plusieurs reprises, il revient sur la nécessité pour un État démocratique de faire appel aux meilleurs cerveaux pour réglementer et diriger la production, le travail, la distribution et la rémunération. Il approfondit cette question en suggérant la création d'un *Conseil supérieur du travail* qui verrait à accomplir ces tâches ainsi que l'absorption graduelle des chômeurs dans l'entreprise publique et privée.

> Cet organisme rendrait d'énormes services au peuple, tout en laissant subsister l'élément essentiel, non seulement de la démocratie, mais du progrès humain (c'est-à-dire la libre concurrence)[50].

c) *Le syndicalisme*. À ce sujet, *le Jour* adopte une attitude assez ambiguë. Il lui est favorable, mais pour autant qu'il n'étouffe pas la liberté individuelle et la libre entreprise. Le 25 septembre 1937, le journal publie un article dans lequel il définit les principes à partir desquels devrait s'instaurer un véritable syndicalisme canadien. Celui-ci devrait être une union nationale ayant des ramifications puissantes dans toutes les provinces. Ceci mettrait fin aux rivalités entre les différents syndicats, permettrait une unité plus féconde, conséquemment une force de frappe beaucoup plus puissante. Toute la population ouvrière devrait

1. prendre conscience de sa solidarité ;
2. se former des cadres sur le modèle des syndicats les mieux organisés ;
3. se créer des fonds de chômage et de grève ;
4. obéir à une direction centrale ;
5. opposer un front commun aux abus de pouvoirs[51].

Cependant, à la parution du dernier numéro du *Jour*, Jean-Charles Harvey affiche certaines réticences à l'égard du même mouvement :

> Le principal reproche que l'on puisse faire à nos syndicats ouvriers, c'est d'imposer le salaire uniforme, c'est-à-dire, de récompenser l'imbécile et le paresseux au même titre que le génie et le travaillant. Cet esprit-là équivaut à l'étranglement de la personne. Le jour où il se généraliserait, il ne resterait plus aux élus qu'à disparaître. Et le monde retomberait dans la nuit[52].

La même année, Paul Riverin fait paraître un article dans lequel il reconnaît la nécessité de recourir à la grève, mais uniquement dans des circonstances très particulières. Car, dit-il, la grève n'est en fait que l'ennemi de la paix.

> Nous savons que la grève est nécessaire par moments. Les associations ouvrières, qui l'ont rendue possible, sont une protection pour le travailleur. Elles sont des rouages indispensables de la démocratie. Dans les États totalitaires, elles disparaissent ou deviennent les instruments du gouvernement. Mais les associations ouvrières ne conserveront le régime démocratique qu'en évitant les tactiques dictatoriales[53].

Le plus opposé à une telle mesure reste encore Jean-Charles Harvey qui réclame l'application d'une mesure plus pacifique pour régler les conflits, soit la négociation. Il n'accepte le principe de grève que dans les cas d'injustices flagrantes et pour autant qu'elle ne nuise pas aux capitalistes. Et s'il ne tolère pas l'ingérence de l'État dans les entreprises privées, il revendique le devoir, pour ce dernier, d'empêcher l'exercice de ce droit dans certains genres d'entreprises.

> La dictature des minorités, ce n'est pas la démocratie, c'est du fascisme ou du communisme. Le droit de grève est légitime en principe, mais il ne devrait s'exercer que lorsque tous les autres moyens ont échoué, ou lorsque tout compromis raisonnable a été écarté. J'ajouterai qu'il est du devoir de l'État d'em-

pêcher totalement l'exercice de ce droit en certains genres d'entreprises qui forment la structure économique de la nation et dont l'arrêt paralyse une multitude d'individus et de travailleurs[54].

d) Le corporatisme. Autre mouvement contre lequel Jean-Charles Harvey s'est opposé encore plus catégoriquement. En 1941, il publie environ une quinzaine d'articles dans lesquels il le dénonce systématiquement.

> Ce contre quoi nous nous insurgeons avec toute notre énergie, c'est le pouvoir juridique confié à la corporation, c'est la nature obligatoire de l'institution, qui ressemble à la régimentation fasciste et contrarie la liberté individuelle, c'est l'empiètement graduel du devoir corporatif sur le pouvoir démocratique, c'est l'égoïsme des catégories de travailleurs armés de la force de la loi et du nombre, c'est l'établissement de l'ordre par en bas, au moyen d'une multiplication et d'une complication telles de mesures légales, de règlements, d'entraves, d'une division si considérable de l'autorité, que l'homme serait, du berceau à la tombe plus sévèrement discipliné que dans une armée[55].

Il s'en prend surtout au fait que le corporatisme recrute ses apôtres dans le clergé et aussi au fait qu'il s'adresse aux Canadiens français catholiques exclusivement.

III. – LES ADVERSAIRES DU JOUR

Les attaques contre *le Jour* portent surtout sur son fondateur Jean-Charles Harvey, et elles existaient bien avant la création du journal. Comme il a été dit précédemment, elles sont nées à la suite de ses différents écrits parce qu'il remettait en cause la société québécoise, et surtout le clergé. Ainsi, dès 1937, il doit répondre à une accusation de communisme, accusation portée par un représentant de *l'Ère nouvelle*.

> Contre ceux qu'on ne peut réfuter ou combattre par des armes loyales, il est commode de lancer le canard du communisme. C'est l'épouvantail des temps modernes. Si on contre-carre les idées reçues dans les milieux consacrés, on est communiste ; si on ne pense pas comme le dernier bedeau venu, on est communiste ; si on défend parfois la cause du faible, on est communiste. Ce reproche, on le fera longtemps encore à tous ceux à qui on n'a rien à reprocher que leur courage, leur sincérité et leur franchise[56].

En 1938, le journal est pris à partie bien des fois, et par des particuliers, et par des associations, et les mêmes accusations reviennent constamment. On lui reproche sa gazette juive, on le traite d'anticlérical par « irréligion », d'irreligieux parce qu'il propose la fondation d'un lycée, etc. Ce à quoi Jean-Charles Harvey répond : « Il y a plusieurs manières d'être religieux. Chacun porte sa foi en son coeur. Les plus sincères ne le crient pas sur les toits[57]. »

Tout au long de son existence, *le Jour* lutte contre des remarques de ce genre. Ses adversaires se recrutent surtout chez les porte-parole et les membres du clergé et chez les nationalistes, ce qui s'explique assez bien, d'ailleurs, du fait que lui-même les attaque continuellement. Toutefois, il ressort aussi que la population, en général, lui est hostile, convaincue qu'il est l'étendard du communisme et de l'anticléricalisme.

Quant à Jean-Charles Harvey, il dira en 1946, lors de la fermeture de son journal :

> J'ai haï des actes, des paroles, des idées. Je n'ai jamais haï personne. Quand il m'a fallu porter des coups, c'est bien en face que j'ai frappé[58].

1. *Les journaux*

Au départ, l'apparition du *Jour* constitue une réaction contre le journalisme pratiqué à cette époque. Son fondateur reproche aux différents journaux de manquer d'objectivité, de masquer certains faits, de ne présenter qu'un aspect des événements et, ainsi, de porter atteinte à la notion de liberté. C'est contre ces tendances qu'il s'élèvera et qu'il luttera. Par conséquent, tous les journaux sont, dès le départ, pris à partie. Mais, plus spécifiquement, l'équipe du *Jour* dénoncera les journaux à tendance nationaliste. Pendant la guerre, tout quotidien ou hebdomadaire qui se prononce contre la conscription ou contre la participation du Canada à la guerre se voit attirer les foudres de ce dernier. Ainsi, au sujet de *la Nation* de Paul Bouchard, *le Jour* dira qu'il est un journal fasciste, antibritannique et nationaliste. Quant au *Devoir*, il se voit taxer des mêmes épithètes.

> Ce sera l'abondance d'une information française parfois douteuse, où se mêle aux faits divers une propagande vichyarde sujette à caution. Ce sera encore l'habitude de monter en épingle les revers des Alliés ou les succès de l'Axe. Ce sera l'affection de prendre pour pure propagande toute nouvelle défavorable à

l'ennemi..., ou ce sera une volonté plusieurs fois manifestée d'entretenir la population canadienne-française dans ce sentiment de fausse sécurité, qui a coûté si cher à tant de nations européennes[59].

La crainte du fascisme et de l'hitlérisme lui fait prendre en aversion tous les journaux et toutes les personnes qui se disent en faveur de ce courant, tel Adrien Arcand par exemple.

Il va sans dire que des rivalités existent entre les journaux à forte tendance religieuse et *le Jour*. Ces rivalités naissent surtout des premiers : le journal des Jésuites, *l'Action catholique*, etc. Ces derniers accusent Jean-Charles Harvey de communisme et d'anticléricalisme. Ces critiques il se les attire délibérément par la façon dont il rétorque, les taxant d'étroitesse d'esprit, d'ingérence dans des domaines extérieurs à leur juridiction, de crétinisme.

2. Les hommes politiques

Les hommes politiques sont, eux aussi, tous plus ou moins sujets à ses attaques. Sur la scène municipale, parlant de Philippe Hamel, il dira qu'il est un démagogue et un dictateur.

Cet excellent dentiste, improvisé politicien à une heure où, sous le coup d'une illusion appelée bovarisme et surestime de soi, il rêvait d'être dictateur et de fonder une Laurentie paraguayenne[60].

De Camillien Houde, il affirme que c'est un néant qui fait du bruit. Par contre, il est beaucoup plus nuancé quand il trace le portrait de Duplessis :

La médiocrité de sa culture, la paresse de sa pensée et la rudesse de son langage se compensent par une intelligence vive, quoique superficielle, par une grande rapidité de conception et de répartie, par un esprit cinglant et sarcastique, par une activité sans cesse en éveil et par une étonnante technique de manoeuvre. J'ajouterai qu'il a du coeur et qu'il est capable de générosité autant que de haine et de cruauté[61].

C'est surtout dans ces diatribes que ressort la verve et le talent littéraire de Jean-Charles Harvey. Ses adversaires ont à répondre à une plume acerbe et ironique. Son vocabulaire riche en couleur parvient très facilement à camper les personnages voulus et à les ridiculiser à l'occasion. Comme illustration, il suffit de lire ce qu'il dit de Claude-Henri Grignon :

> C'est un petit réactionnaire boursouflé qui, à force de hurler, de vomir et de vitupérer, voudrait nous forcer à croire qu'il ne pond que des chefs-d'oeuvre et nous imposer ses goûts pour une littérature anormale... C'est à coup sûr le plus lourdaud et le plus vide de tous nos journalistes. Dans toutes ses polémiques, je n'ai jamais été capable de trouver une théorie, un éclair de bon sens, une suite dans les idées, un respect réel des valeurs et de la simple vérité[62].

3. Les nationalistes

Toutefois, le principal adversaire du *Jour* celui contre qui Jean-Charles Harvey déferle toutes ses foudres reste l'abbé Groulx. Son nom revient dans presque tous les articles dénonçant le mouvement dont il est, aux yeux du *Jour,* le promoteur. En 1937, Harvey, à la suite de la publication de son livre *Directives*, se dit en accord avec ce dernier quant aux idées, à savoir : les tendances d'une éducation mal orientée, les fautes d'un certain capitalisme, l'état d'abjection de la population canadienne-française dans les villes. Cependant, il dénonce violemment les causes et les remèdes qui y sont proposés. Pour lui, « l'unité canadienne, voilà le vrai nationalisme[63] ».

En 1945, il se montre beaucoup moins conciliant. Il accuse l'abbé Groulx de crétiniser la jeunesse, d'être un théoricien de la désunion nationale prêchant la haine. À son avis, ce sont des gens comme lui qui livrent le Québec au mépris du monde entier et qui inspirent la honte de vivre dans la Laurentie.

Avec les idées qu'il défend et la violence avec laquelle il s'attaque à ses adversaires, il n'est point surprenant que *le Jour* ne possède que peu d'amis et de défenseurs ardents. En effet, rares sont les gens qui se sont élevés pour défendre les idées émises dans le journal. La faible diffusion de ce dernier peut expliquer, en partie du moins, sa fermeture en 1946, même si rien n'indique les causes de son extinction.

IV. – LA REPRÉSENTATION DE LA SOCIÉTÉ

1. La démocratie

Jean-Charles Harvey est un démocrate convaincu. Épris de liberté et de vérité, deux concepts que l'on retrouve constamment dans son journal, et fermement attaché au libéralisme économique, il estime que le meilleur système sera toujours le système démocratique.

> Est-ce qu'on a peur de nous dire, à nous démocrates, que notre manière de vivre est la plus belle qui soit au monde, la plus conforme à l'esprit chrétien, celle qui respecte le plus la dignité humaine et la liberté individuelle, celle qui assure le mieux à chacun sa part de bonheur, celle qui doit inspirer aux parents le plus de confiance pour l'avenir de leurs enfants[64].

Selon lui, la démocratie améliore le sort de tous par la répression des injustices, par une chance plus grande de bonheur. Ce thème n'apparaît qu'avec le début de la guerre, c'est-à-dire vers l'année 1941, à l'époque où triomphent le fascisme et le nazisme, mouvements que *le Jour* a toujours combattus. Avant cela, il parle surtout de liberté, que ce soit au point de vue individuel ou collectif. En 1946, il s'opposera aussi au communisme, pour les mêmes raisons, à savoir l'absolutisme de ses politiques et la répression de la liberté. Mais ce qui est étonnant, c'est que quelques années auparavant, soit vers 1941, Jean-Charles Harvey reprochait aux Canadiens français leur peur du communisme, peur qu'il disait venir du clergé et qu'il jugeait ridicule.

En 1942, Emile-Charles Hamel développe sa conception de la « vraie démocratie » selon les trois grand principes de la Révolution française : liberté, égalité, fraternité.

> La vraie *liberté démocratique,* ce ne doit pas être la liberté, pour un petit nombre de privilégiés, d'accumuler toute la fortune, tout le pouvoir, et de faire peser lourdement, sur la masse du peuple, un régime de contraintes hypocritement déguisées... La démocratie a conquis à l'homme, au XVIIIe siècle, l'ensemble de ses droits politiques ; mais ces droits sont aujourd'hui illusoires s'ils ne sont pas bientôt renforcés et complétés par les droits économiques équivalents. Et, par-dessus tout, le besoin est urgent de l'instruction publique et obligatoire, et du libre accès à ceux qui auront donné la preuve de leurs dons et de leurs aptitudes aux études secondaires et universitaires.

> La véritable *égalité démocratique* ne doit pas être une égalité à deux classes : égalité entre eux des puissants et des riches, dans le pouvoir, la fortune et la jouissance de leurs privilèges ; égalité de la masse dans la misère, l'ignorance et la pauvreté.

> Et la véritable *fraternité démocratique* ne doit pas, non plus, être celle à laquelle les puissants ne font appel que lorsqu'ils ont besoin des faibles[65].

De ces définitions, découle nécessairement une conception globale du rôle que doit jouer l'État dans un régime démocratique. Après une brève mise au point dans laquelle l'auteur insiste sur le fait que le Canada est un pays démocratique et où, par conséquent, la dictature et l'oligarchie n'existent pas, Simon L'Anglais affirme que l'État ne doit pas mettre la main sur tout ce qui le tente ou l'intéresse.

> La philosophie enseigne que, lorsque l'État n'est ni en faveur du socialisme tout court, ni en faveur du libéralisme économique, il adopte un moyen terme et c'est, au lieu de tout laisser faire, ou de tout faire lui-même, d'aider l'initiative privée, en la stimulant quand elle est languissante, en la complétant lorsqu'elle est insuffisante, en la remplaçant lorsqu'elle est impuissante, en l'encourageant lorsqu'elle est suffisante[66].

Ce passage rappelle une citation de Jean-Charles Harvey, déjà incluse dans un paragraphe précédent et dans laquelle ce dernier définissait l'État uniquement comme le protecteur des citoyens, veillant à la sécurité et à la répression des injustices.

Mais si, dans un régime démocratique, l'État ne doit intervenir dans l'industrie ni dans l'entreprise privées, Paul Riverin croit, par contre, qu'il doit s'immiscer dans le domaine de l'instruction et, plus particulièrement dans la province de Québec, parce qu'il est le seul à pouvoir instaurer la gratuité scolaire.

> Aussi longtemps que l'instruction publique, à tous les degrés, ne sera pas entre les mains de l'État, comme autorité suprême, la Province de Québec ne pourra se vanter de vivre sous un régime démocratique. Nous en sommes encore au système des classes. L'instruction, chez nous, qui prétend former une aristocratie de l'esprit, repose surtout sur les conditions de fortune. C'est une grave injustice[67].

Le principe d'égalité énoncé plus haut contient, toutefois, certaines ambiguïtés, car elle n'inclut pas tous les hommes et ne doit pas tous les inclure. Voici ce qu'en dit Jean-Charles Harvey dans son dernier article.

> Si les soi-disant scientifiques sociologues nous présentent un système contraire à la liberté, il arrivera fatalement que la sève de toute civilisation sera tarie. Il n'y aura plus de grands hommes par produit spontané : il n'y aura que les grands hommes nés dans les intrigues politiques, voire dans le meurtre. Là est le plus grave danger que court aujourd'hui la race humaine. La tendance à l'égalitarisme est une lèpre[68].

Celui-ci croit fermement dans la supériorité de quelques hommes, qui dominent par leur jugement et leur énergie et qui régentent les imbéciles. Vouloir les niveler équivaudrait à leur mort, à la fin de tout dynamisme, de toute évolution. Ainsi, donc, l'égalité doit exister en autant qu'elle permet à certains individus supérieurs de se faire valoir, de transcender les hommes ordinaires.

2. Le fédéralisme universel

Cette option démocratique, le Jour l'applique aussi dans le domaine de la politique mondiale. En effet, dès 1941, Jean-Charles Harvey prêche l'idée d'une « Fédération des Démocraties libres ». Cette fédération consisterait dans une

> coalition de ceux qui croient au libre arbitre, à la libre disposition de soi-même, au libre choix de sa manière de vivre et de gagner sa vie, à la participation de chaque citoyen aux affaires de l'État, contre ceux qui croient que le bonheur, le progrès, l'honneur et la satisfaction de la conscience sont compatibles avec un régime d'absolutisme, de régimentation universelle, d'obéissance rigide, de matérialisme stupide et de force bestiale[69].

Ce fédéralisme universel protégerait toutes les libertés nationales, en les prémunissant contre les divers nationalismes et, par conséquent, maintiendrait la paix à travers le monde. Non partisan d'une politique nationaliste pour le Québec, le Jour entend plutôt instaurer une sorte d'unité mondiale dans laquelle ne pourrait s'élever aucun mouvement nationaliste, cause, à son avis, de tant de discordes et de tant de guerres.

> De quelque façon qu'on s'y prenne, on doit après la guerre grouper autrement les peuples, si l'on veut une paix durable. Que l'on constitue une Société des Nations démocratiques, rendue efficace par une politique internationale, pour renplacer la banqueroutière Société des Nations, qui ne savait que lancer les foudres platoniques d'une éloquence gâteuse. Ou que l'on trouve une formule de confédération ou de commonwealth extrêmement souple, mais en même temps effective[70].

Toutefois, dans cette volonté de fédération réside surtout le désir d'une union entre le Canada et les États-Unis, fusion qui offrirait de multiples avantages tant économiques et militaires que politiques. Elle permettrait le développement d'un continent nord-américain riche et puissant qui s'opposerait aux autres continents, le protégeant contre toute agression de l'extérieur. Cette idée est née de la crainte du nationalisme, aussi de la peur de l'invasion des États-Unis et du Canada par l'Allemagne. Elle vient quelque peu en contradiction avec l'espoir d'un fédéralisme universel, car dans l'esprit de Jean-Charles Harvey, cette

coalition tendrait à développer une puissance qui se suffirait à elle-
même, et qui, par conséquent, provoquerait un déséquilibre dans les
relations entre les autres pays.

Enfin, Jean-Charles Harvey croit à l'organisation scientifique de la
société, mais non de l'homme. Pour lui, société et moralité vont de pair
et l'une ne peut exister sans l'autre.

> Les plus belles conquêtes de l'homme, les plus utiles aussi sont d'ordre moral.
> Épargner la sensibilité du voisin, ménager sa faculté de souffrir, seconder son
> besoin de joie et de bien-être, avoir horreur d'être injuste et même impoli...
> voilà, croyez-moi, des vertus qui sont le produit des siècles et qui valent infini-
> ment mieux, à elles seules, que toutes les merveilles du matérialisme soi-disant
> scientifique[71].

3. *L'évolution du journal*

Dans la première édition de son journal, Jean-Charles Harvey affirmait que ce dernier s'adresserait surtout aux jeunes et aux ouvriers. Il
semble, toutefois, que cet objectif n'ait pas été réalisé. À cette époque,
le journal ne pouvait atteindre qu'une certaine catégorie bien particulière de gens. Son contenu intellectuel et le choix de ses thèmes ne
correspondaient certes pas aux aspirations des travailleurs. Craintif à
l'égard du syndicalisme, il a surtout abondé dans le sens du patronat ;
convaincu d'ailleurs du bien-fondé du libéralisme économique et de la
loi du plus fort, il passe beaucoup plus de temps à défendre ce dernier
que la sécurité sociale, le bien-être, le salaire assuré, et autres. Quant à
sa préoccupation pour la jeunesse, elle s'est effacée petit à petit au
cours des années.

Cependant, *le Jour* est toujours resté un journal de combat. Il est
toujours demeuré fidèle aux idées qu'il préconisait dès 1937. Son
programme n'a pas changé au cours des années et il le défend avec le
même acharnement, que ce soit en 1937 ou en 1946.

> Unir plus étroitement les Canadiens d'origine, de langue et de foi différente,
> parce que, pour les fils d'une même mère, il y a plus de bonheur et de noblesse
> à s'aimer qu'à s'entre-dévorer ; réclamer une éducation plus haute, plus vivante,
> plus humaine et plus pratique, dans un petit monde où l'esprit médiéval sur-
> nage, comme une épave préhistorique, à la surface du siècle atomique ; réagir
> contre l'esprit de caste et de domination d'une secte régnant par la peur et la
> superstition ; proclamer la liberté de pensée, de conscience, de parole, d'associa-
> tion et d'assemblée dans un univers coincé entre l'absolutisme de certaines
> mystiques, le totalitarisme du fascisme et le matérialisme grossier du commu-
> nisme ; traquer partout la sottise humaine ; rendre le sens des proportions et du

ridicule à un petit peuple saturé, trois siècles durant, de faux sérieux et de saintes blagues ; montrer à de pauvres Canadiens isolés que des maîtres fumistes ont voulu réduire à l'état de Robinson Crusoé, qu'il existe quelque chose de lumineux en dehors des murs opaques de la Laurentie, telle est l'oeuvre à laquelle nous nous sommes consacrés sans relâche.

Le Jour n'a cessé d'être la petite étincelle, la seule, qui ait pu guider et réconforter la troupe minuscule des hommes raisonnables, sensibles et libérés[72].

* * *

L'étude du Jour est particulièrement intéressante parce qu'elle reflète la personnalité d'un homme éveillé aux lacunes de son temps. En effet, Jean-Charles Harvey a été un pionnier dans certains domaines, et plus particulièrement dans celui de l'éducation. Un des premiers à dénoncer la désuétude de notre système d'éducation, il a cherché à implanter l'idée de l'instruction obligatoire et gratuite pour tous. Il a aussi amorcé la critique sur l'abus de pouvoir exercé par le clergé dans la province de Québec. Dans une société préoccupée uniquement par les règles et les préceptes, il s'est plutôt attaché à l'esprit du catholicisme. Il a ainsi contribué à élargir certaines vues chez les Canadiens français en apportant des idées nouvelles et mieux adaptées à son époque.

Vivent les hommes formés aux idées générales, les hommes aux vastes horizons, qui savent embrasser l'ensemble du monde et qui, par conséquent, sont plus aptes que tous les autres à porter remède aux maux de notre espèce ! Je n'ai jamais aimé les systèmes ordonnés, classés, précis comme des rouleaux de pianos automatiques, par lesquels on assigne à chaque individu une place bien marquée et trace d'avance le programme complet de l'existence. La vie n'est pas faite comme ça ; elle est infiniment plus souple, plus capricieuse et plus intéressante que ces systèmes frappés de stérilité, parce que plats, ennuyeux et monotones[73].

Toutefois, le Jour n'est resté que le porte-parole d'un homme, en l'occurrence Jean-Charles Harvey. Cet homme fut un grand idéaliste peu soucieux de rejoindre la masse des gens. Ombre de ses principes, il se crut souvent un apôtre, d'où une certaine prétention dans l'énoncé de ses grands idéaux. Il s'est cru le porte-étendard d'une majorité silencieuse sans cependant chercher à s'en rapprocher afin de percevoir si ses idées correspondaient véritablement à celles de cette majorité.

Service des loisirs,   Pascale GUIMONT
Sainte-Foy.

1   *Le Jour*, 16 septembre 1937.
2   *Ibid.*, 1er septembre 1945.
3   *Ibid.*, 4 janvier 1945.
4   *Ibid.*, 16 septembre 1937.
5   *Ibid.*
6   *Ibid.*
7   *Ibid.*, 23 janvier 1938.
8   *Ibid.*, 16 septembre 1937.
9   *Ibid.*, 16 septembre 1945.
10 *Ibid.*, 1er septembre 1945.
11 *Ibid.*, 29 juin 1946.
12 *Ibid.*, 3 février 1945.
13 *Ibid.*, 16 octobre 1937.
14 *Ibid.*, 8 janvier 1938.
15 *Ibid.*, 15 mars 1941.
16 *Ibid.*, 1er novembre 1941.
17 *Ibid.*, 6 juin 1942.
18 *Ibid.*, 16 septembre 1937.
19 *Ibid.*
20 *Ibid.*, 9 octobre 1937.
21 *Ibid.*, 12 mai 1945.
22 *Ibid.*, 1er mars 1945.
23 *Ibid.*, 12 mai 1945.
24 *Ibid.*, 5 janvier 1946.
25 *Ibid.*, 25 septembre 1937.
26 *Ibid.*, 16 septembre 1937.
27 *Ibid.*
28 *Ibid.*, 6 juin 1942.
29 *Ibid.*, 12 mai 1945.
30 *Ibid.*, 8 janvier 1938.
31 *Ibid.*, 9 juillet 1938.
32 *Ibid.*, 23 octobre 1937.
33 *Ibid.*, 4 mai 1946
34 *Ibid.*
35 *Ibid.*, 6 octobre 1945.
36 *Ibid.*, 4 mai 1946.
37 *Ibid.*, 3 septembre 1938.
38 *Ibid.*, 1er juin 1946.
39 *Ibid.*, 3 janvier 1942.
40 *Ibid.*, 5 janvier 1946.
41 *Ibid.*, 2 avril 1938.
42 *Ibid.*, 16 septembre 1937.
43 *Ibid.*, 7 mai 1938.
44 *Ibid.*
45 *Ibid.*, 11 janvier 1941.
46 *Ibid.*, 1er février 1941.
47 *Ibid.*, 15 février 1941.
48 *Ibid.*, 4 janvier 1941.
49 *Ibid.*
50 *Ibid.*, 18 janvier 1941.
51 *Ibid.*, 25 septembre 1937.
52 *Ibid.*, 29 juin 1946.
53 *Ibid.*, 5 janvier 1946.
54 *Ibid.*, 1er juin 1946.
55 *Ibid.*, 22 mars 1941.
56 *Ibid.*, 2 octobre 1937.
57 *Ibid.*, 7 mai 1938.
58 *Ibid.*, 29 juin 1946.
59 *Ibid.*, 4 octobre 1941.
60 *Ibid.*, 27 novembre 1937.
61 *Ibid.*, 9 avril 1938.
62 *Ibid.*, 6 août 1938.
63 *Ibid.*, 11 décembre 1937.
64 *Ibid.*, 4 janvier 1941.
65 *Ibid.*, 1er mars 1941.
66 *Ibid.*, 6 octobre 1945.
67 *Ibid.*, 6 avril 1946.
68 *Ibid.*, 29 juin 1946.
69 *Ibid.*, 4 janvier 1941.
70 *Ibid.*, 3 janvier 1942.
71 *Ibid.*, 29 juin 1946.
72 *Ibid.*
73 *Ibid.*, 8 mars 1941.

« LE JOURNAL », 1929-1932

Les années 20 sont des années de vaches maigres pour les conservateurs au Québec, tant sur la scène provinciale que sur la scène fédérale. En 1921, à la suite de la crise de la conscription, la province envoie à Ottawa un solide bloc libéral de soixante-cinq députés et, avant la fin de la décennie, les rouges marquent leur trentième anniversaire au pouvoir dans la vieille capitale. Le succès des bleus n'est guère plus reluisant aux élections fédérales de 1925 et 1926 : ils font élire seulement quatre députés au Québec, tous dans des districts largement anglophones. Seuls les partisans les plus convaincus osent encore espérer que leur parti remontera la côte.

La grande presse de langue française est presque entièrement libérale (*la Presse, le Canada* et *le Soleil*) ou indépendante (*le Devoir* et *l'Action catholique*). À Québec, devant la tiédeur de l'allégeance conservatrice de *l'Événement,* les bleus n'ont pas d'organe pour défendre leurs intérêts. C'est dans cette conjoncture extrêmement pénible que naît, en décembre 1929, *le Journal.* Il se considère, avec ce qui doit paraître à l'époque un excès d'optimisme, « le signe, le plus frappant peut-être, de l'incontestable renouveau qui se manifeste dans le parti[1] ». Son but est d'« enrichir et fortifier » la cause des conservateurs du Québec ; le nouvel hebdomadaire vise, plus précisément, à favoriser le triomphe électoral des bleus dans le double domaine fédéral et provincial. Ce ne sera pas sans mal.

On nous dit, dès le deuxième numéro, que quelques-uns des « membres influents » du Parti conservateur ont lancé *le Journal* et, selon toute indication, l'industriel John Price se trouve parmi les principaux bailleurs de fonds. L'administrateur est Thomas Maher, ingénieur-forestier, aussi organisateur du Parti conservateur pour le district de Québec et candidat malheureux dans Charlevoix-Saguenay aux élections fédérales de 1930.

Le Journal retient les services de Louis Francoeur (1895-1941), journaliste déjà avantageusement connu, comme rédacteur en chef. Francoeur arrive du *Montreal Star* et avait travaillé précédemment à *la Patrie*. Non seulement journaliste mais politicien engagé, il sera le porte-étendard de son parti contre Taschereau lui-même dans le comté de Montmorency, lors des élections provinciales de 1931. Maurice Dupré, solliciteur-général du Canada dans le cabinet Bennett, et Onésime Gagnon, député fédéral de Dorchester, deviennent éventuellement propriétaires du *Journal*. Alors que *le Journal* appuie la candidature d'Onésime Gagnon lors de la convention de Sherbrooke en 1933, Francoeur travaille activement pour Maurice Duplessis, s'appliquant même à faire choisir des duplessistes comme délégués de toutes les régions de la province. Peu après, il quitte son poste et, en 1934, Camillien Houde l'engage à *l'Illustration*, son journal personnel. En 1935, Francoeur participe aux élections fédérales en tant que candidat stéveniste et nationaliste canadien-français dans Saint-Jacques, mais le libéral, Fernand Rinfret, ancien ministre et maire de Montréal, l'emporte facilement.

I. – LA POLITIQUE

Le Journal est, en premier lieu, un journal à caractère politique. Sa tâche consiste à défendre la cause de R. B. Bennett à Ottawa et celle de Camillien Houde et Maurice Duplessis à Québec. En 1929, la ligne de conduite du nouvel hebdomadaire est toute tracée : le Canada et le Québec se trouvent en mauvais état sur tous les plans, l'opposition rouge est au pouvoir dans les deux capitales et, pour les conservateurs, on ne peut que très facilement établir une relation de cause à effet entre ces deux prémisses. Mais, en juillet 1930, Bennett défait King aux élections générales, et *le Journal* doit donc rajuster son tir. Plus grave, le Canada continue à sombrer dans la dépression malgré la présence des conservateurs sur la scène fédérale et dans beaucoup de capitales provinciales. Nous le verrons plus loin, on essaiera alors de montrer que Bennett déploie un enthousiasme exceptionnel et qu'il se hâte d'adopter les mesures correctives nécessaires ; cependant, l'héritage du régime libéral se révèle un fardeau très lourd et, la crise étant d'envergure mondiale, la solution ultime ne dépend pas du gouvernement canadien. À la défaite du gouvernement Bennett en 1935, on dira qu'il a subi le sort réservé à tous les gouvernements de temps de crise. Mais *le Journal* est avant tout un journal du Québec, et Taschereau détenant le pouvoir pendant ces années, c'est à son gouvernement qu'il faut s'en prendre. Si la dépression sème la misère au Québec, nous dit-on, les libéraux provinciaux doivent en porter une large part de responsabilité. Durant la période dont nous avons traité, soit de 1929 à 1932, les libéraux contrôlent au moins un Parlement, sinon les deux, ce qui facilite les critiques des journalistes bleus.

Quels sont donc les péchés du gouvernement King et du Parti libéral au fédéral ? D'abord, on leur reproche d'avoir aggravé la crise du chômage par une politique d'immigration indiscrète pendant les années 20 et — pourquoi pas ? — entre 1896 et 1911. Lorsque les radicaux se mettent à faire du tapage, on prétend que la plupart d'entre eux, voire tous les communistes, sont des étrangers qui ont pu entrer au Canada grâce à cette imprudente politique fédérale. « Le gouvernement rouge d'Ottawa favorisant l'entrée des rouges de Moscou..., c'est bonne logique[2] », affirme l'éditorialiste. Les libéraux ont aussi ouvert les portes du pays aux juifs, groupe inassimilable qui ne cesse de nous tracasser.

La politique économique de King est aussi une cause de nos malheurs. Au dire de l'opposition, les libéraux n'accordent pas une protection tarifaire adéquate à nos industries et à nos denrées agricoles, et il en résulte que les nôtres chôment. On cite particulièrement les exemples du beurre de la Nouvelle-Zélande, des oeufs de l'Australie et des chaussures des États-Unis et de l'Angleterre. Malgré les nombreuses difficultés, King se refuse à l'action. Ou bien il adopte la « méthode de l'autruche », pour ne point voir les problèmes autour de lui, ou bien il se réfugie dans une partisanerie honteuse, par exemple lorsqu'il affirme qu'il ne donnera pas un « cinq sous » pour remédier au chômage dans les provinces conservatrices. C'est donc « l'opportuniste sans boussole et sans programme, sans principe et sans logique[3] ». On ne peut compter sur lui pour régler nos difficultés économiques.

Le gouvernement King se voit également impliqué dans des scandales. Le plus célèbre de l'époque est celui de la Beauharnois, et Ottawa refuse de faire une enquête sur le financement de la combine. *Le Journal* revient à maintes reprises sur cette question pour déplorer la conduite du cabinet.

Au cours de la campagne électorale fédérale de l'été 1930, *le Journal* soutient naturellement qu'il faut remplacer King par Bennett. Dans un cinglant réquisitoire, l'éditorialiste affirme : « M. King, c'est l'instabilité, l'incohérence, la tergiversation, la gravitation vers l'orbe américain ou le soleil britannique. C'est le départ des nôtres et le chômage, c'est la dépression des affaires, les petits salaires, la stagnation, la rareté de l'argent, le blé qui nous reste sur les bras[4] ». Bennett, par contre, inspire la confiance : il « parle et agit en homme d'affaires prudent et avisé, qui se guide à la lumière des principes et les adapte avec souplesse aux nécessités de l'heure et aux caprices des circonstances[5] ». Bennett, comme on le sait, écrase King, remportant cent trente-sept sièges comparativement à quatre-vingt-onze pour les libéraux. Fait encore plus frappant, les conservateurs disposent d'un contingent québécois de vingt-quatre députés.

Maintenant que Bennett tient les rênes du pouvoir, tout devrait s'améliorer. Pourtant la dépression s'aggrave, même si les journalistes déclarent que la situation est « incomparablement meilleure » chez nous que dans 90 pour cent des pays[6], que « le pire est passé[7] », qu'on a « quelque raison d'espérer la fin de la crise[8] », et que la crise « a perdu en acuité » bien qu'« elle n'en gagne pas moins en surface et en ampleur[9] ».

L'autre volet de la position du *Journal* est de souligner les multiples initiatives louables ainsi que le travail acharné de l'infatigable premier ministre. Entre autres, Bennett commence par freiner ia « criminelle immigration[10] » et convoque une conférence nationale sur le chômage. Mais ses mesures tarifaires sont d'un intérêt particulier pour *le Journal*. Le premier ministre mérite des applaudissements quand il prend position contre le « Wheat Pool » de l'Ouest et refuse d'établir des prix minima pour le blé canadien, promettant de faire de son mieux pour le vendre à l'étranger et de « resserrer le tarif autant que l'intérêt national l'exigera[11] ». En mars 1931, on apprend que Bennett a fait tomber le nombre des immigrants à 25 000 et qu'il a trouvé des emplois pour 350 000 chômeurs[12]. À la conférence impériale de Londres, fin 1930, Bennett se fait l'avocat d'une préférence tarifaire pour l'Empire : s'il ne triomphe pas, la faute en revient au gouvernement travailliste de Ramsay MacDonald. Le rétablissement espéré ne se fait pas sentir en 1932 parce que « nous payons les erreurs de King[13] ». Mais au milieu de l'année, les commentaires à l'endroit de Bennett et de ses réalisations sont tellement élogieux que le lecteur d'aujourd'hui peut se demander si la crise n'était pas en voie de disparition ! « Le Canada a su tenir tête à l'orage », clame l'éditorialiste. « Il a dompté les éléments subversifs qui avaient toutes les sympathies du gouvernement libéral-progressiste-travailliste. Il a redonné à la nation l'espoir et la volonté de triompher d'obstacles surgis avant lui. Aujourd'hui, il prend devant le

monde entier l'attitude exemplaire, en convoquant la première conférence économique internationale[14]. » Il s'agit, bien entendu, de la
conférence d'Ottawa. Notons cependant que des louanges touchent
surtout des intangibles : il n'y a rien sur le chômage, rien sur l'industrie,
rien sur le bien-être.

Une mesure de Bennett qui n'a sans doute pas plu au *Journal* a été
l'établissement d'une radio d'État. Lorsqu'on en avait parlé sous le
régime libéral, l'éditorialiste avait dénoncé « le dangereux principe de
l'étatisation de toute chose[15] » et *le Journal* avait organisé une
campagne contre le projet. Mais quand c'est Bennett, le premier ministre tory lui-même, qui le met sur pied, il n'y a pas un mot de critique à
son endroit.

La politique provinciale occupe une place plus importante que la
politique fédérale. Dans chaque numéro de l'hebdomadaire, on discourt
sur les méfaits du régime Taschereau. Il y a deux principales accusations : d'abord, la corruption puis, en second lieu, l'aliénation du
patrimoine national et « l'exploitation incohérente et pernicieuse de
nos ressources naturelles[16] » : ces deux thèmes reviendront de façon
constante. On espère d'ailleurs que la défaite des libéraux fédéraux aura
des répercussions sur la politique provinciale et on affecte un optimisme
croissant quant aux chances des bleus québécois. Taschereau — « Alexandre-le-Petit, empereur[17] » — aura sûrement des surpri-
ses. Des élections complémentaires en novembre 1930, au cours
desquelles sont élus deux conservateurs, dont Paul Sauvé, fils d'Arthur,
augmentent les espoirs : le peuple québécois semble déterminé à
« chasser du temple ces pharisiens de la politique libérale[18] ». À la fin
de sa première année de publication, *le Journal* sollicite un « petit
cadeau » de la part de Taschereau : non du patronage, ni des contrats
d'impression, mais tout simplement des élections générales au plus
tôt !

Les conservateurs provinciaux de Camillien Houde présentent un
programme axé sur le nationalisme et les mesures sociales. « Soyons
enfin les maîtres chez nous » et « Houde c'est le peuple, Taschereau
c'est l'argent[19] » sont leurs éternels refrains. Mais la « revanche du bon
sens[20] », tant attendue, ne se réalise pas. Houde et ses troupes sont
littéralement balayées par la marée rouge. L'amertume et la déception
du *Journal* ne connaissent pas de bornes. Il accuse le gouvernement
d'avoir tripatouillé les listes électorales, de s'être livré à des violences et
à des intimidations de toutes sortes, de s'être abondamment servi des

boissons alcooliques, bref d'avoir volé l'élection. Sa colère déborde quand, peu après, le gouvernement Taschereau fait adopter la fameuse loi Dillon, le « bill des lâches », qui rend très difficiles les constestations d'élections. Les journalistes y voient « la destruction du droit du faible, le triomphe de la brutalité servie par la force et l'argent[21] ». Pourtant ils ne démissionnent pas, leurs critiques reprennent de plus belle, ce n'est que partie remise. Lorsque Houde réintègre la vie privée après sa défaite aux élections municipales de Montréal en avril 1932, *le Journal* le félicite chaleureusement de ses réalisations qu'on espère loin d'être terminées.

II. – LA NATION

Le Journal est nationaliste canadien et canadien-français. A première vue, on explique mal ses sympathies pour Bennett que les historiens considèrent comme impérialiste et plutôt hostile aux revendications des francophones. Peut-être les historiens sont-ils trop catégoriques dans leurs jugements. Ou serait-ce que le parti pris des journalistes les aveuglait devant le leader tory ?

« King règne, l'oncle Sam gouverne[22]. » C'est ainsi que *le Journal* résume sa conviction suivant laquelle la politique tarifaire de King facilite l'emprise des Américains sur l'économie canadienne. Que recommande *le Journal* afin de garantir notre émancipation ? Des tarifs plus élevés pour obliger les Américains à venir s'installer au Canada s'ils veulent faire des affaires ici. Il est peut-être difficile pour l'observateur d'aujourd'hui de penser qu'une politique tarifaire encourageant les Américains à établir des succursales au Canada soit une mesure nationaliste, mais c'est ainsi que *le Journal* voyait la question. Passons !

Quant aux relations impériales, on trouve King trop dévoué aux intérêts britanniques. Sur le plan commercial, il fait des concessions dangereuses. Sur le plan politique, nous ne sommes toujours pas « une nation indépendante. L'égalité de statut est une niaiserie sonore. Nous sommes un dominion britannique, égal à la Mère-Patrie en certaines choses, subordonné en d'autres[23]. » Bennett, par contre, met « le Canada d'abord » et voudrait que notre pays joue un rôle de premier plan dans l'Empire britannique[24].

Le Journal fait montre également d'un vif nationalisme canadien-français. Louis Francoeur est personnellement un grand ami et admirateur d'Armand Lavergne. Les éditorialistes partagent l'avis que, sous King, le Québec est nettement défavorisé. Alors que la plus grande députation libérale vient du Québec, ce sont les Ontariens et même les députés de l'Ouest qui occupent les places de choix dans le cabinet fédéral. Le « bloc québécois » à Ottawa se contente de jouer un rôle d'étampe de caoutchouc et n'a aucun prestige. Le Canada français compte pour peu dans la fonction publique. Enfin, certains incidents donnent le ton aux revendications. Quand un dirigeable arriva à la base de Saint-Hubert, ce n'est qu'à la dernière minute, face aux nombreuses plaintes des Canadiens français, que le gouvernement consentit à engager un journaliste francophone pour rapporter l'événement à la radio. Le Journal commente acidement l'affaire : « Rien n'a mieux illustré que cet incident l'influence exacte que nous avons à Ottawa. Nous sommes quantité négligeable[25]. »

Bennett accède au pouvoir. Le Québec a maintenant cinq ministres, dont trois Canadiens français — Arthur Sauvé, Alfred Duranleau et Maurice Dupré — autant qu'il n'en avait jamais eu sous King malgré la présence de soixante et un libéraux québécois à Ottawa. « C'est dire que notre province reçoit un traitement de choix du Parti conservateur[26] », affirme l'hebdomadaire de Québec. Plus tard, on souligne avec fierté la nomination de deux Canadiens français à l'exécutif des Chemins de fer nationaux, on soutient que le français est utilisé beaucoup plus en Chambre, et on déclare que R. B. Bennett respecte le principe du bilinguisme officiel dans le domaine parlementaire plus que jamais auparavant. Par ailleurs, à maintes reprises, le Journal rapporte l'existence de quelques postes vacants dans la fonction publique et demande qu'on n'oublie pas les nôtres : on peut imaginer le dénouement, car on ne revient pas sur le sujet !

Le nationalisme économique du Journal se manifeste à travers son hostilité aux trusts au Québec. Il participe vigoureusement à la campagne contre le trust de l'électricité dans la province, plus précisément contre la Quebec Power, et il stigmatise Taschereau quand celui-ci refuse d'accorder à la ville de Québec le droit de municipalisation[27]. Le nationalisme est donc un thème important dans les pages de l'hebdomadaire conservateur pendant les années 1929-1932, quoique les réalisations semblent loin d'être spectaculaires.

III. – D'AUTRES THÈMES

D'abord d'ordre politique, *le Journal* aborde, par ce biais, beaucoup d'autres sphères d'intérêt. C'est ainsi qu'on revendique pour la famille certaines législations sociales comme les allocations familiales (« recommandées par l'Église et par tous les sociologues[28] »), un régime de pensions à la vieillesse indigente, et une amélioration de la loi sur les accidents du travail ; la loi existante pénalisait l'ouvrier qui était père de nombreux enfants, car l'employeur s'en tirait pour moins cher s'il engageait un jeune homme sans famille ou un célibataire. Quant à l'éducation, *le Journal* désire conserver le système actuel tout en souhaitant son amélioration au moyen d'octrois plus généreux aux institutions, etc. Il mène une vigoureuse campagne contre les écoles juives que le gouvernement Taschereau semble vouloir établir et insiste pour que l'enseignement public reste absolument sous le contrôle des chrétiens. Des écoles juives ouvriraient sûrement la porte à l'établissement d'écoles pour d'autres minorités et le résultat serait alors inéluctable : « Qui ne voit la préparation sournoise des esprits à l'acceptation de l'école neutre, comme un moindre mal, comme la seule échappatoire rationnelle au tohubohu qui se prépare[29] ? » Sur le plan de la religion, *le Journal* court à la défense du cardinal Rouleau, lorsque Taschereau critique l'opinion de l'archevêque sur les écoles juives. Plus, il prend à partie le premier ministre, qui qualifie son gouvernement de « seul gouvernement catholique de l'Amérique », sur la question du respect du dimanche, et il dénonce la loi du cinéma qui défend aux enfants d'entrer au théâtre mais permet d'afficher à la porte « des crudités plus osées que celles que la censure autorise sur l'écran[30] ». Quant au divorce, *le Journal* épouse la position de l'Église lorsqu'on discute à Ottawa de nouveaux projets de bill.

IV. – LES ADVERSAIRES

Le Journal est un organe de combat « carrément bleu » et ses principaux adversaires sont, bien entendu, les libéraux, le « bloc québécois » à Ottawa sous King et la clique de « maîtres-ès-perfidies » à Québec sous Taschereau. Nous avons déjà signalé les multiples méfaits des deux partis. Les journaux libéraux sont aussi les ennemis du Journal ; celui-ci est continuellement aux prises avec *le Soleil* ainsi qu'avec *la Presse* et *le Canada*, parfois même avec *la Patrie* et *l'Événement*. L'unique journal qui trouve grâce à ses yeux est *l'Action catholique*.

En dehors des cadres des partis politiques, trois groupes apparentés constituent une cible constante de l'hebdomadaire bleu : les immigrants, les juifs et les communistes. C'est bien sûr la faute de la politique libérale d'immigration si nous avons des juifs et des communistes au Canada. Quand Bennett restreint l'immigration peu après son avènement au pouvoir, *le Journal* manifeste on ne peut plus clairement son approbation : « Finie l'invasion à pleins bateaux des mendiants d'Ukraine, des petits juifs de Galicie, des Centraux miséreux. Le Canada cesse, enfin, d'être le dépotoir des nations surpeuplées de l'Europe centrale et méridionale[31]. » Les manifestations bruyantes pendant la dépression sont, d'après *le Journal*, largement le fait d'immigrants, et « nous payons pour l'erreur du passé[32] », quand Laurier amenait ces étrangers sur nos rives.

Les juifs sont encore moins prisés que les immigrants en général. D'abord, ce ne sont pas des chrétiens. « Le juif est partout l'ennemi de Jésus-Christ, de son Eglise et du nom chrétien[33] », souligne-t-on. Partout où il passe, il cherche à dominer et à « faire plier autrui vers lui[34] ». Les journalistes opposent une vigoureuse résistance à leurs prétendues ambitions sur le plan scolaire. Ils craignent également que Peter Bercovitch ne soit commé ministre dans le cabinet Taschereau ; quel soulagement lorsque la chose ne se produit pas ! C'est quand même un avertissement qu'il convient de ne pas oublier. Après tout, la politique demeure une des seules sphères que le juif ne contrôle pas et « il est de sage précaution, l'expérience le prouve, de l'en tenir éloigné le plus longtemps possible[35] ».

La menace communiste se dessine au Québec au début des années 30 et *le Journal* se hâte d'en prévenir ses lecteurs. Il félicite Bennett de tenir tête aux communistes et condamne les libéraux fédéraux qui appuient J. S. Woodsworth, député travailliste et fondateur en 1932 de la C. C. F., lorsque celui-ci demande le rappel de l'article 98 du Code criminel, utilisé pour arrêter et condamner plusieurs chefs communistes. Mais dans ses attaques contre les communistes, les préoccupations politiques partisanes se manifestent toujours. Si les communistes semblent connaître des succès au Québec, c'est que le régime Taschereau refuse de faire les réformes qui enrayeraient leur expansion. « Le gouvernement de M. Taschereau ne légitime pas l'éclosion du bolchevisme, mais il l'explique – hélas ! [36] » prétend un des éditorialistes. Et lorsque les puissances d'argent agitent l'épouvantail du communisme, c'est en vue de protéger leurs propres intérêts contre tout projet de réforme. Il faut donc un gouvernement qui sera « libre des puissances d'argent[37] ». Si Taschereau subsiste au pouvoir, nous risquons une révolte d'en bas. Mais « changeons le corps complet des officiers, remplaçons-le par une nouvelle phalange, et il ne sera plus question de mutinerie dans l'équipage[38] ».

* * *

Le Journal est donc un journal de combat politique et ce sont des considérations politiques qui semblent dicter ses prises de position sur toutes les questions de l'heure. Il cherche à combler un vide à Québec et au Québec, et il réussit à maintenir un tirage se chiffrant par 20 000 exemplaires environ. La Crise n'est cependant pas un moment propice pour lancer une publication et *le Journal* doit renoncer à son ambition de devenir rapidement quotidien[39]. Quelle est l'influence politique de ce journal ? Certes, il est difficile de la mesurer, mais son succès n'est sûrement pas plus grand que celui de la cause qu'il défend. Modestement, il croit avoir quelque peu préparé le terrain pour Bennett en 1930, mais le succès de Bennett ne s'explique-t-il pas davantage par la conjoncture de l'époque que par les appels partisans de cet hebdomadaire ? Accepter cette thèse nous permet d'être plus tendre à l'endroit du *Journal* quand il s'agit de rendre compte de la débandade des conservateurs provinciaux en 1931 !

Département d'histoire,   Richard JONES
Université Laval.

1   14 décembre 1929.
2   « La politique 1 », 1er mars 1930.
3   *Ibid.,* 24 mai 1930.
4   « La politique », 14 juin 1930.
5   « M. Bennett », 24 mai 1930.
6   « C'est une crise mondiale », 6 décembre 1930.
7   « Le pire est passé », 14 mars 1931.
8   19 décembre 1931.
9   « La vie moins chère », 11 novembre 1932.
10   « La politique », 30 août 1930.
11   « Le discours du Regina », 3 janvier 1931.
12   14 mars 1931.
13   23 avril 1932.
14   « Il y a deux ans », 29 juillet 1932.

15 « La politique », 8 février 1930.

16 *Ibid.*, 18 janvier 1930.

17 « Alexandre-le-Petit », 9 août 1930.

18 « La politique », 9 novembre 1930.

19 15 août 1931.

20 « L'écrasement », 15 août 1931.

21 5 décembre 1931.

22 18 janvier 1930.

23 « La politique », 7 juin 1930.

24 *Ibid.*, 27 septembre 1930.

25 24 mai 1930.

26 9 août 1930.

27 1er janvier 1932.

28 « La politique », 4 janvier 1930.

29 *Ibid.*, 22 mars 1930.

30 « La censure du cinéma », 24 janvier 1931.

31 « Finis, les immigrants », 16 août 1930.

32 « Problèmes », 20 mai 1932.

33 « Les juifs et notre système scolaire », 29 novembre 1930.

34 « La fin ? » 4 avril 1931.

35 « Un déconfit », 31 octobre 1931.

36 « Bolchevisme », 31 janvier 1931.

37 « Alerte ! » 2 mai 1931.

38 « Irrespect », 16 mai 1931.

39 Il faut attendre 1936. En 1938, il est acheté par le propriétaire du *Soleil* qui le fusionne à *l'Événement* pour en faire *l'Événement-Journal*.

« L'ORDRE », 1934-1935

I. – FACTURE ET ORIENTATION

Le premier numéro du quotidien montréalais *l'Ordre* paraît le 10 mars 1934 ; le dernier date du 11 mai 1935, soit quatorze mois de parution au total. Olivar Asselin, « de nouveau séduit par une entreprise de jeunesse[1] », en est le fondateur. Il s'entoure d'une équipe de rédaction composée de jeunes gens « plus mûrs et plus instruits que leur âge, n'ayant jamais appartenu aux partis politiques, d'esprit foncièrement national[2] ».

André Bowman, français de naissance, est un spécialiste des questions internationales. Georges Langlois, Jean-Marie Nadeau, Lucien Parizeau et Dollard Dansereau ont étudié le droit. Pierre Boucher est expert en philologie, diplômé de la Sorbonne[3]. De nombreux collaborateurs occasionnels viennent appuyer ce personnel régulier assez restreint[4].

La fondation de *l'Ordre* fait suite au départ d'Asselin, Bowman, Parizeau et Langlois du journal *Canada*, organe libéral dont Asselin a été pendant trois années et demie le directeur. Feuille de quatre pages, *l'Ordre* est imprimé à La Patrie où sont également aménagés ses bureaux. Deux semaines après la parution initiale du journal, et malgré un prix assez élevé (cinq cents le numéro), la direction rapporte que *l'Ordre* compte près d'un millier d'abonnés tandis qu'environ 6 500 lecteurs achètent le journal par numéro[5]. On ne fera plus allusion au tirage du journal par la suite, si ce n'est en juillet 1934 alors qu'Asselin précise que *l'Ordre* « traverse allégrement la période maigre qu'est pour lui le temps des vacances[6] ».

Jean-Charles Harvey a dit de *l'Ordre* qu'il était « sans nouvelles à sensation, presque sans annonces, sans papier d'emballage, sans portrait de Mae West, de Marlene Dietrich ou de Bruno Hauptmann[7]. » Cette affir-

mation en décrit bien la facture : les messages publicitaires sont clair-
semés et les illustrations rares ; les articles se succèdent presque sans
interruption, coiffés de titres peu tapageurs. On aborde des thèmes
d'une grande diversité qu'on retrouve disséminés un peu partout à
travers le journal : si les commentaires de la situation internationale
sont souvent groupés à la troisième page où l'on reproduit abondamment des articles de fond tirés de journaux européens de langue
française tels que *le Temps, le Précurseur, le Journal de Genève, le
Figaro, la Nation belge,* etc., on voit souvent ces articles éparpillés çà et
là dans les autres pages. Seule la quatrième page réserve systématiquement ses colonnes à un thème privilégié ; la culture, au sens strict du
terme, poèmes et nouvelles se succèdent, accompagnés de critiques
cinématographiques, musicales, théâtrales et littéraires.

Le trait le plus original de *l'Ordre* résulte cependant de ce qu'il
n'accorde aucune attention aux dépêches et nouvelles, à l'instar de
certains hebdomadaires actuels. Les articles constituent une série
d'éditoriaux, de commentaires sur l'actualité et sur la situation économique, politique, sociale et culturelle de façon plus générale. Le 23
mars 1934 un court message publicitaire en dit long à ce sujet : « Le
journal à 2 sous vous renseignera sur les événements, *l'Ordre* vous
apprendra à les apprécier. »

La poursuite de cet idéal élevé fait de *l'Ordre* un journal à idées,
d'une facture sobre, aux préoccupations hautement culturelles, ne s'a-
dressant qu'à une clientèle restreinte. Georges Langlois ne laisse aucun
doute à ce sujet :

> Dans sa formule actuelle, nous l'admettons, *l'Ordre* ne saurait atteindre directe-
> ment les masses ouvrières, du moins toutes les masses. Mais il est à la portée de
> tous ceux qui, de près ou de loin, peuvent exercer une certaine influence sur les
> mouvements de cette masse qui ne saurait se diriger elle-même[8].

Rejetant toute allégeance partisane sur le plan politique, *l'Ordre* s'engage à combattre toutes les causes de désordre qui nuisent à la bonne
marche de la vie publique ; un sous-titre du journal l'annonce
bien : « Un ordre imparfait vaut mieux que le désordre. » L'équipe de
rédaction combattra les idées par les idées, et surtout... « certaines bali-
vernes dont le monde est en train de périr[9] ».

II. – ANALYSE THÉMATIQUE

A. Thèmes divers

1. *La culture*

Pierre Boucher et Georges Langlois se partagent une besogne considérable, soit la critique des manifestations de l'art sous toutes ses formes : cinéma, théâtre, musique, littérature, poésie, etc. Quelques collaborateurs occasionnels épaulent les deux rédacteurs. Le niveau est relevé. Des intitulés comme « le concept de droit selon Aristote et saint-Thomas » ou « la querelle de la scène et de l'écran » ne représentent rien d'exceptionnel[10]. La publication de poèmes et nouvelles rédigés par des auteurs québécois rencontre également la faveur de la direction du journal.

L'importance quantitative[11] d'articles de ce genre correspond à un des objectifs les plus explicites de *l'Ordre* : constituer un brevet de culture française et revaloriser les arts auprès d'une population qui ne s'en préoccupe guère. Aussi le mot *éducation* revient-il souvent, tel un leitmotiv. Georges Langlois écrit :

> A mon sens, en dispensant leurs largesses à l'art, les pouvoirs publics – municipalités ou province – doivent tendre à rendre possible la vie de l'art et des artistes en créant l'ambiance nécessaire, c'est-à-dire en contribuant à l'éducation artistique du public et à l'éducation du goût[12].

Une fois cette ambiance créée, les manifestations culturelles connaîtront une expansion spectaculaire. Mais la situation présente n'incite guère à l'optimisme. Aussi Georges Langlois défend la conduite de Léo-Pol Morin, musicien québécois qui pratique son art en France « parce qu'il n'est pas prophète en son pays[13] ». Lucien Parizeau, après avoir décrit le manque d'éducation d'un public qui rit aux mauvais moments pendant la projection d'un excellent film, conclut en écrivant : « Pauvres, pauvres types ! Et des hommes de ce niveau se comptent chez nous par milliers[14]. »

2. *L'éducation*

L'Ordre clame son mécontentement à l'égard du système d'éducation de la province de Québec ; il déplore l'inertie et le marasme qui affectent ce système à tous les niveaux. Ces reproches, comme nous le verrons plus loin, ont donné lieu à plusieurs conflits.

Au niveau primaire, la formation défectueuse des maîtres constitue une catastrophe selon Lucien Parizeau :

> A cet avilissement de l'enseignement primaire, il y a plusieurs raisons, dont la principale est qu'on n'y exige des instituteurs aucun certificat de compétence, sauf un diplôme pour la frime, récompense d'un effort de mémoire aux examens du brevet[15].

Dollard Dansereau partage cet avis mais prétend que la situation est surtout alarmante dans les écoles rurales ; les salaires dérisoires que reçoivent les institutrices ne peuvent attirer et retenir dans l'enseignement des hommes souvent plus instruits[16]. Parizeau, qui ne peut se résigner à accepter une tutelle gouvernementale pour l'enseignement primaire, répète à plusieurs reprises que la solution idéale serait la formation d'un comité catholique d'hommes renseignés sur les besoins de l'école primaire[17].

Les critiques les plus fréquentes et les plus acerbes s'adressent cependant aux niveaux secondaire et collégial. Les collèges classiques et séminaires répandent un enseignement trop traditionnel et dogmatique ; Parizeau affirme : « Au diable donc Tacite et Virgile si, par la faute de maîtres mal avisés, ils doivent fermer de jeunes esprits à la création personnelle[18]. » Mais aucun rédacteur de *l'Ordre* ne s'en prend directement à la matière enseignée ; c'est encore Parizeau qui écrit : « Le mal, ce ne peuvent être les humanités gréco-latines, ferments de culture et de civilisation ; c'est la manière dont on les enseigne[19]. »

Cette jeunesse résignée et insuffisamment aguerrie mériterait un meilleur sort ; à plusieurs reprises, différents rédacteurs de *l'Ordre*, Olivar Asselin en tête, réclament la formation d'un conseil supérieur de l'enseignement secondaire[20]. Mais, à l'instar du niveau primaire, la formation pédagogique des maîtres demeure le plus pressant des problèmes. Selon Asselin, la suppression d'une dizaine de collèges classiques doublés de petits séminaires diocésains permettrait de « rehausser le niveau du personnel enseignant dans les collèges restants, tout en appliquant un frein à l'encombrement des professions libérales[21] ».

Cette idée d'encombrement résume assez bien la position des rédacteurs de *l'Ordre* en ce qui concerne l'enseignement supérieur ; l'orientation des bacheliers présente un problème sérieux. Dansereau propose une solution :

L'encombrement des carrières supérieures indique la nécessité d'une nouvelle distribution des charges et des emplois. Il faut alors hausser le niveau intellectuel de toutes les carrières : non plus seulement des professions libérales mais encore des carrières industrielles et commerciales[22], etc.

Si l'art du recul savant, fréquemment dénoncé chez les étudiants des collèges classiques, a fortement contribué à la formation de « commis aux écritures[23], la situation doit changer, selon Parizeau :

Or le plan d'étude que je propose ne dresse point l'humanisme contre la science, mais il tend à les discerner l'un de l'autre, en sorte que l'esprit de finesse ne se confonde plus, comme il arrive aujourd'hui, avec l'esprit de géométrie[24].

3. La religion

L'Ordre est un journal foncièrement catholique. Cependant, la religion ne constitue pas une de ses préoccupations essentielles tandis que ses plus dangereux adversaires proviennent de milieux catholiques auxquels il s'attaque régulièrement. Ainsi l'Ordre critique, nous l'avons vu, les collègues classiques et indirectement le clergé. Langlois précise bien le véritable objet de ces dénonciations :

Ce n'est pas au clergé que je m'attaque mais à l'enseignement médiocre que ce clergé nous dispense avec un personnel qui n'a pas reçu une préparation suffisante pour cette tâche[25].

L'Ordre s'en prend également aux associations catholiques qui prennent position sur les plans politique, économique et autres secteurs de la vie publique (l'U. C. C. par exemple). Tout en acceptant que l'Eglise épaule occasionnellement l'Etat, on affirme que c'est le droit le plus strict de la presse libre de demander qu'on les distingue[26], puisqu'au sein de cette même Eglise existent « des fauteurs de troubles qui terrorisent les consciences en les faussant[27] ».

Les critiques de l'Ordre suscitent de nombreux débats ; les adversaires se font plus nombreux et vont même jusqu'à taxer le journal d'anticléricalisme. Nous reparlerons plus loin de ces adversaires. Asselin, qui souvent insiste sur la nécessité d'une morale catholique ne se limitant pas à la seule pratique formelle, profite parfois de l'occasion pour refaire sa profession de foi : « ... l'esprit qu'il faut prêcher aux peuples, c'est l'esprit catholique[28] ».

4. La nation

L'ordre professe un nationalisme qui se veut éclairé. On utilise peu le concept de *nation* ; mais sous le couvert d'autres thèmes plusieurs recoupements permettent de dégager une approche idéologique très nette.

Les rédacteurs du journal s'attachent d'abord et avant tout à déceler les menaces qui guettent la culture francophone. On se préoccupe de la qualité de la langue. Selon Asselin, il faut d'abord apprendre correctement le français, et ne pas craindre d'en faire respecter l'usage par les anglophones[29]. La dénonciation fréquente des barbarismes dont la presse et la radio imprègnent le Canada français dans son entier[30], classes dirigeantes non exceptées[31].va de pair avec l'excellent français dans lequel est écrit *l'Ordre*. En plus d'une constante vigilance, une seconde solution est avancée à plusieurs reprises. Lucien Parizeau la résume bien :

> Je crois d'abord à la langue comme armature indispensable de la pensée... Notre parler a perdu son ressort original ; je ne vois, pour le dépouiller de la syntaxe anglo-saxonne qu'il s'est laissé imposer, que le commerce quotidien avec la presse et le livre de France[32].

L'infériorité économique des Canadiens français suscite de nombreux commentaires. Les lacunes du système d'éducation sont ici manifestes[33]. Les Canadiens français ont laissé passer l'occasion d'accumuler des capitaux. Pourtant, « en un pays où l'influence politique est fonction du nombre et de la fortune, selon Georges Langlois, c'est là qu'est le salut[34] ». Aussi une institution comme l'École des hautes études commerciales de Montréal revêt-elle une extrême importance sur le plan national[35].

Le nationalisme ne doit pas pécher par excès d'agressivité. Selon Lucien Parizeau, « le principal ennemi des Canadiens français, c'est d'abord eux-mêmes[36] ». Aussi ne doit-on pas confondre antisémitisme et patriotisme. Le même rédacteur écrit : « Le Juif, dites-vous, a mis la main sur notre industrie, notre finance, notre commerce. Qui, faute de sens national et par incurie, le lui a permis[37] ? » À plusieurs reprises de vifs reproches sont adressés aux patriotes trop criards qui établissent trop facilement un lien entre juifs, patriotisme et religion sous l'instigation d'une presse catholique trop agressive[38]. Sans exonérer de tout blâme les juifs, c'est sous l'angle de l'objectivité qu'une commission d'hommes cultivés devrait étudier cette question dans tous ses replis[39].

Une prise de conscience collective des dangers les plus pressants ne devrait donc jamais s'embarrasser de cette forme vaine de nationalisme qui se confine dans de beaux discours teintés d'inaction. Olivar Asselin résume bien cette pensée :

> Quelques discours invertébrés suffisent aux patriotes professionnels pour montrer la vitalité de notre peuple. Criminels imbéciles ! Encore cinquante ans de cette passivité contente, et nous serons un peuple battu[40].

5. La famille

On ne fait pas souvent allusion à la famille. Les idées exprimées sont cependant révélatrices. La femme demeure le pivot central de la famille ; de son statut dans la société dépend l'efficacité de son rôle en tant qu'élément stabilisateur de la cellule familiale. Or, cette stabilité, qui a une grande importance aux yeux des rédacteurs de *l'Ordre*, est menacée par le travail féminin et le mouvement d'émancipation politique et sociale de la femme.

Le travail féminin en particulier s'attire une réprobation générale. Lucien Parizeau écrit :

> La femme mariée signe un contrat avec la société, elle s'engage à maintenir la famille. (...) Quand une femme a bien rempli son rôle d'épouse et de mère, elle n'est peut-être encore qu'une simple femme, mais il y a beaucoup de simples femmes à l'origine des plus belles oeuvres humaines[41].

Les dangers de corruption morale sont grands au bureau, au magasin, à l'usine où la femme, à la merci de son travail salarié, compromet ses devoirs d'éducatrice[42]. Dollard Dansereau souligne que l'abolition progressive du travail de la femme mariée ne peut que diminuer le nombre des jeunes chômeurs[43].

Les femmes un peu partout réclament le droit de vote ; cette possibilité ne provoque pas des commentaires très favorables. Mademoiselle Viviane Décary, collaboratrice attitrée, écrit : « Décidément, les femmes manquent de flair en politique, elles qui, en amour, ont des narines de chien de chasse[44]. » Asselin prédit même que si un jour les deux sexes votent pour des candidats différents, « la cellule sociale qu'est la famille sera détruite[45] ».

Ainsi donc faut-il écarter tout ce qui peut porter préjudice à la famille ; la révision de l'échelle des impôts directs et indirects s'impose afin de remédier, au moins partiellement, à la forte baisse de natalité accentuée par la crise économique[46].

Ici et là quelques affirmations soulignent pour la femme le besoin d'une certaine émancipation ; mais cette dernière devrait se borner au plan culturel, de façon à ne pas boulverser davantage la structure familiale. Viviane Décary déclare :

> Nous soupirons après le jour où l'on donnera aux femmes une culture générale, la seule qui soit désirable, normale et logique, en tenant compte des aptitudes naturelles et des fonctions spécifiques de la femme dans une société fondée uniquement sur la famille[47].

Ce souci de maintenir une cellule familiale forte illustre bien l'idéologie politique de *l'Ordre* qui, à certains moments, semble privilégier un corporatisme axé sur la famille aux dépens d'une démocratie traditionnelle basée sur le suffrage individuel et universel.

B. La politique

a) *Conjoncture socio-économique*

Journal indépendant sur le plan politique, *l'Ordre* commente abondamment les mesures économiques et sociales préconisées ici et là dans le monde par des gouvernements de tendances diverses. Cette préoccupation du journal, sans doute la première en importance, lui permet d'élaborer des solutions qui annoncent une idéologie bien précise.

La reprise économique, vers laquelle tendent plusieurs expériences d'économie dirigée, déclenche une intarissable série de commentaires. La crainte d'une dictature ou d'un socialisme trop avancé se fait sentir. Dollard Dansereau écrit :

> La nouvelle formule politico-économique rend l'État juge de toutes les entreprises particulières. L'expérience des pays qui l'appliquent démontre qu'elle aboutit fatalement à la dictature dans l'état actuel du monde[48].

Jean-Marie Nadeau écrit de l'Angleterre au moment où celle-ci pratique de plus en plus la réglementation de la production :

> On peut se demander ce que ce socialisme larvé donnera à l'Angleterre. Un bon nombre d'observateurs avertis n'hésitent pas à dire qu'il conduira la Grande-Bretagne, un jour ou l'autre, à une dictature politique et économique plus ou moins avouée[49].

La crainte d'un échec économique retentissant suscite aussi plusieurs protestations. À la suite de la nationalisation de l'argent-métal aux États-Unis, André Bowman affirme : « Le meilleur est qu'on semble croire encore à Washington que l'on peut faire du socialisme d'Etat en pays capitaliste sans que l'édifice économique et financier du pays en soit compromis[50]. » Bowman commente également les récentes tentatives de dirigisme économique en Allemagne, en France, en Italie, etc.

On a donc vraiment essayé de concilier les inconciliables, en appliquant un protectionnisme outré, une réglementation mortelle, une économie dirigée, sur un corps fait pour vivre dans des conditions entièrement différentes[51].

Ce dirigisme a recruté de nombreux adeptes à Ottawa ; d'où ce nouveau cri d'alarme. Rédigeant un article intitulé « Vers un socialisme canadien », Jean-Marie Nadeau proteste :

Depuis quelques jours, à Ottawa, on vote en première, deuxième et troisième lecture les textes de loi les plus multiformes : ... institution d'un conseil national économique qui ressemble à s'y méprendre aux créations de M. Roosevelt[52], etc.

La politique centralisatrice de M. Bennett est d'autant plus grave qu'elle menace les fondements de la fédération canadienne. Selon Dansereau :

Le gouvernement fédéral, plutôt que d'admettre son impuissance à résoudre les problèmes que pose la crise, plutôt que d'avouer sa défaite, veut essayer une politique contre nature. Cette expérience ne peut aboutir qu'à un échec ; et en cours de route nous aurons abandonné une partie de nos libertés provinciales[53].

La restriction de la production, considérée comme une conséquence de ce dirigisme axé sur le maintien d'un équilibre artificiel des prix, est fortement critiquée[54]. L'État ne doit pas assumer directement le rôle de régulateur de l'économie nationale, sinon « il alourdit ses fonctions essentielles de conciliateur des intérêts particuliers. Il se voit rapidement condamné à une puissance dont tout le monde souffre, grands comme petits[55] ».

Une affiliation trop marquée à l'Empire britannique nuit à la relance de l'économie canadienne ; selon Dansereau, « notre politique d'immigration est imprégnée de l'esprit impérialiste ; le commerce canadien a

été maintes fois sacrifié[56] ». Nul autre qu'Henry Laureys emprunte les
colonnes de *l'Ordre* pour écrire :

> Aussitôt que les mesures restrictives qui entravent aujourd'hui le commerce
> international seront abolies et que, dans le monde entier, seront réprimés les
> excès du protectionnisme, la reprise des affaires sera possible[57].

Une réduction des dépenses gouvernementales s'impose également ; l'inflation est à redouter à la suite du déséquilibre des finances
publiques tandis que les impôts écrasent de plus en plus les contribua-
bles[58]. Paradoxalement, créer de nouvelles sources de crédit à bon
marché pour activer le rendement de tous les secteurs de l'économie
devient indispensable, alors que « l'usure affiche partout sa face hideu-
se[59] ».

Sur le plan provincial, *l'Ordre* attache une grande importance à l'agriculture. Selon Nadeau, « l'agriculture de la province est le marché principal de l'industrie québécoise... Une bonne politique devrait s'employer à reconstituer le pouvoir d'achat des masses rurales[60] ». Même si
les rédacteurs de *l'Ordre* ne peuvent prétendre à un consensus uniforme
sur ce sujet, il semble bien que la sauvegarde des terres utilisées appa-
raisse préférable à la colonisation de nouvelles terres[61]. La présente
existence d'un « tarif douanier dont les industriels sont les seuls à profiter » constitue cependant, selon Asselin, un handicap sérieux pour les
agriculteurs du Québec [62].

Les politiques sociales élaborées par les divers paliers gouvernemen-
taux au Canada sont étroitement reliées aux nombreuses tentatives visant à relancer l'économie. Préoccupés par la portée constitutionnelle
de telles mesures, les rédacteurs de *l'Ordre* réagissent sans pour autant
qu'il y ait unanimité.

À plusieurs reprises, on proteste contre une trop forte centralisation
qui réduit l'autonomie des provinces. Le principe même du fédéralisme
est remis en question. Jean-Marie Nadeau affirme :

> Nous nous acheminons ou nous nous laissons conduire vers l'unité législative,
> excepté pour les lois criminelles, la défense nationale, les banques et les trans-
> ports, toutes choses qui relèvent du seul gouvernement fédéral[63].

Dansereau ajoute :

> Deux parlements autonomes, à la mode britannique, ne peuvent coexister.
> Toute fédération, du reste, évolue dans le sens de la centralisation des pouvoirs,
> ou tend à se désorganiser[64].

Les législateurs devraient faire marche arrière quand ils s'attaquent
aux problèmes sociaux :

Nous avons (...) soutenu plusieurs fois que la législation sociale ressortissait aux gouvernements provinciaux, en contact immédiat avec leurs administrés, parce qu'elle doit s'adapter le mieux possible aux conditions d'existence de chaque région[65].

Si Lucien Parizeau partage l'avis de Dansereau, il n'en est pas de même pour Olivar Asselin qui voudrait voir « le secours du chômage (...) intégralement à la charge de la confédération[66] ». Selon ce dernier, les allocations de chômage constituent un fardeau trop lourd pour les provinces et les municipalités.

Les nombreuses discussions qui précèdent l'adoption de la loi sur l'assurance-chômage reflètent partiellement ces divergences d'opinions ; tous sont d'accord pour affirmer que cette mesure lie la province à la confédération par une chaîne de plus [67]. En outre, Dansereau écrit : « Gardons-nous de cette fausse charité sociale qui fait la vogue des partis de la même espèce que la C. C. F. en attendant de faire la vogue de leurs chefs[68]. » Selon Jean-Marie Nadeau, « il vaudrait mieux s'occuper de faire disparaître une fois pour toutes les causes du chômage plutôt que d'en consacrer la pérennité par un système invraisemblable d'assurances dites sociales[69] ».

Lucien Parizeau ajoute une nouvelle dimension au débat :

L'application de la loi sur l'assurance chômage (...) coûtera au bas mot 5,500,000 dollars par année à l'État fédéral. (...) Pour le chômeur actuel, rien ; pour le travailleur, l'obligation de verser ses cotisations pendant une période de 40 semaines avant d'avoir droit aux prestations ; pour le contribuable, une aggravation des impôts égale aux dépenses qu'entraîneront les bureaux[70].

Aussi Olivar Asselin ne rejoint-il que partiellement l'opinion de l'équipe de rédaction du journal en affirmant, une fois la loi votée :

À l'Ordre, nous ne sommes nullement opposés à l'assurance-chômage, appliquée par un pouvoir fort, indépendant des masses électorales ; et s'il faut pour instituer cette assurance sacrifier partiellement l'autonomie des provinces, nous en sommes encore, à condition que l'assurance-chômage ne devienne pas, comme tant d'autres mesures législatives, un moyen d'expansion de l'influence anglaise[71].

Le chômage lui-même ne peut être résolu uniquement par les cataplasmes que sont les législations sociales ; seules des solutions purement économiques permettront de résoudre ce problème. Dansereau écrit : « On l'a dit maintes fois : la meilleure façon de combattre le chômage, c'est d'activer les affaires, c'est-à-dire alléger le fardeau de l'industrie et du commerce afin de diminuer les prix de revient, et trouver des débouchés nouveaux aux produits canadiens[72]. » Les solutions précédemment avancées en vue d'une reprise économique rapide reviennent donc ici à la surface : production accélérée, diminution des impôts, libre-échange sur le plan international, accessibilité du crédit et restriction des dépenses gouvernementales. Asselin préconise l'adoption d'une taxe de vente, mesure plus juste que l'impôt sur le revenu : « L'impôt fédéral sur le revenu est une institution antisociale ; l'impôt municipal sur le revenu le serait doublement parce qu'il accentuerait la démoralisation de notre vie publique et accélérerait la ruine financière de la municipalité[73]. »

Dansereau commente favorablement une rumeur suivant laquelle la Commission du chômage deviendrait l'office municipal du travail ; « Tout travail rétribué, serait-il de quelques heures seulement, annulera l'effet démoralisateur du chômage. De son côté, l'ouvrier, s'il tient à sa dignité personnelle, préfère gagner son pain[74]. » Les allocations ne font qu'encourager l'oisiveté[75]. Elles représentent un énorme gaspillage d'énergie : « Nous ne sortirons du marasme que par l'effort commun et l'utilisation de toutes les énergies. Les chômeurs « professionnels » n'ont pas le droit de se croiser les bras pendant que les autres travaillent[76]. »

b) *La recherche du régime politique idéal*

Les idées que professent les rédacteurs de *l'Ordre* devant une conjoncture aussi défavorable que celle de la crise économique alimentent des réflexions qui tendent à remettre en cause les systèmes politiques existants, en assumant la recherche d'un régime idéal susceptible d'assurer l'ordre et la justice. Quantitativement, on peut retracer ce débat presque à tous les jours dans les colonnes de *l'Ordre*.

La *démocratie*, telle qu'elle apparaît aux rédacteurs du quotidien, semble vouée à la corruption, et ce à tous les niveaux. Selon Jean-Marie Nadeau, sur le plan municipal les excès sont nombreux :

Depuis qu'on recherche au Canada une explication claire du marasme des finances municipales, on n'a rien trouvé de plus admissible que ceci : péculat, gabegie dans les concessions de travaux publics. Si l'on ajoute à cela une comptabilité généralement défectueuse et une démagogie persistante, le diagnostic des finances municipales est à peu près complet[77].

Camilien Houde, maire de Montréal, est attaqué plus souvent qu'à son tour. On dénonce vertement ses politiques : « S'il faut respecter la pourriture officielle, élevons un monument à la canaille, produit « d'un droit sacré »[78]. » (Le droit de vote en l'occurrence.)

Dansereau dénonce régulièrement le népotisme d'envergure de l'administration Taschereau : « Il (Taschereau) avait bien des parents, ses ministres avaient bien des parents. Avant que tout ce monde soit pourvu d'un fromage, il ne reste plus rien pour les hommes de valeur qui serviraient mieux l'État que les protégés de nos hommes politiques[79]. »

Nadeau définit à sa façon les tares du gouvernement central :

> Que voyons-nous au Canada ? Deux grands partis politiques sont en présence, dressés l'un contre l'autre. Tous deux à l'époque des élections, promettent au « peuple », comme ils disent, la richesse, le bonheur, la paix sociale... (L'État...) subit l'influence occulte de la finance anonyme qui aujourd'hui pratique ses razzias à Montréal, demain à New York et après-demain à Londres ou à Paris[80].

Si Lucien Parizeau mentionne sans ambages qu'à l'intérieur même des assemblées parlementaires sévit « la domination impersonnelle, donc incontrôlable, de la coterie[81] », Georges Langlois en plaint les victimes :

> La capital est de sa nature envahissant et l'homme ambitieux. Les hommes politiques, les représentants du peuple, comme ils disent, reçoivent précisément le mandat de veiller sur les intérêts des classes non possédantes et peu privilégiées, en surveillant l'enrichissement des classes tentaculaires et l'usage qu'elles font de leurs richesses... Mais depuis toujours, depuis surtout les progrès parallèles de la démocratie et des entreprises d'industrie et de finance, les gouvernements ont trempé dans tous les abus des classes privilégiées[82].

De ces idées découle un désenchantement quasi total à l'égard des institutions démocratiques. Pour Olivar Asselin, « parlementarisme et népotisme sont à certains égards termes synonymes[83] ». Au sujet de la responsabilité ministérielle, Nadeau écrit : « Les exemples ne manquent pas de son peu de valeur[84]. » On dénonce également un droit de vote lié directement à la fraude et à la corruption[85].

Mais on stigmatise également *les régimes totalitaires*[86]. André Bowman envisage avec lucidité la situation en Allemagne :

> La guerre éclatera au moment où le Reich se sentira ou se croira prêt à se lancer impunément dans une nouvelle aventure. La guerre est inévitable parce que le régime allemand actuel, ne pouvant résoudre les problèmes intérieurs sera obligé de recourir à la diversion classique à l'extérieur[87].

De telles réflexions multiplient les attaques contre la démagogie sous toutes ses formes ; Roosevelt lui-même n'y échappe pas. Bowman écrit :

Il semble que les États-Unis subissent, comme tous les pays en proie à un grave malaise politique et moral, cette loi instinctive qui fait rechercher par les sociétés ébranlées un homme faisant figure de maître[88].

Le communisme représente également une grave menace. Selon Asselin, « à l'heure présente, rien n'importe plus au monde civilisé que de mettre le léninisme sous son vrai jour[89] ». Il commente ainsi une rumeur voulant que la famine menace la Russie : « Ils veulent crever de faim tout en essayant de nous faire croire qu'avec leur communisme ils sont moins à plaindre que nous. Et tout en crevant de faim ils continuent leur prosélytisme dans les pays capitalistes[90]. » Nadeau ira jusqu'à qualifier l'exemple soviétique de « négation complète des droits de la personne[91] ».

À plusieurs reprises Olivar Asselin s'inquiète de l'influence que peuvent exercer de tels régimes sur la population québécoise. Il dénonce par exemple une association comme « La Conférence de la Jeunesse », qu'il croit reliée au communisme[92]. Pour lui, l'avènement d'un « ordre nouveau » ne sera pas « celui qui travaillera moins, où on gagnera davantage, où personne ne paiera ses dettes, et où chacun pourra se payer toutes les jouissances[93] ».

Cependant, *l'Ordre* ne critique pas aussi durement le régime fasciste italien auquel il reconnaît certains mérites. Ce pays aurait en effet adopté un régime où les droits de la personne ne seraient pas négligés, contrairement au national-socialisme allemand. Selon Bowman, « la conception de l'État en Italie, se fonde sur la prédominance de la famille sur l'individu et de la société sur la famille, mais l'individu ne cesse pas pour cela d'exister[94] ».

Le fascisme est également préférable « aux régimes d'anarchie prêchés par le communistes, et haï de ceux-ci pour cette raison même[95] ».

Selon Olivar Asselin, ce corporatisme va de pair avec l'encyclique *Quadragesimo Anno* qui veut « assurer la justice et la paix sociale, la réunion dans un même groupement des ouvriers et des patrons — particuliers ou sociétés — vivant d'une même industrie ou d'un même commerce[96] ». Ainsi patrons et ouvriers se partagent en une juste part les fruits de leur travail commun sans pour autant perdre de vue l'intérêt du consommateur ; l'ouvrier est mieux protégé tandis que le système ne favorise pas le primat du salaire sur le dividende au point d'abolir le capitalisme et les sociétés par actions[97].

Mais un régime parlementaire et démocratique empreint de libéralisme économique ne saurait aller facilement de pair avec le corporatisme à l'état pur. Aussi blâme-t-on ceux qui voudraient l'appliquer sans circonspection[98]. À ces derniers, Asselin prête ces paroles : « Le capitalisme est la cause de tout le mal... Retournons au Moyen Âge[99]. » *L'Ordre* manifeste donc son accord au corporatisme dans son ensemble mais juge impossible son application immédiate au Canada. Bowman écrit :

> Vouloir révolutionner les institutions d'un pays, alors qu'il est infiniment plus logique, plus facile et surtout moins dangereux, de les réformer, c'est faire preuve d'un esprit de destruction absolument négatif... Il vaudrait bien mieux chercher à créer un État fort qu'un État absolu[100].

La démocratie, malgré ses défauts, doit être amendée et non abolie. Parizeau propose qu'on transforme l'exercice du droit de vote. 1. En ôtant le droit de vote à l'individu pour le donner à la famille et aux corporations, seules cellules sociales ; 2. en instituant le vote plural au profit des universités, des ordres professionnels, de manière que le suffrage de l'élite nécessairement minoritaire contrebalance celui de la majorité[101]. Cette dernière idée plaît particulièrement à Asselin qui l'a avancée à quelques reprises en insistant sur la diminution du nombre de députés de l'Assemblée législative et l'élection de quelques députés par des collèges universitaires.[102]

Cette voie moyenne, « laissant subsister ce qu'il faut de libéralisme pour que l'individu ait le minimum de liberté et de sécurité[103] », selon Jean-Marie Nadeau, doit également coiffer le capitalisme, dont les abus sont identifiés aux tares de la démocratie. Plus optimiste sur ce point, Nadeau écrit : « Les récentes lois des conventions collectives et du salaire minimum sont d'heureuses initiatives qui donneront, à la fin, la collaboration tant souhaitée du capital et du travail[104] ». L'État se débarrasse de cette manière des fonctions qu'il a usurpées. Il devrait cependant réformer le régime juridique des sociétés par actions. Une capitalisation excessive des entreprises contribue au versement de salaires de famine : le capitalisme, sous forme d'obligations ou actions, nécessite la distribution de dividendes ; ceux-ci absorbent une grande partie des bénéfices normalement destinés au paiement de salaires raisonnables[105]. Asselin s'en prend souvent à ce sujet au monopole de la Montreal Light Heat and Power Co.[106] Logique avec lui-même, le directeur de *l'Ordre* démontre l'utilité des Caisses populaires, des banques à charte et surtout des coopératives fédérées, « pour faire de grandes choses avec de petits capitaux[107] ».

III. – COMMENTAIRES SUR L'IDÉOLOGIE

1. Évolution idéologique

Peut-on parler d'une évolution idéologique ? L'orientation du journal demeure la même pendant toute la durée de sa parution ; tout au plus quelques variations dans la fréquence des secteurs visés viennent-elles rompre le rythme de cette continuité.

Ainsi, de mars à juin 1934, *l'Ordre* s'attaque systématiquement à la politique municipale ; l'élection de Camilien Houde à la mairie suscite de nombreux commentaires acerbes. Après quelques mois, ces attaques diminuent cependant en nombre et en férocité. Jean-Marie Nadeau commente alors de cette façon les difficultés financières qu'affronte l'administration municipale : « Il serait injuste de ne laisser retomber que sur le dos de l'administration municipale la responsabilité d'un état de choses aussi curieux[108]. »

D'autre part, à compter de juin 1934, les commentaires sur la situation internationale accusent une importance plus grande, tandis que les jugements de *l'Ordre* à cet égard sont plus tranchants. L'assassinat de Dolfuss provoque une réaction de défiance et de crainte devant l'Allemagne d'Hitler à laquelle on associe plus ou moins tous les régimes totalitaires, quels qu'ils soient (hormis l'Italie).

Enfin, soulignons que, de janvier à mai 1935, les allusions au chômage, à la crise et au ralentissement des affaires se font plus rares. Une reprise temporaire sur le plan économique est peut-être la cause de ce changement.

Malgré ces quelques exceptions, l'idéologie de l'équipe de rédaction de *l'Ordre* ne naît pas au fil des événements. Elle est au contraire bien en place dès la fondation du journal et ne subit pas d'évolution importante. Les rédacteurs ont un message à transmettre. À cette fin, tous les moyens sont bons. La facture du journal en témoigne ; les nouvelles fraîches cèdent la place aux commentaires plus larges, mûris par le recul du temps.

2. *Recoupements et fils conducteurs*

L'analyse d'un journal à idées est donc laborieuse. La matière idéologique, plus abondante que celle du quotidien à nouvelles, est moins facile à circonscrire. Mais le nombre des idées émises réduit aussi le risque d'un verdict trop rapide. D'autant plus que *l'Ordre* s'attire des jugements nuancés, les terminologies de *gauche* et de *droite* ne peuvent le désigner sans discernement. Il n'est pas conçu pour plaire aux doctri-

naires, aux fanatiques, aux partisans de solutions extrémistes. Sa modération – d'aucuns parleraient de sagesse – lui confère une dignité qui
n'est pas sans panache. Cette attitude paraît normale si l'on considère
que ses rédacteurs s'identifient à une minorité de gens éduqués, au
comportement réfléchi, rattachés à des milieux où existe le goût des
choses de l'esprit.

C'est d'abord à de tels lecteurs que le journal s'adresse. À l'image de
sa clientèle, *l'Ordre* véhicule un idéal culturel élevé. Le contenu relevé
de sa quatrième et dernière page suffirait à l'attester : l'éducation culturelle des masses préoccupe les rédacteurs. Pour la femme mariée, la
culture est même la seule forme raisonnable d'émancipation. On s'inquiète des lacunes du système scolaire à tous les niveaux, en déplorant
la formation trop doctrinaire des maîtres. On souligne les tares de la
langue parlée et écrite par les francophones.

De l'idéal culturel à l'élitisme, il n'y a souvent qu'un pas. On le
franchira à l'occasion. La société doit pouvoir compter sur l'intégrité et
les talents de ceux qui ont reçu une formation et une culture supérieures. Aussi doit-on assigner un rôle de premier plan aux meilleurs d'entre
eux. Mieux que les gouvernants ils sauront définir les politiques générales en matière d'éducation ; ou encore ils présideront avec objectivité
une commission d'enquête sur un problème aussi délicat que l'antisémitisme. Et surtout, le vote plural favorisera les membres de ces « carrières
supérieures », universitaires ou professionnels.

Il faut de toute manière éviter les spéculations politiques, limiter le
foisonnement des préjugés qui rendent les masses irresponsables. La
modération et le compromis devront marquer la recherche de solutions
à la crise économique qui continue de sévir. Au besoin, on pourra
réduire les libertés individuelles ; mais jamais ne donnera-t-on dans la
démesure. Les politiques économiques et sociales du gouvernement
semblent extravagantes, voire suspectes ? On s'en méfie en prônant des
solutions plus conservatrices. Le chômage et la pauvreté devront être
combattus par des mesures économiques qui freineront le dirigisme
étatique en restaurant le libéralisme économique. Encore là *l'Ordre*
recherche le juste milieu : ce libéralisme ne devra pas profiter aux seuls
gros actionnaires des entreprises. L'impact du corporatisme se fait ici
sentir : le système favorisera les petits épargnants, la petite entreprise.
Au plan politique, on évite aussi les excès, les transitions brutales. Le
régime actuel ne sera qu'amendé, de manière à limiter les inconvénients
du suffrage individuel et universel, et pour mieux rétablir l'ordre dans
une société désaxée par l'octroi de libertés excessives.

3. Les adversaires

L'Ordre n'a pas que des amis. La situation est d'autant plus normale qu'il exprime sans ambages ses idées ; ainsi en témoigne un message publicitaire :

> Par la conscience qu'il apporte à projeter de la lumière sur tous les sujets, sans toutefois offenser les convictions religieuses ou philosophiques de personne, l'Ordre ne fait pas non plus l'affaire de certaines gens, les uns honnêtes, les autres moins honnêtes, qui voudraient faire peser sur le Canada français la chape de plomb de l'esprit de parti, des préjugés, des superstitions de toutes sortes[109].

Les adversaires dont nous ferons état ici sont ceux qu'oppose à l'Ordre une polémique qui n'est pas unilatérale. Notons que leur identité n'est pas toujours révélée clairement puisque l'Ordre s'attaque davantage à des idées qu'à des personnages ou des organismes.

Les journaux. Une querelle oppose l'Ordre au Devoir. Ce dernier, qui a appuyé constamment la candidature de Camilien Houde à la mairie de Montréal, se plaint de l'« esprit français » qui anime l'Ordre ; Parizeau écrit :

> La gallophobie du Devoir est bien connue. C'est par haine instinctive de tout ce qui est jovial et libre qu'il traite par-dessus la jambe ce qui vient de la France, porte la marque de fabrique française, exprime sous quelque forme que ce soit le génie français[110].

Cette querelle, plutôt sporadique, n'a pas l'ampleur de la confrontation qui oppose l'Ordre tout au long de sa parution à l'Action catholique. Ici les débats sont constants et nombreux ; plusieurs idées précédemment décrites reviennent à la surface. L'opinion qu'entretient Parizeau à l'égard de ce journal résume bien l'agressivité de l'Ordre :

> Le catholique qui trouve son aliment spirituel dans l'Action Catholique de Québec, journal qui humilierait un néophyte du Congo, est prêt à tout croire... Eugène l'Heureux profite donc de l'ignorance dans laquelle il entretient ses lecteurs[111].

Soulignons la rareté des commentaires qui s'en prennent nommément à un personnage autre que politique. Le cas d'Eugène L'Heureux constitue une exception. De sa conception du corporatisme Parizeau écrit : « Il a introduit chez nous cette idée que nous devrons ressusciter les hanses médiévales, sans quoi notre économie ira au diable[112]. »

Qualifiée « d'organe de l'archevêché de Québec[113] », *l'Action catholique* doit également subir les foudres d'Olivar Asselin : « Il y a long-temps que votre exploitation éhontée et toute matérielle d'un catholi-cisme de bedeaux et de maîtresses d'écoles porteuses du « diplôme élémentaire du Bureau central des examinateurs » nous a déterminés à vous taper dessus[114]. »

Ces commentaires résument bien les griefs de *l'Ordre* : On blâme les prises de positions rétrogrades de *l'Action catholique* sur les plans reli-gieux et scolaire [115]. Le grand intérêt que ce quotidien porte aux affaires publiques symbolise d'autre part une ingérence trop forte de la religion dans tous les secteurs.

Cette attitude de *l'Ordre* provoque plusieurs contre-accusations d'an-ticléricalisme ; *l'Ordre* plaide non coupable : « Il n'y a pour défigurer notre pensée, que les faussaires de *l'Action catholique*, grimés en pilier de cathédrale[116]. »

Les sociétés catholiques. Les mouvements catholiques devraient résis-ter à la tentation de faire de la politique ; Asselin affirme que « c'est un abus qu'une association dite catholique veuille s'ingérer dans tout débat public, de quelque ordre qu'il soit sous prétexte que, selon la prétention de quelques-uns, catholicité veut dire universalité [117] ».

Cette attitude donne lieu encore une fois à des accusations d'anticlé-ricalisme ; ces sociétés, sur lesquelles le cardinal Villeneuve exerce sa vigilance, sont nombreuses[118]. Quand plusieurs de ces groupements présentent un manifeste lors d'un congrès de colonisation, Asselin se fâche :

> N'est-il pas de questions nationales, en notre province, que nous ne puissions discuter honnêtement entre nous, bons ou mauvais catholiques, sans voir se dresser devant nous quelque armée de marionnettes dont la main de quelque religieux brouillon et touche-à-tout tire les ficelles[119] ?

Le directeur de *l'Ordre* formule un grief semblable à l'École sociale populaire où les pères Jésuites risquent « de confondre la formation spirituelle et morale de la jeunesse avec l'organisation de tous les grou-pes économiques et sociaux en collectivités « catholiques[120] ». »

Évidemment les groupements ainsi accusés vont montrer les dents, ce qui amène Dollard Dansereau à mentionner le travail « de bonnes gens qui se démènent depuis quelque temps pour soulever les évêchés contre *l'Ordre*, dont le catholicisme éclairé est un mystère pour leur intelligence et un reproche à leur ignorance [121]».

* * *

Tôt ou tard, la franchise brutale de *l'Ordre* devait lui être néfaste. Le cardinal Villeneuve écrivait dans la *Semaine religieuse* du 4 avril 1935 : « *L'Ordre* est un journal qui ne respire ni l'esprit chrétien ni le respect dû au Saint-Siège[122]. » Devant cette censure, Asselin proteste de la bonne foi de son journal, se plaignant de n'avoir jamais reçu d'avertissements préalables. Mais le 13 avril 1935, *l'Ordre* annonce sa disparition, à compter du 11 mai 1935. La censure du cardinal Villeneuve est-elle la seule cause de cette disparition ? À première vue, il semble que oui. La rédaction de *l'Ordre* n'invoque aucun autre motif, financier ou autre. Elle se contente plutôt d'épiloguer sur les mesquines vengeances dont elle a été l'objet. Olivar Asselin conclut pour sa part :

Ce qui a fait la force des ennemis de *l'Ordre* c'était précisément cette alliance qui groupait ensemble les commentateurs fantaisistes des encycliques, les visionnaires de tout acabit et les socialistes tout court, décidés à saboter l'ordre social pour ruiner les possédants et détruire tout vestige de propriété personnelle[123].

Département des sciences humaines,   Paul LAROCQUE
Université du Québec à Rimouski.

1   *L'Ordre*, 10 mars 1934, p. 2. Notons que la carrière journalistique d'Asselin a débuté en 1893 ; ce dernier n'était âgé alors que de dix-huit ans.

2   *Ibid.*, p. 2.

3   *Ibid.*, 12 mars 1934, p. 4.

4   Les plus connus de ces collaborateurs seront : le frère Marie-Victorin, Claude-Henri Grignon, Alfred Desrochers, Viviane Decary, Robert La Rocque de Roquebrune.

5   *L'Ordre*, 24 mars 1934, p. 1.

6   *Ibid.*, 5 juillet 1934, p. 1.

7   *Ibid.*, mars 1935, p. 1.

8   *Ibid.*, 5 avril 1934, p. 2.

9   *Ibid.*, 10 mars 1934, p. 2.

10   *Ibid.*, 14 mars 1934, p. 4.

11   *L'Ordre* consacre la plus grande partie sinon la totalité de sa quatrième et dernière page à la rédaction d'articles à portée culturelle.

12   *L'Ordre*, 23 octobre 1934, p. 4.

13   *Ibid.*, 14 octobre 1934, p. 4.

[14] *Ibid.*, 23 novembre 1934, p. 2.

[15] *Ibid.*, 27 août 1934, p. 1.

[16] *Ibid.*, 22 juin 1934, p. 2.

[17] *Ibid.*, 27 août 1934, p. 1.

[18] *Ibid.*, 18 juillet 1934, p. 1.

[19] *Ibid.*, 14 mars 1934, p. 1.

[20] *Ibid.*, 14 mars 1934, p. 1.

[21] *Ibid.*, 11 mai 1935, p. 1.

[22] *Ibid.*, 23 juin 1934, p. 1.

[23] *Ibid.*, 28 décembre 1934, p. 1.

[24] *Ibid.*, 5 mai 1934, p. 1.

[25] *Ibid.*, 28 mars 1934, p. 3.

[26] *Ibid.*, 2 mars 1935, p. 1.

[27] *Ibid.*, 5 avril 1934, p. 4.

[28] *Ibid.*, 17 octobre 1934, p. 1.

[29] *Ibid.*, 14 avril 1934, p. 1.

[30] *Ibid.*, 10 août 1934, p. 1.

[31] *Ibid.*, 21 avril 1934, p. 1.

[32] *Ibid.*, 4 septembre 1934, p. 1. Cette prise de position explique également l'importance quantitative des articles de *l'Ordre* en provenance de la presse européenne de langue française.

[33] *Ibid.*, 11 juillet 1934, p. 1.

[34] *Ibid.*, 15 mai 1934, p. 1.

[35] *Ibid.*

[36] *Ibid.*, 4 juillet 1934, p. 1.

[37] *Ibid.*

[38] *Ibid.*, 8 avril 1935, p. 1.

[39] *Ibid.*

[40] *Ibid.*, 4 avril 1934, p. 2.

[41] *Ibid.*, 18 janvier 1935, p. 1.

[42] *Ibid.*, 11 avril 1934, p. 1.

[43] *Ibid.*, 7 septembre 1934, p. 2.

[44] *Ibid.*, 17 juillet 1934, p. 4.

[45] *Ibid.*, 1er avril 1935, p. 1.

[46] *Ibid.*, 18 juillet 1934, p. 2.

[47] *Ibid.*, 13 mars 1934, p. 4.

[48] *Ibid.*, 9 juin 1934, p. 2.

[49] *Ibid.*, 25 mai 1934, p. 1.

[50] *Ibid.*, 11 août 1934, p. 1.

[51] *Ibid.*, 2 mai 1934, p. 1.

[52] *Ibid.*, 22 mars 1935, p. 1.

[53] *Ibid.*, 1er octobre 1934, p. 2.

[54] *Ibid.*, 10 mars 1934, p. 4.

[55] *Ibid.*, 27 avril 1934, p. 2.

[56] *Ibid.*, 26 mai 1934, p. 3.

[57] *Ibid.*, 9 mars 1935, p. 2.

[58] *Ibid.*, 3 avril 1935, p. 4.

[59] *Ibid.*, 19 janvier 1935, p. 1.

[60] *Ibid.*, 18 avril 1934, p. 3.

61 *Ibid.*, 4 mars 1935, p. 1.
62 *Ibid.*, 11 juin 1934, p. 1.
63 *Ibid.*, 16 août 1934, p. 2.
64 *Ibid.*, 30 mai 1934, p. 1.
65 *Ibid.*, 5 septembre 1934, p. 1.
66 *Ibid.*, 24 juillet 1934, p. 1.
67 *Ibid.*, 31 décembre 1934, p. 1.
68 *Ibid.*, 11 avril 1935, p. 1.
69 *Ibid.*, 25 octobre 1934, p. 2.
70 *Ibid.*, 15 mars 1935, p. 1.
71 *Ibid.*, 4 avril 1935, p. 1.
72 *Ibid.*, 18 septembre 1934, p. 2.
73 *Ibid.*, 2 février 1935, p. 1.
74 *Ibid.*, 9 août 1934, p. 2.
75 *Ibid.*, 19 octobre 1934, p. 2.
76 *Ibid.*, 19 octobre 1934, p. 1.
77 *Ibid.*, 30 octobre 1934, p. 2.
78 *Ibid.*, 17 mars 1934, p. 1.
79 *Ibid.*, 31 octobre 1934, p. 2.
80 *Ibid.*, 17 mars 1934, p. 4.
81 *Ibid.*, 20 septembre 1934, p. 1.
82 *Ibid.*, 11 avril 1934, p. 4.
83 *Ibid.*, 2 novembre 1934, p. 2.
84 *Ibid.*, 16 juin 1934, p. 1.
85 *Ibid.*, 15 juin 1934, p. 2.
86 Remarquons ici que le choix des articles en provenance de la presse étrangère de langue française vient soit influencer soit confirmer le diagnostic de l'*Ordre* à ce sujet.
87 *l.'Ordre*, 28 juillet 1934, p. 1.
88 *Ibid.*, 20 octobre 1934, p. 1.
89 *Ibid.*, 4 septembre 1934, p. 1.
90 *Ibid.*, 5 septembre 1934, p. 1.
91 *Ibid.*, 29 mai 1934, p. 1.
92 *Ibid.*, 8 août 1934, p. 1.
93 *Ibid.*, 7 janvier 1935, p. 1.
94 *Ibid.*, 27 juin 1934, p. 1.
95 *Ibid.*, 8 août 1934, p. 1.
96 *Ibid*, 17 novembre 1934, p. 1.
97 *Ibid.*
98 *Ibid.*, 24 janvier 1935, p. 1.
99 *Ibid.*, 31 octobre 1934, p. 1.
100 *Ibid.*, 28 août 1934, pp. 1-2.
101 *Ibid.*, 23 juin 1934, p. 1.
102 *Ibid.*, 14 novembre 1934, p. 1.
103 *Ibid.*, 16 mai 1934, p. 4.
104 *Ibid.*, 11 mai 1934, p. 4.
105 *Ibid.*, 9 novembre 1934, p. 1.
106 *Ibid.*, 22 novembre 1934, p. 1.
107 *Ibid.*, 31 août 1934, p. 1.

[108] *Ibid.*, 9 novembre 1934, p. 2.

[109] *Ibid.*, 12 juin 1934, p. 2.

[110] *Ibid.*, 23 août 1934, p. 1.

[111] *Ibid.*, 7 juillet 1934, p. 1.

[112] *Ibid.*, 3 octobre 1934, p. 1.

[113] *Ibid.*

[114] *Ibid.*, 28 janvier 1935, p. 1.

[115] *Ibid.*, 8 avril 1935, p. 1.

[116] *Ibid.*, 2 mars 1935, p. 1.

[117] *Ibid.*, 24 novembre 1934.

[118] *L'Ordre* mentionne spécifiquement l'U. C. C. ; l'Association catholique de la Jeunesse canadienne ; la Ligue féminine catholique ; la Fédération nationale Saint-Jean-Baptiste ; les Chevaliers de Carillon ; les Commis-Voyageurs catholiques ; les Syndicats catholiques, etc.

[119] *L'Ordre*, 25 octobre 1934, p. 1.

[120] *Ibid.*, 13 novembre 1934, p. 1.

[121] *Ibid.*, 2 juin 1934, p. 1.

[122] *Ibid.*, 17 avril 1935, p. 1.

[123] *Ibid.*, 4 mai 1935, p. 1.

L'IDÉOLOGIE PETITE-BOURGEOISE
DES INDÉPENDANTISTES DE « LA NATION »
1936-1938[1]

La crise économique donna naissance à de multiples mouvements de contestation à caractère nationaliste et petit-bourgeois ; l'accélération du processus de concentration du capital mettait directement en cause l'existence de la petite production et de la petite propriété. Ces mouvements, à travers la critique du régime Taschereau, s'en prenaient au libéralisme économique, à la démocratie parlementaire et à la « trahison des élites ». Ils préconisaient une troisième voie entre le capitalisme et le communisme, qu'ils combattaient violemment. Empruntant aux fascistes européens — notamment à Mussolini et à Salazar — les idées corporatistes, ils ne remettaient pas en cause le système d'exploitation économique et la plupart d'entre eux, simples autonomistes, ne préconisaient pas la fin du régime fédératif.

Quelques mouvements séparatistes se démarquent toutefois du courant autonomiste : les *Jeunesses Patriotes*[2], les *Jeunes Laurentiens*. Le mouvement *Jeunes-Canada* n'est pas unanimement pour l'indépendance du Québec. Signalons également la revue *Vivre* à laquelle collaborent deux futurs rédacteurs de *la Nation*, Pierre Chaloult et Jean-Louis Gagnon. Cette revue antidémocrate, violemment antibritannique, s'afficha séparatiste dès 1934. Le journal *l'Indépendance,* publié par les *Jeunesses Patriotes,* ne fut édité qu'à un seul numéro. C'est surtout *la Nation* et *l'Unité nationale* qui furent les principaux protagonistes de l'option séparatiste.

À l'été 1935, les quatre fondateurs de *la Nation*, Paul Bouchard, Albert Pelletier, Roger Vézina et Pierre Letarte, se réunirent en vue de publier un journal séparatiste au début de l'année 1936. Ils désiraient également regrouper tous les éléments nationalistes à l'intérieur d'un vaste mouvement autonomiste. Ces membres propriétaires et fondateurs de *la Nation* étaient tous de jeunes avocats, ex-militants libéraux pour la plupart partageant la même sympathie pour Paul Gouin. Paul Bouchard, vraiment l'âme dirigeante du journal, en assurait la direction et l'orientation idéologique. Ce leader autoritaire a toujours voulu regrouper dans un parti politique tous les nationalistes. Ayant échoué dans ses tentatives électorales à la tête de partis autonomistes[3], il placera son talent d'organisateur au service de l'Union nationale, après avoir vivement combattu Maurice Duplessis[4].

Les séparatistes de 1936 qui joignent les rangs de la coalition antilibérale ont rapidement modifié leur programme politique. On peut distinguer quatre options constitutionnelles. Ils sont d'abord unanimes à déclarer le séparatisme nécessaire et possible (de février 1936 à mars 1937) ; ils préconisent ensuite un « réaménagement de la structure fédérale en une fédération d'États » (de mars 1937 à décembre 1937). Dans un troisième temps, ils proclament la nécessité d'acquérir de nouveaux pouvoirs afin d'augmenter la marge d'autonomie provinciale jugée insuffisante (de décembre 1937 à octobre 1938). Enfin, à mesure que les tentatives centralisatrices du gouvernement fédéral se font plus pressantes et que la question de la participation au deuxième conflit mondial pose en priorité les rapports du Canada avec l'Angleterre, ils se font les défenseurs du *statu quo,* espérant mettre un frein au processus de centralisation (d'octobre 1938 à août 1939). C'est ainsi que des ex-militants québécois vont tenir en différentes villes de la province des assemblées où « ils souhaitent l'indépendance du Canada plutôt que la participation à une nouvelle guerre[5] ». Pour expliquer le ralliement des séparatistes à l'autonomisme, il ne faudrait peut-être pas négliger, en plus des circonstances politiques, l'influence de l'abbé Lionel Groulx[6]. Car le mouvement de Paul Bouchard, contrairement à ce qu'a pu affirmer Léon Dion[7], ne peut se comprendre en dehors de la perspective de l'abbé Groulx qui était véritablement l'objet d'un culte de leur part.

À travers les quelques justifications apportées par les rédacteurs de *la Nation* à l'appui de leur thèse séparatiste et à partir de l'analyse de leur programme économique, nous tenterons d'expliquer en quoi ces intellectuels sont les commis de la petite-bourgeoisie « traditionnelle » canadienne-française. Nous verrons que même s'ils affirment que leur journal n'« est au service d'aucun intérêt financier » et qu'il est « une oeuvre de libération et de relèvement national indépendante de toute affiliation partisane et de toute coterie financière ou autre[8] », leur idéologie et leurs positions politiques sont petites-bourgeoises[9]. Les séparatistes de *la Nation* multiplient les attaques contre le grand capital, « la haute finance étrangère » ; ils proposent un « ordre nouveau», le corporatisme qu'ils présentent comme la seule issue entre le communisme et le libéralisme économique. Malgré de grandes condamnations du capitalisme, nous verrons qu'ils ne remettent pas en cause ce système d'exploitation puisqu'ils souhaitent ouvertement le développement d'une bourgeoisie capitaliste canadienne-française. À cette étape de transition vers la dominance du capitalisme monopoliste, nous retrouverons, dans ces discours, tout le désarroi et la frustration de la petite-bourgeoisie dans son espoir de passage au statut de bourgeoisie. Nous verrons comment elle compte se servir de l'État « indépendant » et corporatif pour assurer sa promotion économique.

I. – CONTRE LA « DICTATURE DES MONOPOLES » ET LA PROLÉTARISATION

Les rédacteurs de *la Nation* ont rapidement pris conscience de la « dictature des monopoles ». La lutte qu'ils mènent contre les trusts est présentée sous le couvert d'une lutte nationale : c'est toute la nation que les grands capitalistes étrangers sont accusés d'asservir [10]. Charles Gagnon a bien expliqué le jeu des nationalistes qui prétendent libérer « la nation toute entière » :

> Or les petits-bourgeois sont naturellement les premiers, relativement aux prolétaires, à prendre conscience d'un durcissement des monopoles impérialistes parce qu'ils sont mieux informés, parce qu'ils ont une conscience plus claire de leurs intérêts, parce qu'ils connaissent mieux le monde dans lequel ils vivent. Ils sont plus près d'une conscience de classe dynamique. Un revers, mieux une série de revers, comme l'impossibilité de développer leur entreprise ou même dans bien des cas la baisse de leurs profits et/ou de leurs chiffres d'affaires, accentue le processus. Comment vont-ils formuler cet antagonisme, ce conflit d'intérêts ? Entre capitalistes, entre partisans d'un même système économique, on ne peut s'opposer, se définir en termes purement économiques ; ce serait avouer les contradictions du régime dont on entend tirer des bénéfices importants, le système dont on vit et pour lequel on vit.
>
> Il reste les différences culturelles, ethniques, etc. ; c'est donc en tant que nations dominées que trouvent à s'exprimer les petites-bourgeoisies des pays colonisés. (...) Au nom de la nation, on réclame plus de pouvoir politique et économique ; on compte bien, de toute façon, utiliser la politique pour des fins économiques [11].

Les grands détenteurs de monopoles au sujet desquels le Rapport de la Commission d'enquête sur les écarts des prix de 1934 (Enquête Stevens) apportait quelques révélations, sont perçus comme étant « ceux qui détiennent dans le gouvernement central tous les leviers de commande [12] ». Ils dénoncent cette « tyrannie de la ploutocratie trustée[13] » qui, disent-ils, tire sa force de la démocratie libérale. Le gouvernement fédéral n'est que « le comité exécutif chargé de protéger les intérêts de la douzaine de ploutocrates qui asservit et exploite le pays tout entier [14] ».

Le trust de l'électricité est leur principale cible [15]. *La Nation* s'est prononcée à maintes reprises en faveur de son étatisation[16]. Ils reprennent un des arguments du docteur Hamel : « Impossible pourtant de stimuler le développement de la petite industrie aux prix où le trust vend l'énergie motrice dans tous nos petits centres. Sans l'obtention d'électricité à bon marché, adieu la petite industrie[17]. »

Aux prises avec le « grand capital », ces représentants de la petite-bourgeoisie mènent également une lutte énergique contre les travailleurs qui prennent conscience de leurs intérêts propres et tentent de s'organiser sur une base de classe :

La crise nous a révélé que deux classes de métèques nous dominent, nous exploitent ou nous corrompent. En haut, les ploutocrates trustards qui s'enrichissent à même nos ressources naturelles et que seul un État fasciste pourra dompter (...) En bas toute une voyoucratie intellectuelle et communiste qui tente de dénationaliser le prolétaire avec la lutte des classes et fomenter la révolution sociale. Le corporatisme italien met fin à cet état de choses et nous donne un système parfait et sûr de reconstruction économique et sociale d'une nation[18].

La Nation qui se pique d'être le plus anticommuniste de tous les journaux nationalistes, collabore étroitement avec l'Union nationale ouvrière pour encadrer les travailleurs salariés. *La Nation* est l'organe officiel de ce mouvement, qui selon son fondateur Henri-Paul Papillon, serait « la plus solide organisation ouvrière anticommuniste existante actuellement au Canada[19] ». Les rédacteurs de la *Nation*, qui collaborent étroitement avec les fascistes à l'organisation d'assemblées anticommunistes, se font un point d'honneur « d'avoir mené la plus forte campagne contre l'organe du Parti communiste au Québec, *Clarté*[20] ». Paul Bouchard est très explicite : « On pourra appeler ça du fascisme si on veut, mais nous autres à l'U. N. O., nous croyons à la coopération entre les classes. La lutte des classes, nous sommes prêts à laisser cela à toutes les Internationales, celles de Lewis comme celle de Trosky[21] ».

Comme tous les petits-bourgeois, les séparatistes de 1936-1937 rejettent les solutions économiques qui remettraient en cause la propriété privée des moyens de production. « Partisans du maintien de la propriété privée et de l'initiative individuelle[22] »,ils n'ont jamais remis en question le système capitaliste. C'est plutôt l'appât du corporatisme qu'ils offrent aux ouvriers. Ils leur promettent de les « déprolétariser » non pas en effaçant la scission consommée entre le patronat et le salariat mais en les réconciliant. Ils leur donnent l'assurance qu'au sein des corporations, les patrons les traiteront sur un pied d'égalité, comme de véritables collaborateurs de la production. Ils préconisent divers moyens pour amener les travailleurs à collaborer avec leurs patrons. Paul Talbot propose à cette fin la création de « clubs ouvriers » :

> L'Italie a réalisé à date cette merveilleuse organisation que sont les clubs ou-vriers, soutenus tant par les corporations patronales que par les corporations ouvrières, fréquentées tant par les patrons que par les ouvriers, contribuant par conséquent à raccourcir les distances entre ouvriers et   patrons[23].

Ils combattent les unions internationales :

> Nous les détestons cordialement et nous affirmons sans crainte de nous tromper qu'elles sont antinationales, à tendances louches et que les membres qui en font partie ne s'en rendent pas compte. Leur neutralité en religion, affichée et proclamée, les fait glisser insensiblement vers la religion individuelle. De plus, leurs tendances gauchistes et l'appui que ces unions internationales ont donné publiquement aux gouvernementaux espagnols affiliés à Moscou, démontrent bien où vont leurs sympathies[24].

Dès qu'il est question de solidarité internationale des travailleurs, *la Nation* s'inquiète et lance des mises en garde aux syndiqués contre leur union[25]. On tente d'enrayer la prise de conscience de la lutte des classes chez les travailleurs contre les abus du grand capital car « pour paralyser la lutte des classes et la fureur bolchévique, il n'y a qu'une seule chose à faire : boucler la classe qui écrase les autres et donner du pain et du travail aux ouvriers. Quand l'ouvrier travaille et qu'il a de quoi faire une vie propre, il n'a pas le temps d'être communiste[26]. »

II. – LE CORPORATISME
OU L'UTOPIQUE RETOUR EN ARRIÈRE

Les séparatistes de *la Nation*, comme les nationalistes traditionnels durant les années 1930-1940, ont préconisé le corporatisme qui devait apporter un « ordre nouveau ». Ils croient possible de ressusciter un régi-me de l'ère précapitaliste, un régime qui ne sera pas celui de la concur-rence et du droit du plus fort, un régime dans lequel les petits produc-teurs au sein des corporations autonomes seront protégés et pourront retrouver la stabilité et la sécurité[27]. Pierre Dandurand, dans son analy-se de l'idéologie du journal *le Devoir*[28] a émis l'hypothèse selon laquelle la crise aurait eu pour effet « d'accentuer un certain anticapitalisme et de fournir des éléments favorables au développement d'une mentalité utopique en ce qui concerne l'organisation économique ». Cela est exact. Il n'a cependant pas vu dans le projet utopique du corporatisme une caractéristique de l'idéologie petite-bourgeoise[29].

Utopistes, les rédacteurs de *la Nation* croient qu'un État corporatiste ou fasciste pourrait jouer le rôle d'arbitre et mettre à la raison les grands monopoles. Parlant des « ploutocrates étrangers », Bouchard dira que « seul un Etat fasciste pourra (les) dompter, (les) exproprier si nécessaire ou (les) forcer à ne pas nuire à la nation (*sic*), sinon à travailler pour elle[30] ». *La Nation* présente l'Etat fasciste italien comme l'exemple d'un « État à la fois technique et vraiment démocratique, uniquement soucieux du bien général, libre de l'entreprise de la haute finance[31] ». Croyant à la neutralité de l'État et refusant de voir dans l'appareil d'État capitaliste l'inévitable instrument de la classe dominante, ces petits-bourgeois laissent croire qu'un État corporatiste pourrait être l'État-levier d'une bourgeoisie nationale tout en demeurant le représentant des intérêts de toute la collectivité :

L'État, représentant les intérêts de la collectivité, sera forcé de jouer un rôle de plus en plus prépondérant dans la direction de l'économie nationale[32].

Et plus concrètement :

L'économie dirigée inhérente au régime corporatif que nous voulons instaurer dans le nouvel État guidera nos nationaux dans le domaine économique. Les frontières étrangères donneront peu à peu la suprématie industrielle et commerciale aux nôtres[33].

Nicos Poulantzas a bien décrit cet aspect idéologique du « fétichisme du pouvoir » à l'intérieur de l'idéologie de la petite-bourgeoisie :

Cette petite-bourgeoisie attend que cet État neutre lui apporte « d'en haut la pluie et le beau temps », bref qu'il arrête son déclin. Plus même : cela conduit souvent à une « statolatrie ». La petite-bourgeoisie *s'identifie* dans ce cas à l'État, dont la neutralité rejoindrait la sienne, se concevant comme une classe « neutre » entre la bourgeoisie et la classe ouvrière, pilier d'un État qui serait « son » État. Elle aspire à l'« arbitrage » social, en ce sens qu'elle voudrait, comme le disait Marx, que toute la société devienne petite-bourgeoise[34].

III. – POUR L'ÉMERGENCE D'UNE BOURGEOISIE NATIONALE

L'absence d'une bourgeoisie capitaliste autochtone dynamique est présentée comme étant la faillite commerciale des Canadiens français.

La Nation multiplie les inventaires mesurant la participation des capitalistes canadiens-français à la tête d'entreprises. On reprend les percutan-
tes révélations de Victor Barbeau publiées dans *Mesures de notre
taille*[35].

Pour expliquer le petit nombre de grands et moyens capitalistes, *la
Nation* rappelle, à quelques nuances près, l'interprétation idéaliste traditionnelle qui sous-estime les facteurs objectifs dans l'explication de l'infériorité économique des Canadiens français. Faute de n'avoir pas compris que, dans le système capitaliste, et en vertu des lois mêmes de son
développement, la petite-bourgeoisie avait tendance à péricliter et à être
éliminée, ils s'attribuent la responsabilité du non-développement de cette classe. Les petits marchands et les petits commerçants n'auraient pas
saisi « que le patriotisme allait de pair avec les affaires » :

> Je veux prouver qu'à part l'esprit antiprogressif de routine et de conservatisme
> exagéré qui nous afflige, c'est à une insuffisance de patriotisme et de civisme
> qu'il faut attribuer l'alarmante faillite commerciale des Canadiens français ces
> dernières années[36].

Lorsque, au-delà des explications psychologisantes, *la Nation* cherche
une réponse du côté de l'histoire, on ne voit pas que l'implantation au
Québec de la grande industrie à caractère continental, dès la fin du
XIXe siècle, entraînait inévitablement la marginalité pour les petites
entreprises ; l'impérialisme américain confinant les capitalistes québécois dans les secteurs les moins payants. Quand ce n'est pas la Confédération que les rédacteurs du journal rendent responsable de « notre
stagnation industrielle, commerciale et financière [37] », c'est aux gouvernements provinciaux qu'ils font porter le poids de cette responsabilité,
comme si les divers gouvernements bourgeois provinciaux avaient disposé des pouvoirs politiques, des ressources financières, d'une marge de
jeu politique et d'indépendance suffisantes pour pouvoir mettre en train
une « politique nationale ».

Identifiant « libération économique » au développement d'une bourgeoisie nationale, ils n'ont jamais caché leur sympathie pour les capitalistes canadiens-français : « nous attendons beaucoup de nos hommes
d'affaires et en toutes occasions nous nous ferons leurs défenseurs et
protecteurs[38]. » Constatant que les hommes d'affaires canadiens-
français n'ont jamais disposé d'un gouvernement national pour se développer, c'est l'appui d'un pareil État qu'ils recherchent. *La Nation* est
en effet convaincue que les seuls moyens efficaces, susceptibles d'assurer leur relèvement économique, sont d'ordre politique. Elle se dissocie
de tous les nationalistes traditionnels qui préconisaient d'abord le relè-

vement économique : « Comment conquérir l'économique si la Province ne possède pas les leviers de commande ? Voilà ce que nous ne concevons pas. Emparons-nous du politique et l'économique viendra[39]. » *La Nation* juge que le demi-État provincial ne peut rien pour remédier à l'aliénation des richesses naturelles par les capitalistes anglo-américains :

> Comment notre province pourra-t-elle secouer cet esclave économique ? Elle devrait réformer tout le régime économique actuel, c'est-à-dire le capitalisme, le grand commerce, la grande industrie, la finance, les banques, matières sur lesquelles elle n'a aucune juridiction[40].

Pour le groupe de P. Bouchard, il est impossible de trouver des solutions à la crise à l'intérieur du *statu quo* constitutionnel. L'indépendance ou l'élargissement de l'autonomie législative ne sont pas seulement jugées nécessaires pour l'instauration du corporatisme, mais pour l'établissement de tout « régime politique et économique nouveau ». Si, en 1936, cet « ordre nouveau » s'identifie étroitement au corporatisme, après 1938 le Crédit social apparaît, pour certains collaborateurs de *la Nation*, susceptible de « mettre fin à l'esclavage économique de notre peuple[41] ».

Les rédacteurs de *la Nation* lancent de nombreux appels aux marchands et commerçants canadiens-français les invitant à prendre conscience des avantages que constituerait pour eux un État national souverain :

> Et pour terminer sur une idée qui nous est chère : Ne pensez-vous pas, Messieurs, qu'un État libre, maître de son immigration, de ses douanes et de sa législation commerciale ne vous apporterait pas une plus grande protection qu'un État fédéral édifié contre nous et où nous sommes noyés dans une masse hostile d'Anglo-Saxons plus puissants que nous qui cherchent à vous briser commercialement pour mieux nous détruire[42] ?

Ils aspirent au contrôle de l'appareil d'État car « le parlement provincial ne peut presque rien pour *nous*. Toutes les lois, toutes les institutions, tous les leviers de commande sont entre les mains d'*étrangers* qui nous tiennent ...[43]. » Derrière les expressions « pour nous » et les « étrangers » ne faut-il pas lire les doléances de la petite-bourgeoisie face à la bourgeoisie monopoliste étrangère ? Paul Bouchard masque, sous un discours idéologique, cette réalité de la lutte des classes[44].

La petite-bourgeoisie québécoise a réagi comme toutes les petites-bourgeoisies qui se trouvent dans un désarroi extrême lors du développement des monopoles :

D'une part, elles (les multiples couches de la petite-bourgeoisie) sont tradition-
nellement hostiles à toute intervention de l'État, et d'autre part, elles attendent
que l'État les sauve de la ruine, de la prolétarisation, leur passe des commandes
avantageuses, devienne un arbitre équitable entre elles et le grand capital et
qu'il limite le pouvoir des monopoles. La résistance farouche à la « fusion avec
le prolétariat », l'illusion que la petite-bourgeoisie pourrait accéder au pouvoir
et l'utiliser contre les concurrents monopolistes engendrent souvent des conditions favorables à la pénétration d'opinions fascistes et réactionnaires extrémistes au sein de la petite-bourgeoisie[45].

Même si le but déclaré des séparatistes de 1936 est de « promouvoir
la renaissance économique du Canada français », le rôle qu'ils entendent
faire jouer à l'État québécois ne nous laisse aucun doute sur le type de
promotion économique qu'ils envisagent : « Et puis un État souverain
en matière de finances et monnaie peut toujours financer la production
de ses nationaux. L'exemple de Salazar est typique[46]. » Marcel Hamel
a employé une formule très révélatrice pour décrire l'orientation de cet
État éventuel : « En définitive, je crois au capitalisme pour l'essor des
nôtres et au socialisme à l'endroit des étrangers[47]. »

Nullement antiimpérialistes, les séparatistes de 1936 ne préconisent
aucunement la transformation des grandes firmes étrangères. Ils parlent
d'un vague contrôle que pourrait exercer sur elles l'État souverain : « Ils
n'ont pas compris que loin de prêcher contre le capital étranger, nous
lui trouvons toutes sortes de charmes, à la condition toutefois qu'il soit
proprement contrôlé par un gouvernement ayant en vue l'intérêt du
pays[48]. » Paul Bouchard s'est toujours empressé de rassurer les adversaires du séparatisme qui craignaient l'exode des capitaux américains.
Même une fois « indépendants », nous devrons faire appel encore à eux
et « les appels de notre future patrie ne resteront pas sans réponse[49] ».
Paul Bouchard est convaincu que la politique du nouvel État sera telle
qu'il y aura toujours de la facilité à trouver des capitaux[50].

Pour développer une bourgeoisie autochtone, les rédacteurs de la
Nation souhaitent l'adoption d'une « politique nationale », c'est-à-dire
« organiser notre politique et notre économie pour des Canadiens
français d'abord[51] ». Par exemple, ils accuseront Maurice Duplessis de
ne pas avoir de « politique nationale » en n'encourageant pas exclusivement des capitalistes canadiens-français : « Au lieu de favoriser la Pré-
voyance et autres maisons d'assurance-feu canadiennes-françaises, même
si elles devaient faire de la réassurance, Duplessis place toujours les
assurances du gouvernement québécois dans une maison anglaise, la
Dominion Life, pour favoriser un de ses agents d'élection trifluviens.
Favoritisme et patronage[52] » ! Paul Talbot dans un article manifeste
illustre bien ce qu'on entendait par « politique nationale » :

Exigeons des administrateurs de notre patrimoine national que l'aliénation de ce qui reste de nos richesses forestières, hydrauliques et minières, par quelque mode que ce soit, ne soit permise qu'aux nôtres avec prohibition d'aliéner à l'étranger[53].

La Nation favorise également, dans le cadre de cette politique, l'octroi de prêts de l'État aux seuls entrepreneurs canadiens-français, ce qui aurait pour effet, selon elle, de « décupler le nombre de nos firmes, offrir une solution partielle au chômage, redresser la confiance collective dans les organismes de chez nous et affirmer sinon la supériorité, du moins l'égalité du Canadien français avec son compétiteur anglo-saxon [54].

On ne compte plus aussi les articles réclamant la pratique systématique de l'« achat chez nous ,« seul moyen d'édifier sur une base solide notre industrie et nos finances [55] ». Conscient des limites de ces campagnes d'achat chez nous, Paul Bouchard les juge indispensables cependant :

Eux qui n'ont aucun gouvernement national pour les protéger et les soutenir, il faut donc leur aider à se maintenir. Se maintenir c'est à peu près tout ce qu'ils peuvent faire. Progresser, devenir puissants, cela leur est impossible dans les cadres de la Confédération. (...) Aussi longtemps que nous ne jouirons pas d'un État national, le nationalisme économique sera pour nous une impérieuse nécessité[56].

Parmi les autres moyens que préconisent tour à tour les chroniqueurs économiques de *la Nation*, signalons le « boycottage des produits anglais[57] » et la solidarité à l'intérieur du patronat canadien-français[58].

* * *

Comme nous avons pu le constater, l'aspect anticapitaliste de façade que l'on trouve chez les idéologues petits-bourgeois de la *Nation* est très différent de l'anticapitalisme socialiste. Il est l'interprète fidèle des aspirations les plus rétrogrades de la petite-bourgeoisie « traditionnelle » canadienne-française qui voudrait voir l'État québécois réglementer l'activité économique pour diminuer la capacité concurrentielle de ses adversaires. Rêvant d'un capitalisme amendé, débarrassé des abus de la concentration, *la Nation* n'a présenté aux ouvriers qu'un anticapitalisme inoffensif et utopique qui a contribué à les détourner davantage du véritable socialisme. « Tout l'art du fascisme consiste à se dire anticapitaliste sans s'attaquer sérieusement au capitalisme[59]. »

Université du Québec à Montréal ·   Robert COMEAU

1 Sur ce groupe indépendantiste, voir Robert COMEAU, *les Indépendantistes québécois, 1936-1938.* Thèse de M. A. (histoire), Université de Montréal, 1971. 212p.

2 Parmi les séparatistes de ce mouvement, on trouve, entre 1935 et 1937, Walter Patrice O'Leary, Jean-Paul Robillard, Michel Chartrand, Philippe Vaillancourt, Dostaler O'Leary, Jean-Louis Gagnon, Jean Séguin, l'abbé Carmel Brouillard et François Hertel.

3 Dès décembre 1936, Paul Bouchard déçu par Maurice Duplessis propose la création d'un grand parti autonomiste provincial. Le 25 mars 1937, *la Nation* devient l'organe d'un nouveau parti fédéral, le Parti autonomiste, après s'être affiché « l'organe du mouvement séparatiste ». *La Nation* mène ensuite une campagne pour gagner les nationalistes prestigieux de Québec (R. Chaloult, O. Drouin, A. Marcoux, E. Ouellet, etc.) à l'idée de lancer un parti véritablement nationaliste qui pourrait remplacer l'Union nationale. Après la fondation du *Parti national* par Philippe Hamel, Paul Bouchard invite, le 24 juin 1937, les anciens partisans montréalais de Paul Gouin à se rallier à ce parti québécois. Les dirigeants de la défunte A. L. N. ne réussiront pas à s'entendre avec ceux du *Parti national*. En 1938, lorsque Paul Gouin réapparaît sur la scène politique pour susciter un regroupement de toutes les forces nationalistes contre Duplessis, *la Nation* organise un grand congrès à Sorel pour ressusciter l'A. L. N., espérant que les dirigeants du P. N. accepteront d'y participer. Suite à ce nouvel échec, P. Bouchard lance sur la scène fédérale un nouveau parti le 20 novembre 1938, le *Parti nationaliste.*

4 Les séparatistes de *la Nation* ont d'abord participé activement à la campagne électorale contre Adélard Godbout ; P. Bouchard parle même de « séparatisme ». À quelques jours du scrutin du 15 août 1936, ils préconisent, l'abstention, après avoir accordé leur appui aux candidats de l'U. N. Après la victoire de Duplessis, ils mettent sur pied un comité de liaison des divers mouvements de jeunes nationalistes pour combattre celui qui vient d'écarter du cabinet les députés les plus « radicaux ». Il sera très combattu en 1937. Les séparatistes l'appuieront dans sa lutte aux communistes en 1937-1938. À partir de 1939, Paul Bouchard deviendra l'organisateur en chef de la propagande de l'Union nationale.

5 Robert RUMILLY, *Histoire de la province de Québec*, vol. 37, p. 121.

6 Sur les rapports que les séparatistes de *la Nation* ont entretenus avec l'abbé Groulx, voir Robert COMEAU, « Lionel Groulx, les indépendantistes de *la Nation* et le séparatisme (1936-1938) », *R. H. A. F.*, vol. 26, n° 1, juin 1972, pp. 83-102.

7 Léon DION, « Le nationalisme pessimiste : sa source, sa signification, sa validité », *Cité libre*, n° 18, novembre 1957, p. 9.

8 *La Nation*, 18 avril 1936, p. 3.

9 Sur la nature de classe de la petite-bourgeoisie et l'idéologie petite-bourgeoise, voir Nicos POULANTZAS, *Fascisme et Dictature,* Maspéro, 1970, pp. 256-267. « Compte tenu du rapport étroit entre idéologie et *position politique de classe,* dans une formation sociale capitaliste, seules existent au sens fort d'idéologies de classe, celles des deux classes fondamentales, opposées politiquement jusqu'au bout : la bourgeoisie et le prolétariat. C'est dire par là que seules existent, en tant qu'ensembles à cohérence propre et

systématicité relative, l'idéologie bourgeoise dominante et l'idéologie liée à la classe ouvrière. Néanmoins, on peut parler en toute rigueur, d'*un effectif sous-ensemble idéologique* « petit-bourgeois ». Ce sous-ensemble est constitué par l'influence de l'idéologie bourgeoise (dominante) sur les aspirations propres de la petite-bourgeoisie, relativement à sa situation spécifique de classe. Dans cette torsion-adaptation de l'idéologie bourgeoise aux aspirations de la petite-bourgeoisie, celle-ci y insère d'ailleurs des « éléments » idéologiques spécifiques relevant de sa propre situation de classe. (...) En raison de la situation ambiguë de classe de la petite-bourgeoisie, le sous-ensemble idéologique petit-bourgeois comporte également, plus encore que l'idéologie dominante, des « emprunts » à l'idéologie de la classe ouvrière, déviés et adaptés aux aspirations propres à la petite-bourgeoisie. » (N. POU-LANTZAS, *op. cit.,* pp. 260-261).

[10]   Voir par exemple *la Nation*, 3 décembre 1936 ; 7 janvier 1937 ; 4 février 1937 ; 15 juillet 1937 ; 25 novembre 1937.

[11]   Charles GAGNON, « Classe et conscience de classe », *Socialisme 69*, n⁰ 18, juillet-août 1969, p. 70.

[12]   Paul BOUCHARD, 17 décembre 1936.

[13]   *Ibid.,* 18 novembre 1937.

[14]   *Ibid.,* 19 août 1937.

[15]   Paul Bouchard s'est expliqué là-dessus : « Or, sauf le cas de l'électricité, je ne crois pas que l'on ait fait la guerre à aucun des autres monopoles qui pressurent le peuple : les banques, le charbon, le tabac, le lait, la viande. La cause ? Aucun économiste ne s'est spécialisé dans la connaissance de ces monopoles comme l'a fait le docteur Hamel pour l'énergie électrique. Il est temps plus que jamais de combler cette lacune. Nous avons commencé les banques. Nous allons bientôt lancer l'offensive contre le téléphone et le tabac. » (*La Nation*, 4 février 1937.)

[16]   Voir en particulier le n⁰ du 5 août 1937 consacré entièrement à ce sujet. Ils expliquent leur appui à Philippe Hamel, même s'il n'est pas séparatiste.

[17]   Philippe HAMEL, 5 août 1937.

[18]   Paul BOUCHARD, 30 juillet 1936, p. 4.

[19]   Henri-Paul PAPILLON, 6 août 1936.

[20]   Marcel HAMEL, 16 décembre 1936. *La Nation* mène une polémique féroce avec *Clarté*. Elle réclame la tête de Stanley B. Ryerson, son rédacteur en chef, pour les effets corrupteurs de son oeuvre dénationalisante. Lorsque Maurice Duplessis, en vertu de la Loi du Cadenas, saisit *Clarté, la Nation* exulte : « Heureusement pour la population saine et honnête du Québec, *Clarté* vient de disparaître de la circulation... L'Honorable Maurice Duplessis a étouffé la voix de ce journal anarchiste qui sapait à sa base notre édifice social, économique et religieux. Nous formulons le voeu que cette lutte dure jusqu'à l'anéantissement complet de tous les moyens de propagande de ces sales individus. » *La Nation,* 11 novembre 1937.

[21]   Paul BOUCHARD, 15 juillet 1937.

[22]   *Ibid.,* 15 juin 1939.

[23]   Paul TALBOT, 13 août 1936.

[24]   Paul BOUCHARD, 22 juillet 1937, p. 3.

[25]   Voir en particulier *la Nation,* 13 août 1936, p. 3 et 10 février 1938, p. 2. Face à la guerre civile espagnole, *la Nation* qui soutenait Franco réclama du

gouvernement central « l'arrestation des recruteurs communistes pour empêcher que des Québécois aillent combattre contre Franco ». Ils demandèrent « d'empêcher le retour au pays de tous les anarchistes canadiens qui sont allés en Espagne et ne reviendront ici que pour organiser chez notre peuple appauvri la plus sanglante des révolutions ». (*La Nation,* 4 juin 1936.) *La Nation* multiplie les descriptions des crimes commis par les communistes en Espagne. À ce sujet : *la Nation* 9 juillet 1936, p. 4 ; 16 juillet 1936, p. 1 ; 23 juillet 1936, p. 4. ; 30 juillet 1936, p. 4 ; 6 août 1936, p. 1 ; 29 octobre 1936, p. 1 ; 21 janvier 1937, p. 1 ; 25 février 1937, p. 2 ; 15 avril 1937, p. 1 ; 29 avril 1937, p. 1 ; 13 janvier 1938, p. 1 ; etc.

26 Jean-Louis GAGNON, 30 juillet 1936.

27 À ce sujet, voir Daniel GUÉRIN, *Sur le fascisme II, Fascisme et Grand Capital*, Paris, Maspéro, 1969, pp. 77-101.

28 Pierre DANDURAND, *Analyse de l'idéologie d'un journal nationaliste canadien-français : le Devoir, 1911-1956.* Thèse de M. A. (Sociologie), Université de Montréal, 1961, 147p.

29 Voir N. POULANTZAS qui a retracé dans l'idéologie de la petite-bourgeoisie traditionnelle « un aspect *anticapitaliste du statu quo* : contre la « grosse richesse », les «grosses fortunes», mais *statu quo,* car cet ensemble tient à sa propriété et craint sa prolétarisation. Cela se conjugue souvent avec l'aspect « égalitariste », d'aspiration contre les monopoles et d'un retour en arrière vers « l'égalité des chances » d'une « juste » concurrence d'une part, avec le crétinisme parlementaire d'un égalitarisme par le suffrage de l'autre : cette petite-bourgeoisie veut des changements sans que le système change. » (*Op. cit.,* p. 262.)

30 Paul BOUCHARD, 8 octobre 1936.

31 *Ibid.,* 25 novembre 1937.

32 *Ibid.,* 5 août 1937.

33 *Ibid.,* 14 janvier 1937.

34 Nicos POULANTZAS, *op. cit.,* p. 262.

35 Montréal, 1936.

36 Paul BOUCHARD, 7 mars 1936. Voir également *la Nation,* 14 mars 1936, p. 3 ; 4 mai 1936, p. 3 ; 24 décembre 1936, p. 1 ; 29 juillet 1937, p. 4 ; etc. À la suite de l'abbé Groulx qui répétait que la cause de tous nos retards et de toutes nos faiblesses dans le domaine économique n'était pas en dehors de nous mais en nous (*Directives,* 1959 (1937), Éd. Alerte, p. 38), ils reprennent les formules soulignant le « manque de confiance », la « mentalité de vaincu » ; « nationalisme mal compris, patriotisme de parole, manque de charité et d'esprit de solidarité, autant de principes de causalité qui sans aucun doute sont à l'origine de toutes nos déficiences ». (Roger VÉZINA, dans *la Nation,* 18 avril 1936.

37 G. JOBIDON, 29 février 1936.

38 Albert PELLETIER, 13 août 1936.

39 Michel DE CHAMPIGNY, 11 mars 1937.

40 Pierre LETARTE, 4 juin 1936.

41 Les séparatistes de *la Nation* étaient particulièrement intéressés à la nouvelle théorie du Crédit social. Louis Even s'est même trouvé associé à Paul Bouchard lors de la campagne électorale de Lotbinière. C'est surtout Roger Vézina qui défendait les thèses créditistes. Paul Bouchard fut plus réservé, repro-

chant au Crédit social d'être une solution trop partielle. La réforme monétaire ne peut être qu'une partie de tout un ensemble de réformes. Sa solution : le corporatisme qui, selon Bouchard, « pourra se doubler d'un bon crédit social quelle que soit la forme que les nécessités de l'application pratique pourront lui donner en définitive » (5 novembre 1936). Et encore en 1937 : « L'État libre possédera le contrôle de sa monnaie. Qu'est-ce qui pourra l'empêcher alors d'instaurer dans ses frontières le Crédit social bien compris ? » (28 janvier 1937.) À la fin de l'année 1938, *la Nation* ajoute à son programme la « réforme monétaire ». C'est surtout au cours de l'année 1939 qu'elle présente avec plus de sympathie le créditisme. (Voir *la Nation*, 4 mai 1939 ; 8 juin 1939 ; 15 juin 1939 ; 1er août 1939.) En mars 1939, *la Nation* défend le projet de création d'une Banque d'État provinciale qui « permettrait surtout à l'État de financer lui-même ses propres entreprises sans avoir recours aux banquiers » (P. BOUCHARD, 2 mars 1939).

[42] Paul BOUCHARD, 7 mars 1937.

[43] *Ibid.*, 4 juin 1936.

[44] Ils diront par exemple : « Seul un État souverain dans la province de Québec peut réaliser la renaissance économique de notre province. » (Pierre LETARTE, 4 juin 1936.) Ils présenteront l'indépendance politique comme « la clé de la libération économique » de tous les Canadiens français. (Paul BOUCHARD, 14 juillet 1938.)

[45] Victor TCHEPRAKOV, *le Capitalisme monopoliste d'État*, Moscou, Éd. du Progrès, 1969, pp. 419-420.

[46] Roger VÉZINA, dans *la Nation*, 5 mai 1938.

[47] Marcel HAMEL, 23 juin 1939.

[48] G. JOBIDON, 14 mai 1936.

[49] Paul BOUCHARD, 28 janvier 1937.

[50] Voir IDEM, 28 janvier 1939. Dostaler O'LEARY des *Jeunesses Patriotes* était encore plus explicite : « Et il n'y a pas un financier qui ne pourra s'accommoder des conditions qui lui seront faites par un gouvernement, dont la politique économique sera de travailler à la plus grande collaboration du capital et du travail. » *(Séparatisme, doctrine constructive*, Montréal, Éd. des Jeunesses Patriotes, 1937, p. 163.)

[51] Jean LESPÉRANCE, dans *la Nation*, 17 mars 1938.

[52] Paul BOUCHARD, 15 octobre 1936.

[53] Paul TALBOT, 2 juillet 1936.

[54] Voir *la Nation*, 14 mars 1936, p. 3 ; 4 avril 1936, p. 4 ; 18 avril 1936, p. 2 ; 14 mai 1936, p. 2 ; 21 mai 1936, p. 5 ; 25 juin 1936, p. 2 ; 7 avril 1938, p. 1.

[55] Roger VÉZINA, 3 juin 1937.

[56] Paul BOUCHARD, 18 avril 1936.

[57] Jean-Louis GAGNON, 18 avril 1936.

[58] Paul BOUCHARD, 4 novembre 1937.

[59] Daniel GUÉRIN, *Sur le Fascisme II...*, p. 78.

LES JEUNES-CANADA

Les effets de la crise économique se font sentir chez nous après 1930. Le chômage sévit grandement, surtout à Montréal. L'espoir d'un renouveau diminue dans la population ; mais, les jeunes, avec la fougue et l'inconscience de leur âge, veulent faire quelque chose. Une inquiétude salutaire les porte à se poser d'innombrables questions sur la situation et les pousse à agir ou au moins à réagir. En effet, la décade 1930-1940 nous apparaît aujourd'hui marquée par ce phénomène des mouvements de jeunesse de tous ordres.

Un des premiers ou le premier à émerger est celui des Jeunes-Canada. Des anciens du collège Sainte-Marie, alors étudiants à l'Université de Montréal (plusieurs ayant collaboré au *Quartier latin*) décident de creuser eux-mêmes les problèmes populaires de l'heure et d'y trouver des réponses. Dès leurs débuts, les JC intriguent beaucoup, scandalisent ou font peur.

Nous essaierons donc de voir la nature de ce mouvement, tenterons une analyse des principaux thèmes retrouvés dans ses publications écrites, pour finalement en dégager l'évolution idéologique.

I. – LE MOUVEMENT

1. Sa naissance

Dans les facultés de Lettres et de Droit de 1932, le travail n'abonde pas. Plusieurs jeunes se sentent un peu désoeuvrés, s'ennuient à l'Université, cherchent avec beaucoup d'idéal à devenir une élite intellectuelle cultivée. Quelques-uns, fils de bourgeois assez bien nantis, peuvent se payer le luxe d'un petit local où l'on discute de sujets littéraires et philosophiques des plus dignes : ainsi naît le Club *X*. Très élitiste, le Club n'admet que les « grands esprits » qui veulent repenser la société dans laquelle ils vivent.

Ces quelques amis tiennent une première réunion au Gesù, le 19 décembre 1932, pour protester contre la nomination d'un certain Laing au Bureau des douanes de Montréal, et demander qu'on y installe un Canadien français. Cette assemblée est présidée par Armand Lavergne, président des Communes. Esdras Minville, président de la Ligue d'action nationale, prononce un discours remarquable. André Laurendeau y lit le *Manifeste* qu'il a lui-même composé et que le public appellera spontanément le *Manifeste de la Jeune Génération*.

Devant l'audience reçue, ces jeunes s'intéressent de plus en plus aux questions nationales et décident de se grouper sous le nom de Jeunes-Canada. Ce nom leur est proposé par Robert Choquette, rappelant les Jeunes-France de 1830. Donc, d'un certain club informel à forte préoccupation littéraire, on passe à un groupe déjà lancé dont les premiers membres ont signé le *Manifeste* original. Des copies en sont ensuite répandues dans les villes et les campagnes de la province : on recueille 75 000 signatures, surtout de jeunes, qui apportent leur assentiment aux idées exprimées.

2. Les membres

Le nombre des membres ne dépasse à peu près jamais la vingtaine ; plusieurs restent pendant toute la vie du mouvement, certains quittent rapidement, de nouveaux s'intègrent. Cet aspect est assez difficile à définir ; il n'y a pas d'initiation officielle, ni de banquet de sortie, bien sûr. On retrouve certaines dates : une liste des membres, le 5 novembre 1934, révèle de nouveaux visages. D'autres s'ajouteront encore, tels Roger Duhamel, Jacques Laurence et Hector Grenon seulement en 1935. Ce dernier n'est d'ailleurs accepté qu'après de longues discussions plénières : ceci témoigne du souci des JC de ne pas ouvrir trop grandes les portes de leur cercle un peu mystérieux. Le public flaire un certain mystère, car il ne connaît pas officiellement les membres (certains avancent le chiffre de 2 000 associés) ; l'objectif d'indépendance de ces jeunes intellectuels paraît assez louche...

Pierre Dansereau est le premier président du groupe ; il s'y dévoue corps et âme jusqu'à l'automne 1934. À ce moment, il offre sa démission à la présidence, n'étant pas d'accord avec l'orientation plus séparatiste que O'Leary veut donner au mouvement. Toujours membre, il continue d'ailleurs ses études à Oka, ce qui l'éloigne un peu. Jean-Louis Dorais, déjà avocat, lui succède à la présidence.

Il faut souligner l'influence d'André Laurendeau, un peu l'âme du groupe, le penseur souvent effacé, mais combien présent.

3. Les activités

Les JC veulent atteindre le public par tous les moyens disponibles. Les grandes assemblées ont lieu au Gesù d'abord, puis au Monument national. (Ils viennent trois fois à Québec, au Palais Montcalm.) Au début, ils invitent à ces réunions les quelques aînés qui ont la « cote d'amour », mais bientôt ils volent de leurs propres ailes. Tous très jeunes, entre vingt et vingt cinq ans, ces « blancs-becs » font salle comble et savent parler avec fougue et enthousiasme. Ils utilisent aussi la radio : de courtes émissions à CKAC et CHRC en 1933, une demi-heure hebdomadaire à CKAC en 1934 ; en 1935, ils doivent se servir de CRCM.

Mais les JC veulent durer plus longtemps qu'un soir de réunion. Ils décident d'abord de faire imprimer les textes des quelques assemblées qui leur apparaissent les plus importantes : ce sont les trois *Cahiers*. De plus, le groupe cherche toujours à définir une doctrine propre, qui doive le moins possible aux aînés.

En petit cénacle, ils discutent des grands problèmes nationaux de l'heure ; ces échanges ont d'abord lieu dans un local bien à eux, et plus tard, chez l'un des membres, ordinairement une fois la semaine. À partir de novembre 1934, les JC commencent à publier leur *Tracts*. Écrits pour la plupart par un seul membre, les *Tracts* peuvent être considérés comme l'oeuvre commune des JC, car tous les membres doivent lire le texte proposé, le discuter et l'accepter ou non en réunion plénière.

Ils savent fort bien que

des spécialistes ont déjà traité ce sujet (la question nationale) sur un ton quelque peu pessimiste. À leurs tracts qu'ils destinent aux jeunes, les Jeunes-Canada veulent donner une allure moins déprimante, plus martiale et inculquer par là un peu de fierté à la jeunesse du Canada français[1].

Les *Tracts* sont imprimés au *Devoir*, à Montréal, ordinairement à 3 000 exemplaires. Pour le premier, on se rendra même à 9 000. Ils se vendent à cinq sous le numéro.

Les JC pensent à la publication d'un journal, vers 1935. Quelques approches sont même faites auprès de Léopold Richer, alors à Ottawa, pour le poste de rédacteur en chef. Mais le manque d'enthousiasme de Richer joint au manque de fonds les oblige à abandonner cette idée.

4. Amis et adversaires

On reproche souvent au JC leur mépris des aînés. Il ne s'agit pas d'un « refus global », mais de l'attitude de jeunes idéalistes qui trouvent les plus vieux trop assis, trop soumis. Enflammés par la question nationale, ces étudiants n'acceptent pas les réponses toutes faites qu'on leur propose et constatent l'inertie des gens en place, l'acceptation d'injustices graves de la part de députés et de ministres au pouvoir. Ils honnissent de plus les vieilles associations patriotiques ou « patriotardes » qui traînent un éternel nationalisme larmoyant et défaitiste, reprochent aux politiciens leur manque de sens national, leur servitude aux grandes puissances financières. Les JC veulent donc demeurer indépendants de tout parti politique ; mais on cherche toujours à leur établir une affiliation, ce qui leur fait déclarer : « N'y a-t-il pas moyens de donner une suggestion, d'émettre une opinion sans se mettre un parti à dos ? Il faut être bleu ou rouge, sous peine de siéger au plafond : pour les Latins, c'est absurde[2]. »

Des amis, bien sûr. Beaucoup, parmi les plus vieux, les admirent, les poussent à agir. Pensons à Armand Lavergne, venu assister à une assemblée en se portant sur béquilles, Groulx, Montpetit, Minville et combien d'autres ! *Le Devoir* les encourage constamment, publie le compte rendu fidèle de toutes leurs assemblées publiques ; Eugène L'Heureux dans *l'Action catholique* joue le même rôle. *L'Action nationale*, après sa fondation, quoique moins intransigeante que les JC, publie très souvent des articles d'un des membres.

Des adversaires : le plus connu reste sûrement le premier ministre Taschereau lui-même, qui se défend des accusations contre sa « noble » personne et dont les interventions servent surtout de publicité aux JC. Évidemment, toute la presse dévouée au régime libéral ne cesse de les attaquer. *Le Soleil* en offre un bel exemple. Les activités des JC ne sont que « tartarinades de jeunesse[3] », « exagération et donquichottisme[4] ». Bien sûr, on les associe au parti opposé : « Quiconque n'est pas naïf sait fort bien que le mot « Jeunes-Canada » sert aujourd'hui à couvrir le mot « Jeune Conservateur[5] ».

II. – LES PRINCIPAUX THÈMES

Nous avons choisi d'analyser les thèmes d'après les *Cahiers* et les *Tracts,* délaissant ainsi plusieurs assemblées importantes dont on ne trouve que le résumé dans certains journaux. Nous restreignons donc volontairement le sujet aux publications officielles de ce groupe, tout en sachant que le mouvement n'est pas saisi dans sa totalité.

La présentation des thèmes se fera dans un ordre croissant d'importance, celle-ci jugée par nous, à la fois d'après la fréquence de retour d'un thème à travers les écrits, mais aussi selon l'optique générale adoptée par les JC. Cette dernière considération explique la place accordée à l'éducation, qui n'est pas quantitavement la plus importante, mais qui leur semble finalement le grand moyen de sauver le Québec.

1. Juifs et antisémitisme

Les JC tiennent en avril 1933 une grande assemblée : *Politiciens et Juifs*, qui constitue d'ailleurs leur premier cahier. Quel est le sens de cette assemblée ? Pourquoi les accuse-t-on après cela d'antisémitisme ? Est-ce fondé ? Nous chercherons dans le premier cahier même, et non dans la polémique soulevée ensuite, l'attitude des JC. Voici l'événement qui déclencha leurs protestations :

> Ceux qui gouvernent n'ont pas craint de se prononcer ouvertement en faveur des Juifs. En faveur d'une supposée persécution en Allemagne par-dessus le marché. Ils n'ont pas craint de se compromettre dans une question internationale ; ils n'ont pas craint d'engager la parole de la ville, de la province, de tout le Canada dans un vote de doléances auprès des autorités allemandes qui font du tort à la ploutocratie juive. C'est donc que l'élément juif représente au Canada une puissance plus forte que la voix du sang ? Car, quand avons-nous entendu ces messieurs demander au gouvernement d'Ottawa (...) pour les frères de l'Ouest, pour le règlement XVII en Ontario, lors des persécutions de catholiques au Mexique, en Espagne, en Russie[6] ?

Les JC expliquent ainsi leur attitude : il n'est pas question d'antisémitisme, mais de reprocher aux gouvernements un geste purement électoral, qui flatte la puissance financière juive. Ils examinent ensuite la problème juif dans une perspective plus large, dans le monde entier et au Canada. « Les Juifs représentent un rêve chimérique et dangereux qu'il faut à tout prix étouffer : le messianisme. Les Israélites aspirent à dominer le monde[7]. » Leur grande force leur vient de leur esprit de coopération. « Il est impossible de piler en Allemagne sur la queue de cette chienne de juiverie, sans qu'on entende japper au Canada[8]. »

Danger international, mais surtout danger pour la vie nationale, car on remarque une très forte augmentation de la population juive depuis le début du XXe siècle au Canada.

De 1900 à 1913 seulement, 61 384 Juifs, sans compter ceux qui ont donné un autre pays d'origine ; et ils viennent vivre en majorité à Montréal. D'où en 1913, 45 000 Juifs à Montréal soit un capital électeur de 18 000 votes[9].

Quoique minorité quantative au Canada, les juifs représentent pourtant une force économique, « environ un quart de la fortune canadienne, alors que les Canadiens français ne constituent qu'un septième de la richesse canadienne[10] ». Et au Québec, leur présence crée des problèmes à bien des points de vue : en éducation, dans la législation du travail où « on permet aux Israélites de travailler et de faire travailler les catholiques le dimanche[11] ». Plus dangereuses encore sont les idées subversives transportées par les juifs, surtout le communisme. « Marx, créateur de l'utopie communiste, est un Juif. La plupart des chefs du parti sont des Juifs (Trotsky, Kerensky, Lénine[12]. »
Donc, il ne s'agit pas pour les JC de racisme, mais d'un vague antisémitisme, ou plutôt d'une peur réelle de la puissance économique et idéologique juive dans le milieu national canadien-français.

2. L'économie

La situation économique générale ne peut apparaître brillante en ces années noires de la crise à Montréal. Ces jeunes, prêts à se lancer dans le monde du travail, se butent souvent à des portes fermées et constatent un retard immense dans tous les secteurs de la vie économique, retard qu'ils attribuent à un manque d'idéal collectif chez les Canadiens français.
Les JC constatent cette apathie dans tous les domaines ; mais c'est

chez nos agriculteurs que la routine fait le plus de ravage ; exploitation forcenée de terres appauvries, méthodes désuètes d'ensemencement, de récolte ou de conservation, anarchie absolue de la distribution (...) Paresseux, nos agriculteurs ? Certes non, mais réfractaires aux progrès de la science[13].

Frappés par le chômage et la pauvreté de beaucoup de citadins, ces jeunes urbains prônent eux aussi une « franche politique de retour à la terre[14] ». L'inspiration de Minville se découvre bien évidente.
Le commerce, lui, est de plus en plus dominé par les étrangers. Quant à celui qui reste aux mains des Canadiens français, il est souvent miné par la routine et le traditionnalisme[15]. Là aussi, les JC prêchent le remède à la mode : l'achat chez nous. « Disons-nous que nous commettons une faute vénielle ou mortelle suivant la valeur de l'achat, lorsque nous le faisons chez l'étranger[16]. »
Le tableau n'est pas plus intéressant dans l'industrie :

La moyenne industrie nous a échappé. La grande industrie s'est installée chez nous ; nous lui fournissons des ouvriers, nous sommes ses clients (...) nous lui fournissons des capitaux (...) mais elle ne nous rend rien. Quant à notre petite industrie, le XXe siècle l'a tuée. Elle n'existe plus. On travaille actuellement à la faire revivre[17].

C'est encore dans la finance que la situation est la meilleure. Quelques compagnies d'assurances, quelques sociétés de fiducie, quoique encore bien embryonnaires.

De plus, les JC s'intéressent aux questions controversées de l'heure. Ils appuient amplement la lutte antitrusts entreprise par le docteur Philippe Hamel. C'est le thème de leur assemblée du 13 novembre 1933, qui ouvre une polémique très intéressante avec le premier ministre Taschereau ; en effet, celui-ci « a paru perdre pied et patience et s'est lancé personnellement à l'attaque de ces jeunes insurgés de la Métropole[18] ».

3. La politique

La première réalité politique qui préoccupe les JC c'est le sens de la Confédération et la situation des Canadiens français au sein de cette Confédération. Pour eux, « la nation canadienne est un mythe inventé par les Pères de la Confédération[19] » et « le pacte fédératif a eu pour principal résultat d'engourdir pour cinquante ans les Canadiens français (...) On commence seulement de s'apercevoir quel marché de dupes la Confédération a été pour nous[20]. »

Les JC déplorent l'état d'infériorité dans lequel s'y trouvent les Canadiens français et cela à cause de leur caractère ethnique particulier. Nation distincte, le peuple canadien français fait face à plusieurs problèmes, tels le bilinguisme nécessaire pour beaucoup, les écoles séparées, l'orientation à donner à la législation économique, l'apathie du peuple dans le domaine politique... Le groupe profite de l'annonce d'une conférence interprovinciale en 1934 pour mettre la population en garde contre la centralisation. Il faut plutôt exiger la décentralisation, malgré les répliques de ceux qui disent que c'est travailler contre l'intérêt général ou que c'est faire le jeu du régime Taschereau[21].

Quant à la vie politique du temps, on en fait une description assez lucide.

La politique fédérale, conservatrice ou libérale, est dominée par une oligarchie anglaise, soucieuse avant tout de veiller sur les destinées de l'Empire et sur les intérêts de la haute finance anglo-canadienne, pourvoyeuse des caisses électorales. (...) D'une façon générale, la législation fédérale ne tient nul compte de nos droits et de nos besoins. Elle n'en tient nul compte parce que nous envoyons au parlement des tripoteurs, des coulissiers, de vulgaires politiciens[22].

À Québec ce n'est guère mieux, avec un premier ministre « serviteur docile[23] » des trusts et des combines, avec des politiciens qui veulent faire de la « grosse argent[24] » par une industrialisation à outrance de la province.

Pour n'avoir jamais réagi contre les manoeuvres de nos hommes d'État, nous avons gagné à subir l'affront d'une politique qui se résume à deux choses : l'élection et la protection des amis[25].

C'est pourquoi les JC crient tellement leur indépendance politique envers tous les vieux partis et proclament : « Cessons donc d'être bleus, blancs ou rouges pour être simplement Canadiens français[26]. »

4. La nation

L'existence de la nation canadienne-française se situe au coeur des préoccupations des JC. Cette réalité fondamentale sera définie et explicitée tout au long des tracts et des cahiers. Cette nation est constituée de deux éléments bien précis, assez indissolubles : la langue française et la religion catholique. Voilà pourquoi nous verrons ces deux aspects en sous-thèmes, servant à une meilleure définition de la nation.

Pour bien comprendre le sens du mot *nation*, les JC le mettent d'abord en relation avec les notions de peuple et d'État.

L'État consiste dans l'autorité que possède, de droit naturel, toute société civile pour atteindre sa fin, le bonheur temporel de l'homme ; on dit ordinairement le pouvoir ou le gouvernement. L'on appelle peuple, les hommes soumis à cette autorité, à ce pouvoir : c'est le chiffre de la population. Quant à la nation, elle peut se définir : *un groupe d'hommes liés entre eux par des façons communes de penser et d'agir et déterminés à vivre selon cet esprit*[27].

Il y a plusieurs facteurs qui « lient », tels « la cohabitation séculaire, le climat, le sol, les difficultés et les succès communs. (...) Mais les deux éléments qui influent le plus sur la formation d'une nation sont (...) la langue et l'éducation[28]. » Les Canadiens français possèdent tous ces éléments, et depuis longtemps. Gérard Filion décrit l'évolution historique de la race canadienne-française, depuis les premiers colons jusqu'à la Conquête[29]. Cette nation « est de race pure et exempte de tout métissage[30]. » « Nous avons tout ce qu'il faut pour devenir une race supérieure. Nous n'avons qu'à le vouloir[31]. »

Pourtant, la nation canadienne-française n'a pas pleinement conscience d'elle-même. « Record unique dans l'histoire : elle est la seule nation à manquer de fierté[32]. » Elle souffre donc d'un *inferiority complex* qui est

une habitude d'esprit qui nous porte à nous méfier de nous-mêmes. D'individuel, l'inferiority complex est devenu un mal collectif. Sa manifestation la plus concrète peut se traduire par le fait, surprenant peut-être, mais trop réel, qui nous incline à trouver tout naturel d'être traités par l'étranger en citoyens de seconde zone, dans un pays qui est le nôtre[33].

Ce complexe rend le peuple paresseux intellectuellement, sans vrai flamme nationale, sans ambition véritable. Qu'elle est triste

l'attitude de certain Canadien français parvenu au sommet de l'échelle sociale, grâce à un parchemin universitaire, ou encore par quelques solos de danse du ventre dans les coulisses de la politique et, plus rarement, par un labeur tenace dans les affaires. (...) À peine acclimaté à sa réussite, mon Canadien songe vivement à jeter aux orties, telle une défroque crasseuse, sa nationalité de français du Canada. Il s'ingénie à singer la démarche dégingandée et le flegme morose de son modèle britannique, il s'habille chez Smith, dîne chez Black, exige les armoiries d'un lord d'Angleterre sur les étiquettes de ses caleçons (...)[34].

Ce manque de sens national préoccupe beaucoup le groupe et tout le *Tract* numéro 4 cherche les causes de ces déficiences du caractère et du jugement. L'héritage y est pour une grande part et surtout la situation d'isolement qui a prévalu après la Conquête. Nation en pleine adolescence, la nation canadienne-française n'en a qu'une plus grande mission.

Notre peuple doit d'abord être lui-même et savoir ce qu'il est ; chercher ensuite à s'établir dans le milieu et les conditions propices au développement et à l'épanouissement de sa personnalité[35].

La langue. Le français est le premier élément distinctif de la nation canadienne-française.

Le génie français apporte chez nous le trésor de ses lumières, de son équilibre et de sa transcemdance. Nous sommes Français, et cela nous vaut d'avoir à notre disposition les ressources inépuisables d'une nation dont l'histoire s'illumine des plus beaux gestes connus des peuples civilisés[36].

Il faut apprendre le français, langue de l'élite dans presque tous les pays, le parler mieux ; il faut aimer la culture française et la France elle-même, mais « sachons dissocier la vraie France, la France catholique et artiste, des gouvernements brouillons ou indignes d'elle que trop souvent elle s'est donné$_{37}$ ». La politique linguistique des JC est donc très claire :

> La francisation des esprits. Commençons donc par être des hommes volontaires et ambitieux, apprenons d'abord notre langue à fond, et ensuite dans la mesure où nous en aurons besoin mais rien que dans cette mesure, l'anglais[38].

Les JC n'en veulent pas au principe de l'enseignement de l'anglais comme langue seconde, mais à ceux qui favorisent trop cette langue. Pour eux, il s'agit d'une maladie qui s'appelle « anglomanie, c'est-à-dire une admiration injustifiée de tout ce qui est anglais[39] ». Ils en donnent des exemples dans presque tous les tracts et fustigent ces malades. Ces considérations d'ordre linguistique vont plus loin ; elles montrent que le Canadien français est vu comme l'ennemi, parce que d'une nationalité tellement différente. « Les aspirations des deux peuples sont totalement distinctes : ils sont utilitaires, nous sommes idéalistes ; ils sont protestants, hérétiques, nous sommes catholiques romains[40]. »

> L'anglais est de plus la langue des États-Unis où vit un peuple sans autre dieu que l'argent, (...) (ayant) le culte de l'objet en série et des grosses compagnies, le goût du luxe et de ce confort excessif que Georges Duhamel qualifie de « confort des fesses[41] ».

Les JC remarquent avec amertume que l'influence des États-Unis se fait chaque jour grandissante et que le Québec imite surtout leur matérialisme. Danger de plus ! Ainsi « par la force des circonstances, en Amérique, la langue anglaise est devenue le véhicule du protestantisme et de l'indifférence religieuse. Acceptée en bloc et par la foule elle correspond à une occasion prochaine de péché[42]. » Dans ce message, Laurendeau reconsidère le vieil argument du « milieu gardien de la foi » ; il a substitué milieu à langue, pour conclure qu'il ne suffit pas de garder la langue pour garder la foi.

La religion. Les JC affirment carrément leur position à leur assemblée du 20 avril 1933.

> La religion catholique est notre religion traditionnelle. C'est elle aussi qui nous dicte notre doctrine sociale : nous ne sommes ni démocrates, ni monarchistes, ni communistes, ni même national-socialistes, nous sommes catholiques. Ce que nous voulons, en même temps que la prospérité de la race canadienne-française, c'est qu'elle continue de pratiquer la foi qui a fait la grandeur de ses ancêtres[43].

La religion catholique venue des ancêtres reste la seule bonne. Mais, dans la vie courante, les JC ne sont pas du tout édifiés par les pratiques et les croyances religieuses du peuple canadien-français :

N'assistons-nous pas à un relâchement religieux qui va jusqu'à l'apostasie ? Le matérialisme païen, le laisser-aller, le dévergondage n'ont-ils pas remplacé des traditions de foi, d'énergie et d'honnêteté de vie ? (...) C'est le règne de l'irréligion, manifesté par les incendies d'églises, les assemblées communistes, le mal politique, l'anticléricalisme[44].

Dans leur volonté d'affirmer une religion vraie, dégagée des idées subversives modernes, les JC en viennent à une certaine intransigeance envers les non-chrétiens qui leur fait déclarer que le mot *tolérance*

ne fait pas partie du vocabulaire chrétien. On ne tolère pas le bien, on l'encourage ; on ne tolère pas le mal non plus, on le condamne. Ceux qui crient à la tolérance sont prêts à tous les demi-consentements avilissants qui font la ruine d'un peuple ; ceux qui tolèrent aujourd'hui se compromettront demain[45].

Publiquement les JC expriment leur adhésion entière au christianisme, pour ne pas apeurer le public ; mais ces jeunes qui veulent mettre en cause les vérités transmises de génération en génération ont, en petit cénacle, soumis tous les articles du Credo à un examen critique. Geste hardi à l'époque[46].

5. Le nationalisme

Ayant démontré l'existence de la nation canadienne-française et malheureusement constaté un manque d'esprit national, les JC désirent développer cet esprit par un nationalisme sincère. Ils présentent la justification de ce sentiment, définissent leur néo-nationalisme laurentien et examinent l'attitude de différents groupes de la société nationale.

Justification pour un chrétien. Dans une période où le nationalisme reçoit l'anathème de Rome, les JC doivent d'abord rassurer la population et la convaincre que le nationalisme n'est pas un péché. André Laurendeau consacre une bonne partie de son tract à prouver que l'Église n'a pas condamné le nationalisme en soi, mais certaines manifestations exagérées d'orgueil national. Le groupe précise bien sa position.

Le nationalisme aveugle à la raciste qui entraîne Hitler à décréter des lois eugéniques après une série de lois de proscription (...) est un nationalisme mal fondé qui, dans le domaine économique et international, force les gouvernements à élever des murs douaniers infranchissables (...) Ce nationalisme, peut-être sera-t-il la cause d'une guerre effroyable qui mettra en péril la civilisation elle-même[47].

Après avoir distingué les différents plans d'activités pour un chrétien, selon Maritain, les JC précisent qu'ils agissent sur le plan temporel, mais en « chrétiens ». Ainsi « ils doivent soumission aux ordres de l'Église ; par exemple, ils ne peuvent appuyer leurs réclamations sur le principe des nationalités, et ce (...) parce que Rome l'a condamné[48] ».

Néo-nationalisme laurentien. Les JC donnent d'abord une esquisse historique du nationalisme canadien-français en se basant sur le livre de Groulx : *l'Enseignement français au Canada.* Pour eux, cet auteur veut « appuyer le nationalisme sur l'histoire, la réalité culturelle et ... la philosophie de Saint-Thomas[49] ». Les JC admirent Groulx et sa Laurentie !

> Le nationalisme laurentien sera donc avant tout une attitude (une position) de l'homme, attentif à ne rien laisser perdre des forces que le passé lui transmet et que le pays lui offre généreusement, désireux de les lancer avec les siennes propres dans une grande aventure, l'épopée mystique (renouvelée) des Anciens[50].

Il s'agit bien de la grande mission du peuple canadien-français catholique dans un continent américain, ce qu'on a souvent appelé le « messianisme » de Groulx. Géographiquement, cette Laurentie est encore assez mal déterminée, mais Laurendeau la voit à peu près ainsi : « ayant pour coeur le Québec actuel, rayonnant alentour dans l'Ontario-Nord, le Nouveau-Brunswick, la Nouvelle-Angleterre[51] ».

Indépendance ? Les JC, dans les débuts du mouvement, parlent souvent de l'indépendance au sein de la Confédération comme un idéal, mais encore utopique.

> La meilleure solution au problème serait pour la nation canadienne-française, puisqu'elle en a le droit naturel, d'abandonner la Confédération à son sort et de se constituer en État indépendant. (...) *Mais nous ne devons pas nous faire d'illusions.* À moins d'un événement grave, imprévu, qui viendrait bouleverser l'ordre actuel, *il ne nous est pas loisible de croire à la réalisation de cet idéal,* d'ici *plusieurs année[52].*

Dostaler O'Leary devenu membre du groupe un peu plus tard ne veut pas voir cet avenir si lointain et il affirme en mars 1935 : « Il ne faut considérer l'indépendance comme une chimère. (...) C'est une possibilité... c'est le seul moyen, je le répète, de jouer un rôle quelconque en Amérique[53]. » Dans la même année, en avril, les JC déclarent :

> Est-ce dire que l'heure a sonné pour nous de briser le pacte fédératif et de nous ériger en État complètement indépendant et libre ? Grave question à laquelle

nous devrons avant peu trouver réponse. (...) Ce que nous voulons, nous le savons : c'est M. l'Abbé Groulx qui l'a résumé d'un mot : « Un peuple français dans un pays français. Et nous l'aurons[54] ! »

La position de 1936 est moins déterminée ; plus de prudence, un peu de désenchantement, les jeunes vieillissent ?

Il ne s'agit pas de rêver d'un État utopique où tout serait français et où nous serions isolés du reste du monde par une nouvelle muraille de Chine perfectionnée. Ca n'existe plus les Etats isolés. Et moins que tout autre peuple nous ne pouvons faire abstraction de nos voisins : ils sont là, comme dirait l'autre, comme une tache[55].

Société et vie nationale. Sous cette rubrique, nous réunissons quelques thèmes d'une importance quantative assez faible ; les JC ne les traîtent pas pour eux-mêmes, mais en tant que promoteurs de la vie nationale.

a) *La famille.* Elle est un peu présente dans l'idéologie des Jeunes-Canada et c'est alors presque toujours pour la comparer à la « grande famille qu'est la nation[56] ». On souligne en passant qu'on doit être fiers de la fécondité des familles mais qu'actuellement le taux de natalité est à la baisse : « de 41% à la fin du dix-huitième siècle, (il) est tombé à 21.7% à cause de l'excès d'immoralité dans notre milieu (reflet du matérialisme à base de sensualité)[57] ». De plus, l'éducation familiale apparaît souvent insuffisante et lamentable, et surtout au point de vue national. C'est pourquoi, il faut

mettre dans la tête des parents qu'ils doivent faire naître dans le coeur de leurs enfants la noble ambition de rendre à la nation canadienne-française la place à laquelle elle a droit, le désir de devenir quelqu'un pour aider leurs compatriotes à reprendre le terrain perdu, l'amour de la patrie, la fierté d'être nés français, une admiration justifiée pour notre histoire et nos héros[58].

b) *L'élite.* Cette partie infime de la population groupant quelques membres du clergé et des laïcs « bien pensants » a un grand rôle à jouer dans l'élaboration de la doctrine nationale, selon les JC. Loin de manifester un excès de nationalisme, on y retrouve « quantité de déracinés, d'égoïstes, de plantes exotiques, de fruits secs, de cyniques et d'abrutis. De nationalistes, point. (...) L'élite du Canada français, à part une poignée, a trahi[59]. » Il faut maintenant qu'elle se lance à la tâche qui lui appartient.

c) *La masse.* Pas d'excès de nationalisme dans ce groupe non plus !

Pas économiquement : elle s'appauvrit au bénéfice de l'étranger, elle dégoise contre le Juif et l'engraisse. Pas politiquement : elle réélit des députés qui ne la protègent point. Elle a la manie de l'anglais. (...) Quand elle s'intéresse aux problèmes nationaux, c'est pour applaudir des discours de bonne entente o¹ du plat saint-jean-baptisme[60].

Les JC ont confiance quand même, car le peuple semble s'éveiller, surtout depuis la crise ; il s'agit de l'instruire et de le convaincre. Cet éveil sera de plus en plus grand si la *jeunesse* s'attelle à la tâche et se lance à la conquête d'un avenir meilleur. Les JC soulignent maintes fois qu'ils s'adressent à la jeunesse, c'est elle qui sera responsable du salut national. En effet, *Qui sauvera le Québec ?* voilà le titre d'une de leurs assemblées où Laurendeau doit conclure :

> Ce sauveur de la nation, je ne le vois pas. J'aperçois des esprits de grande valeur, dans le domaine de l'histoire, par exemple, de la sociologie ou de l'économie politique. Mais ce maître de haute taille, l'homme qui incarnerait nos aspirations, qui leur donnerait leur expression à la fois héroïque et définitive, je le cherche en vain[61].

6. *L'éducation nationale*

Les JC constatent d'abord les nombreuses déficiences de l'éducation actuelle dans tous les secteurs. Une instruction de base qui ne développe pas assez le goût de la culture, des « humanités » formatrices mais pas assez adaptées aux changements modernes, un enseignement de l'histoire ennuyeux, sans enthousiasme et sans âme et des

> universités, « écoles de haut savoir » (!) (qui) se contentent encore du rôle d'écoles professionnelles. Rôle essentiel, personne n'en doute. Mais l'université doit être aussi une « source de directives sociales ». Elle doit être le cerveau de la nation. C'est de son sein que doivent jaillir la doctrine catholique et la pensée française, bref le souffle de vie nationale dont nous avons besoin pour accomplir notre mission[62].

Il faut organiser une véritable éducation nationale, demander aux éducateurs de tous les niveaux, de la mère de famille au spécialiste, d'agir sur les âmes qu'ils ont en main en leur donnant le sens de l'appartenance à la nation canadienne-française. Des réformes s'imposent dans le choix des matières et des manuels scolaires mais c'est surtout dans l'esprit de tous que les changements se révèlent les plus pressants. « Se persuader soi-même des grandes vérités nationales et, ensuite, en persuader les autres[63]. » Cette conviction de chacun entraînera des actes : du français partout, « l'achat chez nous » ; véritable travail de reconstruction pour un avenir plein de promesses.

Pour soutenir notre courage dans la lutte, ne perdons pas de vue que nous aspirons à un État libre, indépendant où s'épanouira dans toute sa plénitude notre vie française et catholique[64].

III. – ÉVOLUTION DU MOUVEMENT ET DE L'IDÉOLOGIE

Des jeunes qui se veulent politiquement purs ; des idéalistes qui croient que, par leurs paroles et leurs écrits, ils vont réveiller le peuple canadien-français ; des nationalistes convaincus par l'enseignement de l'abbé Groulx de la grandeur de la nation canadienne-française et de sa mission en continent américain, voilà en peu de mots l'essentiel sur les JC. Pas d'idées originales ? Ils le confessent eux-mêmes, mais ils désirent exiger *l'application dans la réalité* des grands principes nationalistes connus.

Dans leurs premiers mois d'existence, les JC luttent un peu sur tous les fronts : contre les empiétements centralisateurs du gouvernement fédéral, contre les lâchetés du provincial, contre l'apathie nationale du peuple. Une idéologie assez peu définie, se basant sur les grands principes du *Manifeste* ; un patriotisme agressif qui crie avec force, se révolte et appelle à l'action : le mouvement en est encore à sa période très « viscérale ».

Petit à petit, avec le *Programme de Restauration sociale*, leur est offerte une doctrine toute faite, des thèmes à expliquer à la population. Ces idées leur plaisent et c'est assez normal quand on sait que les JC soumettent ordinairement le texte de leurs discours à un groupe de conseillers formé de Louis Dupire, Omer Héroux, G. Pelletier, Papin Archambault, de l'École sociale populaire, et l'abbé Groulx. Avec le temps, les aînés auront moins d'influence et les JC décideront de se bâtir une doctrine propre et de se censurer eux-mêmes.

C'est surtout à partir de l'été 1933 que les JC veulent construire une doctrine religieuse, politique, économique, sociale et internationale. Jamais élaborée officiellement, on en retrouve plusieurs plans dans les papiers internes du groupe. Cette volonté de définition explique un certain repli en 1934, année consacrée à la réflexion et à la rédaction des *Tracts*. On y reste alors beaucoup plus théorique qu'aux assemblées, on aborde les grands principes et on touche beaucoup moins aux problèmes politiques contemporains. Phase doctrinaire qui n'oublie quand même pas la nécessité de l'action. Les assemblées publiques continuent et on y sent de plus en plus le besoin d'un chef. Enfin, en 1935, les JC affirment :

Il se trouve un homme qui a su faire passer un frisson d'amour dans l'âme de notre jeunesse, (...) qui ne s'est jamais souillé dans les boueuses compromissions des politiciens... un homme qui s'est formé à l'étude du passé, un homme qui cristallise dans sa personne toutes les aspirations, tous les désirs, toutes les espérances de notre peuple et qui vit pour lui (...) Le seul chef que le Canada français puisse choisir, (...) est l'Abbé Groulx[65].

Mais il y a la soutane !

De plus, à la fin de 1935 et en 1936, les activités des JC diminuent énormément : les étudiants deviennent professionnels, s'attaquent à de nouvelles tâches. Le Duplessis « première manière » manifeste de la bonne volonté, ce qui entretient l'espoir. Le mouvement se désintègre peu à peu, mais on ne peut pas parler de dissolution officielle ; comme le dit aujourd'hui un ancien membre : « Je suis encore Jeune-Canada, si l'on veut. » Ainsi, en 1937, Dostaler O'Leary publie son livre : *Séparatisme, doctrine constructive* et il signe « des Jeunes-Canada ». Un certain Gérard Plourde, « des JC », contribue à *l'Action nationale*, en décembre 1937[66]. Dans la même revue, en janvier 1938, on annonce que la collaboration des JC sera plus suivie dans l'avenir[67]. Quelle signification devons-nous donner à cette présence ? Nous n'avons pas encore éclairci le problème.

Nous pouvons cependant affirmer que cette jeunesse ne sombrait pas dans le sommeil définitif ; beaucoup d'entre eux restent très actifs dans la vie publique québécoise. Est-ce là le sens que l'on peut donner aux paroles de Laurendeau en 1939 ?

Une génération a pris conscience du national : qu'elle fasse moins de discours ne signifie point qu'elle ait démissionné... qu'elle connaisse momentanément le doute ne veut pas dire qu'elle s'abandonne : elle sortira mieux trempée de l'épreuve. Ce qu'elle criait hier, elle veut aujourd'hui le réaliser[68].

* * *

Dans le cadre de la « révolution tranquille » des années 30, quelle est la signification du mouvement Jeunes-Canada ? S'agit-il une fois de plus d'une expression de l'idéologie nationaliste traditionnelle sans influence sur la population ? Nous croyons que les JC apportent quelques aspects neufs dans le contexte de l'époque.

Des jeunes osent enfin douter et, qui plus est, exprimer ce doute publiquement, le crier à la face des dirigeants. À la recherche des causes profondes du sérieux marasme de la nation canadienne-française dans tous les domaines, le groupe accuse carrément les politiciens de tout parti et surtout du gouvernement libéral alors au pouvoir. Pas de tendresse non plus pour le peuple en général, puisqu'il s'agit de lui faire prendre conscience de la situation et l'inciter à l'action.

C'est peut-être dans cette volonté d'une influence directe sur le peuple par des assemblées, des émissions de radio et non seulement par des écrits que les JC dépassent d'une certaine façon l'idéologie nationaliste traditionnelle. Mais, peut-on affirmer que les JC ont eu une influence réelle sur la population ? Ceci est très difficile à déceler aujourd'hui. Sur la jeunesse, assurément ; ils y consacrent d'ailleurs leurs efforts. D'abord, dans la floraison de mouvements de jeunesse qui caractérise les années 30. Et, à plus longue échéance peut-être, sur la mentalité future des adolescents des nombreux collèges qu'ils ont visités.

Cette participation plus grande des Canadiens français à la vie québécoise que les JC ont tellement demandée est devenue dans les années 60 une sorte de leitmotiv dans la nouvelle pensée nationaliste et indépendantiste. Et, en 1970, les réclamations de plus en plus exigeantes des Québécois pour la priorité de la langue française, la décentralisation et même la sécession doivent rappeler aux membres JC d'alors de bons ou mauvais souvenirs selon leur option actuelle. Après quarante ans, les revendications nationalistes ou séparatistes n'ont pas tellement changé de contenu : la forme est plus directe... On a moins peur des mots !

Enseignante,   Lucienne FORTIN
Montréal.

1   *Tract n⁰ 1*, Préambule, p. 3.
2   *Cahier II*, DANSEREAU, p. 52
3   *Le Soleil*, 16 novembre 1933, p. 4.
4   *Ibid.*, 30 novembre 1933, p. 4.
5   *Ibid.*, 16 décembre 1933, p. 4.
6   *Cahier I*, DANSEREAU, p. 10.
7   *C I*, LAURENDEAU, p. 62.
8   *C I*, MONETTE, p. 47.
9   *C I*, DAGENAIS, p. 18.
10 *C I*, MONETTE, p. 45.
11 *T n⁰ 4*, BELZILE, p. 32.
12 *C I*, DAGENAIS, p. 32.

[13] *T n⁰ 4*, pp. 14-15.

[14] *C I*, MONETTE, p. 42.

[15] *T n⁰ 4*, pp. 15-16.

[16] *T n⁰ 2*, p. 17.

[17] *T n⁰ 4*, pp. 26-27.

[18] H. GRENON, *Notre peuple découvre le sport de la politique*, Montréal, les Éd. de l'Homme, 1967, p. 85.

[19] *T n⁰ 5*, p. 38.

[20] *T n⁰ 6*, p. 15.

[21] *C III*, pp. 4-5.

[22] *T n⁰ 4*, pp. 30-31.

[23] *C III*, BELZILE, p. 45.

[24] *C II*, FILION, p. 38.

[25] *T n⁰ 4*, p. 33.

[26] *T n⁰ 3*, p. 15.

[27] *T n⁰ 3*, p. 11. L'italique est de nous.

[28] *Ibid.*

[29] *C II*, p. 13.

[30] *T n⁰ 1*, p. 14.

[31] *C I*, DANSEREAU, p. 9.

[32] *T n⁰ 1*, p. 5.

[33] *T n⁰ 2*, p. 5.

[34] *T n⁰ 1*, p. 7.

[35] *C II*, DANSEREAU, p. 6.

[36] *Ibid.*, BELZILE, p. 7.

[37] *T n⁰ 1*, p. 27.

[38] *C II*, LAURENDEAU, p. 54.

[39] *T n⁰ 6*, p. 14.

[40] *C III*, SIMARD, p. 28.

[41] *T n⁰ 6*, p. 19.

[42] *T n⁰ 5*, p. 31.

[43] *C I*, DANSEREAU, p. 13.

[44] *C I*, MONETTE, p. 39.

[45] *C I*, DANSEREAU, p. 11.

[46] H. GRENON, *op. cit.*, pp. 87-88.

[47] *C II*, DANSEREAU, p. 60.

[48] *T n⁰ 5*, p. 16.

[49] *Ibid.*, p. 25.

[50] *Ibid.*, p. 45.

[51] *Ibid.*, p. 45.

[52] *C III*, P. SIMARD, pp. 29 et 31. L'italique est de nous.

[53] *T n⁰ 2*, pp. 15-16.

[54] *T n⁰ 3*, BRAIS, pp. 18 et 21.

[55] *T n⁰ 1*, pp. 21 et 22.

[56] *T n⁰ 2*, p. 18.

[57] *C I*, MONETTE, p. 39.

[58] *C III*, HOGUE, p. 79.

[59] *T n⁰ 5*, p. 34.

[60] *Ibid.*

61 *C III*, p. 52.
62 *T n° 4*, p. 18.
63 *C III*, HOGUE, p. 72.
64 *Ibid.*, pp. 83-84.
65 Paul SIMARD, le *Devoir*, 9 avril 1935, p. 8.
66 Gérard PLOURDE, *l'Action nationale*, décembre 1937, p. 262.
67 *L'Action nationale*, janvier 1938, p. 3.
68 André LAURENDEAU, *l'Abbé Lionel Groulx*, Montréal, Éd. ACF, 1939, p. 66.

« LA BONNE NOUVELLE », 1929-1933[1]

Le premier numéro de *la Bonne Nouvelle*, bulletin de la paroisse Notre-Dame-de-Grâce de Québec, parut le 26 octobre 1924, à peine deux semaines après la signature du décret d'érection de la paroisse[2]. On avait démembré Saint-Sauveur pour ce faire. Notre-Dame-de-Grâce comptait alors 735 familles d'ouvriers, de commis et de petits propriétaires[3]. L'intérêt que suscite ce bulletin paroissial vient du fait qu'il est avant tout un journal de combat.

Au début, *la Bonne Nouvelle* avait quatre pages et paraissait tous les samedis, même durant l'été. De 1929 à 1935, le bulletin augmenta à seize pages publiant deux fois par mois. A partir de 1935, il devient mensuel et contient trente-deux pages, toujours sur trois colonnes.

Son directeur et principal rédacteur Édouard-Valmore Lavergne était bien plus polémiste et pamphlétaire que journaliste. Avant de fonder Notre-Dame-de-Grâce il fut vicaire dans quelques paroisses de la basse-ville et propagandiste et rédacteur de *l'Action catholique*. Il démissionna en 1941.

A notre connaissance il n'existe pas de biographie du curé Lavergne. La nécrologie parue dans *l'Action catholique* du 19 juillet 1948 contient assez peu de renseignements. Rumilly mentionne son nom à plusieurs reprises dans son *Histoire de la province de Québec*.

Après six mois de publication, le vicaire Lockwell définit le crédo de *la Bonne Nouvelle* de la manière suivante :

La Bonne Nouvelle a fait ses premières dents, elle mord les méchants, les paresseux, les impies ; elle ne veut pas des journaux à sensation, des feuilletons à la mode des réticences et réclames impudiques.

La Bonne Nouvelle n'est pas un journal de parti, elle ne connaît que la couleur du « parti de Dieu ». Elle ne sacrifie jamais aux intérêts particuliers des intérêts supérieurs.

La Bonne Nouvelle n'est pas un journal « à spéculation ,», ses rédacteurs ne sont pas intéressés à arriver à la fortune « le plus rapidement possible » et sont bien loin de vouloir « tout sacrifier et faire marchandise de tout »[4].

La Bonne Nouvelle n'est pas la langue d'une « commère », elle essaie autant que faire se peut de penser ce qu'elle dit, il y en a tant qui voudraient dans d'autres journaux dire ce qu'ils ne pensent pas.

Et *La Bonne Nouvelle* est lue, nous en sommes sûrs, même en haut lieu. Un journal ne peut guère passer incognito quand il a une âme et un caractère catholique[5].

Voilà bien la philosophie de *la Bonne Nouvelle* tout au long des années étudiées : la défense du « parti de Dieu » et des intérêts supérieurs, l'incorruptibilité, l'affirmation de la vérité, la dénonciation des injustices et de l'immoralité.

Il ne peut y avoir dans cette orientation générale de divorce entre le temporel et le spirituel. Parlant de son état de curé d'une paroisse ouvrière, Lavergne déclare en 1930 :

L'on n'est pas curé dans une paroisse surtout au milieu d'une population ouvrière pour y chercher ses aises et une paix trompeuse. La paix n'est qu'apparente quand la Justice est blessée, et que les faibles sont impunément exploités, trompés, abusés par les plus forts. Une telle paix prépare des catastrophes.

Mais l'on est curé dans une population ouvrière pour y dépenser ses forces, ses énergies aux intérêts temporels et spirituels de ses ouailles. J'ai bien dit intérêts temporels et spirituels car les deux se suivent et se tiennent. « Âmes et corps vivent unis »[6].

En mai 1931, critiquant l'inertie des autorités face au grave problème des taudis à Québec, Lavergne ajoute :

Et l'on voudrait que, curé chargé du bien-être moral de mon peuple, je me désintéresse de son bien-être temporel, que je le regarde exploité et berné sans rien dire !

Et bien ! non ! sans doute nous sommes en route vers le ciel, mais nous n'y atteindrons pas sans avoir marché sur la terre et je prétends qu'il faut y marcher aplomb[7].

Enfin *la Bonne Nouvelle* se veut un véhicule des enseignements de l'Église et des directives papales au sujet des divers problèmes qui affligent le monde :

Se dévouer de toute son âme au règne de Jésus-Christ, au triomphe des enseignements de l'Église, admettre, défendre, propager la pensée, les directives du Pape, ce n'est ni rouge ni bleu, c'est catholique.

Et c'est ça que je veux, et c'est ça que veulent avec moi tous ceux que l'esprit de parti ne jette pas hors du bon sens, dans une sorte de délire[8].

I. – L'ANALYSE DES THÈMES

1. *La religion*

Étant donné le caractère de *la Bonne Nouvelle* le thème de la religion sous-tend tous les autres. C'est pourquoi nous avons décidé d'en traiter en premier lieu.

La religion de Lavergne repose sur la soumission à l'autorité ecclésiastique, sur l'observance des diverses pratiques religieuses et sur l'appartenance aux nombreuses associations pieuses, religion de soumission et de pratique tempérées, disons-le, par d'intenses préoccupations sociales.

Pour *la Bonne Nouvelle*, l'autorité ecclésiastique réside avant tout au Vatican et au presbytère, assez peu à l'archevêché. Celle du Souverain Pontife fait l'union entre les catholiques, union d'autant « plus efficace, et plus solide que la direction du Pape est plus fidèlement, plus sincèrement acceptée et mise en pratique[9] ».

Lavergne confère autant de poids à la parole du Pape qu'à celle de l'Évangile.

> Quand il enseigne, sa parole doit retentir à nos oreilles comme une parole d'Évangile. N'en est-il pas le commentateur autorisé à qui le Seigneur a confié son évangile. À lui, revient la charge d'en tirer les enseignements qui s'appliquent à nos temps modernes, à la solution de leurs difficultés, à la détermination des moyens à prendre[10].

On peut concevoir l'idée que Lavergne se fait de son autorité lorsque, parlant des associations paroissiales, il déclare se réserver le droit d'y faire admettre ou d'en faire exclure qui il veut[11]. En retour de cette soumission, il se charge de défendre ses paroissiens contre tout ennemi qui les menace.

La situation de crise économique qui incite *la Bonne Nouvelle* à rappeler sans cesse la soumission à l'autorité ecclésiastique l'amène en outre à insister toujours plus sur la nécessité de l'observance des pratiques religieuses individuelles et collectives.

Dans le premier cas :

> À mesure que la crise dure, il faut redoubler nos prières, assister à la messe chaque jour, aux exercices du soir, etc. Là est le salut. On aura beau se débattre, Dieu est le maître. Ni la radio, ni l'auto, ni la télévision, aucune invention moderne ne l'empêcheront de rester le maître et à certains jours de le rappeler rudement au monde oublieux[12].

Dans le second cas, à l'occasion d'un rassemblement organisé à Jésus-Ouvrier par le Père Lelièvre :

> Le but de cette manifestation était d'obtenir une restauration économique qui donne du travail à tous nos ouvriers et chômeurs. Certes si l'ardeur de la prière, la patience à supporter la chaleur et la fatigue pouvait seules obtenir ces changements, sans aucun doute nos voeux s'accompliraient, mais il y faudrait ajouter la transformation de nos vies, qu'elles soient plus constamment généreuses et que le péché mortel souvent répété, et peu regretté, ne vienne pas détruire en grande partie les beaux gestes d'un jour[13].

Lavergne explicite le troisième fondement de la religion prônée par *la Bonne Nouvelle* en traçant ce bilan de la visite paroissiale de 1929 :

> Beaucoup de mères de famille n'appartiennent pas à la Confrérie des Dames de la Sainte-Famille. Trop de jeunes filles n'entrent pas chez les Enfants de Marie. Notre Congrégation des hommes pourrait s'enrichir de nouveaux membres. Chez les jeunes gens, il n'y a aucune organisation de piété. Une ligue du Sacré-Coeur existe pour eux, mais ils s'en désintéressent[14].

Cette religion de soumission et de pratiques, tempérée par d'intenses préoccupations sociales, nous allons la retrouver derrière tous les thèmes suivants.

2. *La famille*

La famille étant la cellule première de la paroisse, *la Bonne Nouvelle* s'attache à la rendre la plus saine et la plus chrétienne possible. Les organisations paroissiales chargées de rassembler ses divers éléments ne peuvent cependant remplacer les parents qui demeurent les principaux artisans d'une vie de famille réussie.

Lavergne privilégie le rôle de la mère.

> Mère, vous serez la reine du foyer, et jusqu'à la mort, vos enfants auront pour vous un culte religieux, une vénération sans bornes. Voilà pourquoi si l'homme est la force qui s'impose, la femme ressort de sa valeur propre, de son caractère, de ses qualités et même de ses défauts[15].

La vie familiale doit non seulement produire des êtres sains, mais encore d'intrépides chrétiens :

> Il importe que la vie familiale contribue à former des générations qui ne soient pas timides dans l'affirmation et la pratique de la Foi catholique ; des générations d'une sainte hardiesse qui sachant leur front armé du signe de la Croix

n'aient pas peur de la porter haut devant ceux qui outragent le Christ, la morale, son Évangile, son église[16].

Mais *la Bonne Nouvelle* considère d'abord la famille en fonction des dangers ou des situations qui peuvent porter atteinte à son intégrité. Lavergne en signale trois : l'alcool, le logement inadéquat et l'immoralité.

L'alcool. En février 1929, *la Bonne Nouvelle* fait part de ses appréhensions concernant la consommation de l'alcool par les jeunes :

> La vérité, c'est qu'aujourd'hui on ne trouverait peut-être pas, ni à la ville, ni à la campagne, dix pour cent de nos jeunes gens qui ne boivent pas ; la vérité, qu'il serait puéril de cacher, c'est que nous descendons avec une rapidité alarmante par les pentes que creuse l'alcool vers l'alcoolisme populaire dans ses formes les plus brutales.
> Donc, en garde contre le mensonge de l'alcool, contre son retour insidieux dans nos moeurs et dans nos familles et en attendant que sonne l'heure du combat, prions[17].

Revenant sur le sujet quelques mois plus tard, il s'attaque carrément à la Commission des Liqueurs.

> La Commission des Liqueurs multiplie autour d'elle et dans tout le pays les ravages dont son commerce a coutume. Elle peuple les prisons, les asiles d'aliénés et les hôpitaux. Elle installe la misère au foyer de l'ouvrier, la honte et la déchéance dans les classes les plus fortunées[18].

Le logement inadéquat. La Bonne Nouvelle traite le logement inadéquat sous deux aspects : le logement familial et le taudis. Aux propriétaires, de plus en plus nombreux, qui refusent de louer à des familles avec enfants, elle riposte :

> Quand ce sera plus payant de louer à des familles qu'à des couples stériles et à des « accotés », et de louer des « chambres libres » pour garçons et filles qui veulent vivre en concubinage, on verra toutes les cloisons, et les pères de familles ne feront pas deux fois le tour de la ville, ne frapperont pas à cent portes avant de trouver à loger leur nichée[19].

Lavergne insiste peut-être davantage sur les taudis qu'il classe en trois catégories : 1) celui que crée la malpropreté de ses habitants ; 2) celui dont la construction est en mal de réparations pour cause d'humidité, de manque d'air et de mauvais éclairage ; 3) le taudis par surpeuplement[20]. Ce dernier est le pire.

Celui-ci naît de causes économiques difficiles à guérir. La maison est propre, toute neuve, bien aérée, bien éclairée, seulement elle est faite pour loger quatre ou cinq personnes et elle en loge dix ou douze, même quinze. L'entassement dans toutes les pièces raréfie l'air, le nettoyage devient difficile presque impossible, et le dégoût naît d'une maison que l'on ne peut pas aménager agréablement, où l'on a peine à se remuer.

Ce taudis existe dans toutes les villes, et tous les milieux en souffrent plus ou moins. Il naît de la constante augmentation des taxes qui suit toujours la hausse des loyers.

Or, qui niera qu'un tel taudis ne soit pas en voie de devenir la grande plaie, plus profonde et plus difficilement curable que celle des autres[21].

L'immoralité. Après l'alcool et le logement inadéquat, *la Bonne Nouvelle* s'attaque à l'immoralité. Lavergne n'hésite pas à la flétrir, qu'elle se manifeste dans la danse ou l'impudicité, qu'elle se rencontre dans les cinémas ou les théâtres.

Pour *la Bonne Nouvelle*, il y a des « danses honnêtes, honnêtement dansées entre personne honnêtes[22] », et les autres. C'est aux parents de voir à ce que leurs enfants n'exécutent que les premières :

Aux parents de prendre devant Dieu leurs responsabilités, et s'ils permettent que l'on danse chez eux de veiller à ce que tout se passe HONNÊTEMENT, et que les filles qui dansent soient « MODESTEMENT HABILLÉES », et que les garçons ne les tiennent pas à bras le corps.
Voilà !
Mon devoir est fait.
À chacun de faire le sien.
À tous de s'opposer énergiquement aux moeurs païennes qui tendent sans cesse à nous envahir[23].

Lavergne voit dans l'impudicité une incitation au vice et une occasion de corruption allant jusqu'à l'inceste :

Il y a des petites filles qui traînent les rues à moitié nues. Malgré les avis les plus pressants, il y a des mères qui ne veulent pas comprendre. Elles ne savent pas ce que nous savons, ce que notre bien-aimé Cardinal dénonçait l'autre dimanche dans son allocution au reposoir après la procession : la présence partout de scandaleux qui guettent ces enfants pour les corrompre. Et les malheureuses leur sont offertes, dans leur demi-nudité comme des appels à leurs convoitises, avec des facilités troublantes.

Mères, comprenez donc qu'il y va du bonheur de vos petites filles, et si vous n'avez pas de coeur pour elles, comprenez qu'il y va de votre bonheur à vous-mêmes ici-bas.

Si vous élevez vos enfants dans l'impudeur, croyez bien que l'impureté les prendra. Souvent dans votre famille, les petits frères en seront les instruments.

Pensez-y[24] !

D'après Lavergne, les films montrés à Québec prônent l'union libre, le divorce, ridiculisent la religion et exploitent les plus malsaines passions[25]. Les cinémas sont de véritables « écoles d'immoralité[26] ». Le mauvais cinéma n'est pas non plus étranger à la délinquance :

> C'est lui qui pervertit les imaginations et les coeurs. Il enlève au vice ce qu'il a de honteux et donne aux débauchés cet orgueil effronté de n'avoir pas même la pudeur de cacher leurs débordements. Au contraire, ils en sont à s'en vanter comme d'exploits glorieux[27].

Quand Taschereau annonce une loi relative à la censure des annonces de cinéma dans les journaux, Lavergne commente en disant :

> C'est un premier pas dans une bonne voie, vers une surveillance plus sévère des théâtres. Car ce qu'il y a de plus désastreux que les « vues » ce sont les vau-de-ville *(sic)*. Là-dessus ne s'exerce aucun contrôle[28].

3. *L'éducation*

La Bonne Nouvelle a une conception assez étroite de l'éducation. L'enseignement religieux seul l'intéresse vraiment. À l'occasion de la rentrée des classes de 1930, Lavergne donne le conseil suivant à ses paroissiens :

> Veuillez avec soin sur l'étendue du catéchisme. De tout ce que vos enfants apprendront à l'école, c'est la seule science qui les suivra jusque dans l'Éternité. Rien n'est plus important. Il vaut mieux qu'un enfant ne soit pas instruit, si l'on ne forme pas en même temps sa conscience. L'instruction ne lui donnera que plus de facilités de se perdre et de devenir malfaisant pour la société[29].

Cette dévalorisation de l'enseignement des matières profanes n'est pas mieux affirmée que dans ce commentaire faisant suite à la bénédiction de l'école paroissiale en 1931 :

> Car le but de l'école est d'armer les enfants non seulement pour les luttes de la vie matérielle mais surtout de la vie surnaturelle ; et ces luttes ils pourront les soutenir d'autant mieux qu'ils auront une formation morale plus intense. Il faut s'appliquer à former non seulement le coeur de l'enfant à la doctrine catholique qui est la vie de notre foi, mais aussi son intelligence[30].

L'école qui répond le mieux aux besoins de la population, c'est l'école catholique telle que conçue par les papes, qui ne blesse ni la foi ni la pureté de moeurs[31] !

4. *La politique*

Pour *la Bonne Nouvelle,* il n'y a pas d'ordre politique sain sans la soumission à Dieu et à l'Église. À ce sujet, Lavergne cite les paroles de Pie XI dans l'Encyclique *Quas primas* :

> Si les hommes venaient à reconnaître l'autorité royale du Christ dans leur vie privée et dans leur vie publique, des bienfaits à peine croyables − une juste liberté, l'ordre et la tranquillité, la concorde et la paix − se répandraient infailliblement sur la société toute entière[32].

Sans un ordre politique sain, la société se heurte à l'immoralité, à l'égoïsme et à la haine :

> Au coeur des individus, passions ignobles et insatiables ; dans la jeunesse une débauche montante, qui ne sait plus avoir honte ; chez un trop grand nombre de riches, un égoïsme féroce, une soif de l'or qui produit la décadence de l'honnêteté et alimente la marée menaçante du crime et du mensonge ; au sein des nations les luttes acharnées de partis ; d'un peuple à l'autre la haine, la défiance, l'appel à la violence, l'incertitude tremblante des volontés de paix.
> Face à tout cela, et pour la plupart coupables de tout cela, des hommes d'État ignares, incapables ou aveugles, aux prises avec des problèmes qui les dépassent qu'ils ne peuvent résoudre, parce qu'ils refusent d'admettre la doctrine de l'Église, la lumière de l'Évangile[33].

La Bonne Nouvelle, donc, se préoccupe du rôle social de l'État. De là découlent les diverses demandes qu'elle adresse au gouvernement de la province : contrôle des annonces publiées dans les journaux en faveur des cinémas et des théâtres[34] ; surveillance étroite de la publicité qui entoure le commerce de l'alcool :

> N'est-ce pas une honte que l'on permette d'annoncer ce poison, cause de tant de malheurs, à pleines pages de journal, à pleins pans de mur ?
> Seul l'argent pousse à cela ! ...
> Seule l'incurie des autorités l'explique. Aussi à la dernière journée des oeuvres diocésaines tenue à l'université Laval sous la présidence de S. G. Mgr Plante, il a été décidé de faire signer une requête pour demander au Gouvernement une loi défendant cette débauche d'annonces en faveur de l'alcool[35].

En ce qui concerne les allocations et pensions diverses aux familles, Lavergne approuve le programme du Parti conservateur provincial qui, lors de la campagne électorale de 1931, promet les allocations familiales, la pension aux veuves et aux orphelins de même que la pension aux vieillards[36].

Accusé par les libéraux d'appuyer le Parti conservateur, Lavergne riposte en citant ses propres paroles :

Or les réformes sociales que le parti conservateur a placées dans son programme sont en pleine conformité avec les directions du Souverain Pontife (contenues dans l'encyclique Castii Connubii)...[37].

En outre, selon *la Bonne Nouvelle*, l'État a la responsabilité d'assurer aux citoyens un logement convenable :

Qu'on ne l'oublie pas, la lutte contre le taudis intéresse la vie de la nation autant que le bien-être moral et physique de notre peuple. Car le taudis tue la famille, et propage la tuberculose.
Certes l'Hôpital Laval est une belle oeuvre : mais ce ne sera jamais qu'un palliatif, un ramasse déchets.
Ne serait-il pas temps que l'on s'occupe de diminuer les causes qui produisent les déchets ?
Et le taudis en est une, et pas la moindre[38].

Enfin, *la Bonne Nouvelle* demande au gouvernement de mettre fin à deux maux qui affligent la classe ouvrière :

a) *Le travail du dimanche qui abrutit les chefs de famille :*

Il importe que le Gouvernement voie à faire appliquer sévèrement notre loi du Dimanche.
Se fier pour cela sur l'initiative privée, c'est se résigner à voir grandir le mal. Les particuliers très souvent sont impuissants. L'on ne peut exiger d'un ouvrier qu'il sacrifie son gagne-pain pour dénoncer le patron qui le fait travailler le Dimanche.

Se fier sur les municipalités, c'est encore illusion. Elles ne peuvent pas ou ne veulent pas[39].

b) *L'opposition à la syndicalisation des ouvriers* au sujet de laquelle Lavergne déclare que « personne ni le Gouvernement, ni les patrons n'ont le droit de s'opposer à ce que les ouvriers se mettent en union » et que ceux qui le font « abusent de leur force[40] ».
La Bonne Nouvelle n'ignore toutefois pas l'existence d'obstacles à l'accomplissement du rôle social de l'État et en signale trois :

L'esprit de parti :

Il y a des gens pour qui tout se résume à ces deux capuchons : bleu ou rouge. Il leur est impossible tant leur esprit est obtus, et leur jugement faussé d'admettre que l'on puisse apprécier un événement, sans être coiffé de l'un ou de l'autre. Il ne leur vient même pas à l'idée que l'on doive d'abord se revêtir de N. S.

J.-Christ et à la lumière sereine de son Évangile et des enseignements du Pape, juger des discours, des hommes et des choses.

Plus loin :

Les partis importent peu !
Qu'ils triomphent ou succombent dans la lutte, cela me laisse assez indifférent pourvu que la vérité soit sauve, pourvu que les droits de Dieu ne soient pas sacrifiés, pourvu que les ouvriers reçoivent le traitement que mérite leur dignité d'homme et de chrétien[41].

L'électoralisme :

L'électoralisme, ce sont les méthodes pour gagner les élections coûte que coûte, c'est l'habitude de tout subordonner à cet objectif, ce sont les coups de force pour légitimer celles qui sont entachées de fraude[42].

Le capitalisme :

Toute la législation depuis des années n'a guère eu d'autres buts que de consolider le capitalisme, de légitimer ses outrances, de lui accorder tous les droits, tous les privilèges, jusqu'à cette spoliation de modestes colons, appelée « La Tragédie du Lac-St-Jean », jusqu'à la création de villes fermées, telle qu'Arvida, véritables réserves d'esclaves.
Et à ce capitalisme abusif quelles charges sociales a-t-on imposées ? Aucune[43].

Pour surmonter ces obstacles, *la Bonne Nouvelle*, outre la soumission à la doctrine de l'Église, propose en premier lieu l'éducation politique des citoyens qui, répandue partout, amènera l'électeur à voter non selon ses intérêts personnels, mais suivant l'intérêt public.

Le souci de l'intérêt public seul doit préoccuper votre conscience en face d'un bulletin de vote. Si l'intérêt public et vos intérêts personnels tombent d'accord, tant mieux. Si non, vous devez voter contre votre intérêt personnel. La raison reste la même, c'est que votre vote ne vous appartient pas, il appartient au bien de la société[44].

En second lieu, la présence de bons députés et de bons ministres qu'elle définit comme suit :

Le meilleur ministre, les meilleurs députés, ne sont pas ceux qui déversent dans leurs comtés la plus grosse part des fonds publics : ce sont ceux dont le dévouement est assuré à toutes les causes sociales et religieuses [45].

Si l'État ne réussit pas à résoudre les problèmes de la société, *la Bonne Nouvelle* craint l'avènement du communisme. Elle rapporte d'ailleurs plusieurs témoignages d'ouvriers tentés par l'aventure du communisme afin d'« avoir notre part de logement, notre part d'habits, notre part de manger[46] ».

5. La nation

La Bonne Nouvelle accorde une importance considérable à la situation nationale des Canadiens français et l'aborde sous plusieurs aspects.

Le pan-canadianisme. Il s'agit d'un pan-canadianisme basé sur l'égalité des deux races, sur la protection contre l'envahissement de la culture américaine.

> Si nous désirons maintenir notre pays au rang qu'il occupe aujourd'hui, si nous voulons maintenir la Confédération, il nous faut admettre la nécessité, la légalité des deux langues...
> Si ce pays doit avancer dans la voie du progrès et si la Confédération doit survivre, que nous soyons des Canadiens d'origine écossaise, irlandaise ou française, nous devons tous admettre que notre seul salut se trouve dans l'édification d'un pays dont la civilisation soit différente de celle des Etats-Unis... et d'une nation dans laquelle il n'y aura ni vainqueurs, ni droits et les mêmes privilèges[47].

La langue et la foi. Une loi scolaire déposée en 1930 par le gouvernement Anderson en Saskatchewan qui interdisait l'enseignement du catéchisme en français dans les écoles publiques, l'usage du français dans les délibérations des Commissions scolaires et la tenue d'écoles publiques par les instituts religieux[48] amena Lavergne à faire le commentaire suivant :

> La persécution sévit en Saskatchewan, un certain Anderson y joue le triste rôle de Callès au Mexique. Lui aussi a entrepris de tuer la Foi dans les âmes er chassant Dieu des écoles. Mgr Prud'homme (évêque de Prince Albert) vient de protester publiquement contre cette entreprise diabolique.
> Quand Laurier laissait s'établir dans l'Ouest le régime de lois qui aide aujourd'hui Anderson dans son oeuvre de déchristianisation, nous n'avons pas voulu écouter la voix de nos évêques et nous avons avili cette noble cause des écoles au rang des mesquines chicanes de partisanerie politique. Serons-nous plus sages[49] ?

Après le vote du projet de loi, Lavergne manifeste son indignation.

> Partout où ils sont la majorité, les anglo-protestants ont démontré qu'ils sont meilleurs pour prêcher aux autres la tolérance, la largeur d'esprit et le « fair-play » que pour les pratiquer eux-mêmes.

Qu'il s'agisse des écoles du Manitoba, du Nouveau-Brunswick, de l'Alberta, de la Sask *(sic)*, du Keewatin, de l'Ontario, toujours ils ont agi en fanatiques étroits, toujours ils ont réussi à organiser la persécution[50].

La famille. Dans un compte rendu de la conférence donnée par le père Martin, curé de Saint-Dominique, devant la section paroissiale de la Société Saint-Jean-Baptiste, *la Bonne Nouvelle* paraît faire siennes les paroles suivantes :

Chez nous, au Canada, nous appartenons à une famille qui a amassé un héritage, notre patrimoine, de sorte que les concepts de patrie et de famille s'unissent très étroitement.

... Elle a été chez nous la force vive, la digue capable de contenir tous les assauts[51].

La politique. Le 7 décembre 1929, Lavergne montre, de façon lapidaire la place qui est faite aux francophones dans l'administration publique :

Le Lieutenant-Gouverneur s'appelle l'Honorable N. CORROLL
Le Chef des pompiers s'appelle O'DONNELLY
Le Magistrat des sessions de la paix s'appelle FITZPATRICK
Le futur Coroner s'appellera COOTE
Un député de l'un des comtés de notre ville française s'appelle SHOBY POWER.
Il pourrait se faire que notre prochain maire porte un nom à sonorité étrangère. Pourquoi pas ?
Nous sommes si tolérants[52].

L'économie. Dans le domaine économique, cette « tolérance » s'est traduite par l'achat chez les autres, qui a « édifié de colossales fortunes dont rien ou presque rien ne nous est revenu » ; qui a « fait passer la fortune où elle était déjà trop » ; qui a « contribué du même coup à angliciser le visage de nos villes, de nos campagnes, de notre province » ; qui a « accru, chez le petit peuple, le sentiment de son infériorité, sa mentalité de vaincu » ; qui a « accru la masse des prolétaires résignés » ; qui a « fermé à nos enfants, non seulement l'avenue du succès, mais souvent même l'accès au travail » ; qui a « inculqué aux Canadiens français un culte exagéré de la langue anglaise » ; qui a « anglicisé nos écoles », « mis en péril la primauté de la langue française » et en a « peut-être compromis l'enseignement[53] ».

Le patriotisme. Le patriotisme occupe une large place dans les préoccupations de *la Bonne Nouvelle*. Celle-ci s'attache d'abord à stigmatiser la pauvreté du patriotisme des Canadiens français.

Il est grand temps de nous occuper sérieusement de patriotisme et de cesser d'en faire un passe-temps du 24 juin de chaque année. Sans doute la parade est quelque chose ; mais ce n'est qu'un vain spectacle, si elle n'exprime pas les sentiments qui émeuvent le coeur.

Hélas ! depuis quelques années, elle ne signifie plus grand chose.

Notre patriotisme n'est plus une vertu, mais une vaine et éphémère flambée. Quelles sont les grandes causes qui le secouent ? De quoi sommes-nous surtout préoccupés ?

Nous glissons dans la niaiserie avec une terrifiante rapidité.

Au point de vue intellectuel, c'est le vide et l'anémie. En doutez-vous ? Allez donc voir chez les marchands de journaux ceux qui se vendent le plus. Les plus bêtes, les plus imbéciles, ceux qui abusent davantage de la crédulité populaire, ceux qui le bernent le plus, ceux qui exploitent le mieux son avidité d'émotions morbides ont la faveur. A eux les gros tirages !

Aussi, où sont-ils les héros pour lesquels se passionnent les foules ?

A l'Aréna, et dans les cinémas...

Où vont nos énergies, notre prestige, notre argent ?

Dans les clubs neutres, Kiwanis, Rotary. On ne demanderait pas à une hache d'oublier qu'elle est une hache, ni à un marteau, ni à une scie, mais on exige d'un Canadien français catholique d'oublier ses titres et sa valeur, on lui demande d'être neutre. Et il y consent.

Sottise ! Inintelligence de gens qui se croient très avancés...

Au point de vue religieux que vaut notre patriotisme ?

Hélas ! j'ai parfois peur de regarder trop au fond. Nous sommes fanatiques et tout flamme pour la défense de quelques politiciens, et de glace pour le maintien des oeuvres qui selon l'enseignement et les directions des Souverains Pontifes tel que le journal catholique, doivent aider à sauvegarder la Foi[54].

Puis, *la Bonne Nouvelle* désigne les causes de cette pénible situation. En premier lieu, il y a la Société Saint-Jean-Baptiste qui consacre trop de temps et d'énergies à l'organisation du défilé du 24 juin et néglige les oeuvres sociales accaparées par les clubs « neutres[55] ». Bien plus, elle n'est plus la société nationale, elle « ne représente plus les aspirations et les ambitions canadiennes », parce que, contrôlée par les employés du gouvernement et les *Knights*, elle « ne peut plus agir, ni parler pour leur défense et leurs progrès[56] ».

En second lieu, et plus important, l'esprit de parti.

Le mal qui nous paralyse, qui nous avilit, qui nous ruine, le mal qui a transformé un peuple de héros en une race de flanchards, et de mous toujours prêts à tendre le postérieur pour des coups de botte, c'est l'esprit de parti.

C'est pour assurer le triomphe d'un parti politique rouge ou bleu que nous avons mis de côté le souci des causes sacrées de la religion et de la race...

Donc là est le coeur du mal. C'est là qu'il faut frapper si l'on veut un changement[57].

Une réforme de la Société Saint-Jean-Baptiste et l'élimination de l'esprit de parti feraient du défilé du 24 juim « une manifestation éclatante du patriotisme de notre peuple affirmant sa croyance, sa vénération, son enthousiasme pour une vérité, pour un homme ou un fait historique[58].

Il serait de plus possible « qu'à certaines heures pénibles de notre histoire tout notre peuple soulevé d'indignation, à cause des injustices dont souffrent nos frères sur quelque coin du Canada, s'en aillent non sur les trottoirs mais dans les rues et par un éloquent défilé promène des pancartes, des bannières, des drapeaux, des oriflammes, même des chars allégoriques sur lesquels seraient écrits en phrases lapidaires et voyantes notre volonté de vivre, nos droits à un traitement équitable sur tout le territoite de ce pays qui est nôtre par le sang qu'y ont versé nos héros et nos martyrs, par la civilisation qu'ils y ont implantée et que nous y avons maintenue au prix des sacrifices de tous nos missionnaires et de tous nos grands patriotes[59] ».

6. Le travail et l'économie

La Bonne Nouvelle s'intéresse de près à la vie économique. La crise qui sévit affecte particulièrement sa clientèle ouvrière.

L'analyse économique du bulletin inspirée par l'observation de la réalité et l'enseignement social des papes privilégie les relations du Capital et du Travail.

La Bonne Nouvelle constate, en premier lieu, que ces relations favorisent d'abord le Capital :

> Les salaires sont à la baisse. Tous les patrons veulent réaliser les mêmes profits coûte que coûte et ne faire porter qu'aux ouvriers ou employés les sacrifices que commande la crise. Le jeu est dangereux. Il y a une limite à rogner sur des salaires déjà insuffisants en bien des cas[60].

En second lieu, elle considère que cet avantage du Capital lui vient, en partie du moins, de l'appui des hommes publics.

> Par le temps qui court, il y a des gens qui ne peuvent pas prendre la parole en public sans demander aux ouvriers d'être raisonnables, de consentir des sacrifices et de laisser couper, recouper, débiter des petits salaires de famine, qui leur permettent à peine de manger trois repas par jour, de payer un loyer de taudis, et de ne chauffer le poêle qu'aux heures de la cuisine[61].

Face à cette alliance du pouvoir économique et du pouvoir politique, les ouvriers sont peu ou mal organisés et vont même jusqu'à se nuire entre eux :

Nos paroissiens ne sont pas riches, ouvriers, ils souffrent de manque d'organisations solides qui les protégeraient. Beaucoup ont souffert de la grève[62] et n'ont pas recouvré les places qui leur ont été enlevées par les « scabs ». Il en est résulté une baisse générale des salaires qui met tout le monde dans la gêne.

Les plus pauvres sont les journaliers qui n'ont pas d'emploi à l'année, obligés d'aller d'un chantier à l'autre, ils perdent beaucoup de temps, et sont souvent très mal payés. Je me suis souvent demandé ce qu'il faudrait faire pour améliorer leur sort. Ils ont bien un syndicat, mais outre qu'un grand nombre ne s'occupent pas d'en faire partie, il en est quelques-uns qui le combattent en donnant leur travail pour un salaire de famine[63].

Pour redresser la situation, *la Bonne Nouvelle,* puisant généreusement aux encycliques *Rerum Novarum* et *Quadragesimo Anno* de même qu'à diverses directives papales, propose deux solutions complémentaires. D'abord, l'organisation syndicale des ouvriers, sur laquelle elle insiste à temps et à contretemps tout au long des années étudiées. A la fin de 1930 :

Que faut-il penser des patrons qui profitent de la crise du chômage, pour payer à leurs employés des salaires dérisoires ?

De tels patrons sont des allumeurs de haine. Ce sont les spéculateurs sur la faim et la misère. Léon XIII les a dénoncés il y a déjà longtemps. Ils existent toujours, ils existeront aussi longtemps qu'il y aura des ouvriers non syndiqués[64].

En mai 1932 :

Nos ouvriers finiront-ils par comprendre que leur subsistance, l'honneur de leur travail, la paix de leur famille, la durée du travail, tout ce qui les concerne trouve dans le syndicat de leurs métiers son protecteur naturel et le plus puissant ? Cesseront-ils de se faire la guerre les uns aux autres dans un marchandage des salaires au rabais pour enlever la place à leurs frères ouvriers[65] ?

Cette formation de syndicats ouvriers doit s'accompagner de la formation de syndicats de patrons, pour aboutir, selon la voie indiquée par Pie XI dans *Quadragesimo Anno,* à l'organisation professionnelle.

L'organisation professionnelle ou si l'on aime mieux la formation de syndicats d'ouvriers, et de syndicats de patrons qui s'entendent pour concilier les droits et les devoirs des patrons avec les droits et les devoirs des ouvriers[66].

La Bonne Nouvelle ne fait pas cependant table rase d'autres aspects de l'organisation économique que, reprenant les paroles de Pie XI, elle qualifie de « dure, implacable et cruelle[67] ».

Parlant des abus du capitalisme et de ses liens avec la politique, elle dira :

> Toute la législation depuis des années n'a guère eu d'autres buts que de consolider le capitalisme, de légitimer ses outrances, de lui accorder tous les privilèges jusqu'à cette spoliation de modestes colons, appelée « La Tragédie du Lac St-Jean », jusqu'à la création de villes fermées, telles qu'Arvida, véritables réserves d'esclaves[68].

Notons, en terminant, que *la Bonne Nouvelle* ignore complètement le retour à la terre comme solution aux problèmes économiques et sociaux du Québec.

II. – LES ADVERSAIRES

La Bonne Nouvelle a bien quelques amis[69] mais elle a surtout des adversaires. Lors de l'étude du thème travail et économie nous avons vu qu'elle ne ménageait par les capitalistes. C'est pourquoi nous les ignorerons pour ne parler que du gouvernement Taschereau, des juifs et des communistes.

1. *Le gouvernement Taschereau*

La Bonne Nouvelle n'accorde que très peu de crédit au régime du Premier Ministre, lui reprochant ses liens avec les milieux d'affaires et la fuite de ses responsabilités sociales et religieuses. C'est sa tête de turc préférée.

Entreprenant une campagne contre le « travail maudit » du dimanche, Lavergne écrit en 1929 :

> Nous avons des lois dans notre Province qui assurent le repos dominical, mais on ne sait pour quelles raisons, quand il s'agit de puissantes compagnies, elles paraissent inapplicables. Contre les petits voleurs, contre les fraudeurs de la loi de tempérance, on trouve moyen de sévir rigoureusement, contre les violences de la loi du dimanche, on se renvoie la balle de l'un à l'autre et le mal continue[70].

La Bonne Nouvelle n'hésite pas non plus à dénoncer l'inertie de Taschereau face à l'abus des boissons alcooliques. Rappelant une visite que des curés lui avaient faite à ce sujet, elle exprime ainsi son dépit :

Nous réclamions la fermeture des tavernes à 10 h. du soir, et celle des magasins de liqueurs à 1 h. de l'après-midi le samedi : la disparition des annonces dans les journaux et ailleurs.
L'Honorable Premier Ministre nous a répondu par un beau discours et de belles promesses. Nous sommes partis émus et pleins d'espoirs.
J'ai protesté dans le temps contre les journaux conservateurs qui disaient que le Premier Ministre s'était moqué de nous. Je les ai accusés de se laisser guider par l'esprit de parti.
Aujourd'hui, que la session est terminée et que nous n'avons rien obtenu, je suis bien obligé de l'admettre, nous nous sommes fait berner. Le Premier Ministre s'est moqué de nous.
Une fois de plus il a prouvé ce que vaut sa parole. Il faudra s'en souvenir et en tenir compte[71].

Quelques mois plus tard, *la Bonne Nouvelle* laisse entendre que l'attitude de Taschereau s'explique par sa servitude à l'égard des fabricants d'alcool.

Et, lors de la délégation ouvrière que rapportait l'*Action Catholique* du 30 décembre dernier, l'Honorable M. Taschereau n'a-t-il pas déclaré qu'il avait dû reoncer à taxer la bière sous la menace des financiers de Montréal[72].

La Bonne Nouvelle reproche encore au gouvernement Taschereau de soutenir entre autres trusts celui de l'électricité. La compagnie le plus souvent mise en cause est la Quebec Power, détentrice du monopole de la distribution de l'électricité dans la vieille capitale.

Que des journaux comme « Le Soleil » et « L'Événement » les défendent, les excusent et s'efforcent de les légitimer, rien de surprenant.
Esclaves des partis et des trusts ils font leur besogne : sale besogne... si payante[73] !

2. *Les juifs*

La Bonne Nouvelle s'attaque souvent aux juifs. En septembre 1932, Lavergne écrit en quelque sorte la somme de son antisémitisme dans un article intitulé « Les juifs seront-ils nos maîtres ? »

Des chrétiens dégénérés chaque jour plus nombreux leur prêtent main forte, mais eux gardent la maîtrise de tout.
A eux les théâtres.
De leurs boutiques sortent ces modes qui depuis quinze ans et plus contribuent à détraquer nos femmes et nos filles, habituent nos enfants à l'impudeur des deshabillés.

De leur littérature directement ou indirectement sort la propagande de l'amour libre, la licence des moeurs.

Je sais bien que la plupart n'ont en vue que de s'enrichir. Mais d'autres, dans l'ombre, qui détiennent les leviers de la Franc-Maçonnerie recherchant un autre but[74].

Le directeur de *la Bonne Nouvelle* expose ensuite ce qui pourrait être la raison profonde de son attitude à l'égard des Israélites.

Or, il arrive que dans notre société les Juifs ont pris pied. Des hommes qui se croyaient très avisés, très sages et très larges d'esprit, au nom d'une liberté que la philosophie catholique appelle le libéralisme, leur ont accordé les mêmes droits qu'aux fondateurs et premiers colons du pays. Nos pères ont voulu établir sur ce sol, au prix de leurs héroïsme, un peuple chrétien, un peuple d'apôtres, des hommes droits d'une mâle énergie, forts de cet ardent amour du Christ qui donnait à Jean-Baptiste une attitude si fière, si désintéressée en face des jouisseurs et des grands de ce monde.

Les rôles sont en train de changer. Aujourd'hui les fils de ces valeureux chrétiens descendent rapidement au rang des esclaves. Une autre race qui a un autre idéal monte à l'assaut de toutes les positions par des complicités qu'il est défendu de préciser qui elles dominent.

Et sans des réactions promptes, énergiques et avisées nous aurons atteint bientôt le fond de toutes les déchéances, morales, intellectuelles, économiques, politiques, etc.

En 1933, Lavergne, faisant peut-être sienne l'exaspération de la population, semble vouloir justifier la conduite de Hitler à l'endroit des juifs, arguant qu'ils sont à la source du communisme.

Qui ne sait aujourd'hui que, au fond du bolchévisme, dans l'organisation du bolchévisme, dans la marche du bolchévisme, il y a le Juif : le Juif exploitant la bêtise des chrétiens dégénérés et poursuivant sans relâche par eux un but préparé de longue main, que Lénine, un des chefs, affirmait en toute circonstance : La Révolution Universelle par l'écrasement du christianisme, le renversement de la croix du Sauveur Jésus.

Donc rien d'étonnant que dans la répression du bolchévisme Hitler ait atteint des Juifs, bousculé leurs plans, dérangé leurs complots et même frappé quelques unités peut-être trop rudement. C'est inévitable en toute répression[75].

3. *Les communistes*

Au cours de l'analyse du thème de la politique nous avons vu que *la Bonne Nouvelle* avait tenté d'amener le gouvernement provincial à se soumettre à la doctrine sociale de l'Eglise en agitant le spectre du communisme. De spectre qu'il était de 1929 à 1932, il devient une menace réelle en 1933 si l'on se fie aux nombreux articles publiés à son sujet cette année-là. Il est intéressant de noter l'existence d'une évolution dans la nature des accusations portées contre lui.

En février, le bulletin reproduit une conférence radiophonique de Chanoine Casgrain dénonçant le caractère antireligieux du communisme.

> Le pouvoir soviétique, depuis son existence, a poursuivi sans relâche sa satanique campagne antireligieuse. Avec une tenacité extrême, avec des ressources financières énormes et des cadres de sans-Dieu de plus en plus nombreux, le pouvoir soviétique attaque le monde des croyants en Russie et ailleurs.
> Il y a entre le Bolchévisme en toute croyance religieuse une opposition à ce point irréductible que la destruction de la Religion est une condition essentielle au maintien du régime bolchévique en Russie et à son développement dans le monde[76]

Puis, en avril, Lavergne s'attaque à la crédibilité du marxisme.

> Le mouvement marxiste fut donc et demeure un mouvement conspiratif, une immense mystification du prolérariat qui, admis à collaborer à la forme apparente de l'Internationale, resta toujours et reste encore ignorant du véritable but poursuivi. En apparence organisé pour améliorer la classe ouvrière, le communisme, de fait, s'em moque. Entre les mains des chefs, le prolérariat n'est qu'un instrument, une sorte de bélier que l'on pousse contre la société[77].

Enfin, *la Bonne Nouvelle* cherche, en décembre, à éloigner sa clientèle ouvrière du communisme en montrant, selon « une importante étude à ce sujet », que les travailleurs russes sont exploités.

> Sous le couvert de la « dictature du prolétariat » et sous le prétexte que les travailleurs doivent le maximum de leurs efforts à « leur » Etat, le gouvernement bolchéviste a institué un véritable régime d'exploitation des travailleurs. Il n'existe aucun recours, ni moyen en Russie.
> Toute résistance passive ou active est assimilée à un acte subversif, à une tentative révolutionnaire. Dans la « patrie des travailleurs » l'ouvrier doit se plier sans récriminer à une discipline de fer et obtempérer aux ordres de l'Etat-Employeur sous peine de se voir privé de son emploi, de la liberté et même de la vie[78].

* * *

Durant ces cinq années, *la Bonne Nouvelle* appelle de tous ses voeux un renouveau de la société canadienne-française et ce renouveau, l'étude des thèmes nous le révèle, passe nécessairement par la réforme de l'ordre politique.

La Bonne Nouvelle, en effet, attribue au système politique en vigueur la responsabilité de tout ce qui ne va pas dans la société. L'inertie du gouvernement encourage l'abus des boissons alcooliques, favorise le logement inadéquat, le mauvais cinéma et le mauvais théâtre et, en cela, provoque l'affaiblissement de la cellule familiale ; l'esprit de parti empêche l'élection d'hommes honnêtes et justes et mine le sentiment national ; le pouvoir politique, enfin, non seulement tolère mais permet les abus du capitalisme.

Pour accomplir cette réforme de l'ordre politique, *la Bonne Nouvelle* juge essentielle la soumission à la doctrine de l'Eglise et aux directives des papes, l'avènement d'hommes résolus à lutter pour la « restauration sociale ».

C'est pourquoi Lavergne réserve un appui chaleureux aux Jeunes–Canada.

> Il est formé de jeunes gens qui au lieu de gaspiller leurs loisirs et leurs forces au service de la bête les emploient à la restauration sociale. Ils ont compris qu'il serait vain de prêcher contre le bolchévisme dans le peuple si on laisse les trusts, tous les gros mangeurs de salaires exorbitants, spéculer sur la faim et la misère[79].

Après l'assemblée tenue par les Jeunes-Canada à Québec le 18 décembre 1933, et à laquelle il assistait, Lavergne écrira encore :

> Enfin, nous avons entendu les voix jeunes qui exprimaient des pensées mûries dans la méditation des sentiments jaillis de coeurs nobles qui ne veulent pas s'asservir à la tyrannie des partis politiques. C'était lundi dernier, le 18, à l'assemblée des Jeunes-Canada. Leurs voix nous ont réconfortés. A mesure qu'ils parlaient, qu'ils affirmaient leur jeune volonté d'être ni aux Bleus ni aux Rouges mais à la vérité et au service de leur pays, des espoirs nouveaux se levaient dans les âmes[80].

Archives nationales du Québec.   Louis GARON

[1]   L'année 1929 parce que la grande crise économique des années 30 a débuté cette année-là ; l'année 1933 parce que *la Bonne nouvelle* doit se soumettre à l'*imprimatur* à partir de janvier 1934.

[2]   *La Bonne Nouvelle*, 26 octobre 1924, p. 2. (Dorénavant, *BN*.)

[3]   Numéros d'octobre 1929, *passim*. (Familles visitées en octobre 1926.) A partir de 1929 (14 septembre) *la Bonne Nouvelle* publie un recensement général tous les ans, à l'automne.

[4]   *BN*, 25 avril 1925.

[5]   *Ibid.*

[6]   *BN*, 29 décembre 1930 (*sic*). Ce numéro a probablement paru en novembre.

[7]   *BN*, 2 mai 1931.

[8]   *BN*, 19 septembre 1931.

9   *BN*, 7 mars 1931.
10 *BN*, 13 février 1932.
11 *BN*, 22 décembre 1933.
12 *BN,* 23 septembre 1933.
13 *BN*, 19 septembre 1931.
14 *BN*, 9 novembre 1929.
15 *BN*, 8 juillet 1933, p. 216.
16 *BN*, 1er octobre 1930, p. 26.
17 *BN*, 16 février 1929.
18 *BN*, 23 novembre 1929.
19 *BN*, 1er mars 1930:
20 *BN*, 12 avril 1931.
21 *Ibid.*
22 *BN*, 11 janvier 1930.
23 *Ibid.*
24 *BN*, 8 juillet 1933.
25 *BN*, 2 mai 1931.
26 *Ibid.*
27 *BN*, 1er février 1930.
28 *BN*, 5 avril 1930.
29 *BN*, 6 septembre 1930.
30 *BN*, 14 novembre 1931.
31 *BN*, 11 octobre 1930.
32 *Ibid.*
33 *BN*, 7 décembre 1933.
34 *BN*, 5 avril 1930.
35 *BN*, 7 décembre 1929.
36 *BN*, 23 août 1931.
37 *BN*, 19 septembre 1931.
38 *BN*, 4 octobre 1931.
39 *BN*, 6 avril 1929.
40 *BN*, 6 septembre 1930.
41 *BN*, 19 septembre 1931.
42 *BN*, 19 décembre 1931.
43 *BN*, 23 janvier 1932.
44 *BN*, 13 février 1932.
45 *BN*, 5 octobre 1930.
46 *BN*, 18 novembre 1933.
47 *BN*, 20 juin 1931.
48 *BN*, 6 septembre 1930.
49 *BN*, 18 janvier 1930.
50 *BN*, 6 septembre 1930.
51 *BN*, 13 mai 1933.
52 *BN*, 7 décembre 1929.
53 *BN*, 14 octobre 1933. (Discours de l'abbé Groulx à l'assemblée de refrancisa-
    tion tenue à la Palestre le jeudi 19 avril 1933, à laquelle Lavergne accorde
    son adhésion.)
54 *BN*, 8 juin 1932.
55 *BN*, 23 mai 1931.

[56] *BN*, 20 juin 1931.

[57] *BN*, 13 mai 1933.

[58] *BN*, 23 mai 1931.

[59] *Ibid.*

[60] *BN*, 4 octobre 1931.

[61] *BN*, 26 novembre 1932.

[62] Grève de la chaussure de 1925-1926.

[63] *BN*, 9 novembre 1929.

[64] *BN*, 29 décembre 1930.

[65] *BN*, 14 mai 1932.

[66] *Ibid.*

[67] *BN*, 24 octobre 1931.

[68] *BN*, 23 janvier 1932.

[69] *L'Action catholique* et la C. T. C. C. en particulier.

[70] *BN*, 2 février 1929.

[71] *BN*, 12 avril 1931.

[72] *BN*, 23 janvier 1932.

[73] *Ibid.*

[74] *BN*, 24 septembre 1932.

[75] *BN*, 13 mai 1933.

[76] 4 février 1933, chanoine CASGRAIN, *le Bolchévisme à l'école en Russie.* Conférence donnée au poste CHRC.

[77] 8 avril 1933, abbé LAVERGNE, *les Méthodes bolchévistes* (causerie donnée au poste CHRC pour l'Heure catholique).

[78] *BN*, 7 décembre 1933.

[79] *Ibid.*

[80] *BN*, 23 décembre 1933.

« LE FASCISTE CANADIEN », 1935-1938

En 1934, après cinq années d'activités politiques intenses, Adrien Arcand fonde le Parti national social chrétien (PNSC) et, l'année suivante, il commence la publication du *Fasciste canadien* qui en sera l'organe officiel. C'était l'aboutissement d'une aventure politique commencée en 1929 avec *le Goglu* et « l'Ordre patriotique des Goglus » de caractère préfasciste par son idéologie, son organisation et son antisémitisme virulent[1].

Le premier numéro du *Fasciste canadien*[2] est publié en juin 1935 sous forme de bulletin polycopié mensuel d'une dizaine de pages. A partir de décembre de la même année, il prend la forme d'un journal imprimé de format tabloïd qui passe graduellement de quatre à douze pages. Le dernier numéro paraît en juin 1938 et annonce la dissolution du PNSC qui se fusionne avec les autres partis fascistes du Canada pour devenir, sous la direction d'Arcand, le Parti de l'Unité nationale qui publiera *le Combat national*.

De 1935 à 1938, le mouvement fasciste, sous le leadership d'Arcand, atteint sa maturité et c'est sans doute le meilleur moment pour tenter d'en analyser l'idéologie. Cette tâche est difficile cependant, car même si le PNSC et son chef ont fait couler beaucoup d'encre dans les années 30, on connaît assez mal l'un et l'autre. En effet, le PNSC, soit par nécessité tactique, soit pour des raisons qui relèvent de la psychologie du conspirateur, s'entoure d'un voile épais de secret ou encore s'ingénie, par une habile propagande, à brouiller les pistes des observateurs. Ainsi nous savons peu de chose sur le tirage, l'aire de rayonnement, les rédacteurs, les lecteurs du journal, etc. Les estimations sur le nombre de membres du PNSC — qui formaient sans doute la majorité des lecteurs du *Fasciste canadien* puisqu'ils étaient tenus de s'y abonner — varient de mille huit cents à quatre-vingt mille[3] ! La seule estimation un peu plausible, encore qu'elle concerne le Parti de l'Unité nationale en janvier 1940, est celle de la Gendarmerie royale. D'après ce corps policier qui avait saisi les papiers du parti, il y avait au Canada un total de 7 083 membres dont 5 942 dans la région de Montréal et 982 dans le reste du Québec[4].

Le PNSC se contente d'exploiter la confusion qui règne à son sujet. Il excelle dans la propagande et réussit, grâce à son caractère flamboyant, à profiter au maximum de la curiosité et de l'inquiétude de ses adversaires pour obtenir de la « publicité gratuite » dans les media d'information canadiens et américains. Les dirigeants répètent sans cesse que le nombre de membres du parti de même que le tirage du journal augmentent mais sans donner de chiffres dignes de foi. Par exemple, on rapporte que : « Le tirage de ce premier numéro a dépassé le chiffre qui avait d'abord été espéré[5] » ; « Le présent numéro du *Fasciste canadien* a un tirage trois fois supérieur à celui du premier numéro[6] » ; en juin 1936, on rapporte que le nombre de membres du PNSC s'est accru de 46 pour cent dans Montréal seulement et que le tirage du journal a été quintuplé depuis le 31 décembre 1935[7]. Ce genre de « précisions » ne nous avance guère puisque nous ne connaissons ni le tirage de juin ni celui de décembre.

Il semble quand même assuré que, de 1935 à 1938, le PNSC et son journal ont fait de réels progrès. Le passage de bulletin polycopié au journal imprimé puis l'augmentation du nombre de pages en sont des indices. Ce progrès dont nous ne savons pas l'ampleur, est certainement limité car, contrairement au désir exprimé par la direction, la périodicité du journal resta la même.

Dans ce journal de parti il est pratiquement inutile d'essayer de distinguer opinion et information. C'est pourquoi il importe d'analyser à peu près tout le contenu du journal. Même si *le Fasciste canadien* a changé de format et que de nouveaux collaborateurs sont venus appuyer Arcand, on peut dire qu'au point de vue idéologique il est resté remarquablement homogène de 1935 à 1938. C'est pourquoi il m'est apparu légitime, après une lecture attentive de chacun des numéros, de choisir un échantillon pour l'aspect quantitatif de cette analyse. J'ai pris un numéro sur trois pour chaque année de publication, soit douze numéros sur trente-sept. Chaque numéro retenu représente un mois différent et, à l'intérieur de chaque année, un trimestre différent[8]. L'ensemble des douze numéros totalise quatre-vingt-quatorze pages dont j'ai soustrait six pages qui sont des annonces sans signification sur le plan idéologique. Donc, les pourcentages que l'on trouvera dans le tableau suivant ont été établis sur un total de quatre-vingt-huit pages.

LES PRINCIPAUX THÈMES DU *FASCISTE CANADIEN* (1935-1938)
ET RÉPARTITION PROCENTUELLE À PARTIR D'UN ÉCHANTILLON DE 88 PAGES

Les partis fascistes	Doctrine fasciste	Politique	Économie	Société
PNSC 14	État 5,6	Internationale 27,5		
Canada (moins Québec) 0,7	Nation 0,7	Québec 6,7		
Autres 2,6	Corporatisme 1	Canada (moins Québec) 11,4	0,9	4
TOTAL 12,7	TOTAL 12,3	Total 45,6		

Religion	Non compris dans les six thèmes	Total		Antisémitisme*
Question juive 4,7				Domination mondiale 24,4
Autres 1				Socialisme-communisme 13,3
				Religion 11
				Capitalisme 4,8
				Démocratie-libéralisme 4,7
				Race 4,6
				Autres 37,2
TOTAL 5,7	14,2	100		TOTAL 100

*Étant donné l'importance de ce thème (54,9 pages sur 88, soit 62,4%), il a été traité séparément.

Cette analyse quantitative a permis de recueillir certaines données sur le PNSC, de repérer les principaux thèmes développés dans le journal, de saisir l'importance relative de chacun d'entre eux et d'en montrer l'articulation en un tout plus ou moins cohérent[9].

I. – LE PARTI FASCISTE CANADIEN

1. *Une dictature*

Suivre les progrès du PNSC et des autres partis fascistes dans le monde constitue l'un des objectifs majeurs du *Fasciste canadien*. Il importe de faire connaître aux membres les décisions et les orientations du parti, de décrire les manifestations – toujours réussies – du PNSC, de rapporter les interventions ou les discours du chef. Ce thème important occupe 17,3% de l'espace dans le journal. Même si la part consacrée au Canada (moins le Québec) et aux autres pays est minime, respectivement 0,7% et 2,6%, cela est important pour convaincre les membres qu'ils participent à un grand mouvement mondial progressant de jour en jour vers le triomphe final.

Le parti, au dire d'Arcand lui-même, est « à base de dictature[10] ». Dans cette structure autoritaire, fortement hiérarchisée, le chef qu'on présente comme le «*Pontifex Maximus* » et l'« homme providentiel[11] » est l'autorité suprême. Les membres d'un tel parti, dont la devise est *Serviam*, ont des devoirs précis : faire de la propagande pour assurer la diffusion des idées du Parti er recruter de nouveaux membres, assister aux assemblées pour y étudier le programme du Parti, souscrire au *Fasciste canadien*, payer la cotisation mensuelle et obéir aux directives des chefs[12]. Dans ce parti, l'obéissance et la discipline sont suprêmes. Les membres sont là pour écouter et exécuter car « notre évangile politique[13] », c'est-à-dire le programme, « a TOUT prévu, n'a RIEN oublié[14] ».

Le journal se montre d'une très grande discrétion sur la vie interne et les débats à l'intérieur du parti. Pourtant le PNSC, malgré des succès certains de 1934 à 1938, connaît quelques problèmes sérieux. D'abord il y eut, de février à novembre 1935, une réorganisation profonde du parti qui mena à l'expulsion de certains membres sans qu'aucune explication ne soit donnée[15]. Puis, en novembre 1937, il y eut une scission aboutissant au départ de quelques membres influents qui utilisèrent *la Nation* pour épancher leurs griefs contre Arcand[16]. Finalement, en mai 1938, un schisme majeur se produisit lorsque le Dr Lambert, le principal lieutenant d'Arcand, J. E. Lessard et une vingtaine d'autres officiers quittèrent le parti en dénonçant leur chef, ses méthodes et l'orientation qu'il imposait au PNSC[17].

À l'origine de tous ces conflits, on trouve la nature du leadership d'Arcand qui accapare tout le pouvoir alors que la constitution prévoit que l'instance suprême du parti est le Grand Conseil. Ce conflit était d'une certaine façon inévitable dans le contexte d'un parti « à base de dictature ».

2. *Les contradictions de la pensée et de l'action d'Adrien Arcand*

Il y a aussi, comme source de division, les hésitations et les contradictions dans la pensée et l'action politiques d'Arcand, en particulier sur la question nationale. Arcand rejette avec force le séparatisme de *la Nation* comme le nationalisme traditionnel représenté par Henri Bourassa et *le Devoir*[18]. Il est convaincu que les problèmes des Canadiens français proviennent de la démocratie et des juifs plutôt que des « Anglais [19] ». En instaurant le fascisme au Canada, on résoudrait du même coup la question nationale[20]. Tout en insistant sur la nécessité de l'unité canadienne voire même de l'Empire britannique, Arcand se révèle « séparatiste » lorsqu'il affirme avec force que le PNSC est et restera un Parti exclusivement canadien-français. En effet, dit-il, en 1936 : « Que les Fascistes anglais s'organisent comme ils l'entendent c'est leur souci. Notre seule base de discussion avec eux ne sera toujours que notre unité raciste[21]. » Il ajoute :

> Notre parti est essentiellement raciste, c'est-à-dire qu'il veut et va faire disparaître tous les partis politiques pour incorporer dans ses rangs toute la race canadienne-française (...) de sorte que, lorsque le chef du « parti-race » parlementera avec le chef du groupe de langue anglaise, il parlera au nom de toute la race et non seulement au nom de 40% de la population canadienne-française (...) Le régime Fasciste sera en ce pays un régime de duumvirat (...) C'est une nécessité. Même en démocratie, ce fut sous des duumvirats — Cartier-Macdonald, Baldwin-Lafontaine (sic) que nous eûmes le plus de justice[22].

Mais lorsque vint la fusion entre le PNSC et les groupes fascistes de l'Ouest et de l'Ontario, certains réalisèrent, à juste titre, qu'en fait la structure adoptée n'avait rien à voir avec l'idée de duumvirat. Cela était sans doute difficile à accepter pour ceux qui pensaient comme ce rédacteur que le fascisme « est la seule formule qui répond à toutes nos exigences de Canadien français et de catholique » et que la doctrine du

PNSC « c'est le corporatisme national chrétien, celui des Papes[23] ». Si l'Empire n'est guère populaire au Canada français, le Pape ne l'est probablement pas plus au Canada anglais. Finalement, on peut se demander comment un parti qui exalte autant l'unité, la hiérarchie, l'autorité, l'« État indivisé et fort » peut reposer sur une dictature bicéphale.

II. – LES PRINCIPAUX THÈMES DU JOURNAL

1. *La doctrine fasciste*

La doctrine fasciste est toujours la norme utilisée pour juger des hommes et des événements. Ce qu'on pourrait appeler une réflexion doctrinale occupe 12,3 pour cent du contenu du journal. Aussi surprenant que cela puisse paraître, il est difficile de trouver dans *le Fasciste canadien* une définition satisfaisante du fascisme. Certes, on explique l'étymologie latine et italienne du mot en insistant sur le fait que la doctrine est universelle et susceptible d'application dans chaque pays du monde. Il y a aussi de nombreuses définitions s'appuyant sur des comparaisons, peu subtiles d'ailleurs, avec la démocratie ou le communisme. Finalement il y a les définitions fourre-tout du genre :

> Fascisme signifie : patriotisme, nationalisme, respect des traditions, amour de son pays, contrôle de la nation par les nationaux, justice sociale, fin de l'exploitation. Autorité assez forte pour discipliner les puissances d'argent, écrasement de la subversité et du mensonge, élimination de toute propagande empoisonneuse, dignité, droiture, honneur[24].

Ou encore, d'une manière un peu plus concise : « Le Fascisme : révolution radicale signifiant la destruction implacable du libéralisme et la reconstruction d'un monde nouveau sur les bases du droit divin, national, familial, naturel, personnel[25]. »

Le libéralisme qui, à cause de ses principes de tolérance et d'égalité de tous les hommes, refuse de reconnaître les différences de religion et de race constitue la grande erreur des temps modernes. Il a été condamné par l'Eglise pour la « non-distinction de religion » et il doit l'être aussi vigoureusement pour la « non-distinction de race[26] » qu'il enseigne. Dans un cas comme dans l'autre, il contrevient à la loi divine et à la loi naturelle.

La race est, en effet, le prolongement de la famille et les deux reposent sur le lien du sang[27]. Plus encore, « c'est Dieu lui-même qui a voulu et fait les races différentes. Ces races ont physiquement leurs

aptitudes particulières[28]. » La meilleure preuve en est dans la Bible :
« Jésus-Christ a Lui-même condamné le *melting pot racial* rêvé par les
internationalistes. Il a demandé d'enseigner LES NATIONS et non « la
nation[29] ». A l'internationalisme, néfaste hors du domaine spirituel, il
faut opposer le nationalisme, ou plus précisément le racisme car « dans
le nationalisme, la seule chose qui soit vraie, réelle, conforme à la
nature, c'est la race, le sang[30] ». Sur les notions de race, nation,
nationalisme, on chercherait en vain dans *le Fasciste canadien* la
moindre apparence scientifique. On n'y trouvera qu'un ensemble confus
d'arguments basés sur une interprétation simpliste de la Bible et de la
supposée loi naturelle. Mais, chose certaine, l'application politique du
principe raciste est claire : la citoyenneté canadienne sera « conférée
seulement aux Aryens, communément appelés de « race blanche » et
aux Indiens indigènes émancipés, tous autres ne pouvant être que
« sujets »[31] ».

Le libéralisme nous a donné la démocratie. Ce système politique,
inefficace et pourri, repose sur les faux principes de l'égalité des
citoyens et du règne de la majorité alors que la nature nous enseigne
que seule une élite peut diriger. D'ailleurs, « Dieu n'a rien fait qui ne
soit une dictature, que ce soit la famille, le mosaïme, l'Église et la
« Nouvelle Alliance », que ce soit dans le monde des fourmis ou des
abeilles[32] ». La démocratie est aussi condamnable parce qu'elle met en
danger la vie de la nation. Dans ce système, l'État est divisé, l'intérêt
général est sacrifié aux intérêts particuliers. Ainsi les fascistes considèrent que l'intérêt national est une forme grotesque lorsque, dans un
Parlement, on a près de la moitié des députés qui tentent de renverser le
gouvernement[33]. Le PNSC clame bien haut que, s'il prend le pouvoir,
il abolira tous les partis politiques afin de rendre à l'Etat son unité, son
autorité et son efficacité. Dans le système fasciste on peut se dispenser
des partis car : « La nation devenant son propre parti, tous les
Canadiens devant être dans, avec et pour l'État canadien, nul ne devant
être en dehors ou contre[34]. »

Les institutions du nouvel État fasciste seront fondées sur le corporatisme. Tout citoyen, employeur ou employé devra s'inscrire dans le
syndicat ou l'association de son métier ou de sa profession et il devra
élire les délégués qui représenteront sa corporation au Parlement. *Le
Fasciste canadien* qui promet la vraie démocratie ne prend pas la peine
d'expliquer quels seront les pouvoirs réels de ce Parlement et de ces
corporations nécessairement manipulés par le chef à qui reviennent tous
les pouvoirs comme il convient dans une dictature. Ce qu'on nous dit
du droit à l'opposition n'est guère rassurant puisque « la discussion et

l'opposition seront permises seulement au sein des corporations compétentes sur les questions qui les intéressent[35] ».

L'acharnement qu'on met à combattre le libéralisme est d'autant plus justifié qu'il mène au communisme. *Le Fasciste canadien,* en plus de souligner que ce n'est pas par hasard que les démocrates, les socialistes et les communistes combattent le fascisme, ne peut trouver de meilleur argument que l'autorité du Pape lui-même qui écrivait dans *Quadragesimo Anno* : « Le socialisme a le libéralisme pour père et le communisme pour héritier[36]. » Or, le communisme – ce plan juif[37] – est une abomination suprême puisqu'il a pour objectif de déclencher une « révolution radicale signifiant la destruction implacable de la religion, de la famille, le droit de propriété, l'initiative personnelle, la patrie, les traditions[38] ».

À la dictature internationaliste, judéo-communiste, il faut opposer la dictature nationale fondée sur le racisme et le christianisme qui animent le fascisme. Dès la prise du pouvoir, il y aura : « Proclamation et application pratique du Christianisme et de la morale chrétienne dans toutes les actions de l'État Corporatiste Canadien ; extirpation immédiate de toute manifestation publique d'athéisme, subversité, immoralité, menaces antinationales, judéo-communisme et dangers similaires[39] ».

2. *La politique*

La politique à tous ses niveaux est le grand centre d'intérêt du *Fasciste canadien* qui y consacre 45,6 pour cent de l'espace du journal, sans compter le 17,3 pour cent consacré aux partis fascistes.

La politique québécoise ne retient pas l'attention outre mesure surtout après la défaite du régime Taschereau qui était sa cible favorite. Même si seul le fascisme peut vraiment résoudre tous les problèmes, il n'en reste pas moins que Duplessis et l'Union nationale représentent une nette amélioration et les fascistes leur témoignent une sympathie certaine.

Il en va de même pour le régime conservateur de R. B. Bennett à Ottawa qui, au dire du *Fasciste canadien*, tend vers le fascisme[40]. À l'élection fédérale de 1935, le thème majeur de la campagne, selon le journal, est le débat sur l'article 98 du *Code criminel* qui permet d'emprisonner les membres d'organisations subversives tels les communistes. Selon les fascistes, l'abolition de cet article, tel que promis par les libéraux, ouvrira la porte au communisme. Le CCF et le Crédit social – du juif Douglas – sont tous deux condamnés formellement parce que socialistes[41].

Le grand combat entre fascisme et socialisme qui se déroule au Canada et dans le monde entier est suivi avec un intérêt extrême par le journal. Déjà quelques pays ont su choisir le fascisme : l'Allemagne, le Japon ; d'autres comme le Portugal, l'Autriche, la Pologne, s'apprêtent à joindre les pays fascistes. Ce sont les modèles à imiter. Malheureusement, des pays comme la Russie, l'Espagne, le Mexique, n'ont pas su prévoir et ils doivent souffrir atrocement sous la domination judéo-communiste. Mais la réaction nationaliste et chrétienne se prépare et le fascisme triomphera des forces du mal. Ultimement, dans cette vision manichéenne, toute la politique internationale se ramène à la conspiration des juifs pour dominer le monde.

3. Les questions socio-économiques

La politique occupe tellement de place qu'il en reste fort peu pour les problèmes économiques (0,9%) et sociaux (4%) qui ne manquent pourtant pas dans les années 30. Certes, le journal fait allusion à la « Crise », au chômage, mais presque toujours cela aboutit à stigmatiser le juif responsable de tous ces maux, car comme le dit le Fasciste canadien : « Qui n'a pas étudié la question juive ne connaît pas la question sociale[42]. » L'obsession raciste des fascistes les rend incapables d'analyser quelque problème que ce soit en termes économiques ou sociologiques. Cela ne les empêche pas d'avoir la solution à tous les problèmes. Ils utilisent comme preuve irréfutable le cas de l'Italie ou de l'Allemagne où « le Reich manque de main-d'oeuvre tandis qu'avec la juivocratie c'est le chômage[43] ».

La solution fasciste est simple : révolution politique qui permettra à l'Etat de rétablir les valeurs nationales et sociales. Le programme du PNSC préconise l'élimination de tout contrôle internationaliste sur la monnaie, le crédit, le commerce, la production et les travailleurs. L'État, disposant d'une autorité absolue et bien informé par les corporations, pourra jouer son rôle de régulateur de l'économie et établir la coopération entre toutes les classes de la société qui ont chacune leurs droits mais aussi leurs devoirs. L'État verra à purger le capitalisme de toute possibilité d'abus tout en protégeant le capital, la propriété privée et l'initialive personnelle. Quant aux agriculteurs et aux travailleurs ils auront « la transcendance » dans l'État corporatiste[44].

4. La religion

Le PNSC et son journal « chrétien d'esprit et d'inspiration» consacrent 5,7 pour cent de l'espace du Fasciste canadien à la religion.

Les fascistes, sachant fort bien que l'Église catholique québécoise n'allait pas se compromettre à leurs côtés, n'essaient pas d'obtenir de sa part un appui public. Ils se contentent d'affirmer à temps et à contre-temps que leurs principes fondamentaux comme le racisme, le nationa-lisme, la dictature, etc., sont conformes à la loi naturelle et divine. Ils proclament bien haut que dans l'État fasciste la religion et la morale chrétienne seront à l'honneur et que toutes les doctrines subversives, en particulier le socialisme et le communisme si obsessivement dénoncés par l'Église, seront impitoyablement réprimées[45].

Chaque « attaque » contre Dieu ou l'Église, que ce soit en Russie, en Espagne ou au Canada, est dénoncée avec vigueur par le Fasciste canadien. En contrepartie, on essaie de montrer que dans les pays fascistes, surtout en Allemagne, les relations entre l'Église et l'État sont excellentes. Ainsi, on dit de l'Allemagne que c'est « un pays plus chrétien que le nôtre depuis l'avènement d'Hitler[46] ». Ou encore, on coiffe un article du titre « Hitler sauveur du catholicisme[47] ». Mais cela devient un peu plus difficile après la mise en garde du Pape contre le nazisme dans son encyclique Mit brennender Sorge. Le Fasciste canadien n'ose publier aucun extrait de l'encyclique. Il se contente d'un seul commentaire pour blâmer avec modération la politique allemande : « Les gouvernants allemands n'ont absolument rien à gagner et beaucoup à perdre, en s'aliénant la sympathie catholique mondiale, qui suivra sans hésiter le Saint-Père dans ses directions.» Mais il s'empresse d'ajouter : « Comme l'Allemagne est destinée à recevoir le premier choc des légions soviétiques, elle a grand tort de ne pas vivre dans la meilleure amitié avec ceux qui, moralement, seraient ses meilleurs alliés[48]. » Tout semble rentrer dans l'ordre puisque, par la suite, on publie un article intitulé « Hitler exécute la volonté de Dieu, dit le cardinal Innitzer[49] ».

Le plus souvent, c'est-à-dire dans 82 pour cent des cas où il est question de religion, celle-ci sert à justifier l'antisémitisme du Fasciste canadien. Chaque déclaration directement ou indirectement antisémite d'un ecclésiastique est mise en relief. S'il est vrai que, dans les années 30, il est arrivé que certains cardinaux et évêques ont effectivement sombré dans l'antisémitisme, il n'en reste pas moins qu'à d'autres moments le Fasciste canadien utilise avec une malhonnêteté flagrante cer-taines paroles du Pape. Ainsi, on présente une encyclique qui dénonce la démoralisation par le cinéma sous le titre « Le Pape condamne les Juifs[50] » ; après tout, les juifs ne contrôlent-ils pas le cinéma ? Ailleurs, on écrit que le Pape donne sa bénédiction au fascisme puisqu'il a dit qu'il bénissait ceux qui combattaient le communisme[51]. À un autre moment, on trouve le moyen d'associer le Pape et Hitler contre les juifs dans une note intitulée « Le Pape les (Juifs) dénonce de nouveau » qui se lit ainsi : « À l'occasion d'une audience accordée à des réfugiés espagnols et au lendemain même des accusations d'Hitler contre le communisme, S. S. Pie XI a fulminé contre le matérialisme (répandu dans le monde par les Juifs) et contre le communisme[52]. »

5. L'antisémitisme

Si la religion n'est qu'un prétexte pour Arcand et ses disciples nazis, l'antisémitisme est l'essence même de leur doctrine. La place occupée par ce thème est telle qu'il a fallu en faire une catégorie à part pour tenter d'en mesurer l'ampleur. On peut dire que 62,4 pour cent de l'ensemble du *Fasciste canadien* est clairement antisémite.

Pour parler des juifs, *le Fasciste canadien* recourt aux mots et aux expressions les plus odieuses, par exemple : sales, puants, laids, cochons, race dégénérée, rats de Mésopotamie, descendants de Judas, représentants de Satan, etc. On les accuse des pires crimes susceptibles de frapper l'imagination populaire. Ainsi, on nous apprend qu'un juif a violé vingt-deux petites chrétiennes de cinq à douze ans[53]. Ou encore, on nous rapporte cette nouvelle aussi invraisemblable :

> L'an dernier, dans un pays d'Europe, on a découvert que des serviettes sanitaires pour femmes étaient infectées de germes de maladies vénériennes, et qu'ainsi un grand nombre de femmes saines avaient été physiquement dégénérées. La source de cette diabolique manoeuvre était juive, et l'on étouffe hermétiquement la nouvelle afin d'éviter le plus terrible progrome de tous les temps[54].

Pour *le Fasciste canadien*, le juif est responsable de tous les maux qui affligent le monde : « La question juive touche à tout, c'est la seule question à régler pour la paix mondiale, pour le salut de la civilisation mondiale[55]. » En d'autres mots, comme on l'écrit en très gros caractères : « Le Juif voilà l'ennemi[56] ! » « Juiverie, malheur du monde[57] ».

Les fascistes n'essaient même pas de donner une apparence scientifique à leur obsession. Il leur suffit d'affirmer qu'il y a une race « sémitique » qui descend de Sem comme il y a une race blanche qui descend de Japhet. Les races — voulues par Dieu — ont chacune leur caractère particulier. Ce qui caractérise le juif, c'est son instinct matérialiste. On ne peut ni expliquer le juif ni le changer, car nous dit benoîtement *le Fasciste canadien* : «C'est Dieu qui les a faits ainsi, et nous n'avons pas à demander les raisons de SA redoutable Justice[58]. »

Dieu, dans son infinie bonté, a tenté de sauver cette race dégénérée en envoyant son Fils parmi eux ; ce fut en vain, ils l'assassinèrent. L'accusation de déicide revient très souvent dans le journal qui, pour l'expliquer, recourt au Christ lui-même : « Le Sauveur a dit des Juifs avec raison : « Ils font l'oeuvre d'homicide de leur père, qui est Satan[59]. » L'instinct matérialiste des juifs les a amenés à tuer le Messie qui ne leur apportait qu'un message spirituel ; ce même instinct leur a fait interpréter leur titre de « peuple-élu » comme une promesse qu'ils domineraient le monde. Le Talmud, en enseignant que les Gentils ne sont que des animaux, confirme leur conviction. La preuve de cette conspiration juive a d'ailleurs été étalée dans *les Protocoles des Sages de Sion*, ce faux notoire.

Historiquement, c'est avec la Révolution française fomentée par la franc-maçonnerie juive qu'ont commencé les malheurs de l'Occident. La Révolution dont la philosophie était le libéralisme a prêché la tolérance et condamné la discrimination raciale et religieuse pour aboutir à l'instauration de la démocratie. Les juifs, ainsi sortis des ghettos où le Moyen Âge, ce sommet de la civilisation occidentale, avait eu la sagesse de les confiner, purent entreprendre leur conquête. Peu à peu, ils contrôlèrent l'or, le commerce, la presse, le cinéma, les ouvriers. Ils provoquèrent des guerres pour s'enrichir et affaiblir la race blanche. En 1929, ils déclenchèrent artificiellement une crise économique pour amener les ouvriers au communisme. C'est ainsi, de conclure Arcand, que « Les Juifs contrôlent 90 pour cent du pouvoir mondial et des leviers de la vie des nations. Il ne leur manque plus qu'une seule chose : le pouvoir politique final dans chaque pays. Le communisme est leur moyen d'y arriver[60]. »

Le communisme, au dire du *Fasciste canadien*, n'est même pas une doctrine, mais tout simplement « un plan juif » dont la philosophie de base est le terrorisme puisé dans le Talmud[61]. On le voit en Russie où on pratique un régime de terreur et où 98 pour cent des dirigeants sont des juifs[62]. Pis encore, les juifs dominent aussi les démocraties qu'on appelle fréquemment les juivocraties. Cela se comprend puisque « démocratie libérale, socialisme et communisme ne sont que les trois stages d'une même idée juive[63] ».

Que faire ? « Purger le monde du juivisme et des juifs dont il est imprégné[64] », en les forçant tous à s'exiler à Madagascar comme on force les lépreux à s'isoler[65]. Comme il y a au Canada déjà trop de juifs qui sont d'ailleurs la source de tous ses problèmes, il faut combattre toute tentative d'immigration juive. De toute façon, le PNSC prévient « la racaille d'Europe[66] » que s'ils viennent s'établir au Canada, ils seront hors la loi dès que le parti accédera au pouvoir. Quant aux juifs déjà établis au pays, n'étant ni aryens ni chrétiens, ils ne pourraient jamais obtenir la citoyenneté canadienne que le PNSC promet d'établir.

S'il est vrai que « la seule différence entre Fascisme italien et Nazisme allemand est la considération et le traitement de la question juive[67] », on sait où se situe le PNSC qui, d'ailleurs, utilise beaucoup la Croix gammée, nourrit une grande admiration pour le génie d'Hitler, le plus grand homme d'Europe[68], etc. Les fascistes canadiens poussent même le mimétisme jusqu'à utiliser l'abréviation NASO[69]. Pour Arcand, comme pour Hitler, le juif explique tout. C'est bien entendu le parfait bouc émissaire comme on peut le voir dans l'interprétation suivante de l'histoire du Canada depuis Champlain :

> Depuis que l'Anglais est au Canada, le juif s'est servi de son nom et de son manteau pour nous donner des coups mortels dont nous a encore sauvés la Providence. Etudiez l'histoire du Canada, la vraie (...) Examinez de près les frères Kirke, Wolfe et Montcalm, la dispersion des Acadiens, 1837 avec Papineau financé et sauvé par les Juifs[70].

S'ils connaissent l'histoire vraie, ils connaissent tout autant le christianisme vrai comme en témoigne un rédacteur pour qui « c'est être chrétien, juste, charitable[71] » que de déporter tous les juifs à Madagascar. Et comme il fallait s'y attendre, les fascistes prétendent s'appuyer sur Dieu, saint Jean, saint Paul, saint Thomas d'Aquin et Luther pour justifier leur antisémitisme[72].

* * *

Il est difficile de cerner davantage l'idéologie du *Fasciste canadien* car, en définitive, comme l'écrit un spécialiste, l'idéologie fasciste est « un amalgame d'éléments contradictoires, qui ne peuvent être finalement saisis, dans leur articulation, que par leur incarnation en pratiques et en appareils[73]. Cependant, les cas de l'Allemagne et de l'Italie nous montrent que, malgré toutes ses faiblesses et ses contradictions, cette idéologie, dans une conjoncture propice, peut s'imposer.

Département d'histoire,   René DUROCHER
Université de Montréal.

1   Réal CAUX, *le Parti national social chrétien : Adrien Arcand, ses idées, son oeuvre et son influence.* Thèse de M.A. (science politique), université Laval.

2   La collection complète de ce journal se trouve sur les bobines 3 et 4 du fonds Adrien Arcand microfilmé par l'École des hautes études commerciales de Montréal.

3   Ce chiffre de 1 800 vient de J. E. Lessard et du Dr Lambert, dissidents expulsés du parti, *The Montreal Star,* 1er juin 1938. Le chiffre de 80 000 a été donné par Adrien Arcand lors d'une interview à *Nation* le 12 février 1938. Ces renseignements ont été puisés dans Linda SILVER, *Fascism in Quebec, 1929-1940,* essai non publié, Toronto, s.d., 45, 19.

4   RCMP, *Law and Order in Canadian Democracy* (Ottawa, King's Printer, 1949), 147. Cité par Linda SILVER, *op. cit.,* 60.

5   Le *Fasciste canadien,* I, 1, juin 1935. (Dorénavant *F.C.*)

6   *Ibid.,* I, 3, août 1935.

7   *Ibid.,* II, 1, juin 1936.

8   Les numéros qui ont servi pour l'analyse quantitative sont les suivants : I, 1, juin 1935 ; I, 4, septembre 1935 ; I, 7, décembre 1935 ; I, 10, mars 1936 ; II, 2, juillet 1936 ; II, 5, octobre 1936 ; II, 8, janvier 1937 ; II, 11, avril 1937 ; III, 3, août 1937 ; III, 6, novembre 1937 ; III, 9, février 1938 ; III, 12, mai 1938.

9   Je tiens à remercier Michael Behiels, candidat au doctorat à York, qui a bien voulu m'aider pour l'aspect quantitatif de ce travail.

10   *F.C.,* II, 6, novembre 1936.

11   *Ibid.*

12   *F.C.,* I, 7, décembre 1935.

13   *Ibid.*

14   *F.C.,* I, 6, novembre 1935.

15   *F.C.,* II, 6, novembre 1936.

16   *F.C.,* II, 11, avril 1937.

17   Voir Linda SILVER, *op. cit.,* 44-45.

18   *F.C.,* II, 6, novembre 1936.

19   *Ibid.*

20   *Ibid.*

21   *Ibid.*

22   *Ibid.*

23   *F.C.* III, 9, février 1938.

24   *F.C.,* IV, 1, juin 1938.

25   *F.C.,* II, 6, novembre 1936.

26   *F.C.,* II, 2, juillet 1936.

27   *Ibid.*

28   *Ibid.*

29   *Ibid.*

30   *Ibid.*

31   *F.C.,* III, 10, mars 1938.

32   *F.C.,* II, 6, novembre 1936.

33   *F.C.,* III, 12, mai 1938.

34   *F.C.,* III, 10, mars 1938.

35   *Ibid.*

36   *F.C.,* III, 11, avril 1938.

37 *F.C.*, III, 7, décembre 1937.
38 *F.C.*, II, 6, novembre 1936.
39 *F.C.*, III, 10, mars 1938.
40 *F.C.*, I, 4, septembre 1935.
41 *F.C.*, II, 12, mai 1937.
42 *F.C.*, I, 5, octobre 1935.
43 *F.C.*, III, 11, avril 1938.
44 *F.C.*, III, 10, mars 1938.
45 *F.C.*, I, 1, juin 1935.
46 *F.C.*, I, 5, octobre 1935.
47 *F.C.*, I, 12, mai 1936.
48 *F.C.*, II, 11, avril 1937.
49 *F.C.*, III, 11, avril 1938.
50 *F.C.*, II, 3, août 1936.
51 *F.C.*, II, 6, novembre 1936.
52 *F.C.*, II, 5, octobre 1936.
53 *F.C.*, I, 3, août 1935.
54 *F.C.*, I, 8, janvier 1936.
55 *F.C.*, III, 6, novembre 1937.
56 *F.C.*, I, 7, décembre 1935.
57 *F.C.*, II, 6, novembre 1936.
58 *F.C.*, III, 5, octobre 1937.
59 *F.C.*, I, 2, juillet 1935.
60 *F.C.*, III, 7, décembre 1937.
61 *F.C.*, III, 12, mai 1938.
62 *F.C.*, I, 8, janvier 1936.
63 *F.C.*, III, 12, mai 1938.
64 *F.C.*, III, 11, avril 1938.
65 *Ibid.*
66 *F.C.*, III, 12, mai 1938.
67 *F.C.*, II, 9, février 1937.
68 *F.C.*, I, 7, décembre 1935.
69 *F.C.*, I, 5, octobre 1935.
70 *F.C.*, III, 9, février 1938.
71 *F.C.*, III, 11, avril 1938.
72 *F.C.*, IF, 1, juin 1938.
73 Nicos POULANTZAS, *Fascisme et Dictature*, Paris, Maspéro, 1970, p. 275.

« CLARTÉ » OU LE RÊVE D'UN FRONT POPULAIRE

Au cours de la décennie qui suit la dépression mondiale de 1929, dont l'intensité est particulièrement grande au Québec (chômage, baisse de salaire, misère généralisée, diminution des investissements, etc.), le communisme — le bolchévisme, disait-on alors — apparaît aux intellectuels, aux membres du clergé et aux dirigeants de divers partis politiques et des mouvements sociaux, comme le principal danger qui guette la population canadienne-française.

Dès 1929, le sénateur C. P. Beaubien prononce un virulent discours, dont l'objet est la « propagande communiste au Canada » et demande que le gouvernement effectue une sélection plus sévère des immigrants et qu'il déporte tous les agitateurs[1]. Pour sa part l'archevêque de Montréal, Mgr Gauthier, déplore en janvier 1931 les nombreuses déclarations d'apostasie recueillies par l'Université ouvrière et s'étonne que « les Soviets aient trouvé des adeptes parmi les nôtres et que des hommes de notre sang et de notre ville se soient voués à la même tâche[2] ». L'année suivante, dans une lettre pastorale qui porte sur la crise économique, les évêques de Québec, de Montréal et d'Ottawa recommandent aux chômeurs de « se méfier des semeurs de fausses idées et suggèrent aux « pouvoirs publics » de « faire échec au prosélytisme des agents de désolation spirituelle[3] ». Les membres du bas-clergé, principalement ceux qui oeuvrent dans les syndicats, dans les institutions d'enseignement et dans les mouvements d'action catholique (Ligue du Sacré-Coeur, J. O. C., A. C. J. C., École sociale populaire, etc.), luttent alors activement pour assurer la « victoire du catholicisme sur le communisme, du Christ sur Lénine, de Rome sur Moscou ». Le R. P. Papin Archambault, qui est responsable des Semaines sociales du Canada et qui participe aux activités de l'École sociale populaire, est un des « propagandistes » les plus acharnés. Dans un tract intitulé « La menace du communisme au Canada[4] », celui-ci présente les principes et énumère les méthodes de la lutte contre le mouvement communiste : d'abord, l'action de l'Etat au moyen de la répression légale (application de l'article 98, lois contre la propagande athée, contrôle de l'immigration) et de réformes sociales (par exemple, la réglementation des grandes corporations), ensuite l'action des associations catholiques, ces « véritables digues contre le communisme » qui peuvent « éclairer, protéger et aider matériellement les ouvriers », et enfin l'action individuelle (donner l'exemple en accomplissant ses devoirs religieux et sociaux, prier).

Toutes les lettres partorales, les discours ou sermons, les colloques, les articles et les ouvrages, qui exhortent les Canadiens français à lutter contre le communisme exercent alors un contrôle social indéniable, dont l'effet est d'autant plus efficace qu'il s'articule à une répression gouvernementale (*Loi concernant la propagande communiste* ou « Loi du cadenas » sanctionnée le 24 mai 1937). Malgré ces nombreux obstacles, qui s'ajoutent à diverses difficultés (refus des propriétaires de louer des salles, interdiction des autorités locales, contre-manifestations, défections, infiltration d'« espions », etc.), les membres canadiens-français du Parti communiste canadien n'en poursuivent pas moins, en collaboration avec leurs camarades canadiens-anglais et néo-canadiens, leurs activités : organisation des chômeurs, action syndicale, sensibilisation de la population à la guerre d'Espagne, recrutement et formation de militants[5], etc. Ceux-ci parviennent même à publier régulièrement (bi-mensuellement) pendant quatre ans un journal, *Clarté*[6], dont la responsabilité de la rédaction est confiée d'abord à un jeune intellectuel canadien-français, Paul Moisan, et ensuite à un ingénieur d'origine belge, Jean Péron[7]. Habituellement imprimé à trois mille exemplaires, ce journal, qui ne compte jamais plus de trois cents abonnements, est distribué grâce au dévouement et, à partir de 1937, grâce à l'audace et à l'habileté des militants, qui réussissent à déjouer la surveillance étroite de la police. La distribution du journal est alors pour ces militants une de leurs activités les plus importantes : *Clarté* est l'instrument de propagande qu'ils utilisent auprès des ouvriers et des chômeurs dans leur travail d'organisation syndicale et de recrutement de nouveaux membres. Cependant cette distribution du journal n'en permet pas le financement, qui est en fait assuré par l'équipe de la rédaction elle-même : celle-ci organise des campagnes d'abonnements, des « pique-niques antifascistes », etc. Et lorsqu'il est impossible de couvrir les frais de publication, l'on fait appel à la générosité de quelques « bourgeois sympathisants » ou au Comité central de Toronto.

1. D'une « classe contre classe » au « Front populaire »

Même si ce sont des militants du P. C. qui assurent la rédaction et la distribution de *Clarté*, l'identité du journal est habituellement camouflée : celui-ci est présenté comme un « journal de combat en vue du relèvement social, politique et économique de notre peuple[8] ». Une seule fois, l'identité communiste est explicitement niée :

> Nous tenons à dire que *Clarté* n'est pas l'organe du Parti Communiste (...). Nous ne sommes liés à aucune caisse politique. *Clarté* est un journal essentiellement ouvrier, créé par l'ouvrier pour l'ouvrier. Nous ne soulevons pas la haine des races. Nous ne nous occupons pas de questions religieuses. Nous ne tendons pas la main à tout le monde. Nos amis, ce sont les ouvriers.
> Nous le répétons, nous sommes au service de l'ouvrier, de l'ouvrier misérable, de l'ouvrier malheureux, peu importe ses opinions politiques, peu importe l'étiquette dont il se pare (...). Là où il y a de la misère, là où l'ouvrier est exploité, notre organe pénètre et apporte une lueur d'espoir. *Clarté* dénonce les patrons oppresseurs, met à jour leurs machinations et révèle tous les abus, de quelque parti qu'ils viennent (...). Notre but, envers et contre tous, demeure : de meilleures conditions et de meilleurs salaires pour les ouvriers et une forte union dans toutes les usines[9].

Si les responsables du journal refusent de dévoiler leur véritable identité et parfois même la nient, c'est que la situation particulière dans laquelle ils doivent poursuivre leurs activités et qui en est une de répression très sévère[10], les oblige à adopter une telle stratégie, qui elle-même n'est pas totalement indépendante de celle qu'adopte l'exécutif de la Troisième Internationale. L'on ne peut pas ignorer en effet que le septième congrès de l'Internationale a étudié, en août 1935, la formule du Front populaire déjà mise de l'avant par le Parti communiste français et que le secrétaire général, M. Georgi Dimitroff a proposé que les partis communistes locaux ou nationaux cessent leurs attaques contre la social-démocratie et mettent sur pied des « fronts populaires antifascistes sur la base d'un front prolétarien uni[11] ». D'ailleurs, conformément aux directives de l'Internationale et suivant l'exemple du Parti communiste français, le Parti communiste canadien, dont le secrétaire est alors Tim Buck, a lui-même adopté en octobre 1937[12] un « programme d'action démocratique », qui ne veut être « ni un programme de socialisme ni même un document spécifique du Parti communiste, mais plutôt le terrain commun où peuvent se rencontrer ceux qui de bonne foi veulent jeter les bases du développement et de la croissance de la lutte des masses en faveur du bien-être actuel sous le présent régime de notre société[13] ». L'objectif n'est plus, du moins à court terme, la prise du pouvoir politique et la transformation du mode de production capitaliste mais l'obtention de certaines revendications : salaires d'existence normale et sécurité pour tous (semaine de quarante heures, congés payés, salaire égal pour la femme, système d'assurances sociales, programme de travaux publics, etc.) ; protection du cultivateur et de l'agriculture en général (prêts, régularisation des prix, etc.) ; juste taxation pour faire payer les riches (abolition de la taxe de vente, nationalisation du système bancaire et de l'électricité) ; garantie des libertés civiles (révision de l' A. A. B. N. afin de donner droit au gouvernement fédéral de légiférer sur les questions sociales et les salaires, dissolution du Sénat, droit d'organisation, réforme électorale, etc.).

Au Québec, le Front populaire qui a été créé sur papier en 1935 n'entreprend ses travaux qu'en avril 1937. Ceux-ci consistent principalement en l'élaboration d'un « programme minimum » de revendications qui puisse rallier les travailleurs, les chômeurs et les classes moyennes dans leur lutte pour obtenir une « vie meilleure » et en l'organisation de quelques grandes manifestations unitaires des forces progressives[14]. Cependant les efforts des membres du P. C. en vue d'établir des alliances tactiques avec d'autres groupements ne donnent guère de résultats positifs : par exemple, à aucune élection fédérale ou provinciale, il n'y a constitution d'un Front, qui réunit le P. C. et d'autres partis. Mais, même si peu fructueuse, l'adoption de cette stratégie n'en influence pas moins profondément les discours que les militants tiennent, les thèmes qu'ils abordent, le ton qu'ils utilisent[15], etc. Ainsi, dans leur journal *Clarté*, ceux-ci ne présentent que rarement les objectifs réels du mouvement communiste, à savoir le renversement du pouvoir, la dictature du prolétariat et l'établissement d'une société socialiste : la présentation de ces objectifs et aussi la contestation de l'ordre social et de l'idéologie dominante sont en effet l'objet de moins de 15 pour cent de l'ensemble des articles publiés entre 1935 et 1939.

DISTRIBUTION DES ARTICLES[16] PUBLIÉS DANS
CLARTÉ ENTRE 1935 ET 1939, SELON LES COMPOSANTES
DE L'ACTION PRIVILEGIÉES[17]

Composantes	%	
Définition de la situation	50,6	
Tensions, contradictions		21,6
Identification des responsables		28,4
Appel à la mobilisation	16,4	
Présentation de revendications « immédiates »	19,6	
Contestation de l'ordre social		
Présentation des objectifs du P.C.	13,4	
	100	
TOTAL	(1 172)	

Il semble donc que la principale tâche que se donnent les rédacteurs et les collaborateurs du journal soit de transmettre un nouveau code de lecture, de nouvelles catégories de perception de la réalité québécoise. En effet, plus de la moitié des articles se limitent à une description de la situation (crise économique, chômage, misère, etc.) et à l'identification des responsables. L'on ne néglige pas pour autant les appels à la mobilisation (organisation syndicale, Parti ouvrier, etc.) ou la formulation de revendications « immédiates », mais ces tâches apparaissent secondaires. En d'autres termes, la préoccupation des rédacteurs est d'abord de se faire le porte-parole d'une insatisfaction ou d'un mécontentement et de faire prendre conscience d'intérêts opposés. A cet égard, l'importance de l'identification des agents responsables ou « ennemis » et l'expression d'une opposition à divers groupes dirigeants est très significative : parmi les articles où il est explicitement fait référence à des groupes ou à des individus, plus des trois quarts sont défavorables ou manifestent une opposition et seulement 22 pour cent expriment une alliance ou une identité. C'est donc dire que *Clarté* se définit d'abord comme un journal d'opposition[18] : critique de Duplessis, des fascistes (Hitler, Mussolini, Arcand, etc.), des nationalistes (abbé Groulx), etc. Et il apparaît, sur la base de cette analyse de l'attitude (favorable, défavorable ou ambivalente) du journal à l'égard de divers individus et groupes, que la constitution de nouvelles alliances, qui est l'objectif du Front populaire, pose aux membres du P. C. de nombreux problèmes : par exemple, l'on donne un appui à la C. I. O. mais l'on exprime certaines réserves envers les « candidats ouvriers », la C. T. C. C., la C. C. F., etc. En fait, les seuls véritables symboles de ralliement sont les « Patriotes de 1837 », auxquels *Clarté* consacre un numéro complet en 1937. Ceux-ci représentent la possibilité d'une solidarité entre Canadiens français et Canadiens anglais dans la lutte « pour la dissolution du système féodal et l'établissement de la démocratie ».

« Faire du Canada en même temps une démocratie et une nation », tel est l'objectif que propose alors *Clarté*. Et les deux mots d'ordre les plus fréquemment utilisés sont « Pour la démocratie et la paix » et « Vers l'émancipation de notre peuple et la souveraineté de ses libertés ». Ainsi, même si les membres du P. C. ont quelques difficultés à réaliser des alliances et à organiser un véritable Front populaire, ils n'en respectent pas moins les directives de l'Internationale communiste : la lutte révolutionnaire se transforme en lutte pour la démocratie et la lutte contre le capitalisme devient la lutte contre le fascisme[19]. Le P. C. ne se définit plus comme un parti de révolutionnaires professionnels mais comme la base d'un vaste regroupement des forces populaires et progressives et il fait appel à l'unité d'action entre le P. C., le Parti ouvrier et le C. C. F. pour « mettre à exécution un plan d'ensemble de lutte contre l'effarante pauvreté de la population, pour organiser tous les travailleurs industriels du Québec et pour la défense commune des libertés démocratiques[20] ». « Sauver la province de la honte du fascisme » devient le nouveau cri de ralliement.

2. *Nationalisme et fascisme*

L'une des conséquences de l'adoption de ce mot d'ordre et donc de la stratégie du Front populaire est habituellement de modifier la position des membres des P. C. à l'égard du nationalisme : « Pendant les périodes de front unique, il y a un développement extraordinaire du nationalisme dans les partis communistes[21]. » Paradoxalement, les rédacteurs du journal *Clarté* n'expriment guère de sympathie envers le mouvement nationaliste canadien-français et ses dirigeants. La raison en est peut-être que le nationalisme qui est alors reconnu par l'Internationale communiste est celui de grandes entités, telles que les nations anglaise, française, allemande, américaine, russe ou canadienne et non pas celui des petits groupes ethniques, qui eux sont voués, en tant qu'entités politiques et culturelles, à l'extinction soit par l'assimilation soit par l'intégration. Mais si les nationalistes canadiens-français et en particulier l'abbé Lionel Groulx sont l'objet de critiques virulentes, c'est que leurs positions apparaissent aux membres du P. C. « étroites », « réaction-naires », « quasi-fascistes », etc.

En effet, loin d'attribuer une vocation agriculturiste au Québec et de défendre une politique du « retour au rouet », *Clarté* affirme la nature et l'avenir industriels du Québec. Le Québec n'est pas considéré comme une région ou un pays différent des autres régions ou pays : comme dans toute situation où domine une minorité possédante, il y a accumu-lation des richesses entre les mains d'une minorité et pauvreté (inconfort, manque de vêtements, chômage, etc.) croissante des masses. La seule caractéristique spécifique du Québec, c'est que ce « résultat logique du capitalisme » y trouve une « expression plus brutale ». En comparaison de l'Ontario, les salaires sont moins élevés, le niveau d'instruction est plus bas, le taux de mortalité est plus élevé, le nombre de victimes de la tuberculose est plus élevé, etc. Cette situation de misère et d'exploitation fait du Québec un « maillon faible de la chaîne », où le potentiel de mécontentement et de revendication apparaît grand.

Mais malheureusement ce potentiel de mécontentement est étouffé, les Canadiens français refusent le « progrès » et la « modernité » et préfèrent « s'isoler ». La cause en est, selon *Clarté*, leur trop grande soumission au clergé, dont l'objectif semble être de « créer un nouveau type d'homme : une sorte de bipède qui n'a rien d'humain, un être irréel, mystique, dégagé du poids lourd de sa chair, se contentant de peu dans ce siècle d'abondance ». Aussi n'est-ce pas un hasard si les Canadiens français, « ces Français qui n'ont pu bénéficier de l'influence de Montesquieu, de Voltaire, de Rousseau et de la Révolution française », sont maintenus dans une « condition arriérée et semi-féodale » et qu'ils sont devenus une « main-d'oeuvre docile et à bon marché[22] ». Certes, l'on reconnaît que « le clergé a rendu de grands services à la province », mais l'on regrette qu'il « continue indéfiniment à entourer le peuple d'une sollicitude dont celui-ci cherche à s'affran-chir[23] ». Et pour démontrer cette emprise morale et aussi politique du clergé, il suffit à *Clarté* de faire référence à la discrimination envers les unions internationales au profit de la C. T. C. C., à la tolérance envers les fascistes et à l'application de la « Loi du cadenas ».

Cependant si les Canadiens français demeurent une « main-d'oeuvre docile et ne prennent pas conscience de l'« oppression capitaliste », c'est aussi et surtout, selon *Clarté*, parce que plusieurs Canadiens français (par exemple « notre élite clérico-bourgeoise ») tendent à réduire le problème de la misère à un problème de race. Aussi, toute doctrine qui véhicule une « haine de races » et toute politique autonomiste ou d'« isolement » apparaissent-elles aux membres du P. C. comme des subterfuges pour assurer la domination des « quelque deux cents familles », qui sont tout autant canadiennes-françaises que canadiennes-anglaises : les Beaudry, Rainville, Ducharme, Godin, Joubert, Raymond, Geoffrion et Beaubien ne sont en effet pas des prolétaires mais bien des Canadiens français qui « partagent avec les capitalistes anglais le fruit du pillage du peuple canadien ». D'ailleurs, *Clarté* n'hésite pas à qualifier tout mot d'ordre nationaliste ou d'isolement de « trahison de notre véritable intérêt national, qui est l'affranchissement du joug du capital profiteur des Holt, Beaubien et Raymond[25] ».

Parmi les « accusés » ou « traîtres », figurent tous les « pseudo-nationalistes » (abbé Groulx) et les « séparatistes-corporatistes » (Paul Bouchard de *la Nation* et Dostaler O'Leary des Jeunes Patriotes), qui sont présentés comme des « complices de la finance » puisque l'isolement du peuple canadien-français a pour seul but de « l'empêcher de se réveiller pour s'affranchir[26] ». Mais ce sont les positions de l'abbé Groulx qui sont les plus fréquemment contestées dans *Clarté*. Son nationalisme est qualifié d'« étroit », d'« outrancier » et d'« utopiste réactionnaire » parce qu'il propose une politique de retour à la production artisanale et d'isolement et qu'il refuse de reconnaître la « faillite totale et indiscutable du système capitaliste ». Des critiques semblables sont aussi formulées contre les membres de *la Nation* et des Jeunes Patriotes. Ainsi, lorsque Paul Bouchard présente sa candidature en décembre 1937 dans Lotbinière, *Clarté* lui consacre un long article dans lequel il est dénoncé en tant que « ultra-nationaliste », « agent fasciste » et « opportuniste à la remorque de Duplessis et de son régime trustard[28] ». De même ne passe pas inaperçue la publication par le leader des Jeunes Patriotes, Dostaler O'Leary, d'un ouvrage intitulé *le Séparatisme, doctrine constructive,* dans lequel le communisme est décrit comme « un monde à face asiatique, extrait par un juif immonde et rachitique, des théories de 89 » et dans lequel le séparatisme est présenté comme la seule alternative. E. Roger consacre en effet deux longs articles à la critique de cet ouvrage, qu'il considère comme un « mélange curieux de bonnes intentions et de camelote, de sincérité et d'aplatventrisme devant les inepties nazistes (...), d'échafaudage d'abstractions qui n'est que doctrine fasciste, c'est-à-dire rétrograde et réactionnaire[29] ». Quant à O'Leary lui-même, il est traité de « jeune morveux », de « personnage dépourvu de sens moral », de « menteur conscient » et d'« étroit de conception », etc.

Mais à travers ces diverses critiques de nationalistes, ce que *Clarté* attaque c'est en fait 1) toute association du nationalisme et du fascisme et 2) l'utilisation du sentiment nationaliste pour camoufler des pratiques politiques réactionnaires. Tel est par exemple le cas de la politique autonomiste de Duplessis, qui n'est somme toute qu'un moyen pour « imposer son conservatisme, pour mettre en oeuvre la politique de la haute finance de la rue St-Jacques » : tout comme la « menace communiste », cette exploitation du sentiment nationaliste sert à « justifier les attaques contre les libertés démocratiques les plus élémentaires[30] ». *Clarté* n'en reconnaît pas moins des droits aux Canadiens français, s'oppose à toute atteinte aux droits acquis par le Québec et s'engage à lutter « pour élever le standard de vie de cette partie du pays au même niveau que celui du reste de la Confédération ». Cependant, la solution n'est pas, selon les membres du P. C., dans l'isolement mais « dans la mobilisation du peuple canadien, sur la base d'une charte de revendications populaires, dans un front commun anti-fasciste et dans la formation d'un véritable Parti ouvrier-fermier ».

Clarté refuse donc de fonder son action politique sur une différence ethnique : le cadre de sa lutte pour la démocratie est la nation cana-dienne[31]. Mais en adoptant une telle position et en critiquant plusieurs leaders du mouvement nationaliste canadien-français, celui-ci (et le P. C.) s'aliène une partie importante de la population québécoise et rend la possibilité de constituer des alliances beaucoup plus limitée.

3. *Action syndicale et politisation de la classe ouvrière*

Par la création du Front populaire, le P. C. cherche à s'approcher des « fermiers pauvres » et aussi des « classes moyennes ». Cependant, sa première préoccupation semble demeurer la mobilisation de la « classe ouvrière industrielle ». D'ailleurs dans *Clarté*, plus de 20 pour cent de l'ensemble des articles concerne le syndicalisme ouvrier, les conflits ouvriers-patrons, les conventions de travail, les conflits intersyndicaux.

RÉPARTITION DES ARTICLES PUBLIÉS DANS
CLARTÉ SELON LE THÈME

Thèmes	%
Politique	53,0
Économie	16,2
Syndicalisme	22,2
Question sociales et culturelles[32]	8,6
TOTAL	100 (1 172)

Par la description de situations particulières (MacDonald Tobacco, Dominion Textile, etc.) ou d'événements concrets (grèves), *Clarté* tente de démontrer l'exploitation de la classe ouvrière. Rarement il est porté un jugement global et radical, tel : « Dans notre société capitaliste, la force de travail est une marchandise sur laquelle on spécule[33]. » Habituellement, l'on se limite à parler d'« esclavage », d'« exploitation », d'« oppression » et aussi d'« inorganisation de la classe ouvrière ». L'accent est ici mis sur l'existence d'intérêts opposés ou d'adversaires, que sont :

1) Les capitalistes ou propriétaires des moyens de production : d'abord les cinquante grandes familles multi-millionnaires[34], mais aussi les petits propriétaires, les manufacturiers et leurs associations. Ce sont eux qui sont les premiers responsables des conditions de vie des travailleurs.
2) Le gouvernement Duplessis, qui est étroitement associé à la campagne antiouvrière et à l'avarice des patrons. L'on dénonce son attitude lors de la grève du textile, ses diverses lois antiouvrières, etc.
3) Enfin, certains syndicalistes : les dirigeants de la C. T. C. C. et quelques dirigeants d'unions internationales.

L'on peut s'étonner qu'en période de Front populaire, *Clarté* identifie comme adversaires de la classe ouvrière des membres du mouvement syndicaliste et qu'il formule à leur égard des critiques très sévères. Par exemple, l'on reproche à la C. T. C. C. son attaque contre le mouvement communiste et ses pressions auprès des gouvernements pour obtenir sa répression ; son utilisation de la confessionnalité et du nationalisme pour « imposer des échelles de salaires scandaleuses dans l'intérêt des bourgeois[35] » ; son attitude tolérante et conservatrice envers les patrons ; sa doctrine de collaboration entre classes et sa doctrine corporatiste, etc. Ce n'est en fait qu'à la suite de l'appui de la C. T. C. C. au projet fédéral d'assurance-chômage, de sa lutte lors des grèves de l'acier et du textile et enfin de son front commun avec la C. M. T. C. contre les bills 19 et 20 que *Clarté* tempère son opposition à cette centrale syndicale et lance, comme le fait en France Thorez, des appels à l'unité avec les catholiques. L'on demande alors aux travailleurs de « mettre de côté les superstitions et de revenir à la réalité matérielle » et de « ne pas mêler la question de religion à la vie matérielle », bref de « dissocier la pratique (revendications) de la doctrine[37] ».

Quant à l'opposition entre *Clarté* et certains leaders des unions internationales, elle est quelque peu différente : elle a pour base l'appui du P. C. au syndicalisme industriel et donc au C. I. O. plutôt qu'à la F. A. T. La cause que défend Lewis est qualifiée de « saine et intelligente », de « conforme à la destinée progressive de la classe ouvrière[38] », alors même que la lutte que mènent Green et les autres dirigeants de la F. A. T. est présentée comme une « lutte pour le passé, l'ancien ordre des choses ». Le « jeune, frais et triomphant » est ici opposé au « périmé, usé et décadent ». Toutefois, cette critique du syndicalisme de métier, cette « idée vieillotte » n'empêche pas des membres du P. C. de militer au sein d'unions internationales affiliées à la F. A. T. ni *Clarté* de prôner « l'union de tous les exploités contre l'asservissement ». Il y a à la fois critique de la « tête » — par exemple les leaders et en particulier Gustave Francq du journal *le Monde ouvrier* sont qualifiés de « grands fonctionnaires ouvriers qui vont à Québec où l'eau bénite de cour leur est aspergée par Duplessis[39] » ou, selon les termes de Lénine, d'« aristocrates ouvriers embourgeoisés[40] » — et appel à l'unité de la base. Ce qui divise en fait les diverses organisations ouvrières, ce ne sont pas leurs objectifs immédiats (droit d'organisation, semaine de travail plus courte, assurance-chômage, assurance-maladie, législation ouvrière et sociale, etc.) mais les moyens qu'ils utilisent : la C. T. C. C. espère obtenir ces revendications en établissant des « relations de cordialité entre le Capital et le Travail » ; la C. M. T. C. s'appuie sur la seule force économique des organisations ouvrières[41] ; enfin le P. C. privilégie la politisation de la classe ouvrière. Ce dernier point de vue est aussi celui de *Clarté* qui affirme que « tourner le dos à la politique actuelle, c'est ouvrir les portes toutes grandes aux ennemis d'intérêts populaires[42] » et qui propose la création d'un « Parti ouvrier régénéré, groupant dans ses rangs tous les hommes et les femmes de bonne foi, décidés à une action de progrès et d'émancipation politique et sociale[43] ».

4. *Le principal ennemi : Duplessis*

L'on comprend dès lors que *Clarté* accorde dans ses pages une très grande place à la politique : en effet, plus de 53 pour cent des articles portent sur la politique (élections, partis politiques, politiques des gouvernements, situation politique internationale). Cette catégorisation des articles n'est cependant pas adéquate, en ce sens que dans *Clarté* l'analyse de la politique (et du politique) n'est pas dissociée d'une étude de la situation économique. Ainsi, dans la plupart des articles où il est question de politique, il y a d'abord description de la situation économique du Québec et des conditions de vie (exploitation, misère) des travailleurs et des chômeurs québécois. Le Québec est présenté comme le « royaume des capitalistes » et la « partie du capitalisme déchaîné qui exploite une main-d'oeuvre nombreuse, docile et à bon marché ». Et les termes qui sont utilisés pour décrire cette situation sont les suivants :

> La misère est grande, le chômage augmente, les salaires sont bas, le peuple commence à connaître ceux qui sont responsables des misères populaires[44].
> On offre aux chômeurs des taudis, des hangars, des trous malpropres à des prix honteux et exagérés. Tout cela est une politique voulue des trusts et des grands bourgeois[45].
> Depuis 1929, l'exploitation s'est faite de plus en plus intense. Depuis neuf ans, les suceurs de sueur humaine se gavent de la misère du peuple[46].

De nombreux articles portent aussi sur les problèmes de logement — un numéro spécial de *Clarté* est d'ailleurs consacré aux taudis de Québec[47] —, le manque de chauffage, d'espace et du « nécessaire » (eau chaude, baignoire, etc.), la maladie, la mortalité infantile, la délinquance, la prostitution, etc., sont là des indices de l'« asservissement et de l'arriération » du Québec.

Le problème de l'éducation n'est pas non plus négligé : chiffres à l'appui, E. Roger démontre, dans *le Réveil du Canada français,* que le taux d'instruction et le nombre de bibliothèques sont beaucoup plus bas au Québec qu'en Ontario[48]. Celui-ci critique aussi l'organisation et même le contenu de l'éducation au Québec : le système d'éducation est « archaïque », les professeurs laïcs et religieux sont « incompétents », l'éducation est un « mélange confus de catéchisme et d'histoire sainte qui prépare l'élève à la mort plutôt qu'à la vie[49] », etc. Et s'il y a « étouffement du développement industriel de Québec », c'est en partie à cause de cet « obscurantisme », qui s'exprime à travers le système d'éducation et aussi dans les moeurs. Enfin même si *Clarté* évite habituellement de mettre en question les moeurs, coutumes et modes de vie des Québécois, il n'en dénonce pas moins, dans quelques articles, le « puritanisme » québécois, qui permet des loisirs à la classe riche et les défend aux pauvres[50]. Le journal tourne en dérision diverses mesures : fermeture des restaurants le soir, défense aux jeunes filles de porter le pantalon, enlèvement des sculptures « indécentes », etc. L'on critique aussi les tombolas et les bingos qui sont organisés sur l'île de Montréal au profit d'oeuvres paroissiales : « ce sont là des niaiseries qui font des gens des êtres matérialistes et louches de même que des baiseux de balustres[51] ».

La situation québécoise apparaît donc, à *Clarté*, dramatique : les seuls droits que possède la masse sont de « travailler, de suer et de se faire mourir pour enrichir quelques millionnaires[52] ». Et la principale cause n'en est pas la crise économique elie-même mais, plus générale-ment, le système capitaliste, c'est-à-dire les Holt, Beaudry, Gordon et Beatty, dont la puissance est énorme comparativement à la faiblesse du mouvement ouvrier. Parmi les responsables, *Clarté* identifie aussi les hommes qui administrent les affaires publiques et en particulier Maurice Duplessis.

À l'élection de 1936, il semble que les « éléments progressifs » (dont les membres du P. C.) aient appuyé Duplessis, qui leur était devenu sympathique à la suite de son alliance avec l'Action libérale nationale.

Il y a un an au mois d'août, écrit E. Roger, le peuple québécois a balayé le régime corrompu de Taschereau. On a voté pour Duplessis, pour l'U. N., dont le programme annonçait l'action contre les trusts, des salaires raisonnables, la sauvegarde du capital humain, l'élimination de la corruption et la punition des voleurs[53].

Clarté, pour sa part, associe, peu de temps après son élection, Duplessis aux « intérêts des financiers de la rue Saint-Jacques et des trusts » et l'accuse « d'avoir trahi tous ceux parmi ses alliés ou adhérents qui s'opposaient au trust de l'électricité » et « d'avoir tranquillement enterré l'enquête des comptes publics[54] ». Cette opposi-tion s'accentue à la suite de l'attitude que Duplessis prend pendant la grève du textile[55], des lois antiouvrières qu'il présente à l'Assemblée nationale, de son opposition à l'amendement de l'A. A. N. B. et enfin de l'application de la Loi du cadenas.

Des actions telles la *Loi relative aux salaires des ouvriers* et la création d'un Office des salaires raisonnables apparaissent à *Clarté* comme des moyens pour supprimer le principe du contrat collectif et les libertés syndicales, et pour « mettre en oeuvre le corporatisme », qui est défini comme le « remplacement de la liberté d'action ouvrière par la dictature des trusts[56] ». De même, l'ordonnance no 4 des salaires raisonnables et aussi les bills 19 et 20, qui rendent illégal l'atelier fermier et qui excluent tous les travaux publics de la précédente *Loi des salaires minimum*, sont qualifiés de mesures antiouvrières. Celles-ci ont pour seul « mérite » de provoquer la formation d'un front commun de la C. T. C. C. et du C. M. T. M. et de transformer Duplessis en « symbole d'unanimité ».

> Duplessis est l'homme des tours de force, écrit J. Péron : il est parvenu à rallier contre lui l'unanimité ouvrière[57].

Quant à l'opposition de Duplessis à l'amendement de l'A. A. N. B., *Clarté* la considère comme « une escroquerie des plus malhonnêtes ».

> Les trusts et Maurice Duplessis, qui se prosterne devant eux, sont en train, écrit E, Roger, d'utiliser notre indépendance provinciale pour maintenir le peuple québécois dans la dépendance éternelle vis-à-vis ses exploiteurs[58].

Progressivement, c'est-à-dire à chaque fois que Duplessis « brise ses promesses », celui-ci devient le principal adversaire de *Clarté*. Mais ce n'est qu'au moment de l'application de la Loi du cadenas que l'opposition de *Clarté* à Duplessis se radicalise. La première page de *Clarté*, qui devient alors un journal clandestin, affiche les grands titres suivants :

> Avis à Duplessis : Personne... Jamais personne... n'étouffera Clarté, Défenseur du peuple et des libertés civiles et ouvrières.
> En avant plus que jamais : pour la démocratie... contre le fascisme.

Dès lors, Duplessis n'est plus seulement associé aux trusts mais aussi au fascisme.

> Les attaques (de Duplessis) contre la liberté démocratiques et syndicale marquent, écrit E. Dubé, une nouvelle étape qui conduit au fascisme, à la destruction de toute liberté dans l'intérêt des trusts. Le régime s'engage sur la pente qui conduit à l'illégalité et à la violence érigées en système, le fascisme[59].

De plus, *Clarté* n'hésite pas à utiliser des qualificatifs tels *Fasciste, Fuhrer, P'tit cochon,* etc. Les deux textes suivants, écrits d'une façon stylisée, expriment bien l'attitude du journal.

> Maurice Duplessis, notre Don Quichotte national, monté sur l'Union, son bidet favori, et armé de cadenas en guise de lance, guerroie contre les moulins de la liberté. Comme dans le roman de Cervantes, les moulins sortiront du combat victorieux[60].

Cieux, écoutez ma voix, terre prête l'oreille,
Ne dis plus, Ô Québec, que Duplessis sommeille !
Chômeurs disparaissez, Duplessis se réveille,
Et en dictateur vil le pouvoir l'a changé
Quel est dans Montréal ce journal égorgé ?
Tremble politicien, tremble homme perfide
Des droits des citoyens malheureux homicide,
De son amour pour toi Québec s'est dépouillé
Ton régime à ses yeux est infâme et souillé
Où menez-vous ces hommes et femmes ?
Duplessis a détruit nos moindres libertés
Ses agents sont actifs, nos droits sont rejetés
Maurice ne veut plus lire ses vérités
Plèbe, relève-toi, ouvriers séchez vos larmes
Prolétariat, objet de ma douleur,
Quelle main en un jour t'a causé tant de larmes ?
Qui changera mes bras en deux puissantes armes
Pour vaincre ton malheur[61] ?

Mais, même si ce sont les militants du P. C. qui sont principalement l'objet de la répression, *Clarté* évite cependant de se présenter comme le seul groupe « attaqué » : il s'agit là, selon lui, d'une « attaque, sous le prétexte de l'anticommunisme, contre les unions ouvrières, les presses ouvrières et toute opinion progressive ». Et il tente d'identifier son action à celle des Patriotes de 1837.

> Il y a cent ans la répression d'un gouvernement avait tenté d'étouffer des droits populaires (...). M. Duplessis veut-il célébrer le centenaire de 1837 en répétant les actes de répression d'alors ? Qu'il ose ! Il trouvera à travers son chemin de nombreux Chénier, de nouveaux Papineau, de nouveaux MacKenzie de la classe ouvrière[62].

Tout comme pour le nationalisme, *Clarté* refuse le système dominant de classement des groupements et des hommes politiques et cherche à en constituer un nouveau : celui où s'opposent fascisme et démocratie. Ainsi l'on associe à Duplessis et l'on qualifie de « fascistes » les financiers de la rue Saint-Jacques, une partie du clergé[63], Arcand, Raynault[64], Camilien Houde[65], Paul Bouchard, etc. Mais l'on parvient difficilement à rassembler des groupements ou des hommes politiques dans la classe des « démocrates ». Par exemple, l'attitude de *Clarté* à l'égard du Parti libéral apparaît ambivalente : dans l'espace de quelques mois, E. Roger critique et appuie la politique de ce parti. Celui-ci accuse d'abord le Parti libéral de s'être dérobé à la responsabilité d'élaborer un « programme d'action basé sur les revendications populaires, la défense des ouvriers, la liberté d'organisation et de parole, donc un programme basé sur la défense de la démocratie menacée, qui puisse rallier tous les groupements à tendance libérale, ouvrière et progressive[66] ». Quelques mois plus tard, Roger écrit un texte élogieux dans lequel il souligne le « réveil des libéraux qui relèvent le défi de la réaction Tory en rappelant la tradition authentique du libéralisme[67] ». Cependant moins de trois mois plus tard, celui-ci publie un autre article dont le ton est très différent : il exprime des craintes à l'égard du Parti libéral qui manifeste certaines tendances corporatistes et qui risque, sous les pressions de la « Haute-Finance », d'être ramené au « bercail de l'antidémocratie ». Les possibilités d'une action commune entre le P. C. et le Parti libéral sont alors très faibles... *Clarté* n'en poursuit pas moins son effort de mobilisation des « forces progressives », parle de « Front du Progrès contre la réaction, le fascisme et la guerre », « d'unité du travail, du libéralisme honnête et des amis de la paix[68] », « du mouvement d'action politique des forces ouvrières et progressives[69] ». L'on évite même de présenter le socialisme comme la solution à tous les problèmes actuels (chômage, pauvreté, guerre, oppression) — Dubé affirme même que cet objectif ne peut être réalisé actuellement parce que le peuple n'est pas convaincu[70] — et l'on se limite à « lutter sur les problèmes immédiats », à revendiquer du « pain et du beurre » et à « travailler à l'unité des groupes avancés et progressifs autour d'un programme minimum ». Les mots d'ordre sont *démocratie, liberté, progrès* et *justice.*

* * *

Clarté met donc entre parenthèses, et cela conformément aux directives de l'Internationale communiste, les objectifs du Parti communiste que sont la dictature du prolétariat et l'établissement du socialisme, et il propose des objectifs « populaires » ou, selon l'expression d'Almond, « exotériques » : démocratie, paix et liberté. Sa principale tâche est alors de définir un champ d'action commun, basé sur des revendications de salaires, de logement, de liberté syndicale, etc., et de regrouper les forces ouvrières et progressistes contre Duplessis, les trusts, les dangers du fascisme et d'une guerre impérialiste. Quant aux conditions qui lui semblent préalables à la création d'un véritable Front populaire, elles sont : l'organisation des milliers d'ouvriers dans les syndicats internationaux, l'action commune entre les syndicats catholiques et les syndicats internationaux et l'action politique indépendante des « vieux » partis politiques.

Le Front populaire n'a cependant existé, au Québec, que sur le papier. La seule alliance entre des « forces progressives » qui ait été réalisée au cours des années 30, est en fait celle de l'Union nationale, que présidera Maurice Duplessis mais qui fut de courte durée. En raison même de sa faiblesse numérique et de sa marginalité, le Parti communiste en fut exclu... Si l'on se limite à ne considérer que la création d'un Front populaire, il semble donc que celui-ci ait subi un échec. Dans un Québec encore monolithique et farouchement anticommuniste, ses chances de réussir étaient d'ailleurs faibles. Néanmoins, c'est durant cette période où Duplessis appliqua la Loi du cadenas que les militants communistes québécois recrutèrent de nouveaux membres[71], contribuèrent à la syndicalisation de milliers d'ouvriers, mirent sur pied des organisations de chômeurs (la Fédération des Sans-Travail du Québec), de femmes (la Solidarité féminine) et de jeunes (Fédération des Jeunes Travailleurs) et sensibilisèrent une partie de la population, dont plusieurs intellectuels, aux dangers du fascisme (guerre d'Espagne, etc.)[72]. Beaucoup plus que la stratégie du Front populaire, ce sont la modification de la politique de l'U. R. S. S. à l'égard de l'Allemagne (1939), l'expulsion de Fred Rose du Canada (1945), le refus du Comité central du P. C. canadien de reconnaître l'autonomie de la section québécoise (1947) et la lutte contre les militants communistes dans les syndicats internationaux au début des années 50 qui semblent avoir été à l'origine de l'affaiblissement du mouvement communiste au Québec.

Département de sociologie,   Marcel FOURNIER
Université de Montréal.

1   C. P. BEAUBIEN, *la Propagande communiste au Canada*, Débats du Sénat, 3 mai 1929.

2   Jean HULLIGER, *l'Enseignement social des évêques canadiens de 1891 à 1950*, Montréal, Fides, 1958.

3   Archidiocèse de Montréal, *Mandements, lettres pastorales et autres documents*, Montréal, 1940. Dans « Erreurs d'ordre social », les Ordinaires de la province civile de Québec condamnent, en mai 1933, le communisme soviétique. Cette condamnation est réaffirmée en octobre 1933 par l'épiscopat canadien, qui invite alors les catholiques à mener une lutte intense contre le communisme soit par la propagande soit par la pratique personnelle des vertus catholiques.

4   P. ARCHAMBAULT, S.J., *la Menace communiste au Canada*, École sociale populaire, nos 254-255, 1934.

5 Marcel FOURNIER, « Histoire et idéologie du groupe canadien-français du P. C., 1920-1945 », *Socialisme 69*, janvier-mars 1969, 63-78.

6 Ce titre est celui-là même du journal qu'Henri Barbusse a dirigé en France au début des années 1920. Celui-ci a embrassé, au lendemain de la première guerre mondiale, la cause communiste et fut très actif, au cours des années 30, dans la lutte contre le fascisme (Gérard WALTER, *Histoire du Parti communiste français*, Paris, Somogy, 1948).

7 Jean Péron, qui était membre du C. C. F., adhère au P. C. à l'automne 1936. Deux années plus tard, il en est exclu « pour conduite déloyale et duplicité ». On lui reproche de « n'avoir jamais accepté la politique du Parti sur la question de la lutte pour l'unité dans le mouvement ouvrier et pour l'unité avec la masse du peuple catholique ». D'autres critiques à son égard concernent ses « tendances à l'opportunisme carriériste » et sa « manie illusoire de la grandeur » (*Clarté*, 18 janvier 1939, 1).

8 *Clarté*, 27 octobre 1937, 2. En 1938, le comité de rédaction discute d'une réorientation du journal afin de le rendre « plus attrayant, plus vivant et plus efficace comme organe de combat ». L'on se propose alors de s'occuper, en plus des questions politiques et économiques, de ce qui intéresse les jeunes, d'inaugurer une page féminine et même d'intéresser les enfants au moyen de contes, de jeux d'enfants, etc. (*Clarté*, 7 mai 1938, 2). Ces modifications ne sont par la suite que partiellement réalisées : *Clarté* demeure un journal avant tout ouvrier.

9 *Clarté*, 30 octobre 1937, 1.

10 C'est par exemple le local du journal *Clarté* qui est le premier visité et cadenassé. L'ordonnance, datée du 5 novembre 1937 et signée par Maurice Duplessis, qui occupe alors les fonctions de premier ministre et de procureur général, prévoit même la fermeture du local durant une année. La même journée, les policiers s'introduisent dans l'appartement qu'occupe le rédacteur du journal, Jean Péron, et saisissent papiers, dossiers et lettres. D'autres « descentes » sont aussi effectuées au Modern Book Shop et aux imprimeries Artistic Print Shop et Old Rose Printing.
   imprimeries Artistic Print Shop et Old Rose Printing.

11 G. DIMITROFF, *The United Front*, New York International Publishers, 1938, p. 39. Une autre caractéristque du mouvement communiste international entre les années 1935 et 1940 est sa dépendance très grande à l'égard de Staline. Déjà s'effectue ce que les analystes appelleront la « mythification de Staline » (A. KRIEGEL, *les Internationales ouvrières*, Paris, Presses universitaires de France, 1966).

12 Ce congrès, qui est le premier que tient le Parti communiste canadien depuis 1931, confirme un regain d'activités : quatre cent cinquante-deux délégués, dont plus de soixante viennent de Québec, y sont présents. Les invités d'honneur sont : Earl Browder, secrétaire général du Parti communiste américain, Alfred Costes, délégué du Parti communiste français et le Dr Béthune. Sur la tribune d'honneur, prennent aussi place Tim Buck, Sam Can et les membres du Comité central, dont S. B. Ryerson et Évariste Dubé, respectivement secrétaire et président de la section québécoise du P. C. L'importance du groupe québécois est aussi confirmée par le fait qu'Évariste Dubé présente à ce congrès le co-rapport du Parti (cf. « Historical Notes : Canadien Communists and the French Canadian Nation », *The Marxist Quarterly*, Automne 1965, n° 15, 29-30).

13 Les revendications sont les suivantes : augmentation de l'indemnité familiale de chômage, augmentation de l'allocation de chômage des célibataires, augmentation pour travaux de chômage, campagne pour le lait gratuit dans les écoles, etc. (*Clarté*, 24 avril 1937, 5). Ce programme comprend aussi un certain nombre de revendications qui intéressent les jeunes, les petits commerçants, les petits propriétaires, les cultivateurs et les bûcherons. Dans *Pourquoi la Loi du Cadenas* (Montréal, 1937), Évariste DUBÉ, qui est président de la section québécoise du P. C. rappelle les grandes lignes du « programme minimum » : « les salaires avant les dividendes ; la liberté d'union ; la sécurité économique par un programme de travaux publics, le maintien des secours, l'assurance-chômage et des pensions de vieillesse à soixante ans ; protection et aide aux cultivateurs ; nationalisation de l'électricité et électrification des campagnes ; liberté civile et religieuse, c'est-à-dire rappel de la Loi du Cadenas et garantie de liberté de presse, parole et organisation ; abolition des dépôts nécessaires à une candidature ; abolition du Sénat ; interdiction de propagande de haine raciale et enquête sur les activités nazistes ; système de bourses et instruction gratuite ; contre le réarmement et la conscription et pour la paix ».

14 L'une de ces manifestations les plus importantes est celle que tiennent le premier mai 1938 la C. C. F., le Parti ouvrier et le Parti communiste à l'Aréna Mont-Royal. Plus de 4 000 travailleurs et chômeurs y assistent. À ces manifestations, il faut aussi ajouter diverses assemblées publiques organisées lors du passage à Montréal du Dr Béthune, d'Alfred Costès ou d'André Malraux : celles-ci ont habituellement pour thème la guerre d'Espagne et sont souvent l'objet de contre-manifestations.

15 Dans le cas du journal *Clarté*, il apparaît clairement que toute analyse de contenu n'est pas parfaitement fondée si elle ne subordonne pas à l'analyse des conditions sociales dans lesquelles celui-ci est produit et aussi des fonctions qu'il remplit pour ses responsables et pour ses diverses catégories de lecteurs.

16 L'unité d'analyse est l'article. Est défini comme article tout texte continu de cent mots ou plus.

17 Cette classification des composantes de l'action s'inspire largement de celle qu'élabore N. S. Smelser (*The Theory of Collective Behavior*, N.Y. Free Press of Glencoe, 1963). Les catégories choisies ne sont pas parfaitement exclusives : celles-ci marquent une gradation dans le traitement des divers thèmes ou problèmes en fonction même de ce que Smelser appelle la « valeur ajoutée ». Ainsi, un article classé dans la catégorie « Objectifs » peut comporter des « revendications », un « appel à la mobilisation », une « description de la situation ». Mais l'inverse n'est pas possible : est classé dans la catégorie « description », l'article qui n'aborde que cet aspect de l'action sociale.

18 Cette conclusion rejoint celle de G. A. ALMOND (*The Appeals of Communism*, Princeton University Press, 1954) : « Les premiers buts du mouvement communiste est, écrit-il, de décrire les caractéristiques mauvaises des acteurs de l'ordre établi, alors que ses propres actions (le soi) sont négligées. » Cette conclusion est cependant différente de celle de LASSWELL et BLUMENSTOCK *(World Revolutionnary Propaganda : A Chicago Study*, N.Y., 1939) : ceux-ci ont analysé les slogans du P.C. à Chicago et ont constaté une prédominance des symboles d'« identification » par rapport à ceux de « fait » et de « demande ».

[19] Pour rendre compte de cette transformation, il suffit de comparer le contenu du journal *Clarté* au contenu d'un autre journal, *l'Ouvrier canadien*, que les membres du P. C. ont publié au début des années 30. À un moment où l'Internationale communiste propose la formule « classe contre classe » et invite les partis communistes locaux à attaquer les leaders sociaux-démocrates, l'orientation est explicitement beaucoup plus radicale : la société est présentée, dans *l'Ouvrier canadien*, comme dominée par l'antagonisme de classes et caractérisée par l'exploitation du grand nombre par la minorité. Les groupements socio-démocrates sont dénoncés comme les alliés du capitalisme. Et la tâche première du P. C. est alors de « mener la lutte quotidienne des travailleurs dans les usines et dans la rue » et l'objectif de la lutte de la classe ouvrière est « le renversement du capitalisme et l'établissement d'un gouvernement révolutionnaire ouvrier et paysan » (*l'Ouvrier canadien*, 15 juillet 1930).

[20] E. ROGER, *le Réveil du Canada français*, Montréal, Éditions du Peuple, 1937, p. 35. Il s'agit d'un court ouvrage qui a été rédigé par un membre du P. C., qui collabore alors activement à la rédaction de *Clarté* : E. Roger est le pseudonyme qu'utilise S. B. Ryerson, secrétaire de la section québécoise du P. C.

[21] M. RODINSON, « Le marxisme et la nation », *l'Homme et la Société*, janvier-mars 1968, 131.

[22] SONIA, dans *Clarté*, 6 mars 1937, 5.

[23] E. ROGER, *le Réveil du Canada français*, p. 13.

[24] *Ibid.*

[25] IDEM, « L'éducation antinationale de l'abbé L. Groulx », *Clarté*, 19 septembre 1936, 2.

[26] *Ibid.*

[27] IDEM, « M. Groulx et tous les corporatistes trahissent notre peuple », *Clarté*, 20 décembre 1937, 3.

[28] IDEM, « Paul Bouchard se vend », *Clarte,* 13 mars 1938, 2.

[29] IDEM, dans *Clarté*, 8 mai 1937, 3.

[30] IDEM, dans *le Réveil du Canada français*, p. 39. Voir aussi le mémoire que le P. C. présente à la Commission Rowsell et qui est résumé dans *Clarté* (« Forces derrière le conflit de l'U. N. et les droits provinciaux »), 11 juin 1938.

[31] Au sujet du Canada comme nation, Ph. RICHER écrit : « Historiquement, les gens (les différents groupes ethniques du Canada) ont constitué une nation, c'est-à-dire qu'ils ont vécu sous la même forme d'économie » (*Clarté*, 24 avril 1937).

[32] Sous ce thème sont regroupés les articles traitant de criminalité, jeunesse, éducation, loisirs, femme, famille, religion, littérature, sports, langue française.

[33] La suite de la citation est : « C'est l'exploitation de l'homme par l'homme. Notre système d'éducation a bien soin de préparer les cerveaux de nos ouvriers en conséquence (...). La société capitaliste n'a pas su organiser la société sur des bases d'équité. Quelques-uns se sont arrogé des droits qu'ils n'avaient pas » (F. X. LESSARD, dans *Clarté*, 1er juillet 1937).

[34] E. ROGER, dans *Clarté*, 9 janvier 1937, 8.

[35] *Ibid.*, 9 janvier 1937, 8.

37 La position du P. C. à l'égard des catholiques est aussi explicitée dans des circulaires qu'il distribue : « Tout spécialement nous faisons appel, écrit E. DUBÉ dans une circulaire intitulée *Ce Canada, notre pays* et datée de juillet 1938, pour l'unité avec le peuple catholique, à qui en toute sincérité, nous tendrons la main d'amitié. Nous sommes liés par la lutte commune, des besoins communs (salaires meilleurs, travail, sécurité, relèvement culturel, santé). Le même idéal de la dignité de la personne humaine anime notre lutte contre la dégradation de notre existence qu'apporte l'exploitation trustard. » Voir aussi de DUBÉ, *Pourquoi la Loi du Cadenas,* Montréal, 1937.

38 J. PÉRON, dans *Clarté*, 19 décembre 1936, 2.

39 *Ibid.*, 27 février 1937, 2.

40 *Clarté*, 13 mars 1937, 1. Cette opposition à la C. M. T. C. semble principalement le fait du rédacteur d'alors, Jean Péron. A la suite de son départ en 1938, la critique disparaît pour faire place à des appels à l'unité.

41 Par exemple, le mot d'ordre de Gustave Francq, du *Monde ouvrier*, qui s'oppose à toute intervention gouvernementale dans le domaine des relations de travail est : « Aide-toi et le ciel t'aidera. »

42 « Éditorial », *Clarté*, 18 juin 1935, 2.

43 *Clarté*, 19 décembre 1936, 2.

44 E. SAMUEL, dans *Clarté*, 7 mai 1938, 2.

45 J. PÉRON, dans *Clarté*,, 13 mars 1937, 2.

46 *Ibid.*

47 *Clarté*, 12 juin 1937.

48 Pp. 11-12.

49 Voir aussi un article signé MICHELINE, dans *Clarté*, 18 décembre 1937. Celle-ci critique le cours classique, qui est trop orienté vers l'étude des langues anciennes et de vieilles théories et qui ne répond plus aux besoins du temps.

50 *Clarté*, 5 décembre 1936, « La joie de vivre n'est pas faite, écrit-on, pour les pauvres : on ne permet à ceux-ci que la résignation et la douleur. »

51 J. L., dans *Clarté*, 19 décembre 1936, 4.

52 C. A. MARANDA, dans *Clarté*, 7 mai 1938, 2.

53 E. ROGER, dans *Clarté*, 20 novembre 1938.

54 E. DUBÉ, dans *Clarté*, 15 janvier 1938, 2.

55 « Duplessis a pris ouvertement, écrit E. Roger, la partie des trusts du textile et des Holt et Gordon dans la lutte contre les dix mille grévistes » (*Clarté*, 20 novembre 1938, 2).

56 E. ROGER, dans *Clarté*, 8 janvier 1938, 3.

57 J. PÉRON, dans *Clarté*, 5 mars 1938, 3.

58 E. ROGER, dans *Clarté*, 4 décembre 1937, 2.

59 E. DUBÉ, *Pourquoi la Loi du Cadenas*, p. 1.

60 *Clarté*, 19 mars 1938, 3.

61 C. D., « À la Plèbe », *Clarté*, 11 décembre 1937, 3.

62 *Clarté*, 20 mars 1937, p. 1.

63 Selon *Clarté*, une partie du clergé du Québec serait sympathique au corporatisme de Mussolini et collabore au mouvement fasciste d'Arcand et de Lambert (27 novembre 1937, 2).

64 « Duplessis et Raynault sont devenus, écrit J. PÉRON, l'élite choisie de la masse réactionnaire : combattre le communisme n'est pour eux qu'un prétexte pour nier les principes primordiaux de la démocratie » (*Clarté*, 30 octobre 1937, 4).

65 Lors d'une élection en 1939, le Comité provincial du Parti communiste demande aux ouvriers de battre Camilien Houde « qui est près du groupe fasciste et qui appuie la politique autonomiste de Duplessis » (*Clarté*, 15 janvier 1939).

66 E. ROGER, dans *Clarté*, 2 juillet 1937, 2.

67 *Ibid.*, 11 octobre 1937, 4.

68 E. DUBÉ, dans *Clarté*, 15 janvier 1938, 1.

69 *Clarté*, 27 novembre 1937, 4. L'on parle aussi d'« union de tous les esprits sains restés épris de vraie liberté ».

70 E. DUBÉ, *Pourquoi la Loi de Cadenas*, p. 15.

71 Selon une évaluation faite par d'anciens militants, le nombre de membres du P. C. à Montréal serait passé entre 1930 et 1940, de quatre-vingts (dont vingt Canadiens français) à mille (dont deux cents Canadiens français). La croissance des effectifs à la toute fin des années 30 semble être déterminée par la campagne populaire du P. C. au sujet de la guerre d'Espagne (1937-1939) et le relâchement de la répression avec le retour au pouvoir du Parti libéral en 1939.

72 De plus, entre 1930 et 1940, des membres du P. C. se présentèrent sous l'étiquette Ouvrier-Progressiste à divers élections fédérales et provinciales mais ne parvinrent pas à réunir suffisamment de votes pour ne pas perdre leur dépôt. Le P. C. n'obtient des succès électoraux qu'à partir de la Deuxième Guerre mondiale : ces succès furent alors le fait de candidats qui n'étaient pas Canadiens français (par exemple Fred Rose en 1943) et qui se présentaient dans des circonscriptions montréalaises très cosmopolites (Saint-Laurent, Saint-Georges, Cartier, Outremont, Saint-Louis).

LES ÉCRITS D'ALFRED CHARPENTIER, 1920-1945*

« L'idéologie, selon Fernand Dumont, c'est la définition explicite que les agents sociaux se donnent d'une situation sociale en vue d'une action à poursuivre[1] ». Le processus de rationalisation idéologique surgit lorsque s'établit un désaccord entre la structure sociale et la culture, définie comme modèles de comportement[2]. L'idéologie cherche alors parmi les idées, les normes et les modèles d'une culture, ceux qui permettent de s'adapter à une situation sociale[3].

Ce désaccord entre la structure sociale et la culture, nombreux ont été les penseurs qui l'ont vivement ressenti au début du XXe siècle. En effet, le Québec traverse alors une période de développement économique extrêmement rapide qui a eu pour effet d'ébranler la stabilité de l'organisation sociale. Les idéologues de cette époque ont alors cherché parmi les modèles que leur offrait leur culture des solutions susceptibles de ramener un nouvel équilibre social.

Ce sont les travailleurs qui constituent le groupe social le plus touché par les transformations économiques. La Révolution industrielle, en brisant le cadre traditionnel de l'organisation du travail, les a laissés démunis en face des détenteurs des moyens de production. L'insécurité à laquelle ils ont été réduits les a amenés à chercher un modèle de société plus juste.

Alfred Charpentier, un leader syndical issu de milieu ouvrier, est un des idéologues qui cherchent à construire cette nouvelle société. Pour y parvenir, il propose une idéologie qui n'est pas complètement une construction personnelle, mais qui s'inspire largement de la doctrine sociale de l'Église telle que définie par les encycliques *Rerum Novarum* et *Quadragesimo Anno*. L'originalité de sa pensée tient néanmoins à la préoccupation constante qu'il manifeste de faire le lien entre les énoncés de principes toujours très généraux des encycliques et la praxis du monde syndical.

I. – ALFRED CHARPENTIER ET LE SYNDICALISME

1. *Le syndicalisme catholique, 1915-1940*

Dans l'évolution du syndicalisme au Québec, les syndicats catholiques naissent assez tard. Le clergé met du temps à se pencher sur les problèmes suscités par la révolution industrielle. Jusqu'au début du XXᵉ siècle, le mouvement syndical américain (les Chevaliers du Travail et les syndicats internationaux de métier) moule l'orientation idéologique des organisations ouvrières canadiennes. Avec la reprise économique de 1896, le nombre de travailleurs et conséquemment le nombre des syndiqués affiliés aux centrales américaines s'accroît sensiblement. Le clergé prend alors conscience que le monde ouvrier échappe à son influence et qu'il se doit de trouver des solutions aux problèmes engendrés par l'industrialisation. Il met alors à l'honneur l'étude de l'Encyclique *Rerum Novarum* qui, bien que publiée en 1891, n'avait pas trouvé jusque-là au Québec une bien large audience.

Appelé à agir comme médiateur dans un conflit à Québec, en 1901, Mgr Bégin recommande aux syndicats en cause de se conformer aux principes de la morale catholique et d'accepter en leur sein un aumônier catholique. Cet événement amène l'épiscopat québécois à se préoccuper attentivement du problème ouvrier et à former des prêtres instruits de la doctrine sociale de l'Église. Sous leur impulsion, des syndicats catholiques émergent dans plusieurs villes de la province. Le mouvement débute à Chicoutimi (1907) ; il s'étend, par la suite, à Hull, Trois-Rivières, Thetford, Rive-Sud, Québec, Montréal, Granby, Sherbrooke, Lachine et Saint-Hyacinthe.

À Montréal, l'École sociale populaire, fondée en 1911, se charge, par la publication de brochures et l'organisation de conférences, de répandre la doctrine sociale de l'Église. Elle décide même, l'année suivante, d'organiser en syndicats des ouvriers du commerce et de la construction. Mais la guerre vient mettre un terme aux activités des syndicats catholiques dans la région de Montréal et ce n'est qu'en 1918 que le clergé reprendra à son compte le projet d'établir un mouvement syndical national et catholique[4]. Monseigneur Gauthier, évêque auxiliaire de Montréal, convoque dans ce but une réunion de quelques prêtres et chefs ouvriers à la villa Saint-Martin en avril 1918. Alfred Charpentier qui participe activement à cette réunion insiste notamment, à l'encontre de Maxime Fortin, pour que les syndiqués catholiques aient droit de grève et que la direction du mouvement soit confiée à des laïcs[5]. Mieux organisés, les syndicats catholiques à Montréal connaissent un développement rapide. En février 1920, onze unités syndicales fondent le Conseil central des syndicats catholiques de Montréal dont Charpentier devient le premier président.

Parallèlement à la ville de Montréal, les syndicats catholiques progressent tant et si bien dans les autres centres urbains du Québec que l'idée d'un regroupement de ces diverses associations rencontre de plus en plus d'adeptes. C'est ainsi qu'en 1921 le Congrès de Hull approuve la création de la Confédération des travailleurs catholiques du Canada (CTCC). On a confié à Charpentier la charge de rédiger le projet primitif de la constitution et il s'est inspiré dans son travail de celle de la Fédération américaine du travail et des statuts de la Confédération française des travailleurs chrétiens[6].

La fondation de la CTCC survient à un moment difficile pour l'ensemble du mouvement ouvrier canadien puisqu'on assiste à cette époque à une diminution du nombre de travailleurs syndiqués au Canada. La CTCC, qui a eu tendance à ses débuts à gonfler ses effectifs, voit le nombre de ses adhérents passer de 45 000 en 1921 à 25 000 trois ans plus tard. Ce n'est qu'en 1933 qu'elle pourra enregistrer une augmentation du nombre de ses membres. Durant cette période de stagnation des effectifs, elle s'emploie à réorganiser en syndicats professionnels modernes les différentes associations qui se sont jointes à elle. C'est dans ce but qu'elle met sur pied une première fédération des employés des pulperies et papeteries en 1923 et autorise, l'année suivante, la création d'une fédération des métiers de la construction[7].

La Confédération réussit également à se faire accepter comme porte-parole du travail organisé auprès des deux paliers de gouvernement. A ce propos, elle engage une lutte épique auprès du ministère fédéral du Travail. Toutefois, elle obtient plus facilement les bonnes grâces du gouvernement provincial qui adopte, en 1924, la *Loi des syndicats professionnels*. Cette loi permet aux syndicats de se constituer en corporations et reconnaît au contrat collectif de travail force d'obligation légale[8].

La dépression qui frappe durement le Québec en 1931 amène la Confédération à radicaliser davantage ses revendications. Sans doute influencée par le développement du syndicalisme de type industriel, elle étend son organisation aux travailleurs des mines, du textile, du vêtement et de l'aluminium. Le nombre de ses membres passe alors de 30 346 en 1934 à 49 401 en 1939 ; il atteint 61 723 en 1945. Quand on pense qu'en 1939, soit après moins de vingt ans d'existence, la moitié des travailleurs syndiqués du Québec sont membres des syndicats catholiques, la progression est pour le moins surprenante.

La CTCC est responsable durant ces années de l'adoption d'une loi majeure, la *Loi de l'extension juridique de la convention collective*. Les chefs syndicaux catholiques percevaient cette loi adoptée en 1934 comme une première étape vers l'organisation corporative du travail. En effet, non seulement sanctionne-t-elle les conventions collectives conclues entre les parties, mais elle oblige les groupes minoritaires dans une industrie à se conformer aux conditions de travail établies par les parties contractantes[9].

'A mesure que l'organisation et l'administration de la CTCC est prise en main par des laïcs, le militantisme s'accroît. Accentuant sa pression auprès du patronat, la Confédération soutient deux grèves retentissantes en 1937, l'une dans l'industrie textile, l'autre aux chantiers maritimes de Sorel. Dans le premier cas, la lutte porte non seulement contre le patronat, mais également contre le gouvernement québécois de connivence avec l'employeur[10].

La CTCC démontre ainsi clairement qu'elle peut, tout autant que les syndicats internationaux, assurer la défense des intérêts des travailleurs. Alfred Charpentier occupe alors la présidence de la CTCC et participe activement à ces luttes.

2. *Alfred Charpentier*

Charpentier est issu de milieu ouvrier. Il a travaillé comme briqueteur dans les chantiers de construction de Montréal. A dix-neuf ans (1907), il s'enrôle dans les rangs de l'Union internationale des briqueteurs d'Amérique. Très tôt, il s'intéresse aux problèmes syndicaux et devient, à 25 ans, président du syndicat local. Imbu de la philosophie du syndicalisme international, il s'en fait le ferme défenseur. En réponse aux attaques des syndiqués catholiques, il écrit :

> Les unions internationales ont pour principe de vie de chercher la force dans l'union, en *respectant* la neutralité religieuse. Par celle-ci, les catholiques syndiqués internationaux ne prétendent pas que toutes les religions sont égales, seulement ils croient nécessaire de *fraterniser* avec les adeptes de toutes les religions(...) tout membre a sa vérité selon sa propre croyance et chacun voit sa *liberté de conscience* assurée par une tolérance réciproque, qui n'est que l'exercice commun et constant d'un *respect* de chrétienne *charité mutuelle*[11].

La parution du *Devoir* en 1910, « ce rayon lumineux pour mon esprit désorienté et obscurci », et les publications de l'École sociale populaire ébranlent ses convictions[12]. Il sent confusément qu'à la fonction économique du syndicalisme s'ajoute un caractère social et moral jusque-là ignoré par le syndicalisme international. Lors d'une retraite, en mai 1913, Charpentier entre en contact avec quelques apôtres du syndicalisme catholique qui lui font sentir le besoin d'approfondir ses connaissances du social. L'évolution de sa pensée le porte à rejeter l'unionisme international et, sous l'influence de Bourassa et d'un de ses amis, Alfred Marois, à adopter le syndicalisme ouvrier national. Dans une lettre adressée à Bourassa, il s'exprime ainsi :

> Selon ma conception de l'avenir du pays, je crois que pour réaliser l'indépendance économique et politique du Canada, le concours de tous les *facteurs nationaux* est souhaitable. Par conséquent, dans nos nombreuses unions ouvrières subissant la tutelle américaine, il est plus que nécessaire qu'une transformation soit opérée pour en faire des unions franchement et pratiquement canadiennes. Il faut faire d'elles un puissant et véritable *syndicalisme national*, pouvant largement contribuer au progrès du *nationalisme...* [13].

Rapidement cependant, à sa conception purement nationale du syndicalisme vient s'adjoindre l'idée, longtemps repoussée, de la nécessité de rendre ce syndicalisme non seulement national, mais également catholique. Il l'affirme pour la première fois publiquement, en décembre 1916, dans une conférence intitulée *Syndicats catholiques vs Syndicats neutres.* Il allègue que l'organisation syndicale ne peut pas avoir qu'une fonction purement économique et que la neutralité religieuse dont se targuent les unions internationales n'engendre que « des conceptions erronées[14] ». Et il ajoute :

> Devenu un formidable agent social, l'unionisme ne saurait empêcher de *s'inspirer* d'une certaine morale ou philosophie. Or, comme la morale n'est véritable que si elle a son *fondement* dans la vraie religion, la neutralité religieuse est *impossible* dans les unions ouvrières, parce que celles-ci font une promesse qu'elles ne peuvent tenir. Et à mon sens le prétendu respect accordé à toutes les croyances se traduirait mieux par un *dédain*, généralement inconscient, de l'intervention religieuse quelle qu'elle soit. En définitive, me voici donc dans l'obligation de reconnaître le *besoin* d'une morale sociale catholique et, par conséquent, la nécessité du syndicat catholique, pour régler et fortifier la morale du mouvement ouvrier[15].

Profondément convaincu de la nécessité du syndicalisme catholique, Charpentier passe rapidement à l'action. Il est du groupe qui, en avril 1918, élabore à la villa Saint-Martin les principes directeurs du syndicalisme catholique à Montréal. Il participe à la fondation du Cercle Léon XIII dont il devient le secrétaire. Ce mouvement a pour objectif de fournir une orientation idéologique à l'élite des ouvriers catholiques. À la fondation de la CTCC, il en devient le publicitaire et plus tard

(1931-1935) président du Conseil central de Montréal. Entre-temps, Charpentier adhère au Programme de Restauration sociale dont il rédige le chapitre intitulé « La question ouvrière ». Il apporte ainsi sa contribution à l'élaboration d'un projet de réforme de la société dont la crise économique des années 30 avait fait sentir l'urgence. C'est à lui également qu'on fait appel en 1915 pour occuper la présidence de la CTCC, poste qu'il conserve jusqu'en 1946.

Sans doute n'est-il pas étranger à l'agressivité que la CTCC montre dans les années 30. Sa conception du syndicalisme, quoique issue des principes de la doctrine sociale de l'Eglise, reste néanmoins entachée, dans le quotidien de l'activité syndicale, des méthodes et des moyens utilisés par le syndicalisme international.

II. – REPRÉSENTATION DES ADVERSAIRES

Le syndicalisme catholique naît en réaction contre les unions internationales. Pour amener les travailleurs dans ses rangs, les chefs de ce nouveau mouvement doivent leur démontrer pourquoi ils jugent le syndicalisme international inacceptable et en quoi le syndicalisme confessionnel lui est supérieur. On comprend alors pourquoi, dans la phase de démarrage, ils déploient un effort tout particulier à dénigrer le syndicalisme neutre. Ayant appartenu à l'organisation internationale, Charpentier connaît sa philosophie et ses méthodes d'action. Aussi est-il devenu rapidement un habile détracteur du syndicalisme international.

Pour bien comprendre l'analyse faite par le leader syndical, il est indispensable de se référer à la perspective historique dans laquelle il estime que le syndicalisme a évolué. L'explication qu'il nous donne est celle qu'on trouve chez les penseurs sociaux catholiques de la fin du XIXe siècle : René de La Tour du Pin, Albert de Mun et Mgr Ketteler. Elle tend en général à idéaliser la condition des travailleurs de l'Ancien Régime.

Selon Alfred Charpentier, le problème ouvrier est né du libéralisme « qui a vidé le coeur de l'homme de ses meilleurs penchants et a lamentablement rétréci et assujetti l'esprit humain aux règles de l'individualisme accapareur[16] ». Cet individualisme, issu de la Réforme protestante et des penseurs rationalistes du XVIIIe siècle, a engendré la Révolution française qui a supprimé les corporations ouvrières et aboli le droit d'association « pour faire place au beau régime de la libre concurrence sans frein, qui a conduit le monde à deux doigts de sa perte[17] ». Depuis la Révolution française, c'est comme de véritables ennemis que le capi-

tal et le travail se livrent la lutte. Le libéralisme en favorisant l'accumu-
lation du capital entre les mains d'une minorité de possédants a provoqué en réaction la naissance de syndicats internationaux qui cherchent,
écrit Charpentier, « à opposer une force à ce pouvoir[18] ». Il leur reproche donc d'accepter implicitement le régime libéral et de faire du syndicalisme un simple moyen de pression à l'intérieur du système capitaliste.
Au même titre, le socialisme, soutient-il, est issu des problèmes que la
société libérale a engendrés. Il n'aurait pu prendre racine chez les travailleurs si le libéralisme n'avait pas vu le jour.

C'est pourquoi le chef syndical trouve la solution au problème ouvrier dans l'abolition de « la doctrine barbare du libéralisme économique, du « chacun pour soi », du laisser-faire et de la concurrence   effrénée », et prône le retour au régime corporatif que le libéralisme a supprimé[19]. Cette interprétation de l'histoire est à la base de l'organisation
sociale proposée par le syndicalisme catholique.

2. *Faiblesses des unions internationales*

De tous les maux apportés par le syndicalisme international, c'est le
matérialisme qui, selon Charpentier, possède l'influence la plus pernicieuse. Ce caractère des « internationaux » a d'ailleurs conduit le leader
syndical au syndicalisme confessionnel.

> Dans l'ordre économique (le mal qu'il a fait) c'est d'avoir enseigné aux nôtres
> pendant au delà de cinquante ans et encore aujourd'hui que la question du
> travail est une question purement d'ordre matériel ; que les problèmes qui en
> découlent ne sont pas affaire de religion. Voilà du matérialisme[20].

À ses yeux, « l'évangile neutre du syndicalisme américian, c'est la conquête du pouvoir économique[21] ». « Donner à ceux qui travaillent une
force matérielle semblable à celle de ceux qui les emploient, opposer au
pouvoir de l'argent la force du nombre[22] », tels sont les objectifs du
syndicalisme international. À ce matérialisme, il greffe la neutralité religieuse et patriotique dont font montre les syndicats internationaux.
Estimant que le problème ouvrier demeure strictement un problème
économique, ceux-ci ne font aucun cas de la religion ou de la nationalité de l'adhérent. Un catholique, selon Charpentier, ne peut souscrire à
ce principe puisqu'il conduit à l'indifférence :

> L'ouvrier qui professe la nécessité de la neutralité religieuse dans les associa-
> tions ouvrières, tombe dans l'indifférence religieuse ; toutes les religions pour
> lui sont bonnes ; il *n'estime pas* plus son catholicisme qu'une misérable

secte ; il *n'apprécie pas* plus les prescriptions du Souverain Pontife que les discours d'un pasteur protestant (...) Les protestants se trouvent assez bien, eux, de la neutralité, puisqu'ils n'ont pas de religion proprement dite, mais une croyance individuelle, s'appuyant sur le libre examen, tandis que la nôtre doit être sociale, *soumise* à l'autorité de Rome[23].

Dans l'ordre patriotique, les mêmes blâmes valent. Le syndicalisme américain a détruit la notion de responsabilité et de fierté nationale.

... vivant dans une atmosphère *antipatriotique* (...), guidés par une fausse conception des problèmes économiques (...), ne tenant nullement compte des principes vitaux, moraux et sociaux, sur lesquels doit s'édifier le bon ordre social, les syndicats internationaux mettent chaque jour en réel danger, chez nous (...) le double enseignement de la foi catholique et de la langue française[24].

Aussi paradoxal que cela puisse paraître à première vue, les internationaux accusés par Charpentier de libéralisme et de matérialisme sont en même temps taxés de socialisme, voire même de communisme.

C'est la présence dans la métropole, depuis 1899, d'un Parti ouvrier fondé avec l'appui du Conseil des Métiers et du Travail de Montréal qui suscite ce reproche.

Or les Internationales sont un parti, elles ont leur déclaration de principes politiques. Ce n'est pas celle des partis existants, mais du parti socialiste. Elles ont récemment formé alliance avec les socialistes de ce pays dans le Parti ouvrier national qu'elles ont fondé. L'âme, le souffle de ce parti ne viendront que de la doctrine socialiste[25].

Il formule la même critique lorsque la FAT (Fédération américaine du Travail) et le CMTM se rangent du côté du Front populaire espagnol[26].

Selon sa logique du développement du libéralisme économique, la concentration du pouvoir économique entre les mains d'une minorité de possédants ne peut qu'entraîner, par réaction, le développement de la pensée socialiste parmi les travailleurs. Ce mouvement a commencé à prendre racine dans la région montréalaise. Pour éviter qu'il ne se développe, il faut donc, selon Charpentier, attaquer le mal à sa source, c'est-à-dire remplacer le matérialisme et la neutralité religieuse des internationaux par la doctrine morale et sociale de l'Église.

III. – THÈMES IDÉOLOGIQUES

1. *La religion*

La doctrine sociale de l'Église énoncée dans les Encycliques *Rerum Novarum* et *Quadragesimo anno* constitue la base vitale des unions catholiques. L'oeuvre de Charpentier est une profession de foi continuelle à ces principes.

> Fidèles aux principes qui nous viennent de Rome et de NN. SS. les Evêques, nos Syndicats rappellent ou inoculent aux ouvriers les doctrines morales et sociales de l'Église et les leur font mettre à la base de toutes leurs revendications économiques, sociales et politiques[27].

Ayant établi la doctrine de l'Église comme assise du syndicalisme catholique, il estime que ces principes s'incarnent dans des structures confessionnelles où le catholique se doit d'oeuvrer.

> Soyons logiques, la religion n'est pas un habit qu'on met le dimanche pour aller à la messe ; elle nous prend *tout entier*, elle veut qu'à tous les moments de notre vie, à l'église, au foyer, à l'atelier, nous pensions, nous parlions, nous agissions en catholiques[28].

Dans chaque syndicat catholique, l'aumônier se fait l'interprète de la doctrine sociale de l'Église.

> Pourquoi serait-on surpris qu'un syndicat ouvrier témoignant son adhésion à la doctrine sociale catholique dérivée de l'Évangile et des enseignements pontificaux soit conseillé moralement en telle manière par un prêtre catholique ? L'aumônier aide le syndicat ouvrier à établir des relations plus étroites entre les intérêts moraux et économiques qui coexistent dans toute industrie et qui ont été séparés pendant longtemps dans le monde industriel[29].

La présence de l'aumônier cause souvent un certain malaise parmi les travailleurs et Charpentier revient fréquemment sur ce thème. C'est que certains aumôniers ont tendance à trouver dans plus d'une question syndicale des implications morales.

Lors des réunions qui précèdent la fondation des syndicats catholiques à Montréal, Charpentier conscient des réticences que les travailleurs manifestent à l'égard des aumôniers désire autant que possible limiter leur rôle à l'intérieur du syndicat. Mais devant l'opposition rencontrée, il se rallie à l'opinion majoritaire[30]. Il garde néanmoins une conception du syndicalisme catholique plus accueillante à l'égard des travailleurs non catholiques et plus limitative quant au rôle de l'aumônier. Une fois élu à la présidence de la CTCC, il s'emploiera à défendre cette conception de l'action syndicale catholique. Il écrit à ce propos en 1938 :

> Le rôle des aumôniers est celui de *conseillers* et non de contrôleurs. Ils *ne s'immiscent pas* dans les affaires propres aux unions ; c'est-à-dire : l'étude des

voies, des moyens et des plans d'action en vue d'améliorer leurs intérêts professionnels et temporels[31].

Les dures rivalités intersyndicales durant la guerre amènent la CTCC à donner un vigoureux coup de barre et à entreprendre un processus de déconfessionnalisation. En effet, le congrès de Granby, en 1943, retire à l'aumônier son droit de veto sur toute résolution ne mettant pas en cause la morale ou l'enseignement de l'Église.

2. La nation

À la base du syndicalisme catholique, il y a interpénétration constante entre le religieux et le national. La foi assure la sauvegarde de la nation et la nation protège la foi. Charpentier voit dans la CTCC le moyen d'assurer le progrès de ces deux valeurs fondamentales.

> Les syndicats catholiques apportent à la classe ouvrière le moyen de continuer son émancipation plus sûrement en conformité avec les intérêts supérieurs de notre entité canadienne-française catholique[32].

Marqué par le caractère messianique de l'idéologie dominante, il ne manque pas une occasion d'associer les syndiqués catholiques à la mission providentielle dévolue à la nation canadienne-française :

> Ne devons-nous pas comprendre, nous Canadiens-français, que ce n'était pas sans un *dessein particulier* que Dieu a voulu nous laisser grandir nombreux en cette province de Québec ? Il voulait et Il veut que, comme catholiques, nous ayons, nous aussi, notre tâche à remplir dans le monde du travail syndiqué de notre pays. Notre devoir est d'inculquer à celui-ci les principes stables de la morale sociale catholique, principes qui le garderont des tendances vicieuses et lui assureront une orientation suivie vers le progrès véritable[33].

Trop longtemps les ouvriers ont ignoré leur appartenance à la nation canadienne-française. Charpentier ne nie pas l'existence de ce qu'il appelle un « esprit de classe », mais il souhaite le canaliser dans le sens national.

> L'esprit de classe qui a toujours été notre unique guide, nous fait payer cher aujourd'hui, par l'atrophie de notre sentiment national et par notre servilité d'esprit à l'internationalisme américain, la confiance aveugle que nous avons mise en ce dernier depuis vingt-cinq ans. Nous avons donc le devoir de *corriger*, de *réformer* en nous cet esprit de classe ; il ne s'agit pas de l'étouffer complètement, c'est impossible, mais il s'agit de le désinternationaliser et de l'identifier

avec l'esprit de patrie, esprit plus noble qui nous fera sentir que nous sommes aussi membres de la grande famille canadienne-française de cette province[34].

Son nationalisme, marqué par celui de Bourassa, reste pancanadien. Il dénonce avec vigueur l'idée de faire de la CTCC un syndicat purement québécois :

La CTCC n'est pas avant tout une organisation purement raciale autant que confessionnelle. C'est une organisation ouvrière « catholique » oui, mais non pas exclusivement canadienne-française, *confinée* à la province de Québec (...) Veut-on qu'elle devienne unilingue et provinciale ? Autant vaudrait la dissoudre tout de suite[35].

Au centre des querelles de juridiction qui dressent le provincial contre le fédéral dans le domaine social, le leader syndical adopte une position assez ambiguë. À certains moments, il prend à partie la tendance centralisatrice d'Ottawa. Comment, demande-t-il, conserver ce qui nous « est particulier » si le gouvernement fédéral s'approprie le contrôle des affaires sociales :

Le plan canadien Marsh est centralisateur. Les bénéfices de toutes sortes qu'il comporte : allocations familiales, prestations de chômage, secours à la maladie, bénéfice à la mort et que sais-je encore, seraient administrés par Ottawa contre l'unité nationale, telle que nous la concevons dans le Québec. Comment le pouvoir central respecterait-il tout ce qui nous est *particulier* : conception familiale, traditions, lois civiles[36], etc. ?

À d'autres moments, il manifeste une certaine impatience et affirme que les problèmes auxquels font face les ouvriers doivent trouver une solution canadienne :

Comme l'économique influe sur le social, il se trouve de nos jours que le droit au travail, le droit à la stabilité de l'emploi, à un certain contrôle de la rationalisation technologique, à un salaire minimum vital, à un salaire familial, à une durée de travail raisonnable, à une répartition équitable des richesses, etc., sont en somme des droits sociaux qui cessent d'être du domaine exclusivement provincial, si l'on veut leur donner une solution rationnelle et durable et raisonnablement expéditive[37].

L'acuité des problèmes sociaux que la crise économique de 1929 a fait ressortir rend pressante l'adoption de mesures législatives appropriées. Le chef syndical sent que les travailleurs risquent de faire les frais de l'imprécision de la constitution canadienne à ce sujet :

La classe ouvrière est fatiguée de perpétuelles querelles entre les provinces et le Fédéral, alors que les problèmes fondamentaux de l'ordre économique restent sans solution ou n'ont que la solution égoïste que servent à leur donner les intérêts capitalistes[38].

On aura noté le ton employé par Charpentier dans les deux derniers textes. Les préoccupations de l'auteur pendant ces années sont différentes de celles qu'il poursuivait dans les années 20. Il ne discourt plus sur le caractère national ou la vocation messianique de la CTCC, mais il est préoccupé de la gravité des problèmes économiques rencontrés par les travailleurs. Il exige des solutions rapides, qu'elles viennent du fédéral ou du provincial. Il reflète sur ce point l'évolution que subit l'ensemble du mouvement syndical catholique dans les années 30. La défense des intérêts économiques des travailleurs prend le pas sur le caractère catholique et national du mouvement.

3. Les problèmes syndicaux

La conception que s'est donnée Charpentier de la défense des intérêts des travailleurs rejoint celle définie par la doctrine sociale de l'Église. Cependant, il l'interprète dans un sens qui est loin de faire du syndicalisme catholique un instrument aux mains du patronat. Et, à ce point de vue, il faut bien distinguer l'idéologie officielle de la pratique syndicale. Fidèle à la doctrine sociale de l'Église, l'auteur aspire à régler définitivement les tensions entre le capital et le travail en réunissant patron et ouvrier dans l'organisation corporative du travail. Nous reparlerons plus bas de cet objectif ultime que s'étaient fixé les syndicats catholiques.

Avant l'avènement de ce régime, alors que la loi de l'offre et de la demande règle les rapports entre le capital et le travail, quels principes devront guider la CTCC dans les relations industrielles ? À ses débuts, certains leaders préoccupés de mettre en pratique le plus rapidement possible la corporation insistent sur la communauté des intérêts entre les travailleurs et le patronat et sur la nécessité d'une collaboration étroite entre ces deux groupes. Charpentier n'échappe pas à cette conception de l'action syndicale, surtout manifeste dans les années 20.

La CTCC prouve si bien sa nécessité pour le bénéfice matériel des ouvriers canadiens-français, au moyen d'une nouvelle conception sociale et économique, celle de la *collaboration* des classes (...) Elle enseigne à ses membres la conscience exacte des intérêts économiques des employeurs et des employés ; que ces intérêts ne sont pas radicalement opposés, mais seulement différents et que les employeurs et les ouvriers sont liés aussi par de *mutuels intérêts* professionnels[39].

Mais à mesure que la CTCC élargit les cadres de son organisation et qu'elle rencontre une opposition ferme de la part du patronat, elle tend, dans la pratique syndicale quotidienne, à s'éloigner de l'esprit « bon-ententiste » qui l'avait caractérisée à des débuts. Il s'établit alors un écart de plus en plus grand entre l'action de la CTCC et l'objectif final qu'elle s'était fixé : l'organisation corporative du travail. Ses dirigeants sont ainsi conduits, au niveau de l'organisation et des méthodes employées, à se rapprocher des pratiques syndicales des internationaux. Charpentier qui a appartenu à l'organisation internationale est de ce nombre. Ce qu'il définit, en 1927, comme la « vocation naturelle » du syndicalisme s'applique aussi bien au syndicalisme international que catholique :

- proclamer le droit syndical à l'action collective,
- chercher à obtenir une part convenable de tous les biens qu'ils procurent à la société,
- réclamer de l'État une sollicitude spéciale afin de mettre fin au joug de maîtres inhumains et à la cupidité d'une concurrence effrénée[40].

Les méthodes employées pour défendre les travailleurs rejoignent celles qu'avaient mises au point les syndicats internationaux : convention collective, droit de grève, atelier fermé, étiquette syndicale, etc. Charpentier s'en fait un ardent défenseur. Par exemple, à la suite de grèves dans l'industrie de la chaussure, à Québec en 1925, il publie une brochure : *l'Atelier syndicale fermé*, où il défend contre une partie du clergé et du patronat catholique le droit du syndiqué à la grève. Il y affirme que Léon XIII dans son encyclique a donné son approbation à la grève puisqu'il recommande aux syndicats catholiques de « sauvegarder les intérêts des salariés » et que ce conseil couvre nécessairement la grève, principe vital du syndicalisme[41].

Il ne faut pas perdre de vue qu'ici encore le syndicat a droit de recourir à cette action rigoureuse par équité envers ses membres, par égard à la majorité des patrons bien disposés envers lui et pour conserver intacte son existence[42].

Quoique rattachant son action aux principes énoncés par les encycliques, la pratique syndicale telle que la conçoit Charpentier se rapproche de plus en plus de celle du syndicalisme international. Même s'il affirme que le syndicat catholique « n'est pas une arme de lutte mais un instrument de paix et d'entente », les grèves de Sorel et du textile en 1937 laissent peu de doute sur la capacité de la CTCC de faire face aux employeurs[43]. Il n'oublie pas, bien sûr, l'objectif final de la CTCC qui est l'établissement d'un nouveau type de relations industrielles, mais il ne veut pas non plus lui sacrifier à court terme la défense des intérêts des travailleurs. On voit alors naître un désaccord entre l'action et l'idéologie qui doit la soutenir. Pour Charpentier, le corporatisme demeure encore un idéal ; pour la génération qui le suivra, il deviendra un mythe.

4. Les questions sociales

L'auteur n'aborde que rarement les questions touchant l'éducation et la famille. Il affirme néanmoins que le syndicalisme a pour tâche de promouvoir des législations à caractère social. Dans le programme de restauration sociale, il dresse l'inventaire des législations qu'il souhaite voir adopter par les deux paliers de gouvernement. Il revendique le primat du salaire sur les dividendes, une expérimentation prudente des allocations familiales et le salaire minimum aux journaliers[44]. Ces mesures ont pour objet l'obtention d'un salaire familial proportionné à la famille moyenne.

> Convenons d'abord que depuis l'encyclique *Quadragesimo anno*, lorsqu'on parle de salaire, il faut désormais avoir en l'esprit l'idée du *salaire familial*. Cependant, si Pie XI dit bien que le salaire doit procurer à l'ouvrier « sa subsistance et celle des siens », il restreint cette idée du salaire familial « aux charges normales d'une famille moyenne (3 enfants)[45] ».

A ces demandes, Charpentier ajoute l'organisation progressive de l'assistance et des assurances sociales, l'application de la loi des pensions de vieillesse, l'octroi d'allocations aux mères nécessiteuses et la revision de la *Loi des accidents de travail*[46]. Parmi les réformes visant à restaurer l'ordre social, il insiste sur le retour de la mère au foyer.

> Le travail de la mère en dehors du foyer est devenu en notre pays, ou notre province même, une plus grande *plaie* qu'on ne le croit (...) Obligée de confier ses enfants à une servante ou à une garderie pour ne les revoir que le soir, sa journée finie, elle néglige leur éducation, ce qui ne peut que faire souffrir une mère (...) Le retour de la mère au foyer s'impose pour le bien social[47].

Les réformes sociales proposées démontrent l'insistance d'une restauration sociale centrée sur la famille. C'est à partir de cette cellule première de la société que le leader syndical envisage toute réforme sociale.

5. La politique

La doctrine sociale de l'Église garde une certaine méfiance envers l'État. Charpentier partage plus ou moins cette vue :

> La fondation de l'État *se limitera* à créer les conditions générales à la faveur desquelles chaque membre du corps social pourra, de la manière la plus sûre et la plus efficace, réaliser sa fin[48].

Ce rôle de suppléance, l'État l'exercera dans le domaine social grâce à des mesures comme l'assurance-chômage et les allocations de toutes sortes.

À la suite de la vague de grèves des années 36 et 37, la crainte de l'État éprouvée par l'auteur se transforme en hostilité, mais pour des raisons qui ne tiennent pas à la doctrine sociale de l'Église. Il accuse le gouvernement de l'Union nationale, par ses activités, de menacer l'existence du syndicalisme :

> Nous déclarons de nouveau que le gouvernement s'est immiscé dans un domaine qui ne le regarde pas, d'ordre privé et exclusivement professionnel. Voilà, bref, un ensemble d'agissements digne du pire attentat politique contre la vie même du syndicalisme ouvrier dans la province de Québec[49].

Dans les réformes qu'il propose pour l'ensemble de l'organisation sociale, l'État et les partis politiques ne jouent qu'un rôle secondaire. C'est au capital et au travail à s'entendre sur un *modus vivendi.*.

Dans son optique, l'organisation syndicale devra appréhender tout appui à un parti politique. Ce thème revient sans cesse sous sa plume :

> Un parti politique est le *suprême danger*. Danger il y a, non pas seulement parce que ce parti va s'édifier sur des principes cuisinés par les socialistes, mais parce que la participation à un parti politique est tout à fait contraire aux intérêts primordiaux des syndicats professionnels. La politique partisane paralysera le développement des syndicats et diminuera leur efficacité économique et sociale (...) Les dirigeants de tels syndicats, oublieux d'ambition politique personnelle, se spécialiseront dans la connaissance et la solution des problèmes industriels[50].

On imagine l'attrait que devait exercer sur les militants syndicaux la possibilité d'appuyer un parti politique plus favorable aux intérêts des travailleurs. L'Action libérale nationale, par exemple, qui avait endossé la plupart des revendications de la CTCC, sollicitait l'appui de la centrale syndicale. Mais Charpentier demeure intransigeant sur ce point :

Les militants et les chefs qu'il nous faut, ce sont des hommes qui ne céderont pas à l'*engouement* politique ni à l'*attrait* d'aucun des quatre ou cinq partis politiques actuellement en présence dans la province[51].

C'est que la solution aux problèmes des travailleurs vient non pas de l'État, mais du corporatisme.

6. *Le corporatisme*

Les penseurs du syndicalisme catholique, on l'oublie trop souvent, prônent une « révolution » de l'organisation sociale et le retour à l'esprit qui avait animé les corporations au Moyen Âge. Voilà, en effet, le but que Charpentier fixe aux syndicats catholiques :

> Qu'est-ce que l'Église catholique veut de ses enfants du monde industriel ? Elle désire le rapprochement des patrons et des ouvriers, le retour aux coutumes chrétiennes qui réglaient jadis les rapports entre eux. Elle désire la *reconstitution de la corporation* industrielle chrétienne. Pour cela, elle veut que les ouvriers soient les initiateurs d'une ère ouvrière chrétienne, tout comme elle veut que les patrons se fassent, de leur côté, les initiateurs d'une ère patronale chrétienne[52].

Quelles peuvent être les structures d'une telle organisation dans une société industrielle ? La corporation suppose l'organisation parallèle des patrons et des ouvriers dans une même industrie ou métier, d'abord au plan local puis national. Les représentants des syndiqués et du patronat réunis forment à différents niveaux, selon le type d'industrie ou de métier, et selon la localité ou la religion, des corporations. Celles-ci fixent les « règlements relatifs à l'apprentissage, déterminent la juridiction professionnelle et surveillent la rationalisation technologique, le contrôle de la production, le coût de la production, la *limitation* ou le partage des profits[53] ». La possibilité de grève est écartée puisque les conflits sont réglés par arbitrage[54]. L'immuable lutte de classe fait place à la collaboration.

> C'est par ce mode d'organisation dans chaque industrie, du côté ouvrier et du côté patronal, que pourra s'effectuer la véritable corporation chrétienne dans laquelle l'opposition des classes pourra *se muer en collaboration*[55].

Alors, même le libéralisme sera mis en échec :

> Le corporatisme pourra alors largement contrôler le feu aveugle de la loi de l'offre et de la demande et reconquérir sur le marché du travail la considération humaine[56].

Charpentier oriente la pensée et l'action du mouvement syndical en ce sens. Il voit dans l'adoption par le gouvernement, en 1934, d'une loi des conventions collectives de travail un embryon de corporatisme :

> Ces embryons existent en effet dans les comités paritaires prévus par cette loi pour surveiller l'application des conventions collectives. Et l'on peut dire que dans tout métier ou industrie dans lesquels fonctionne un comité paritaire, l'on passe déjà du plan syndical au plan corporatif[57].

Il estime que les ententes locales et régionales que permet la loi conduiront à des accords provinciaux[58].

Cependant cette organisation du travail implique l'adhésion du patronat qui se refuse à une solution aussi idéaliste. Charpentier le perçoit bien lorsque, dans *Vie syndicale*, il écrit :

> Malheureusement, la très grande majorité des employeurs redoutent encore les conventions collectives tellement l'individualisme et l'esprit de domination les étreint encore. Mais ils ont immensément tort, particulièrement en notre province, où ils pourraient, dans la plupart des industries, transiger avec des organismes ouvriers pondérés prêts à collaborer loyalement et honnêtement[59].

Cette appréhension s'accentuera après la guerre. Dans une série d'articles, l'auteur dresse le répertoire des associations patronales[60]. Il note la lenteur des employeurs à se grouper en association, il sent que l'individualisme du patronat québécois risque de faire crouler le modèle corporatiste[61].

IV. – REPRÉSENTATION GLOBALE DE LA SOCIÉTÉ

L'analyse que fait Charpentier du syndicalisme dépasse dans un de ses articles, « Syndicalisme ou politique », le strict plan professionnel pour atteindre à une conception globale de la société. Avec lucidité, il perçoit que fondamentalement les conceptions de l'organisation sociale du syndicalisme catholique et du syndicalisme neutre sont à l'opposé l'une de l'autre.

Il attribue au syndicalisme neutre une conception mécanique de la société et au syndicalisme catholique une conception organique.

Dans la société mécanique, telle que définie par les syndicats neutres, « les individus sont seuls en face de l'État, rien n'intervenant entre eux et l'État ». Selon l'auteur, « cette manière de concevoir la société conduit soit à l'exaltation de la liberté, soit à l'exaltation de l'État, soit à l'exaltation des démocraties actuelles ». L'exaltation de la liberté entraîne l'attachement au libéralisme, celle de l'État, au socialisme et au collectivisme, et enfin, l'attachement au démocraties actuelles les conduit à la « tendance interventionniste..., c'est-à-dire dans un essai d'équilibre entre les droits de l'individu et ceux de l'État[62] ». Selon Charpentier, cette conception mécanique de la société engendre sur le plan politique l'idée que « les droits de l'individu passent avant ceux de la famille, et que le peuple est gouverné par un parti qui ne représente qu'une poussière d'individus[63] ». Sur le plan social, le peuple est alors amené à « rechercher l'intervention de l'État dans tout ce qui lui échappe » tandis que les syndicats recherchent le monopole syndical qui risque de faire du syndicalisme « une institution publique soumise au contrôle de l'État[64] ».

À cette approche mécanique de la société, la CTCC s'efforce de répondre par une conception organique qui implique entre l'État et l'individu « un corps moral » fait de « l'action harmonieuse et inter-dépendante des groupements naturels tels que familles, cités et profes-sions[65] ». L'État est alors constitué des représentants de ces groupements et forme « la tête d'un nouveau corps social où les groupements naturels sont des organes autonomes orientés vers le bien commun par l'État ». Dans cette optique, le syndicat s'intégrera à la profession (corporation) organisée par statut légal. Cette conception s'impose :

> ... parce qu'elle est conforme au droit naturel, elle respecte la dignité et la liberté humaine ; elle respecte aussi la liberté chrétienne ; elle évite les excès du libéralisme et du socialisme ; elle assure la vraie démocratie industrielle chrétienne[66].

Concrètement, les deux tendances signifient que le syndicalisme neutre, de par sa conception mécanique de la société, « tend à l'étati-sation des réformes sociales et à la centralisation du pouvoir, alors que le syndicalisme catholique, de par sa conception organique, tend plutôt à la restauration des institutions corporatives et à la décentralisation du pouvoir[67] ».

* * *

La pensée et l'action d'Alfred Charpentier oscillent entre deux pôles : la doctrine sociale de l'Église et la réalité prégnante de la défense des intérêts des travailleurs. La doctrine sociale de l'Église présente une conception des relations où le syndicalisme est appelé à former avec le patronat une corporation. Mettant l'accent sur la communauté des intérêts qui unit le capital et le travail, le corporatisme valorise la bonne entente et l'esprit de collaboration dans les relations industrielles. La justice et l'équité devront guider les rapports entre les deux groupes. Charpentier croit fermement à cette conception de l'organisation du travail et il s'emploie à la mettre en pratique.

L'application se révèle toutefois plus ardue que le chef syndical ne le pensait. Dans son esprit, l'établissement de la corporation ne signifie pas qu'il faille abandonner la défense des intérêts des travailleurs, mais plutôt que le patronat devra se départir de l'esprit de profit dans ses relations avec les travailleurs. En régime capitaliste, le travail est plus ou moins assimilé à un facteur de production sujet à la loi de l'offre et de la demande. Charpentier propose au patronat de mettre fin à cette organisation du travail en échange de la collaboration des travailleurs. A majorité anglo-saxon et imbu de libéralisme, celui-ci a refusé de participer à l'établissement de la corporation dans la mesure où cela signifiait une modification de ses rapports avec les travailleurs. Or la collaboration du patronat était indispensable à la formation de la corporation. Réduite à être seule à soutenir ce nouveau type d'organisation du travail, la CTCC l'abandonnera graduellement pour aligner sa pensée sur celle des syndicats internationaux.

Charpentier, à l'époque où il mène les destinées de la CTCC, croit encore, au niveau des principe du moins, que le syndicalisme catholique n'est pas « une arme de lutte mais un instrument de paix et d'entente » vers l'idéal corporatiste[68]. Il estime d'autre part qu'avant l'établissement de la corporation, le syndicalisme catholique est habilité à défendre les travailleurs avec les méthodes déjà éprouvées par les syndicats internationaux. On le verra alors soutenir le droit de grève, le droit à la convention collective et à l'atelier fermé. Il s'établit ainsi, comme nous l'avons souligné, un certain désaccord entre l'action et l'idéologie qui doit la soutenir. Plus que tout autre, parce que ses activités sont éminemment pratiques, Charpentier a dû sentir ces contradictions. Les chefs syndicaux qui lui succéderont à la tête de la CTCC ne s'embarrasseront pas du corporatisme ; leur pensée et leur action s'inspireront du syndicalisme nord-américain. Ils chercheront, comme le reprochait Charpentier aux internationaux en 1921, « à opposer au pouvoir de l'argent la force du nombre[69] ».

Département d'histoire,   Jacques ROUILLARD
York University.

* Notre analyse porte sur les écrits d'A. Charpentier publiés entre 1920 et 1945 et constitués de courts ouvrages et d'articles parus dans l'organe de la CTCC, *la Vie syndicale.*

1 Fernand DUMONT, « Structure d'une idéologie religieuse », *Recherches sociographiques,* I, 2, avril-juin 1960, pp. 168s.

2 IDEM, « Notes sur l'analyse des idéologies », *Recherches sociographiques,* IV, 2, avril-juin 1964, p. 165.

3 IDEM, « Structure d'une idéologie religieuse ». pp. 168s.

4 Michel TÊTU, *les Premiers Syndicats catholiques canadiens (1900-1921),* thèse de doctorat en histoire, Université Laval, 1961, pp. 282ss.

5 Alfred CHARPENTIER, *la Vie syndicale,* avril 1929, pp. 5ss. (Dorénavant, A. C.)

6 A. C.,*Cinquante ans d'action ouvrière ; les mémoires d'Alfred Charpentier,* Québec, Les Presses de l'université Laval, 1971, p. 66.

7 L. M. MALTAIS, *les Syndicats catholiques canadiens,* Washington, l'Université catholique d'Amérique, 1925, p. 109.

8 *Ibid.,* p. 120.

9 A. C.,*op. cit.,* pp. 134ss.

10 *Ibid.,* pp. 192ss.

11 A. C., *De l'internationalisme au nationalisme,* E. S. P., n°s 88-89, Montréal 1920, p. 10. L'italique dans les citations, tout au long de ce travail, est de nous.

12 A. C.,*Ma conversion au syndicalisme catholique,* Montréal, Fides, 1946, p. 27.

13 *Ibid.,* p. 56.

14 *Ibid.,* pp. 59-72.

15 *Ibid.,* p. 65.

16 A. C., *Vie syndicale,* juillet 1935, p. 7.

17 *Ibid.,* mars 1926, p. 2.

18 A. C.,*Syndicalisme révolutionnaire ou neutre,* Semaine sociale du Canada, 1921, Montréal, l'Action paroissiale, 1922, p. 96.

19 A. C., *l'Aube d'une ère ouvrière nouvelle,* E. S. P., n° 104, Montréal, 1922, p. 8.

20 A. C., *Pourquoi cette « Opposition fratricide »,* Montréal, CTCC, 1927, p. 4.

21 A. C.,*Syndicalisme révolutionnaire ou neutre,* p. 127.

22 *Ibid.*

23 A. C., *l'Aube d'une ère....* pp. 14s.

24 A. C.,« L'ouvrier », *l'Action française,* juin 1920, pp. 245s.

25 A. C., *l'Aube d'une ère...,* p. 15.

26 A. C., *Vie syndicale,* octobre 1936, p. 1.

27 *Ibid.,* mars 1938, p. 1.

28 A. C., *l'Aube d'une ère...,* p. 18.

29 A. C., *l'Organisation du travail de demain,* tract n° IV, Montréal, CTCC, 1944.

30 A. C., *Cinquante ans d'action ouvrière...* pp. 49ss et 411.

31 *Ibid.,* pp. 394ss.

32 A. C., *Vie syndicale,* septembre 1938, p. 5.

33 A. C., *Pourquoi cette « Opposition fratricide »,* p. 8.

34 A. C., *De l'internationalisme au nationalisme,* p. 39.

[35] A. C., *Vie syndicale,* mars 1939, p. 1.

[36] A. C., *Directives et Orientations,* Montréal, CTCC, 1943, p. 13.

[37] A. C., *Vie syndicale,* février 1938, p. 1.

[38] A. C., *la Restauration sociale et la classe ouvrière,* Montréal, CTCC, p. 12,

[39] A. C., *l'Organisation du travail de demain,* pp. 3-4.

[40] A. C., *Vie syndicale,* mai 1927, pp. 2-3.

[41] A. C., *l'Atelier syndical fermé,* E. S. P., n° 151, Montréal 1926, p. 20.

[42] *Ibid.,* p. 23.

[43] A. C., *la CTCC. Ses oeuvres et ses aspirations,* p. 4.

[44] A. C., « La question ouvrière », *Programme de restauration sociale,* E. S. P. (1934), n°s 239-240, p. 20.

[45] *Ibid.,* p. 21.

[46] *Ibid.,* p. 31.

[47] *Ibid.,* p. 34.

[48] A. C., *la Restauration sociale...,* p. 11.

[49] A. C., *Vie syndicale,* septembre 1937, p. 2.

[50] A. C., *l'Ouvrier,* p. 249.

[51] A. C., *Directives et Orientations,* pp. 21-22.

[52] A. C., *l'Aube d'une ère ouvrière...,* pp. 21-22.

[53] A. C., *Vie syndicale,* janvier 1940, p. 1.

[54] A. C., *l'Organisation du travail...,* p. 9.

[55] A. C., *l'Organisation ouvrière...,* p. 157.

[56] A. C., *Vie syndicale,* mars 1937, p. 3.

[57] A.C. *l'Organisation ouvrière...,* p. 156.

[58] A.C. Charpentier, *Vie syndicale,* mars 1934, p. 1.

[59] A. C., *l'Organisation ouvrière...,* p. 156.

[60] A. C., *Vie syndicale,* mars 1934, p. 1.

[61] *Ibid.,* janvier 1939, p. 2.

[62] A. C., *l'Orientation des relations...,* pp. 45-83.

[63] *Ibid.,* p. 153.

[64] A. C., « Syndicalisme ou politique », dans *l'Orientation des relations patronales ouvrières,* Montréal, Thérien, 1956, p. 234.

[65] *Ibil.*

[66] *Ibil.,* p. 235.

[67] *Ibil.,* p. 236.

[68] *Ibid.,* p. 237.

[69] *Ibid,* p. 238.

[70] A. C., *la CTCC. Ses oeuvres...,* p. 4.

[71] A. C., *Syndicalisme révolutionnaire ou neutre,* p. 1277.

LA PENSÉE SOCIALE D'ÉDOUARD MONTPETIT

Édouard Montpetit contribua à la vie intellectuelle du Canada français pendant près d'un demi-siècle : son premier article « La question sociale et les écoles sociales » remonte à 1906, et le dernier volume de ses *Souvenirs* fut publié en 1955. Notre propos, ici, n'est pas d'entreprendre une analyse de l'évolution de sa pensée à travers toute cette période, même si nous aurons l'occasion de souligner quelques changements marquants. Nous cherchons plutôt à situer sa vision du monde tel qu'elle peut être reconstituée à partir de ces publications, allant des années 30 à l'après-guerre. Le choix de cette période n'a rien d'arbitraire, François-Albert Angers a clairement décrit la rupture que provoque la crise économique dans l'orientation de la pensée des milieux nationalistes traditionnels[1]. La pensée de Montpetit, tout en demeurant très distincte par rapport à celle-ci, connut à la même époque un changement similaire. *Pour une doctrine*, publié en 1931, marque une étape dans son oeuvre. Dans ce volume, il offre pour la première fois une synthèse des divers thèmes qu'il abordait depuis déjà vingt ans, notamment dans les pages de *la Revue trimestrielle canadienne* et dans *l'Action canadienne française*. En partie à cause de l'évolution du climat général des idées qui caractérise cette période, en partie à cause de la chimie intellectuelle qui s'effectue dans toute synthèse rigoureuse, sa pensée prend ici un nouveau départ qui se concrétise au cours des quinze années suivantes dans une dizaine d'autres volumes[2].

À partir de 1930, tout ce que Montpetit écrit gravite autour d'une question centrale, celle de la modernisation. Nous pouvons même déceler dans ses oeuvres une forme de problématique sur la question. Cette problématique doit être esquissée, si nous voulons comprendre la véritable portée de ses idées sur des sujets tels que l'éducation, la nation, la politique et l'économie. Pour dégager le sens d'une oeuvre comme celle de Montpetit, une certaine prudence est toutefois néces- saire, car il définit rarement ses termes, et son cadre de référence est littéraire et philosophique plutôt que scientifique. Afin de comprendre la problématique qu'il élabore sur ce que nous pouvons appeler le phénomène de la *modernisation*, il est donc utile de ventiler en quelque sorte le concept en se demandant d'abord ce qu'il entend par *change- ment* et par *culture*.

Le terme que Montpetit utilise habituellement pour désigner le changement social est celui de *progrès*. Le sens qu'il donne à ce mot est à la fois celui de progression dans le temps et de passage d'un état à un autre. Il conçoit le progrès comme la transformation continue et irréver- sible d'une société. Mais il faut souligner que ce mot ne comprend pas nécessairement pour lui l'idée de développement en bien ou en mal. Montpetit ne porte pas de jugement sur le sens du changement car il existe selon lui une contingence dans la nature. Nous verrons que les manifestations concrètes du changement social auxquelles il fait réfé- rence se ramènent à deux grandes catégories : l'industrialisation et la démocratisation. Il note que, là où elle s'est produite, l'industrialisation a accru, par la richesse, l'épanouissement des sociétés mais a également entraîné des conséquences négatives tels que l'aliénation et les conflits de classe. En même temps, la démocratisation, là où elle est le plus avancée, a surtout favorisé la démagogie et le culte de l'incompétence. Pour lui, cependant, le sens que prendront dans l'avenir ces deux as- pects de changement social est impossible à prédire.

Montpetit ne porte aucun jugement sur le sens profond du changement car il croit que l'homme possède la capacité d'intervenir dans le but de déterminer la nature même de ce processus. L'avenir dépendra, selon lui, du climat des idées et de l'action des élites et non de caractéristiques intrinsèques au processus même de changement. On voit que sur cette question Montpetit se détache de la pensée tradition- nelle selon laquelle une main divine contrôle le destin des hommes. Plus surprenant est le fait qu'il se tient également à l'écart du courant général de la pensée scientifique. Il est intéressant de citer ici une description imagée du phénomène de changement social tel qu'il était gé- néralement perçu par les chercheurs en science sociales, contemporains de Montpetit : « Like a log on the brink of Niagara Falls, we are impelled by unforeseen and irresistible socio-cultural currents, helplessly drifting from one crisis and catastrophe to another[3]. » Les sciences sociales, jusqu'à très récemment, ont concentré leurs efforts sur l'identification de lois et relations sous-jacentes à un processus de changement conçu

comme déterminé. Montpetit, pour sa part, ne conçoit pas le changement de cette façon et il concentre son attention sur l'action de
l'homme sur le processus. Pour préciser sa pensée il évoque, lui aussi,
une image fluviale, celle des chutes d'eau québécoises où « les eaux
écumeuses sont maintenues dans les lignes que leur trace la résistance
du lit et des rives ». D'après sa manière de voir, les civilisations
« endigueront le flot du progrès matériel et lui imposeront la voie qui
leur convient[4] ». Avec le philosophe français Émile Boutroux, il
condamne et « l'évolutionnisme philosophique » qu'il appelle
« l'expression d'une force fatale qui entraîne l'humanité soumise » et le
matérialisme qu'il voit comme « un arrêt de volonté dans la matière ».
A leur place, il propose comme principe de conduite un mélange de
conscience et de réalisme : « L'homme, d'après cette manière de voir,
ne s'adapte pas seulement à son milieu, il adapte son milieu à ses
volontés, il change la face de la terre, il crée, il se crée[5]. »

Cette capacité que possède l'homme de « changer la face de la terre »
vient selon Montpetit du fait qu'il existe dans la nature une dialectique
entre deux forces vitales ; d'un côté il y a le monde matériel qui
constitue le *milieu* et de l'autre, le monde de l'esprit ou la *culture*. Dans
ce contexte, l'homme peut influencer le changement en exerçant un
certain arbitrage entre les deux forces en présence. La culture pour lui
n'est pas simplement une extension du milieu, car il accepte la thèse de
Boutroux selon laquelle la nature est hiérarchisée et les formes
supérieures sont irréductibles aux formes inférieures[6]. Dans cette
optique l'esprit est irréductible à la matière et la culture contient des
éléments qui sont absents du milieu grâce auxquels elle peut faire
contrepoids. D'un côté Montpetit met en lumière l'influence du
milieu ; « le milieu naturel, géographique, provoque un milieu économique et par une conséquence extrême un milieu social... », ainsi
« l'homme dans son corps et même dans son âme est façonné par
l'environnement[7] ». Mais il croit que si l'homme est en partie dominé
par son milieu, il peut aussi s'en libérer en puisant des énergies et une
morale du côté de la culture. Montpetit utilise sans distinction les
termes *culture* et *civilisation* pour désigner une manière de penser, de
sentir et d'agir, dont l'influence peut s'étendre sur toutes les manifestations de la vie collective. Il note que, selon l'historien allemand Ernst
Curtins, la civilisation française continue l'idéal de culture antique en ce
sens qu'elle « embrasse à la fois les formes les plus diverses de
l'existence humaine... (elle) s'étend des normes matérielles aux normes
spirituelles, de la technique à la morale[8] ». Nous verrons qu'il approfon-

dit cette vision dualiste de l'existence dans sa philosophie de l'éducation et dans ce qu'il écrit sur la nation, l'art et la science économique.

Résumons cette problématique de la modernisation qu'élabore Montpetit : en premier lieu, le changement est un processus contingent et non déterminé sur lequel l'homme peut agir ; deuxièmement, la clef de cette contingence repose dans le jeu de deux influences, celle du milieu physique et celle de la culture, qui ensemble façonnent la société. Pour que la modernisation soit bénéfique, Montpetit considère qu'il est essentiel que l'homme comprenne cette dynamique et qu'il agisse en conséquence.

C'est dans cette perspective que nous pouvons situer la grande préoccupation pour l'élite qui est une des caractéristiques marquantes de l'oeuvre de Montpetit. Pendant sa vie, Montpetit passait, aux yeux de ses contemporains, pour le modèle de l'homme d'élite. Loin de refuser d'incarner cette classe, il prend l'apologie de l'élite comme un des thèmes majeurs de son oeuvre. Le problème de l'éducation, pour lui, se résume à trouver comment produire l'élite qui sera le plus en mesure de relever le défi de la modernisation tel qu'il le voit. Aussi faudra-t-il que cette élite puisse agir sans contraintes si elle veut apporter des solutions aux problèmes qui découlent du changement social. La question de l'élite mène par conséquent à la question du pouvoir. Ici Montpetit essaie de voir comment l'élite pourra s'imposer en dépit du processus de démocratisation. Enfin, dans un monde qui devient de plus en plus complexe, une élite renforcée lui semble la seule solution de remplacement au dirigisme de l'État[9].

Le cadre général de la pensée sociale de Montpetit, que nous avons esquissé ici en fonction de sa préoccupation pour la question de la modernisation de la société, ne varie guère selon les divers thèmes qu'il aborde dans son oeuvre. En traitant ces thèmes nous noterons cette unité d'approche et nous compléterons l'image de sa pensée en examinant davantage les valeurs sous-jacentes qui ont donné à sa pensée son sens véritable.

L'éducation

L'éducation est un thème prédominant dans l'oeuvre de Montpetit. Si l'on connaît les grandes lignes de sa carrière, ce fait ne surprend pas car il a constamment joué un rôle de pionnier dans le domaine éducatif. Ses *Souvenirs* nous révèlent qu'il fut tour à tour premier professeur des sciences politiques à la faculté de droit de Montréal, premier boursier de la province à Paris, premier Canadien français possédant une formation d'économiste, membre du corps enseignant à l'ouverture de l'Ecole des hautes études commerciales en 1910, fondateur de l'Ecole des sciences sociales, économiques et politiques de l'Université de Montréal en 1920 et premier secrétaire de cette même université. Inévitablement il fut sommé d'expliquer et même de justifier les nouvelles voies qu'il traçait pour l'enseignement au Québec. Par exemple, en 1910, il dut lutter pour conserver à l'Ecole des hautes études commerciales son caractère non confessionnel qui scandalisait Bourassa et les nationalistes. Toute sa vie, il s'efforça d'éveiller l'opinion publique, très lente à accepter l'importance de l'enseignement supérieur surtout en ce qui concernait les sciences sociales. Mais ses écrits sur ce sujet sont plus qu'un reflet de son métier. Nous verrons que l'éducation est centrale à toute sa pensée sociale.

Avant d'examiner les considérations idéologiques sur lesquelles Montpetit fonde sa notion de l'éducation, résumons les mesures concrètes qu'il propose afin d'améliorer l'enseignement. Il veut d'abord établir un équilibre entre les lettres et les sciences au profit de ces dernières. Au sujet des programmes d'étude, il écrit que « l'enseignement classique, dans la province de Québec, est trop longtemps lourd de lettres, de littérature et de rhétorique ; il reporte trop loin, si l'on excepte les mathématiques, la formation scientifique[10] ». Ailleurs il propose « qu'on rajeunisse de vieilles disciplines, qu'on en institue de nouvelles[11] ». Montpetit veut aussi donner une place plus importante à l'enseignement universitaire. Il préconise une réduction de la durée du cycle collégial pour faire plus de place à l'enseignement supérieur et il espère voir le système d'éducation en son ensemble se structurer autour de l'université, « le coeur où bat la vie de la nation[12] ». L'université représente pour lui, en quelque sorte, le centre de gravité de la société ; elle est « la grande civilisatrice, la gardienne de nos pensées... le plus sûr instrument de notre supériorité[13] ». Par contre, Montpetit ne propose pas de changements fondamentaux dans les structures administratives de l'éducation au Québec. L'enseignement, pour accomplir son rôle, doit être aussi autonome que possible face à l'État. Ce fut pour cette raison plus que par amour pour l'enseignement confessionnel que Montpetit appuya les cadres existants par lesquels le Comité catholique du Conseil de l'Instruction publique maintenait une autorité prédominante sur l'enseignement[14].

L'appui de Montpetit à ces principales options dans le domaine de l'éducation s'explique. D'abord il faut noter que, pour Montpetit, le renouvellement de l'éducation n'a pas besoin de franchir les limites du cadre restreint que nous venons de résumer car elle est conçue strictement pour l'élite. On peut la caractériser comme une réforme de l'éducation par le haut. En définissant sa tâche d'enseignant, Montpetit trahit une pensée qui s'apparente à celle des Jésuites : « Je me préoccupe, avant tout, d'atteindre les meilleurs fondements de la citoyenneté, sans quoi s'effondreraient bientôt les échafaudages les plus savants[15]. » L'élite, « que les langues, saxonne et latine, désignent par un mot qui veut dire triage, élection », est faite, selon Montpetit, de professionnels et de spécialistes ; elle se distingue du « peuple[16] ». L'enseignement ne peut avoir une influence directe sur le peuple, car « le bon peuple n'a cure de ces subtilités. Il obéit à la chair et s'inquiète peu de la pensée[17]. » Donc, selon Montpetit, c'est surtout par l'entremise de l'élite que l'éducation joue son rôle dans la société. Au sujet du professionnel, il écrit que « prenant place dans l'élite, il reçoit la mission de diriger au moins ceux qui dépendent immédiatement de lui[18] ». Dans la même veine, il déclare plus loin au sujet du professionnel qu'« avec le concours de ses semblables, il pèsera sur l'opinion publique du poids d'un caractère[19] ». On voit ici l'influence d'Emile Boutmy, le fondateur de l'École libre des Sciences politiques à Paris où Montpetit étudia pendant deux ans. Boutmy avait destiné son enseignement aux classes « qui ont une position faite et le loisir de cultiver leur esprit[20] ».

À côté de sa conception de l'élite, on distingue trois types de considérations idéologiques qui influencent les prises de position de Montpetit dans le domaine de l'éducation. Le premier réunit des idées qui ont trait surtout à la philosophie de l'éducation, le deuxième, des considérations d'ordre social et le troisième, des considérations nationalistes. Si nous nous tournons d'abord vers sa philosophie de l'éducation, nous pouvons constater que Montpetit valorise trois choses : l'idéal humaniste d'une éducation vraiment générale ; les sujets contemporains ; une méthode historique et critique. Il résume bien sa philosophie de l'éducation quand il propose le mot d'ordre suivant : « Tendons vers un savoir plus ferme, plus généralisé que nourrira une méthode fondée sur l'observation et le réel plutôt que sur la mémoire et le livresque[21]. »

Quand Montpetit écrit que l'éducation doit d'abord se faire générale, on retrouve son souci de réconcilier les valeurs culturelles et le « milieu ». Ainsi l'école doit enseigner à la fois les lettres et les sciences parce que « les lettres révèlent le recueillement de l'humanité et les sciences manifestent l'épanouissement de ses forces productrices[22] ». Les lettres qui apportent « le merveilleux contrepoids de la pensée des siècles sont essentielles si l'on veut sauver notre temps de l'emprise matérialiste et des laideurs du quantitatif[23] ». Général en sa formation de base, l'enseignement doit aussi offrir à l'étudiant le plus grand éventail possible de sujets de spécialisation. Montpetit approuve l'intention du fondateur de l'Université Cornell « de créer une institution où n'importe quel homme puisse s'instruire sur n'importe quel sujet[24] ». D'ailleurs les grandes universités américaines telles que Berkeley et Chicago fascinaient Montpetit précisément à cause de leur philosophie humaniste[25].

En même temps, Montpetit veut que « notre curiosité littéraire et scientifique... ne meure pas au contact de l'existence[26] ». En d'autres mots, en plus d'être générale, l'éducation devrait déboucher sur des problèmes d'actualité. Il constate que la formation traditionnelle est trop détachée du monde réel :

> N'est-ce pas qu'elle dépasse la réalité, qu'elle est engagée sur un plan purement intellectuel avec ce résultat déplorable qu'elle ne répond pas, quand on y fait appel, aux conditions de l'existence ? Nous avons l'impression d'être détachés du milieu où nous évoluons et des institutions qui nous pénètrent à notre insu[27].

À cet égard Montpetit fait allusion aux idées de Maurice Barrès qui propose d'« ouvrir les fenêtres sur la vie[28] ». Il souligne chez Barrès que « sa théorie sur l'éducation repousse le vide des formules pour les vibrations de la vie[29] ». Toujours soucieux de relier les exigences du monde moderne avec celles de la tradition, Montpetit rappelle que, en réfléchissant sur la formation qu'il veut donner à de jeunes Lorrains, Barrès propose de les élever *in hymnis et canticis* :

> Il veut exalter chez l'enfant la leçon de la tradition, qui vient par la famille, et lui faire connaître et comprendre la terre où il vit, le milieu qui va l'absorber[30].

Boutmy qui partageait ce point de vue indique où se situait le problème :

> Le moins qu'on puisse attendre d'un homme cultivé, c'est qu'il connaisse son temps. Nos collèges enseignent beaucoup de choses excellentes, ils n'enseignent pas cela[31].

Lorsque Montpetit fonda l'École des sciences sociales, économiques et politiques, il suivit l'exemple de Boutmy afin de « doter le Canada français d'un enseignement propre à intéresser la jeunesse aux problèmes de l'heure[32] ».

La question de la méthode — troisième idée retenue par Montpetit au chapitre de la philosophie de l'éducation — remonte aussi à sa formation parisienne :

> Boutmy désirait encore pénétrer l'enseignement d'esprit critique, de sens historique, plutôt que de dogmatisme. L'absolu ne va qu'à l'école primaire. L'enfant retient, le jeune homme compare. « Grouper, exposer, expliquer et commenter les faits, voilà en quatre mots tout l'enseignement supérieur[33]. »

Ainsi la vérité ne serait pas absolue. Une des tâches de l'éducation serait d'apprendre à douter, à remettre en question...

À côté des propos de Montpetit sur la philosophie de l'éducation il y a aussi des considérations d'ordre social. D'abord il considère que le système scolaire de la province de Québec avait dans le passé admirablement répondu aux besoins de la collectivité. Ceci venait du fait qu'il avait évolué en fonction des tendances historiques dominantes[34]. Mais la société moderne posait deux défis que l'éducation serait forcée de relever si elle voulait continuer à remplir son rôle. Le premier était le défi de l'expansion économique et le deuxième, le défi de l'intégration sociale face au processus de démocratisation.

Montpetit met en lumière l'importance de l'enseignement sur le plan économique en analysant les facteurs qui lancèrent l'Allemagne sur la voie de l'expansion industrielle. Parmi ces raisons ce fut l'instruction qui prima : « Les Allemands... avaient médité longuement le mot profond de Leibniz : Donnez-moi l'éducation et je changerai la face de l'Europe avant un siècle[35]. » Dans le contexte québécois, Montpetit voit qu'« admettre l'importance du problème économique, c'est reconnaître la nécessité d'une formation spécialisée en vue de résoudre ce problème[36] ».

À part le défi économique, on trouve un autre défi qui est social. La longue citation qui suit donne une idée de la conception qu'en avait Montpetit :

> Les complexités et les dangers de notre civilisation où la recherche du bien-être et de la fortune prédomine, l'égalité politique et l'accession du peuple à la conduite des affaires publiques, les répercussions du développement économique qui a engendré de nouvelles misères et atteint l'homme dans sa vitalité ; tout cela, joint à un égoïsme tenace, exige que les membres de la communauté s'unissent pour arrêter les excès, remédier aux maux, sauvegarder le principe moral de la société... La nation réclame des citoyens, des hommes qui se plient à l'ensemble du devoir social[37].

Selon Montpetit, c'est l'enseignement qui assurera la cohésion sociale nécessaire à la résolution de ce problème. Il croit qu'on peut « utiliser l'enseignement pour inculquer le devoir social[38] ». L'instituteur peut d'abord enseigner le civisme indirectement en traitant les disciplines traditionnelles :

> Tout sert à aviver l'esprit civique, le sens social, pourvu qu'on s'y arrête : une version ou un thème bien choisi, une leçon d'histoire ou de géographie, une leçon de sciences naturelles ou de sciences physiques ou chimiques, éveilleront la compréhension des intérêts nationaux[39].

Mais cette méthode n'est pas sûre parce qu'elle dépend du talent et de l'enseignement des professeurs. Pour cette raison, Montpetit propose, « qu'elle doit être complétée par la méthode directe : l'enseignement du civisme ou du droit public, ou un cours sur les institutions du pays[40] ». La conviction que des principes pédagogiques pourraient avoir une influence déterminante sur le problème social est bien résumée dans la définition de Montpetit du civisme : « Le civisme est le service social et, comme le service militaire, il est un résultat plutôt qu'une formule, s'il naît d'un entraînement commun, d'une discipline partagée[41]. »

Après l'expansion économique et l'intégration sociale Montpetit définit l'éducation en fonction d'un troisième impératif qui est la survivance nationale. Nous examinerons comment cette question a joué sur sa conception de l'éducation quand nous traiterons ses idées sur la nation.

C'est donc par l'éducation que Montpetit veut aborder la transformation de la société québécoise. Pour lui, l'éducation humaniste constitue d'abord, au niveau des idées, le cadre où devra s'effectuer le mariage entre culture et milieu, condition *sine qua non* du progrès de la civilisation. En deuxième lieu, l'éducation peut devenir le mécanisme par lequel cet amalgame, prenant la forme d'une discipline globale, pourra influencer, par l'entremise de l'élite, l'évolution de la société.

La nation

Étant donné l'importance accordée par Montpetit au jeu qui s'effectue entre l'influence du milieu et l'influence de la culture, nous ne sommes pas surpris de retrouver cette dialectique de base un peu partout à travers son oeuvre. Elle revient, par exemple, dans son traitement du thème de la nation. Montpetit note que dans la définition que donnent les Canadiens français de leur collectivité « s'est glissée comme ailleurs la même contradiction entre la pensée et la vie[42] ». En ce qui concerne l'idée de nation, il est essentiel, selon lui, de faire la corrélation entre les conceptions abstraites et la réalité tangible. Ainsi une « nation » consiste en l'intégration de deux facteurs, d'un côté « la psychologie des groupes ethniques » et de l'autre « l'influence absorbante du milieu[43] ». Ces deux facteurs peuvent aussi s'appeler histoire et géographie. En ce qui concerne le Canada, il ramène le problème à cette proposition d'André Siegfried : « Somme toute, votre avenir dépendra du facteur historique et de sa puissance de réaction contre le facteur géographique[44]. » Mais Montpetit n'avait pas toujours conçu la nation de cette manière. Ainsi faut-il noter une évolution de sa pensée à cet égard.

Dans ses premiers écrits, la nation signifiait pour Montpetit simplement une tradition ou un génie qui venait de France. À la question — « De quoi vivons-nous... et quelle est la raison fondamentale qui conditionne nos attitudes ? » — il répond : « Notre histoire française : voilà la source de notre émotion, la détermination des volontés, notre orgueil agissant. Nous sommes des témoins[45]. » Par contre, l'influence du milieu nord-américain avait relativement peu d'importance. Si la littérature canadienne-française, par exemple, est l'expression d'« une âme locale et française tout à la fois » elle est par ce fait même plus française puisque le régionalisme tient une place importance dans la littérature française[46]. À cette époque, Montpetit écrit : « Nous sommes une province de France, la plus éloignée, la moins connue, la plus oubliée, mais une province de France quand même[47]. » Il exprime cette idée de dépendance culturelle d'une métropole nationale plus clairement encore par la maxime suivante : « Sur la terre d'Amérique, le peuple canadien semble une sentinelle française que l'on avait oublié de relever[48]. »

Cette conception de l'identité canadienne-française, exprimée par Montpetit avant et pendant la première guerre mondiale, a plus tard, subi une transformation. Quand il aborde à nouveau cette question pendant les années 30, il joint à la notion de tradition française celle du milieu nord-américain. En 1936, il rejette le point de vue qui avait caractérisé ses premiers écrits :

> Certes, il serait plus beau, ou plus consolant, de s'abandonner aux seuls chants de la France, de vivre dans l'isolement superbe d'une civilisation retrouvée, de périr en artiste, mais le chemin qui conduit à ce rêve, d'ailleurs impossible, dévie de la patrie que Dieu nous a donnée[49].

Dorénavant, il énoncera la doctrine que « nous devons connaître notre territoire... afin d'y trouver un élément de résistance[50] ». Montpetit cite le frère Marie-Victorin qui, en étudiant la plaine laurentienne, a fait ressortir les éléments qui donnent aux Canadiens français leur identité. L'amour du pays doit trouver sa raison parmi ces éléments :

Il naît de la connaissance qui se transforme en patriotisme... Cette manière d'enseigner la nation sous la forme d'une « géographie cordiale »... a pour nous une importance capitale si l'on veut bien s'élever jusqu'à la philosophie de notre destinée[51].

Un processus historique qui a sans doute influencé cette évolution de la pensée de Montpetit fut l'affirmation par le Canada de sa souveraineté. C'est au moment de la signature du statut de Westminster en 1931 que Montpetit note, avec satisfaction, « la tendance, déjà perceptible chez nos compatriotes anglais, vers un nationalisme intégral (qui) confirme notre attitude plus ancienne[52] ». Le désir d'indépendance avait gagné les Canadiens français bien avant la conquête :

Déjà sous l'ancien régime un sentiment nationaliste s'affirmait... Rien d'étonnant, car cette attitude est humaine et on retrouve dans la plupart des colonies un mouvement, sinon d'indépendance, au moins d'impatience plus ou moins réprimée à l'égard de la métropole ou de ses émissaires[53].

Mais une fois l'indépendance acquise, il restait à définir la place de la minorité canadienne-française au sein de la nation canadienne. Ce fut en partie pour résoudre cette question que Montpetit changea sa première définition de *nation* car si ce mot signifiait simplement hérédité culturelle, le Canada aurait peu de sens. Il fallait faire le lien entre celle-ci et la réalité canadienne. Montpetit, qui est naturellement porté vers une acceptation des structures existantes, tient pour acquise l'idée d'une nation canadienne. Il rappelle que « les nations, comme les individus, se perfectionnent. Avant tout, elles doivent donner un but à leurs efforts, nourrir leurs forces, les décupler et en diriger le faisceau vers les réalisations immédiates[54]. »

Par son interprétation de l'histoire et sa manière d'envisager les relations entre francophones et anglophones, Montpetit s'insère dans cette tradition intellectuelle qui part du vieil idéal de bonne entente et rejoint le biculturalisme d'aujourd'hui :

Au Canada, il m'a toujours paru que les civilisations qui composent notre nation doivent être respectées, la nôtre par droit de naissance, celle de nos concitoyens de langue anglaise, en raison d'événements historiques ; les deux, à cause de ce qu'elles représentent de richesse, de valeur morale, de culture[55].

Il est vrai que Montpetit, avec un certain humour, laisse planer quelques doutes sur l'inévitabilité des bien-fondés de cette bonne entente :

Les pèlerinages de bonne entente, le gargarisme de l'union des races, c'est fort bien... en tout cas, cela ne fait de mal à personne, sauf peut-être à nous qui y jetons volontiers nos illusions d'idéalistes[56].

Dans un article sur « les conséquences pratiques des deux psychologies (anglaise et française) », il note que le fameux « fair-play » des Anglais s'arrête aux limites de leur groupe ;

> Ne comptons pas sur le *fair-play* ; souvenons-nous qu'il ne dépasse pas le groupe anglo-saxon et que, si nous voulons le déclencher, nous devons, puisque l'histoire nous l'enseigne, nous imposer ainsi que s'impose à l'esprit anglais l'irrésistible argument d'un fait[57].

Montpetit suggère que les Canadiens français agissent en conséquence : « Nous devons fortifier notre organisme collectif, lui donner une physiologie d'attaque[58]. »

Ces doutes mis à part, Montpetit conserve une foi en la collaboration entre les deux peuples. Cette dernière est nécessaire afin de faire barrière à ce que Montpetit avait appelé, dans un autre contexte, « l'envahissement de l'américanisme le moins enviable, celui qui n'a pas d'idées, l'américanisme hâbleur[59] ». La tendance chez les anglophones vers un nationalisme intégral venait, selon lui, d'un désir de trouver une identité qui les distinguerait des Américains. Montpetit partage ce même désir. Il trouve que, dans le contexte nord-américain, c'est la culture française en grande partie qui donne son identité à la nation canadienne. De plus, la culture française constitue pour le Canada une garantie de modération face à la modernisation. Le Canadien français sait imposer la culture au milieu ; « au sein de la prospérité américaine, il demeure fidèle à l'ordre et garde un reste de mesure française[60] ». Ainsi Montpetit propose aux Canadiens français : « Soyons donc Canadiens : nous avons tout à y gagner pour nous-mêmes et devant l'étranger (Canadien anglais) qui apprécie ce que nous lui offrons de personnel et de vrai[61]. »

Le biculturalisme de Montpetit laisse planer une équivoque entre l'idéal d'union et celui de diversité. D'un côté, il semble parler d'intégration ou même de nivellement. Selon lui, les deux civilisations pourront se fusionner en une « double culture » qui serait supérieure :

> Les deux groupes possèdent... des valeurs complémentaires qui, si elles réagissent de plein l'une sur l'autre, féconderaient notre culture, la rendraient meilleure, plus large, mieux équilibrée qu'elle ne fut jusqu'ici[62].

Il souligne que les qualités anglaises ne sont pas contradictoires mais complémentaires : « Associer la raison française et la liberté anglaise, quel noble idéal[63] ! » L'idée de nivellement est le plus marqué quand il maintient qu'« il n'y a pas de race pure. Une culture, ou une civilisation, n'est pas non plus un produit pur. Elle résulte toujours d'un amalgame[64]. » Mais il existe un autre courant dans sa pensée selon lequel les cultures devraient demeurer autonomes. Au sujet de la valeur d'une diversité de cultures au sein d'une seule nation, il prend l'exemple de l'Alsace, qui possède un caractère allemand au sein de la nation française : « l'Alsace... n'est pas un pays comme les autres... Donnons-lui, laissons-lui plutôt ses libertés régionales et un traitement particulier correspondant à la double culture[65]. » Ailleurs, il note que « ces dissemblances forment le caractère de la nation[66] ».

Une fois le principe d'un nationalisme intégral établi, Montpetit a la tâche de montrer comment la collectivité canadienne-française pourrait survivre au sein de la nation canadienne. L'optimisme qui le gagne à ce sujet après 1931 se révèle dans sa manière d'approcher la question économique. Pendant les années 20, il avait mené une campagne pour le relèvement économique des Canadiens français. Sa thèse principale, empruntée à Errol Bouchette, fut que les Canadiens français, qui avaient lutté pour leur survivance d'abord sur le champ de bataille et ensuite à la tribune, devaient entreprendre une nouvelle lutte, cette fois dans le domaine des affaires, sans quoi ils seraient voués à l'assimilation[67]. *Pour une doctrine*, en 1931, marque une coupure à cet égard. Désormais, il semble que dans l'esprit de Montpetit la lutte pour la survivance dans le champ économique avait été gagnée.

> Les auteurs qui s'occupaient de nous naguère, pour louer notre survivance et lamenter notre pauvreté, changent de ton : ils supputent notre avenir avec moins de commisération, ils sentent que nous vivons désormais par toutes nos fibres...[68]

Comme nous le verrons, la question économique était devenue pour lui une question sociale plutôt que nationale.

Si, dans la question de la survivance, d'un côté, l'économie prend moins d'importance pour Montpetit, d'un autre côté, l'éducation et l'art demeurent fondamentaux. Pour lui, l'éducation assure un facteur de continuité et un moyen d'autodéfense pour la collectivité canadienne-française. L'école est dans ce sens « pour les minorités, un instrument de libération ou de résistance quand les maîtres se servent du pouvoir pour réprimer la fidélité aux traditions et plier les esprits sous une règle commune[69] ». Une enquête qu'il a entreprise à la fin des années 30 sur les influences étrangères dans le système scolaire français au Québec suggère à Montpetit que « l'école primaire est... un barrage qui s'oppose aux infiltrations de dehors[70] ». De leur côté, les collèges, « en général fidèles au nationalisme scolaire... réclament un enseignement « canadien-français » qui ne s'alimenterait même pas directement aux sources françaises[71] ». Cette conception nationaliste de l'enseignement, si elle n'est pas poussée trop loin, est, selon Montpetit, salutaire, car elle assure la survivance de la collectivité :

> École primaire, collège classique, université, ont été trois merveilleux secrets de durée... ils nous ont gardé notre caractère au prix de bien des sacrifices, et nous leur devons, pour une large part, notre survivance[72].

Ici la question se pose à savoir dans quelle mesure le renouvellement de l'éducation que propose Montpetit affecterait le rôle traditionnel de l'éducation comme instrument d'autodéfense pour la collectivité canadienne-française. Montpetit est pleinement conscient que le fait d'accentuer l'enseignement des sciences aura l'effet de laisser pénétrer des influences étrangères. Un tel effort d'ouverture se heurtera inévitablement à la « résistance aux influences de l'extérieur quelles qu'elles soient » qui caractérise le système scolaire québécois[73]. Montpetit croit néanmoins qu'il est possible de maintenir un enseignement de caractère profondément français tout en admettant des idées étrangères. L'attitude envers celles-ci qu'il considère « la plus raisonnée, la plus motivée » a été exprimée par un pédagogue dans le cadre de l'enquête que Montpetit a entreprise sur les influences étrangères dans l'enseignement. Il cite cette opinion :

> Nous voulons demeurer ce que nous sommes... mais évoluer avec les peuples qui nous entourent. Pour cela, nous nous mettrons à la hauteur de tout progrès légitime. Je pense donc que nous trouverons avantage à emprunter, sinon à l'esprit, du moins aux méthodes américaines[74].

Si l'école fait rayonner la culture française, elle ne suffit pas à la tâche, selon Montpetit, car, « quoi qu'il en soit de l'effort scolaire, la masse reste étrangère à l'art[75] ». Il serait difficile de surestimer l'importance qu'accorde Montpetit à l'art plastique comme valeur d'expression nationale. Pour lui « l'art manifeste la personnalité d'un peuple[76] ». Dès 1918, il participe à la fondation d'une revue d'art dans laquelle il demande :

> Avons-nous posé sérieusement la question de l'art ? Non pas. Seuls, quelques initiés s'attendrissent de pitié sur notre pénurie ; déplorent que l'on rase nos plus chères architectures pour substituer le vide d'une rue...[77]

Ailleurs, il fait l'historique de l'architecture québécoise tant rurale qu'urbaine qui pendant trois cents ans avait évolué en fonction des traditions et de l'environnement : « ... terre unie aux tons chauds, où les maisons comme des mots varient assez pour qu'on en distingue le sens[78] ». Il note qu'« il y a cinquante ans on respectait encore l'alliance des matériaux, la pureté des formes et surtout les conseils et les exigences de la simplicité[79] ». Mais le vingtième siècle devait briser ce cadre : « le progrès est venu comme un coup de vent qui retourne les feuilles — il fut malencontreux[80] ». Après avoir décrit le nouveau type de « maison carrée revêtue de papier goudronné », il constate que « l'harmonie, qui faisait l'unité de notre terre, est rompue par ces conceptions hybrides. Nos villages les plus vieux résistent mal à l'envahissement des « machines à habiter »[81]. » Cette tendance qu'il qualifie de « dégénérescence » est surtout dangereuse pour la collectivité canadienne-française, car selon lui, « l'art révèle ; l'art atteste ; l'art est un élément national, une nécessité très haute. Sur son art on juge un pays[82]. » Montpetit va jusqu'à affirmer que l'art est, pour une nation, « une valeur d'expression aussi nette, aussi impérative que la langue[83] ». Il pense que l'art, « expression tangible du beau », donne à un peuple « la force de tenir[84] ». Pour cette raison, il considère qu'« il faut généraliser l'idée de l'art comme il faut généraliser la culture... suppléer le métier, toujours nécessaire, par l'esprit critique qui forme l'atmosphère où raffermit le goût collectif[85] ». En deuxième lieu, Montpetit considère que la nation doit accorder une place plus importante aux artistes qui « sont pour nous un orgueil, une défense, un témoignage[86] ». À ce sujet, il déclare ailleurs : « Qui ne voit le rôle de l'artiste dans une nation comme la nôtre, vivant de souvenir et de tradition[87] ? » Selon lui, la vie artistique inspire l'unité nationale et indique même la voie de l'avenir : « Elle unit les coeurs dans une même culture. Elle suscite et détermine l'action[88]. »

Donc, pour Montpetit, l'art tout comme le système scolaire est une grande force d'intégration pour les Canadiens français qui renforcera leur identité au sein d'une nation biculturelle ou, comme il le dit, « une nation de double culture ». Sa grande confiance en l'avenir de la minorité canadienne-française s'explique par sa conviction que les facteurs historiques déterminants sont moins l'interrelation des races que l'influence du milieu, l'action de la terre et du climat : « l'unité (nationale)... n'est pas non plus une question de race ni de sang, c'est-à-dire d'invasion, mais bien la conséquence de cristallisations successives sur le territoire[89] ».

La politique

Les deux thèmes que nous venons de traiter, l'éducation et la nation, sont pour Montpetit des lieux de rassemblement pour l'humanisme et les valeurs de la continuité. Ils se distinguent en ce sens de deux autres thèmes, l'économie et la politique, où prédominent le changement et l'irrationalité. Selon lui, ceux-ci se touchent dans leur sens large, car ils sont liés à un processus global de modernisation. Nous aurons l'occasion de revenir sur la relation entre l'économie et la politique dans l'oeuvre de Montpetit. Nous les abordons ici séparément en prenant comme point de départ une réflexion de Montpetit à leur sujet :

> Deux grands phénomènes ont agi sur le ressort de l'économie et sur celui de la politique. Pour l'économie, ce fut la naissance, l'expansion et l'emprise de ce que Daniel-Rops appelle le productivisme. Pour la politique, l'accession des masses au pouvoir[90].

Si nous abordons d'abord le thème de la politique, il devient apparent que Montpetit ne voyait pas avec faveur cette « accession des masses au pouvoir ». Nous avons déjà noté qu'il classait « l'égalité politique et l'accession du peuple à la conduite des affaires » parmi « les complexités et les dangers de notre civilisation[91] ». Il partage l'opinion d'Emile Faguet que la démocratie constitue un « culte de l'incompétence... » qui est à son tour « principe de la société par contrecoup[92] ». Par la démocratisation de la société, « le peuple gouverne, il devient maître de soi et de ses destinées qu'il prend en main[93] ». Montpetit suggère implicitement que, laissé à ses propres moyens, ce peuple qui « obéit à la chair et s'inquiète peu de la pensée » aura tôt fait de plonger la civilisation dans le matérialisme et le désordre. La démocratisation pose donc un dilemme pour Montpetit : faut-il rejeter les institutions existantes, action impensable pour un homme épris de l'ordre, ou par contre, accepter ces institutions avec la dégénérescence qui semble s'en suivre ? Montpetit parvient à sortir de ce dilemme en suggérant qu'il existe dans la société deux formes d'autorité qui sont parallèles et distinctes. Il existe d'abord l'autorité politique qui relie la masse, les partis politiques et l'Etat, mais il existe également une deuxième forme d'autorité qui relie directement l'élite à la masse. Sa façon d'aborder la question consiste à valoriser l'autorité directe de l'élite et à minimiser l'importance de l'autorité proprement politique.

Comment Montpetit envisage-t-il le rôle de l'élite face au pouvoir ? D'abord il considère que l'exercice de l'autorité ou la prise en main des affaires de la nation fait partie des fonctions de l'élite :

> (l'élite) reçoit une seconde fonction qui s'ajoute à la fonction professionnelle ; et c'est la fonction civique. Aujourd'hui surtout que la société regarde vers les hauteurs pour scruter ses chefs prochains...[94].

Mais ces chefs ne seront pas des chefs politiques. La première caractéristique du rôle de l'élite face au pouvoir est donc sa nature parallèle. Montpetit envisage que l'élite exercera une influence directe sur l'opinion et sur les affaires qui éclipsera les effets « nuisibles » du suffrage universel. Il admet que « c'est à la politique que nous devons nos succès passés », mais il croit, par contre, que dans le monde moderne d'autres champs d'activité sont infiniment plus importants[95]. Ainsi, il demande : « La politique n'est-elle pas chez nous une trop forte mangeuse d'hommes[96] ? »

Une fois établi le principe d'un rôle dirigeant pour l'élite en dehors des cadres politiques, Montpetit doit démontrer que ce rôle est réalisable. Il pose la question à savoir si l'élite est capable d'exercer une autorité directe au niveau de la masse : « Le peuple peut-il et veut-il produire une élite et, l'ayant produite, consent-il à la reconnaître en la suivant[97] ? » Cette autorité est viable selon Montpetit pour deux raisons principales : à cause de la supériorité intrinsèque de l'élite et en deuxième lieu à cause de la nature et du rôle de l'éducation en société.

La supériorité de l'élite est pour Montpetit comparable à la supériorité que caractérisait dans le passé l'aristocratie. Il prend la définition d'Emile Faguet de l'aristocratie et l'applique à l'élite canadienne-française. Selon cette définition, l'aristocratie est « un groupement quelconque d'hommes se distinguant, par une différence d'éducation et d'habitudes, de la masse du corps social et exerçant sur le corps social soit autorité, soit influence[98] ». Emile Boutmy avait d'ailleurs décrit comment et pourquoi cette nouvelle aristocratie devait prendre la relève de l'ancienne. Montpetit le cite sur la chute de l'aristocratie française :

> Il faut que, derrière l'enceinte croulante de leurs prérogatives et de la tradition, le flot de la démocratie se heurte à un second rempart fait de mérites éclatants et utiles, de supériorités dont le prestige s'impose, de capacités dont on ne puisse pas se passer sans folie[99].

La deuxième raison pour laquelle l'élite réussira, selon Montpetit, à exercer une autorité sur la masse remonte à la nature et au rôle de l'éducation en société. Nous avons décrit plus haut comment Montpetit envisage que l'éducation influence la société en grande partie par l'entremise de l'élite. Ceci a le double effet de rendre l'élite indispensable à la société et de lui donner le pouvoir d'interpréter la connaissance selon sa philosophie et ainsi d'influencer la masse.

Si nous nous tournons maintenant vers l'autorité proprement politique qui existe pour Montpetit à côté de l'autorité directe de l'élite sur la masse, il devient évident que Montpetit minimise son importance. D'abord, il constate avec raison au sujet des élections que l'importance que semble avoir la politique pour les Canadiens français n'est souvent qu'une apparence :

> il n'est pas de période plus enfiévrée que celle où s'agite une campagne électorale... mais combien courts (ces mouvements) et bornés aux faits d'un jour ou à la lutte dont dépend surtout le sort d'un jour ou d'un parti... Bref, nous sommes des électoraux, si j'ose dire, et non pas des politiques[100].

Au sujet d'une autre manifestation du système politique — la législation — Montpetit souligne que celle-ci n'est pas un mécanisme de transformation sociale comme peut l'être l'éducation. Sur les lois il écrit que « les principes qu'elles posent, les attitudes qu'elles commandent, les devoirs qu'elles dictent, ne seront acceptés vraiment que si les volontés sont entraînées et les intelligences préparées[101] ». L'idée que le processus politique peut en lui-même constituer un mécanisme pour la formulation des aspirations nationales est tout à fait étrangère à Montpetit. Selon lui, la ligne de conduite vers l'avenir sera tracée par l'élite qui seule est capable de comprendre l'enjeu : ligne de conduite qui sera évidemment sanctionnée par des lois. Il existe donc pour lui peu de relation entre les élections, par exemple, et la législation.

La pensée de Montpetit sur le système politique trouve son expression la plus claire dans sa conception du rôle de l'Etat. Montpetit parle de ce rôle surtout en fonction de trois champs d'action : le travail, l'économie et la législation sociale. Au sujet du travail, Montpetit s'est soucié, dès son premier article de nature socio-économique rédigé en 1906, du conflit entre le Travail et le Capital. Rejetant les deux extrêmes, il se fie à la politique du parti social chrétien qu'il qualifie de « nettement interventionniste[102] ». Cette politique que Montpetit appuiera pendant toute sa carrière consiste à réclamer « des lois de protection ouvrière, qui adoucissent les effets d'une concurrence hautaine[103] ». Il y a donc lieu de constituer une législation industrielle pour que la loi « facilite et protège l'association ouvrière... fixe et réglemente l'emploi des femmes et des enfants...[104] ». Plus réglementaire qu'« interventionniste », cette politique est la plus radicale que Montpetit envisagera au sujet du rôle de l'État.

Dans le domaine plus général de l'économie, Montpetit considère que l'État aura intérêt « à stimuler l'industrie manufacturière par une politique qui aura pour seul objet d'aider les énergies sans se substituer à elles, de crainte de désastres dont, heureusement, nous avons toujours été gardés dans cette province[105] ». Le fait que Montpetit n'élabore pas son idée en décrivant la manière dont l'État pourrait aider l'économie montre qu'il accorde peu d'importance à ce champ d'action. De plus, son allusion aux « désastres » que pourrait provoquer un engagement de la part de l'État dans l'économie est typique de sa manière de rejeter sans discussion toute option interventionniste. Nous retrouvons le même dogmatisme antiétatique parmi les raisons avancées par la Commission Montpetit sur les assurances sociales pour sa décision contre les allocations familiales : « Il serait impossible et dangereux d'étendre les allocations familiales à toute la population en en faisant une institution d'État[106]. » La signification du terme *dangereux* dans ce contexte est aussi suggestive que la signification du terme *désastres* dans le contexte du rôle de l'État face à l'économie. Nous pouvons supposer que ces sombres allusions reflètent une conviction chez Montpetit qu'un rôle accru de l'État aurait l'effet de faire cadrer le développement social avec les aspirations immédiates et « irréfléchies » de la masse. Nous verrons plus loin que le conservatisme de Montpetit au sujet du rôle de l'État ne venait pas seulement de considérations d'ordre politique comme celle-ci. Cette attitude devant l'État découle également de sa compréhension des lois économiques. Dans la prochaine section de cette étude nous examinerons comment les conclusions de la Commission Montpetit sur les assurances sociales illustrent l'influence de la pensée économique sur la conception du rôle de l'État.

Nous avons vu que la pensée de Montpetit sur la politique traduit une image de la société où deux structures parallèles sont concurrentielles. Même si son oeuvre a tendance à accentuer la rivalité entre la structure d'autorité élite/peuple et la structure peuple/partis/État, Montpetit est parfois troublé par la constatation d'un tel dualisme. Dans un passage qui figure parmi ses plus lucides, il se demande s'il n'y aurait pas lieu de rapprocher les intellectuels du monde de la politique :

> Dans le champ de la participation aux intérêts publics, deux camps se sont constitués qui, sans toujours se combattre, négligent ou refusent de collaborer, si bien que l'on sent entre les deux une lourde, trop lourde cloison : d'un côté, les groupements politiques, l'ensemble des citoyens divisés en partis électoraux : de l'autre, le groupe dit des « intellectuels » : savants, artistes, littérateurs, historiens, essayistes, professeurs[107].

Mais il n'approfondit jamais cette idée. Son incapacité de pousser plus loin son analyse de la politique et de la question générale du pouvoir vient probablement du fait que, dans son optique, la seule question importante dans ce domaine est de savoir si la société sera dirigée par ceux qu'il appelle le « peuple » ou par l'élite. Il ne fait pas de lien entre cette question et les rapports de classe. Pour lui, la question des classes est une question avant tout économique.

Le travail et l'économie

Si, dans le processus de modernisation, la politique est, selon Montpetit, marquée par l'accession des masses au pouvoir, l'économie subit elle aussi l'influence d'un grand phénomène transformateur. Rappelons que Montpetit identifie ce phénomène comme « la naissance, l'expansion et l'emprise de ce que Daniel-Rops appelle le productivisme[108] ». Ce productivisme est un point de vue économique qui vise avant tout la croissance de la production ; il se manifeste dans l'industrialisation. Montpetit souligne l'importance du phénomène en constatant que le produtivisme ou l'industrialisation fait en sorte — et ici il cite Georges Blondel — que « la prépondérance du facteur économique dans la vie générale de l'humanité s'affiche chaque jour davantage[109] ». Selon lui c'est un des traits de l'époque moderne : « cette prépondérance ne date que du siècle dernier[110] ».

Montpetit considère que l'industrialisation relativement retardée du Québec constitue un avantage important. Elle donnera aux Canadiens français la possibilité d'échapper à au moins quelques-uns des dangers de l'industrialisation :

> Plus heureux que d'autres, nous avons sous les yeux les leçons de l'histoire. Pour éviter les erreurs où les peuples ont glissé, pour exploiter notre patrimoine avec méthode, écarter les maux dont les sociétés plus anciennes ont souffert, nous n'avons qu'à regarder et apprendre[111].

Cette constatation est importante car pour Montpetit l'industrialisation a des conséquences tant négatives que positives.

Avant de préciser les deux aspects, positif et négatif, que revêt pour Montpetit le processus d'industrialisation, il convient de rappeler qu'il aborde la question avec l'autorité d'une formation d'économiste. Même si sa formation·datait d'avant la première guerre sa pensée économique demeure représentative des grands courants scientifiques jusqu'à la fin des années 30, période où les idées de John Maynard Keynes ont commencé à gagner de l'influence[112]. Le cas de Montpetit qui reflète à la fois la pensée sociale canadienne-française et la pensée de ses collègues économistes est intéressant. Il illustre le fait qu'une pensée économique relativement conservatrice peut dépendre non seulement du contexte culturel immédiat, mais aussi de l'inexistence d'une doctrine scientifique qui permettrait une ouverture vers des options plus variées.

Selon un de ses anciens élèves, l'économie politique est pour Montpetit, « une science de la vie, qui doit partir des faits vivants et non pas de postulats, d'abstractions ou de symboles[113] ». Sa formule préférée – « l'économie politique s'apprend dans la rue » – indique que Montpetit base sa compréhension de l'économie sur l'étude du milieu. Sa théorie du milieu, que « l'homme, dans son corps et même dans son âme, est façonné par l'environnement », prend donc, dans le domaine économique, comme elle le fait ailleurs, une importance fondamentale. Mais, selon Montpetit, l'homme n'est pas sans réponse à l'influence du milieu. Les lois économiques sont là, mais « au-dessus de la science, il y a la morale qui distingue *le défendu du permis*[114] ». Toujours dans son optique dualiste, il écrit : « Il y a la science, qui constate les faits et prononce les lois ; et il y a l'art, qui applique ces lois. Hors de ces deux disciplines, rien[115]. »

Pour Montpetit, l'industrialisation est positive en tant qu'elle permet l'épanouissement d'une société grâce à la richesse qu'elle engendre. Ce point de vue place Montpetit en opposition aux défenseurs de la pensée traditionnelle canadienne-française qui ont la hantise du matérialisme. Contre ceux-ci, il fait valoir l'argument que dans le contexte du progrès économique la richesse n'est pas une fin en soi, mais simplement un moyen pour l'homme de réaliser ses aspirations légitimes :

> La richesse suivra son évolution ; elle se transformera en puissance, puis en idéal. Sa fonction n'aura pas changé. Les peuples riches sont forts, et les peuples forts s'intellectualisent. N'est-ce pas l'histoire des États-Unis ? La science du matériel germera ainsi en une production intellectuelle : art et pensée[116].

Même si Montpetit limite l'aspiration ultime de la société à « art et pensée », concept curieux sur lequel nous reviendrons, il établit le principe général que l'industrialisation est à la base d'un changement positif. Selon lui, grâce à l'industrialisation et à l'exemple du progrès des États-Unis, « les Canadiens français... ont fini par apprécier le rôle bienfaisant, l'appui nécessaire en tout cas de l'argent[117] ».

La lutte que Montpetit doit mener pour faire valoir cette thèse le porte parfois jusqu'à la polémique. Il ironise au sujet des traditionalistes qui semblent avoir tous les « bons » arguments de leur côté :

> ... comment prêcher l'éveil économique sans prendre le parti de la richesse ? Ce fut un beau tapage sur la Colline inspirée. S'enrichir, quelle dangereuse

doctrine ! N'avons-nous pas, contre l'opulence des autres, dressé depuis toujours l'intelligence ? Contre l'enseignement pratique, les disciplines inestimables du classicisme ? Et contre le matérialisme, la pauvreté vengeresse d'un idéalisme miteux...[118]

Si Montpetit appuie l'idée que l'industrialisation peut être bénéfique il est aussi d'avis que ce phénomène possède un côté négatif. À ce sujet, il fait la mise en garde suivante : « Ne nous flattons pas d'échapper aux conséquences que l'industrialisme a entraînées ailleurs et qui sont comme la rançon de ses bienfaits[119]. » Ici, Montpetit fait allusion surtout à deux choses : la mécanisation du travail et la polarisation du Capital et du Travail. Il synthétise sa pensée sur les conséquences de l'industrialisation par une approche historique :

> La révolution industrielle, qui s'est produite à la suite des grandes inventions de la fin du XVIIIième siècle, en brisant les cadres de la corporation, a clos l'ère du métier. Peu à peu, l'artisan quitta son domicile pour l'usine où la machine s'installait. La plus sérieuse conséquence de ce mouvement fut de séparer le capital et le travail[120].

Examinons ce processus de plus près.

Il faut noter d'abord que Montpetit ne rêve pas, comme beaucoup de ses contemporains, à un retour au corporatisme. D'ailleurs, il considère que la disparition du travail de métier, remplacé par le travail en usine, est une conséquence plus fondamentale de l'industrialisation que l'effondrement du corporatisme. Selon Montpetit, le mécanisme du travail a eu l'effet de réduire la vaste majorité des hommes du rôle de créateur à celui d'agissant :

> Aujourd'hui, l'homme n'est plus maître de son métier, il subit la machine. Le progrès mécanique... s'est répandu. Il a tout pénétré, tout métamorphosé. L'usine s'est substituée à l'atelier, la machine à l'outil. L'ouvrier est entraîné, dominé par l'énorme mécanique des installations modernes, par le robot[121].

Montpetit ne va pas aussi loin que Péguy qui considère que le travail pour la satisfaction du travail est chose du passé. Par contre, il craint les effets sociaux de la mécanisation qui ne peuvent, selon lui, que réduire la fierté individuelle en réduisant l'esprit créateur. Aussi l'industrialisation qui augmente les biens et la puissance de la production peut avoir l'effet d'accentuer le désir, chez la masse, de satisfaire des besoins immédiats. Il résulte un danger que la valeur de qualité sera remplacée par la valeur de quantité. Ici, Montpetit reprend le problème soulevé par Guglielmo Ferrero qui s'est demandé, au sujet des masses : « Que feraient-elles d'oeuvres d'art, quand elles peuvent recevoir en abondance du pain et des jeux, et les mille choses qui donnent à la vie journalière plus de bien-être et de confort[122]. » Montpetit perçoit un danger, mais il est convaincu que la quantité ne triomphera pas nécessairement aux dépens de la qualité. Pour rétablir l'équilibre, il mise sur une accentuation de l'art et de l'enseignement. Pour illustrer cette thèse, il se rapporte à son modèle préféré, la nation américaine, qui « applique cet argent dont elle poursuit la conquête à l'embellissement de la vie, au rayonnement de l'esprit[123] ».

Une autre conséquence de l'industrialisation dont Montpetit appréhende l'effet sur le climat social est la polarisation du Capital et du Travail. Montpetit parle de « concentration » à cet égard : « Le capital, grossi de toutes les épargnes, appareil gigantesque ; le travail syndiqué, masse formidable et houleuse, sont deux forces, mues par des intérêts opposés se combattant sans s'épuiser[124]. » Cette polarisation qui est selon lui la cause de tensions sociales et du phénomène de la pauvreté a son origine dans la philosophie du libéralisme classique :

Les lois économiques, libres d'entraves, ont légitimé toutes les ambitions et fondé les fortunes du siècle dernier ; mais elles ont aussi provoqué l'inquiétude, la révolte et souvent la haine chez ceux qu'elles déshéritaient en enrichissant le petit nombre[125].

Montpetit voit une solution à ce problème. Il fait le parallèle entre la pensée des encycliques qui « prêchent la collaboration du capital et du travail et celui de John Rockefeller qui a dit : « Je crois que le capital et le travail sont des associés, non des ennemis... Je crois que le but de l'industrie doit être d'assurer le bonheur social autant que le bien-être matériel...[126]. » Ces idées, selon lui, font partie d'une nouvelle orientation de la pensée économique. Le libéralisme classique serait de plus en plus remplacé par un « libéralisme constructif[127] ». Le nouveau libéralisme, comme le libéralisme orthodoxe, admet le jeu des forces économiques, donc l'existence de lois naturelles, mais il se distingue du libéralisme orthodoxe en tenant compte non seulement des conditions économiques, mais de leurs conséquences sociales et morales. Par la réglementation des relations entre le capital et le travail et par une législation sociale, l'État, dans la nouvelle pensée libérale, effectuera un arbitrage entre les lois économiques et les autres considérations sociales. Il est important de souligner que Montpetit réduit quand même à un minimum le rôle de l'État. Il précise que « les solutions libérales et catholiques se rapprochent... quand elles s'opposent aux excès de l'étatisme et aux réglementations qui auraient précisément pour conséquence d'enchaîner les forces individuelles[128] ». La nouvelle pensée économique produira un ordre nouveau que Montpetit décrit en citant Louis Marlio :

> L'ordre nouveau reposera... sur deux principes : la liberté dans le domaine économique, exception faite de certaines interventions de l'État (défense, sûreté, monnaie, services publics) ; et « la pratique d'une politique sociale assez progressive pour que, sans verser dans la démagogie, le système de production libérale soit avantageux pour le grand nombre[129] ».

La Commission Montpetit sur les assurances sociales, même si elle fut préparée en collaboration, doit être mentionnée ici, car elle nous permet d'examiner la notion de politique sociale que Montpetit n'approfondit pas ailleurs. Nous avons souligné plus haut que la pensée économique de Montpetit pendant les années 30 tout en étant représentative de la science en général est relativement orthodoxe. Le rapport de la Commission révèle une grande foi en la capacité de l'économie de fonctionner pour le bien-être général avec un minimum d'intervention de la part de l'État. D'abord, le rapport rejette presque sans discussion la notion, aujourd'hui généralement acceptée, que l'État ait le rôle de redistribuer la richesse à travers la société par une politique sociale. À cet égard, les allocations familiales « constituent l'aveu qu'on ne peut payer des salaires suffisants pour assurer un niveau d'existence convenable[130] ». Keynes allait montrer qu'une politique sociale en faisant circuler l'argent pouvait avoir l'effet de stimuler l'économie. La Commission Montpetit, par contre, pensait que les allocations familiales seraient inflationnistes et auraient l'effet d'abaisser le niveau de vie :

> Le coût de la production et de la vie augmenterait dans tout le pays, sans que la production se développe, et cela se traduirait par un accroissement des prix de revient, un recul sur les marchés où nous subissons de la concurrence et le fléchissement du pouvoir d'achat au pays même. Ce serait, en définitive, l'ouvrier qui ferait les frais des secours qu'il recevrait[131].

Par ailleurs, la question de la source des fonds nécessaires pour la mise sur pied d'une politique de secours était difficile pour la Commission car le concept de budgets déficitaires n'était pas encore admis. Enfin, une autre notion sous-jacente exprimée par la Commission Montpetit qui nous semble étrange aujourd'hui est qu'une croissance de la population produite par des allocations familiales aurait l'effet de réduire plutôt que d'accroître la richesse nationale.

À part ces considérations d'ordre strictement économique, le rapport frappe par son manque de sensibilité quand il traduit des données économiques en termes sociaux. En pleine crise économique, la Commission Montpetit déclare que le niveau de la vie au Canada est un des plus hauts au monde et même si dans d'autres pays des interventions de la part de l'État peuvent être admises, la situation économico-sociale au Canada ne justifie pas de telles interventions. La Commission note par exemple que « le niveau général d'existence des ouvriers au Canada soutiendrait avantageusement la comparaison avec celui des petits bourgeois en France, où le régime des allocations est en vigueur[132] ».

Ces exemples de la pensée économique sur laquelle se base la Commission Montpetit démontrent l'incapacité de Montpetit et de ses contemporains de concevoir de vraies réponses aux problèmes soulevés par l'industrialisation sans une refonte totale de leurs notions fondamentales. Montpetit peut attaquer le libéralisme orthodoxe au niveau moral mais au niveau pratique sa compréhension des lois économiques n'en est pas très éloignée.

La conception d'ensemble de la société

En abordant les quatre thèmes, l'éducation, la nation, la politique et l'économie, dans la pensée sociale de Montpetit, nous avons choisi de les présenter en fonction de leur logique interne plutôt qu'en fonction de leur place dans le schéma général de sa conception du monde. Il nous a semblé que chaque thème était suffisamment structuré pour pouvoir supporter indépendamment la comparaison avec la pensée sociale canadienne-française ambiante. Par contre, il existe aussi chez Montpetit une logique générale qui se reflétait dans chaque thème soulevé, et qui est en quelque sorte la clef de sa conception d'ensemble de la société.

* * *

Nous avons suggéré que l'idée la plus fondamentale de la pensée de Montpetit est sa conception de la place de l'homme face au processus de transformation sociale. À l'instar d'Émile Boutroux, il situe l'homme au-dessus du processus et lui donne la capacité de définir et de redéfinir la voie que prendra la modernisation. Montpetit ne possède qu'une vision simpliste des structures sociales et sa conception est de ce fait naïve. Par contre, sa théorie d'une dialectique entre culture et milieu constitue l'ébauche d'une problématique qu'il n'a malheureusement jamais approfondie. Le trait dominant et l'intérêt de cette vision du

monde est sa sécularité extrême. En repoussant toute notion détermi-
niste de changement, il libère l'homme et de la domination du surna-
turel et de celle de ce qu'on pourrait appeler une théorie mécaniciste de
l'évolution sociale. Aujourd'hui c'est le deuxième versant de sa vision
séculière qui attire surtout l'attention. Le caractère naïf et abstrait de sa
démarche ne nous permet pas de pousser très loin l'examen de l'idée
maîtresse de Montpetit. D'ailleurs, ce n'est pas à ce niveau qu'il faut
situer l'impact de sa pensée sur l'évolution de la pensée sociale
canadienne-française. Nous nous tournerons donc plutôt vers les
fondements de sa pensée où se situent les courants théoriques qui ont
eu une influence directe.

La pensée sociale de Montpetit reflète trois courants doctrinaux : elle
est à la fois humaniste, néo-libérale et élitiste. L'humanisme de
Montpetit n'est pas de cette école qui préconise la re-création de
l'homme à partir de valeurs radicalement nouvelles et au prix du rejet
des valeurs anciennes. Montpetit est plutôt humaniste dans le sens
généralement compris à son époque. Daniel-Rops l'a défini comme une
synthèse « entre les valeurs fondamentales et permanentes de l'homme
et les conditions transitoires dans lesquelles le place l'évolution historique[133] ». Cette description rappelle la dialectique entre culture et
milieu que nous avons retrouvée si souvent dans l'oeuvre de Montpetit.
L'humanisme implique avant tout une foi en la capacité de l'intelligence
humaine, si elle est valorisée, de venir à bout des grands problèmes de
l'existence. À cette fin, tout l'effort humain doit porter sur l'éducation
et sur l'épanouissement de ce qui est propre à l'homme : la raison et
l'art. Voyons comment les modalités de cette doctrine ont pu donner
une direction à la pensée sociale de Montpetit dans son ensemble.

L'exemple le plus évident du caractère humaniste de la pensée sociale
de Montpetit est la conception que celui-ci a du rôle de l'éducation.
Selon lui, l'éducation représente à la fois la justification d'une société
où le système éducatif couronné par l'université serait l'institution
sociale dominante. Par contraste, il réduit les autres institutions à
l'insignifiance : la famille – si importante pour ses contemporains – est
ignorée dans son oeuvre, l'État s'y voit limité à un rôle réglementaire et
l'Église n'entre même pas pour lui en ligne de compte. Nous avons ici
un premier exemple de la manière dont la pensée humaniste, en
valorisant surtout l'intelligence, risque de passer à côté de la réalité
concrète.

À son idée du rôle de l'éducation comme institution, il faut joindre la
conception qu'avait Montpetit de l'idéal vers lequel la société devrait
s'acheminer. Pour lui, cet idéal est incontestablement ce qu'il appelle

« art et intelligence ». Quand il fait l'éloge du progrès positif des États-Unis, il retient surtout le fait que l'industrialisation favorise les musées et les universités. Il se crée ainsi une espèce de cercle vicieux dans sa pensée, car le développement économique et social est dirigé par le système éducatif dans le but de servir l'éducation. Et il faut préciser que l'éducation dont Montpetit parle est celle de l'élite. Des aspects de développement social tels que la scolarisation de la masse, le rehaussement du niveau de vie et l'amélioration de la santé publique sont laissés de côté. Dans sa conception des objectifs sociaux, la pensée de Montpetit semble quitter le champ concret du *milieu* pour rejoindre cet idéalisme détaché du monde qui est caractéristique de la pensée traditionnelle qu'il condamne ailleurs. Donc, à première vue la même pensée humaniste qui explique l'originalité de la pensée de Montpetit est responsable d'un élitisme et d'une trop grande concentration sur le *beau* et sur l'*esprit* qui limitent les retombées pratiques de ses nouvelles idées.

Mais cette première impression est en fait superficielle, car il faut se demander si la logique humaniste sous-jacente, valorisée par Montpetit, ne va pas se montrer un facteur de changements fondamentaux que Montpetit lui-même ne prévoit pas. Si nous prenons d'abord le fait que Montpetit proclame « art et intelligence » comme suprêmes valeurs, il est clair qu'une distinction entre culture et foi est sous-entendue. Une idée profane de la culture élargit énormément le champ de discussion qui mène à de nouvelles définitions de la culture et facilite l'adaptation de ces définitions à l'évolution de la société. Un autre principe humaniste mis de l'avant par Montpetit est l'idée qu'au lieu de baser la perception de la réalité sur des conceptions abstraites, l'homme doit étudier des situations concrètes. Ce principe implique une confrontation et une remise en question qui peut mener à de très rapides changements sociaux. Enfin Montpetit préconise une ouverture envers tous les champs de la connaissance et envers les influences étrangères. Là encore, la confrontation et la remise en question seront les résultats inévitables, car il s'ensuit que les cultures et les systèmes sont relatifs et non hiérarchisés. L'oeuvre de Montpetit a consisté surtout à définir ces principes. Dans le domaine de l'éducation et dans sa définition du concept « nation » il les utilise mais seulement de manière limitée. Son côté conservateur et le fait que, durant sa carrière en sciences sociales, il fut toujours pédagogue et jamais chercheur ont fait en sorte qu'il n'appliqua jamais les principes qu'il énonçait aux grandes questions sociales. Mais ce fait ne limite en rien l'importance de son oeuvre. Montpetit s'est occupé en quelque sorte d'ouvrir des portes, même s'il a laissé à d'autres l'aventure de franchir leurs seuils. Il a apporté ainsi une contribution importante à l'évolution de la pensée sociale canadienne-française.

La pensée humaniste véhiculée par Montpetit allait contre la méfiance instinctive des Canadiens français de sa génération envers les influences étrangères et la mise en question de la doctrine sociale établie. Ici une question se pose : comment, si on tient compte de son nationalisme et du conservatisme de sa pensée politique, Montpetit peut-il épouser une doctrine humaniste ? L'humanisme sous-entend un examen rigoureux de toutes les notions sur lesquelles repose l'idéologie nationale et sociale qu'il veut défendre. Soumettre ces notions à un tel examen implique le grave risque que tout le système de pensée s'effondre. Pour avancer les principes humanistes, Montpetit doit donc se sentir très optimiste devant le processus de modernisation.

Montpetit est, en effet, optimiste et cet optimisme vient en grande partie des deux autres courants doctrinaux sur lesquels repose sa pensée sociale, le néo-libéralisme et l'idée d'un ordre social rigide couronné par l'élite.

Montpetit croit en l'existence des lois économiques primordiales qui gèrent le fonctionnement de l'économie pour qu'elle soit toujours en accord avec un épanouissement mesuré de l'homme. Ainsi le néo-libéralisme de Montpetit agit comme appui nécessaire à son humanisme. Pour illustrer ce fait, nous pouvons nous rappeler sa pensée sur la survivance nationale, Nous avons vu qu'après 1930 il considère que la simple volonté de participation de la part des Canadiens français à une économie libérale leur assurera la force économique nécessaire à leur survivance. Par ailleurs, au sujet des luttes sociales, Montpetit considère que la croissance économique éliminera la pauvreté et donnera à chacun une juste part de richesse. Ainsi, avec la certitude d'une base de stabilité assurée par un régime économique quasi parfait, Montpetit peut assumer le risque que comporte l'ouverture nouvelle de la pensée humaniste.

Si Montpetit est prêt, au moins en principe, à remettre en question les valeurs traditionnelles, cela tient aussi à ce qu'il y voit comme une autre garantie de stabilité. Dans son univers, il place à côté d'un système économique libre mais généralement bienfaisant, un ordre social rigide et autoritaire. Nous avons vu que Montpetit se méfie de la voix populaire et qu'il se montre même foncièrement antidémocratique. Dans le cas où il aurait cru que la volonté de la masse pouvait compter dans les décisions sur l'orientation de la société, son penchant pour l'ouverture et la remise en question aurait sûrement été moins marqué. Mais selon sa conception de la société, les grandes décisions sont prises par une élite éclairée et la masse a plutôt tendance à suivre les directives de cette élite. Contrôlée par des hommes sûrs, l'ouverture nouvelle de la pensée humaniste aura donc pour lui l'effet de renforcer plutôt que de menacer les valeurs qui lui tiennent à coeur. En même temps qu'elle préviendra toute hérésie au niveau de la pensée sociale, l'action décisive de l'élite évitera les quelques dangers que peut cacher le capitalisme néo-libéral.

Montpetit occupe une place exceptionnelle face à cette transformation de la pensée sociale qui a commencé au Québec après les années 30. Il est vrai qu'instinctivement il appartenait à la société québécoise traditionnelle et que celle-ci l'acceptait comme un de ses principaux porte-parole. Mais tout en demeurant profondément ancré dans son temps, Montpetit est aussi un précurseur. Les produits de sa formation scientifique, tels que sa pensée séculière et empirique, son relativisme, son souci de connaître son temps et son milieu, son désir de prendre contact avec tous les champs de la connaissance et avec toutes les cultures sont parmi les aspects les plus caractéristiques de son oeuvre. Il les utilise afin de rationaliser sa vision du monde mais en les utilisant, il fait connaître un nouveau langage, une nouvelle logique qui, jusque-là, avait très peu pénétré au Québec. À l'Université de Montréal, il fut bien placé pour faire rayonner une manière de voir qui allait, une génération plus tard, contribuer au décloisonnement de la pensée sociale canadienne-française.

Institut supérieur des sciences humaines,   Peter SOUTHAM
Université Laval.

1   François-Albert ANGERS, « L'industrialisation et la pensée nationaliste traditionnelle », Robert COMEAU *et al,* *Économie québécoise,* Sillery 1969, pp. 417-432.

2   *Le Front contre la vitre* (1936), *D'Azur à trois lys d'or* (1937), *Reflets d'Amérique* (1941), *la Conquête économique,* 3 vols. (1939-1942), *Propos sur la montagne* (1946), *Souvenirs,* 3 vols (1949-1955). Deux autres volumes publiés par Montpetit pendant les années 30 sont des manuels à l'usage d'étudiants en science économique : il s'agit de *Sous le signe de l'or* (1932) et *les Cordons de la bourse* (1935).

3   Pitivim A. SOROKIN, *The Crisis of Our Age,* New York, 1941, p. 130, cité par Anitai ETZIONI, *The Active Society,* New York, 1968, p. 17.

4   « Double culture », *Propos sur la montagne,* Montréal, 1946, p. 45.

5   « Vers l'activité économique », *Pour une doctrine,* Montréal, 1931, p. 81.

6   Émile BOUTROUX a développé cette thèse dans son livre *De la contingence des lois de la nature* publié en 1874.

7   « Introduction : la notion de milieu », dans Esdras MINVILLE (édit.), *Notre milieu*, Montréal, 1942, p. 19.

8   « Climat de culture », *le Front contre le vitre*, Montréal, 1936, p. 111.

9   « L'élite », *Propos sur la montagne*, pp. 51-79 et « L'élite par l'école », *Pour une doctrine*, pp. 144-153.

10 « Le grand silence blanc », *le Front contre la vitre*, Montréal, 1936, p. 181.

11 « Climat de culture », *ibid.*, p. 127.

12 « Le grand silence blanc », *ibid.*, p. 176.

13 *Ibid.*

14 « Trois bastions : l'école, le collège, l'université », *Reflets d'Amérique*, Montréal, 1941, pp. 79-99.

15 « Le rôle social des universités », *Pour une doctrine*, p. 219.

16 *Ibid.*

17 « In hymnis et canticis », *le Front contre la vitre*, p. 68.

18 « Le rôle social des universités », *Pour une doctrine*, p. 228.

19 « Pour l'action sociale : Dixième anniversaire », *ibid.*, p. 239.

20 *Souvenirs*, vol. I, Montréal, 1944, p. 106.

21 « Responsabilités intellectuelles », *Pour une doctrine*, pp. 139-140.

22 « Le rôle social des universités », *Pour une doctrine*, p. 219.

23 « Responsabilités intellectuelles », *Pour une doctrine*, p. 127.

24 « Six jours à Berkeley », *Revue trimestrielle canadienne*, vol. IV, mai 1919, p. 4.

25 *Ibid.*, et sur l'École de Chicago voir « Quantité et qualité », *Propos sur la montagne*, Montréal, 1946, pp. 111-115.

26 « Responsabilités intellectuelles », *Pour une doctrine*, p. 139.

27 « Pour une économie canadienne-française », *Mémoires et Comptes Rendus de la Société royale du Canada*, troisième série, tome XXXIII, Ottawa, 1939, p. 212.

28 « In hymnis et canticis », *le Front contre la Vitre*, p. 54.

29 *Ibid.*, p. 48.

30 *Ibid.*

31 *Souvenirs*, vol. I, p. 103.

32 *Ibid.*, p. 98.

33 *Ibid.*, p. 104.

34 « L'élite par l'école », *Pour une doctrine*, p. 155.

35 *Ibid.*, p. 147.

36 « Introduction », *la Conquête économique*, vol. I, Montréal 1939, p. 22.

37 « Le rôle des universités », *Pour une doctrine*, p. 213.

38 « Climat de culture », *le Front contre la vitre*, p. 114.

39 *Ibid.*, p. 115.

40 *Ibid.*

41 « Le rôle social des universités », *Pour une doctrine*, pp. 216-217.

42 « Responsabilités intellectuelles », *Pour une doctrine*, p. 134.

43 « In hymnis et canticis », *le Front contre la vitre*, p. 53.

44 *Ibid.*, p. 62.

45 *Au service de la tradition française*, Paris, 1913, p. 206.

46 *Ibid.*, pp. 129-131.

47 *Ibid.*, p. 158.
48 *Ibid.*, p. 196.
49 « In hymnis et canticis », *le Front contre la vitre*, p. 68.
50 *Ibid.*, p. 62.
51 *Ibid.*, p. 61.
52 « Pour l'intelligence et l'art », *Pour une doctrine*, p. 135.
53 « Français en Amérique », *Reflets d'Amérique*, p. 42.
54 « Pour l'intelligence et l'art », *Pour une doctrine*, p. 161.
55 « Double culture », *Propos sur la montagne*, p. 18.
56 « Anglais, Français, les conséquences pratiques de deux psychologies », *D'Azur à trois lys d'or*, Montréal, 1937, pp. 142-143.
57 *Ibid.*, p. 143.
58 *Ibid.*, p. 140.
59 *La Revue trimestrielle canadienne*, vol. III, 1917-1918, p. 418.
60 « Lumière du nord », *le Front contre la vitre*, p. 93.
61 « Pour l'intelligence et l'art », *Pour une doctrine*, p. 135.
62 « Double culture », *Propos sur la montagne*, p. 48.
63 *Ibid.*, p. 27.
64 *Ibid.*
65 *Ibid.*, p. 32.
66 *Ibid.*, p. 42.
67 Nous retrouvons cette thèse dans sa *Conquête économique* publiée entre 1939 et 1942 mais seulement dans les chapitres qui sont des rééditions d'articles publiés pendant les années 20.
68 « Vers l'activité économique », *Pour une doctrine*, p. 98.
69 « Trois bastions : l'école, le collège, l'université », *Reflets d'Amérique*, p. 73.
70 *Ibid.*, p. 115.
71 *Ibid.*, p. 135.
72 « Le grand silence blanc », *le Front contre la vitre*, p. 176.
73 « Trois bastions : l'école, le collège, l'université », *Reflets d'Amérique* p. 108.
74 *Ibid.*, p. 141.
75 « Lumière du nord », *le Front contre la vitre*, p. 89.
76 *Ibid.*, p. 79.
77 « Pour l'art », *Nigog*, vol. I, 1918, p. 39.
78 « Lumière du nord », *loco cit.*, p. 80.
79 *Ibid.*, p. 81.
80 *Ibid.*
81 *Ibid.*, p. 82.
82 « Pour l'art », *loco cit.*, p. 40.
83 « Lumière du nord », *loco cit.*, p. 80.
84 « Pour l'art », *loco cit.*, p. 40.
85 « Lumière du nord », *loco cit.*, p. 90.
86 « Pour l'art », *loco cit.*, p. 41.
87 « L'importance économique de l'art », *Revue trimestrielle canadienne*, vol. V, 1919, p. 280.
88 « Pour l'art », *loco cit.*, p. 81.
89 « La notion de milieu », dans Esdras MINVILLE (édit.), *Notre milieu : Aperçu général sur la province de Québec*, Montréal, 1942, p. 29.

[90] « Confirmation », *Propos sur la montagne*, pp. 153-154.

[91] « Le rôle social des universités », *Pour une doctrine*, p. 213.

[92] *Souvenirs*, vol. I, p. 103.

[93] « L'élite », *Propos sur la montagne*, p. 53.

[94] « Le rôle social des universités », *loco cit.*, p. 215.

[95] « Pour l'intelligence et l'art », *ibid.*, p. 157.

[96] *Ibid.*

[97] « L'élite », *Propos sur la montagne*, p. 53.

[98] *Ibid.*, pp. 60-61.

[99] *Souvenirs*, vol. I, p. 106.

[100] « Climat de culture », *le Front contre la vitre*, p. 113.

[101] *Ibid.*, p. 114.

[102] Il s'agit du parti du comte de Mun et des cardinaux Manning et Gibbons. *Le Semeur*, III, 3-11, nov. 1906-juillet 1907.

[103] « Vers l'activité économique », *Pour une doctrine*, p. 25.

[104] « Nos forces économiques », *la Conquête économique*, vol. I, p. 177.

[105] *Ibid.*, p. 185.

[106] QUÉBEC (Province de), *Commission des assurances sociales de Québec* ; *Troisième et quatrième rapports*, Québec, 1932, p. 108.

[107] « L'élite », *Propos sur la montagne*, p. 73.

[108] « Confirmation », *Propos sur la montagne*, pp. 153-154.

[109] « Vers l'activité économique », *Pour une doctrine*, p. 64.

[110] *Ibid.*

[111] *Ibid.*, p. 68.

[112] KEYNES expose sa nouvelle théorie pour la première fois dans le *Times* au début de 1933, et le premier budget canadien influencé par sa pensée viendra en 1939.

[113] François-Albert ANGERS, « La naissance de la pensée économique au Canada français », *Revue d'histoire de l'Amérique française*, vol. XV, n° 2 (septembre 1961), p. 225.

[114] « L'élite », *Propos sur la montagne*, pp. 71-72.

[115] « Vers l'activité économique », *Pour une doctrine*, p. 114..

[116] « Nos forces économiques », *la Conquête économique*, vol. I, p. 160.

[117] « In hymnis et canticis », *le Front contre la vitre*, p. 60.

[118] « Les Canadiens français et l'économie », *Mémoires et Comptes Rendus de la Société royale du Canada*, troisième série, tome XXXII, Ottawa, 1938, p. 58.

[119] « Vers l'activité économique », *Pour une doctrine*, p. 68.

[120] « Confirmation », *Propos sur la montagne*, p. 154-155.

[121] « L'élite », *Propos sur la montagne*, p. 65.

[122] « Quantité et qualité », *Propos sur la montagne*, p. 99.

[123] *Ibid.*, p. 102.

[124] « Vers l'activité économique », *Pour une doctrine*, p. 22.

[125] *Ibid.*, p. 123.

[126] « Confirmation », *Propos sur la montagne*, pp. 163-165.

[127] Ici Montpetit adapte les idées de Louis MARLIO dans *Dictature ou Liberté*, publié en 1939-1940 : *ibid.*, pp. 168-173.

[128] « Vers l'activité économique », *Pour une doctrine*, p. 108.

[129] « Confirmation », *loco cit.*, p. 172.

[130] *Commission des assurances sociales de Québec ; Troisième et quatrième rapports*, Québec, 1932, p. 98.

[131] *Ibid.*, p. 100.

[132] *Commission des assurances sociales de Québec ; Troisième et quatrième rapports*, p. 102.

[133] Cité par Guy GODIN « À propos d'humanisme », *la Revue de l'université Laval*, vol. XVIII, n⁰ 9, mai 1964, p. 815.

INDEX

(établi par Hélène Bissonette et Ghislaine Marois)

Achevé d'imprimer
le 20 décembre 1977
aux ateliers de
La Compagnie de l'Éclaireur Ltée
Beauceville, Québec
pour
Les Presses de l'université Laval